여성주의와 기독(목회)상담

| 한국기독교상담심리학회 편 |

학지사

발간사

『여성주의와 기독(목회)상담』 총서 발간을 축하드립니다. 이번에 발간되는 『여성주의와 기독(목회)상담』 총서는 양 협/학회인 한국목회상담협회, 한국목회상담학회 그리고 한국기독교상담심리학회가 공동으로 발간하는 최초의 총서입니다. 한국기독교상담심리학회는 최근 기독(목회)상담총서 시리즈로 『기독(목회)상담의 이해』『기독(목회)상담과 영성』『종교적 경험과 심리』『중독과 영성』『기독(목회)상담 연구방법론』『분석심리학과 표현예술치료』라는 총 여섯 권의 총서를 발간한 바 있지만, 이번 『여성주의와 기독(목회)상담』 총서는 양 협/학회가 공동으로 발간하는 첫 총서라는 점에서 그 의미가 더욱 큽니다.

『여성주의와 기독(목회)상담』 총서 제작에는 양 협/학회의 좋은 목회상담 학자들께서 여러 차례의 세미나를 하시면서 좋은 글들을 투고해 주셨습니다. 전반적인 글에 대한 상세한 소개는 이 총서 제작모임을 주관하신 이화여자대학교 정희성 교수께서 상세히 설명해 주시기 때문에 저는 이 책의 전반에서 받은 저의 인상을 간략히 적어 보려고 합니다. 이 책의 전반에 여성주의 심리학과 여성신학의 관점의 대화가 등장하고 있으며, 한국 사회에서 바라보는 여성주의 목회상담이 무엇인지에 대한 고민, 여성 목회상담자의 이야기를 통한 영성적 여정에 대한 고찰 등이 나타나고 있습니다. 동시에 여성의 트라우마에 대한 연구와 부부관계의 갈등과 학대에 대한 글을 통해서 상담의 복합성이 묘사되어 있기도 합니다. 동시에 난임 여성, 기러기 가족에 대한 목회상담학적 접근 역시 우리에게 새로운 통찰을 주고 있습니다. 마지막으로 여성주의 목회상담에서 이해하는 발달이론에 대한 새로운 이해와 포스트모던 시대의 여성주의 목회상담, 다양한 성 정체성에 관련된 논의에 이르기까지 이번 총서는 다양한 스펙트럼으로 우리에게 여성주의 목회상담의 미래와 전망을 잘 보여 주고 있습니다.

『여성주의와 기독(목회)상담』 총서에 전반적으로 나타난 글을 보면, 신학과 심리학의 대화를 통해서 여성주의 목회상담이 섬세하게 여성과 남성, 사회를 바라보고 있는 통찰을 느낄 수 있습니다. 1930년대 이환신 목사께서 한국에 목회상담학을 소개할 때, 그 이름이 문의학이었다고 알려져 있습니다. 문의학은 그야말로 사람의 마음을 섬세하게 살피는 분야였고, 그 문의학은 우리 한국의 기독(목회)상담의 기저에 원형으로 자리잡고 있습니다. 그렇다면, 여성주의 목회상담은 가장 세심하게 사람의 마음을 살피는 영역이라고 볼 수 있습니다.

이번 총서의 발간을 다시 한번 축하드리며, 향후 양 협/학회의 협력을 통해서 여성주의 목회상담의 발전과 성장을 기원합니다.

한국기독교상담심리학회 회장 **오화철**

추천사

한국목회상담협회/학회와 한국기독교상담심리학회는 교회와 민족의 아 픔을 치유하는 사명을 오랜 기간 감당해 왔습니다. 양 협/학회는 수많은 목 회/기독교상담 전문가를 양성했고, 목회상담의 이론 및 실천의 발전을 위해 노력했으며, 소외된 이들을 위해 최선을 다했습니다. 양 협/학회는 여성주의 상담의 발전을 위해 노력했지만, 충분했던 것 같지는 않습니다. 이런 점에서 코로나 바이러스로 인해 힘든 지금, 양 협/학회가 아직도 눈물 흘리는 많은 여성의 치유와 회복을 위한 여성주의 상담 총서를 공동으로 출간하게 된 것 은 큰 의미가 있습니다.

여성주의 상담에 관한 강의를 준비하며 부족한 자료로 인해 아쉬웠던 기억 이 있고, 아직까지 여성의 아픔을 치유하기 위한 이론적 기초가 충분히 마련 되었다고 생각지 않았기 때문에, 총서 발간은 개인적으로도 매우 기쁜 일이 며, 이후 더 많은 논의와 연구가 이어질 것을 기대합니다. 본 총서가 여성주의 상담에 실제적인 도움을 줄 것을 확신하며, 장차 여성주의 상담뿐 아니라 목 회상담 연구와 실천 영역의 발전을 위한 큰 자극이 될 것을 기대합니다. 애쓰 신 모든 분께 진심으로 감사드리며, 좋으신 하나님께서 여성을 비롯한 모든 사람의 치유와 회복을 위해 총서를 크게 사용하시기를 기도합니다.

한국목회상담협회/학회 회장 **노항규**

머리말

　1996년, 미국 유학을 마치고 돌아왔다. 당시 막 부상하던 목회상담학회를 찾아갔으나 대다수가 남성이었다. 그래서 개별적으로 활동하시던 여성 선배들을 수소문해 한국 여성 목회신학자 모임을 조직했다. 마침 1990년대 초반부터 박사학위를 마치고 각자의 영역에서 활동하시는 여성 선배들과 동료들이 몇 분 계셨다. 박성자, 김예식, 이명숙, 권희순, 최재락, 김필진, 고영순, 신명숙 박사 등과 함께 방학마다 만나 학문적 관심을 나누고 격려하는 시간을 가졌다.

　2006년 5월 27일, 이화여자대학교회에서 열린 한국목회상담협회 주최 춘계학술대회가 그 첫 열매였다. 학술대회 주제를 '여성, 삶 그리고 이야기'로 정하고 한국 여성 목회신학자들이 주체가 되어 모든 예배와 발표를 주관했다. 여성주의 목회상담 관점에서 한국적 자원을 활용한 독특하고 인상적인 개회예배를 준비했고, 전체 프로그램을 여성주의 목회상담 이론과 실제로 구성했다. 이론 부분에서는 「여성의 자아상실에 대한 목회상담적 성찰」(최재락), 「여성의 전인치유를 위한 여성주의 목회상담」(김필진), 「여성주의적 영적 지도」(권희순), 「여성 성폭력 생존자들의 이성관계 패턴」(이명숙), 「히스테리의 여성주의적 접근」(정희성)을 발표했다.

　여성주의 목회상담 실제 부분에서는 여성주의 목회상담 실천에 특별히 관심이 많은 고영순 박사와 박성자 박사가 「여성목회상담자, 나는 누구인가?」 「여성주의 목회상담, 왜 필요한가?」를 각각 발표했다. 또 이화여자대학교 목

회상담학 전공 박사과정생들이 「여성주의 목회상담, 어떻게 하는가?」를 동영
상으로 실제 구성하여 보여 줌으로써 한국 여성주의 목회상담의 새로운 전기
를 마련했다. 지금 생각해도 가슴 벅차오르는 한국 여성주의 목회상담의 시
작이었다.

한편, 또 하나의 오랜 꿈이 있었다. 그것은 바로 한국 여성 목회신학자들이
모여 교회 여성을 위한 책을 출판하는 것이었다. 미국 여성주의 목회신학자
들이 함께 만든 책 『Through the eyes of women: Insights for pastoral care』
『Women out of order: Risking change and creating care in a multi-cultural
world』 『Women in travail and transition: A new pastoral care』 등을 읽으며,
한국 여성주의 목회상담가들도 한국 교회 여성들을 위해 이런 책을 썼으면
좋겠다고 생각했다. 한국 여성들이 교회, 사회 그리고 가정에서 겪는 다양한
경험을 여성주의 목회상담 관점에서 성찰하고 치유를 돕는 책 말이다.

참 오래 기다렸다. 2018년에서야 드디어 작업을 시작할 수 있었다. 연배
높으신 여성 선배들이 일선에서 물러나신 이후, 한 권 분량의 책을 함께 만들
수 있는 후배 학자들의 등장은 한참 동안 묘연했다. 그러다 2010년대 중반부
터는 비로소 신진 여성학자들이 등장했다. 그래서 이 작업을 기적적으로 시
작할 수 있었다. 한국목회상담협회와 한국기독교상담심리학회 양 회장의 적
극적인 후원도 한몫했다. 두 기관의 기꺼운 후원과 지원으로 각 기관의 뛰어
난 여성 목회상담학자들을 추천받았고, 이후 함께 모여 쓴 글을 읽고 나누며
다듬기까지 2년의 시간이 필요했다.

이번 모임을 위해서는 한국여성목회신학자회 고문이신 최재락 박사, 공동
회장이신 김필진, 신명숙 박사의 후원과 기도가 큰 힘이 되었다. 또 한국목회
상담협회 노항규 회장, 한국기독교상담심리학회 오화철 회장의 도움에 감사
드린다. 각 기관을 대표해 편집 과정에서 기꺼이 수고해 주신 정푸름, 유상희
박사에게도 감사드린다. 한편, 작은 일을 세심하게 챙겨 준 이화여자대학교
대학원 박사과정생 장희영에게도 감사드린다. 마지막으로 한국 목회상담 연

구의 든든한 지원자이신 학지사 김진환 사장님께도 깊은 감사를 드린다.

이 책은 크게 4부로 구성되어 있다. 제1부 '여성 정체성과 상담'의 제1장 '여성 문제 이해와 전인치유'에서는 김필진 박사가 여성의 전인적 건강에 문제가 되는 자아상실, 의존성, 성차별 등의 문제를 여성주의 심리학과 여성신학 관점에서 논하고 상담적 대안을 제시했다. 제2장 '한국 문화와 여성주의 상담'에서 신명숙 박사는 한국 여성의 상처와 아픔을 개인적인 차원에서만 접근하려는 것으로부터 벗어나 한국의 사회문화적 구조와 이해를 바탕으로 접근했다. 이를 통해 여성의 잠재력을 키워 주고 건강한 여성으로 살기 위한 상담방안을 구체적으로 모색했다. 제3장 '여성주의 관점에서 발달이론의 재구성'에서 필자는 젠더, 계급, 인종과 관계없이 인간의 발달을 획일적으로 간주하여 여성을 비정상이라거나 고장 났다거나 충분히 발달하지 않았다고 보는 전통 발달이론을 비판한다. 그리고 트라우마를 경험한 여성, 독신 여성, 노동자 여성 경험에 근거해 발달이론을 재구성한다. 고영순 박사는 제4장 '여성목회상담가 이야기'를 통해 상담자 자신의 삶에 대해 생애주기적 관점에서 반추한다. 이는 내담자를 타자화해 분석의 대상으로만 삼기보다 상담자와 내담자가 모두 공명하는 관계에 있음을 밝히고자 한 것으로 상담자와 내담자 간 연대의식과 연민을 증진시킨다.

제2부 '여성의 삶과 상담'의 제5장 '난임 여성을 위한 상담'에서 이경애 박사는 여성에게는 자연적 경험으로 여겨졌던 재생산에 대해 질문하고, 여성이 자신의 몸에 대해 주체적 권리를 유지하고, 재생산 기술 또한 주체적으로 사용해야 한다고 주장한다. 그리고 이에 기초한 구체적 상담방안을 제시한다. 제6장 '부부갈등 및 학대 경험에 나타난 복합성 포용'에서 유상희 박사는 부부 갈등이나 학대를 경험하는 7명의 여성의 삶을 심층적으로 고찰하여 피해자, 생존자, 주체자로서의 복합적 정체성 및 의사결정 과정, 배우자에 대한 복합적 감정들을 연구한다. 이를 기초로 상담은 공감, 경청뿐 아니라 여성의 삶의 복합성에 대한 이해를 기초로 해야 한다고 주장한다. 제7장 '기러기 가

족을 위한 상담'에서 장석연은 3명의 기러기 엄마에 대한 인터뷰를 통해 기러기 가족을 선택한 여성들의 이야기에서 '유익한 희생' '정의로운 사랑' '책임감을 가진 자아'의 세 가지 중요한 의미를 발견한다. 또한 현대 여성을 위한 가족상담은 여성의 희생이 아니라 가족 구성원 모두 평화와 정의의 질서 안에서 '따로 또 같이' 상호작용할 수 있도록 해야 한다고 주장한다. 정보라 박사는 제8장 '여성 의존노동자에 대한 상담'에서 타인들을 돌보는 일에 종사하는 여성들에 대한 상담에서 DSM에 기초한 진단의 문제를 지적한다. 그래서 여성주의 관점에서 여성 의존노동자의 돌봄을 공적 영역에서 구조화할 수 있는 정당한 방법과 신학적 의미를 발전시킬 것을 제안한다.

제3부 '섹슈얼리티와 상담'의 제9장 '포스트모던 걸들의 출현과 상담'에서 조현숙 박사는 여성은 하나로 명명되거나 고정될 수 없는 존재라고 주장한다. 그래서 지금까지의 치료자, 해석자, 연구자 중심이었던 패러다임을 치료자와 내담자의 상호 주관적인 대화의 망에서 나오는 합의의 이야기로 바꾸어야 한다고 한다. 그래서 상담은 다양한 자기의 경험을 창출하고, 그 가운데에서 자신이 선호하는 이야기에 따라 성장과 발달을 지지하며 살아가도록 돕는 것으로 이해한다. 제10장 '여성주의 상담가의 트렌스젠더 상담'에서 정푸름 박사는 여성주의 상담은 구조적 억압이 개인에게 미치는 영향에 관심한 것이기에 여성이 아닌 타(他) 젠더에게도 적용될 수 있다고 주장한다. 그래서 여성주의 상담의 이론과 원리를 트렌스젠더 내담자에 적용한 사례를 제시한다. 제11장 '성경험 속 문화적 혼종성'에서 박희규 박사는 재미 교포 2세대의 30대 여성들의 혼전 성관계 경험에 관심하여 한국 문화의 '은장도' 이미지와 연결한다. 또 이 이미지의 궤적을 추적하여 혼종성의 삶을 살아가는 내담자의 내면에 나타나는 복잡성을 심도 있게 탐구한다.

제4부 '문학 속 여성과 상담'의 제12장 '소설『82년생 김지영』과 여성주의 상담'에서 김희선 박사는 여성주의 상담이론에 근거해 소설 속 인물 김지영에 대한 사례개념화를 구성하고 목회신학적 성찰을 시도한다. 이를 통해 가

부장제 사회에서 여성이 경험하는 다양한 억압의 사회적 맥락, 성역할, 권력과 문화의 관점에서 김지영을 분석하고 김지영을 역량강화할 방법을 제안한다. 제13장 '드라마 〈청춘시대 2〉에 나타난 여성 트라우마'에서 안명숙은 드라마 텍스트에 반영된 외상 유형을 여성주의 외상 관점에서 분석하여 한국사회의 외상에 대한 인식을 살펴본다. 이를 통해 외상의 유형은 '아동기 성학대' '데이트 폭력' '가택 침입자에 의한 폭력'으로 이해하고 잠재적 외상구조는 차별 대상에 대한 '폭력의 일상성'과 '여성의 외상에 대해 침묵을 강요하는 수치문화'라고 주장한다. 제14장에서 이미영 박사는 "성서의 '음란한 고멜' 이야기: 비하와 혐오를 넘어서"를 통해 히브리 성서에서 호세아가 '음란한 여성 고멜'을 아내로 맞는 것이 하나님의 구원방식이라는 전통적 해석에 가부장적 차별과 폭력이 숨어 있음을 주장한다. 또 음란을 금기와 억압과 차별과 편견에 대한 저항의 흔적으로 이해하며 고멜 이야기를 가부장적 규범과 속박에 대한 저항으로 재해석한다.

　앞의 글들은 지난 2년간 수차례의 집중 세미나를 통해 함께 읽고 토론하며 수정하는 작업을 거쳤다. 그러나 각 글에서 여성주의에 대한 저자들의 입장이 조금씩 다를 수 있다. 이는 목회상담에서 여성 경험을 이해하는 차이와 다양성으로 이해해도 좋겠다. 또 목회상담, 기독교상담, 기독(목회)상담, 목회(기독교)상담의 용어를 통일할지, 혼용할지에 대해서도 고민했다. 결국 이 책이 시리즈로 출판되기 때문에 제목은 기독(목회)상담으로 하고 나머지 부분은 저자의 편의에 맡기기로 했다. 한편, 앞의 글들은 이 책을 위해 새로 쓴 글도 있고, 학술지에 이미 발표한 글, 혹은 학위논문 중 책 주제와 어울리는 글을 일부 수정해 편집한 글도 있다. 그러나 이 책을 위해 새로 쓴 글의 경우도 모두 이 책 출판 이전에 학술지에 실리도록 했다. 따라서 이 책의 모든 글은 연구 업적으로 평가되지 않는다. 추후 보다 풍부한 내용으로 여성주의 상담이론과 실제를 발전시킬 것을 약속하며 머리말을 맺기로 한다. 각 장의 내용이 발표된 학술지에 대한 정보는 다음과 같다.

* 김필진 (2006). 여성의 전인치유를 위한 여성주의 목회상담. 목회와 상담, 8, 63-90.

* 신명숙 (2010). 한국 사회문화와 여성을 위한 기독교상담. 한국기독교상담학회지, 20, 151-186.

* 정희성 (2016). 발달이론의 비판적 재구성-여성주의 목회상담학 관점에서. 신학과 실천, 48, 195-219.

* 고영순 (2006). 여성목회상담자, 나는 누구인가? 목회와 상담, 8, 33-62.

* 이경애 (2014). 신비의 공동창조자로서의 재생산기술. 여성신학논집, 11, 126-154.

* 유상희 (2015). 복합성의 포용: 부부관계 내 갈등 및 학대를 경험하는 여성에 대한 고찰. 한국기독교상담학회지, 26(3), 165-197.

* 장석연 (2009). Women out of order: Risking change and creating care in a multicultural world. *Chaplaincy Today, 26*(2), 50-51.

* 정보라 (2020). 여성 의존노동자에 대한 여성주의적 상담 연구. 목회와 상담, 35, 203-233.

* 조현숙 (2017). 포스트모던 걸들의 출현과 목회상담. 목회와 상담, 29, 269-293.

* 정푸름 (2017). 여성주의 상담자와 타(他) 젠더 내담자의 만남: 폭력과 트라우마 사례를 중심으로. 목회와 상담, 28, 301-324.

* 박희규 (2012). Silver dagger: Cultural hybridity and premarital sexuality in Evangelical Korean American women. *Journal of Pastoral Theology, 22*(1), 5.1-5.17.

* 김희선 (2019). 소설 『82년생 김지영』에 대한 여성주의 상담적 분석: 사례개념화를 중심으로. 목회와 상담, 32, 67-101.

* 안명숙 (2018). TV 드라마 〈청춘시대 2〉에 나타난 여성 트라우마. 서울장신논단, 26, 265-299.

* 이미영 (2018). '음란한 고멜'에게 구애하기: 비하와 증오와 혐오를 넘어서. 목회와 상담, 31, 166-196.

2021년

대표 저자 정희성

차례

제1부 여성 정체성과 상담

제1장   여성 문제 이해와 전인치유 • 19

제2장   한국 문화와 여성주의 상담 • 43

제2부 여성의 삶과 상담

여성주의와 기독(목회)상담

제1부
여성 정체성과 상담

여성 문제 이해와 전인치유

김필진
(아들러심리학연구소)

최근에 한 여검사의 법조계 성폭력 고발로 촉발된 여성들의 '미투(Me Too) 운동'은 여성들에 대한 성적 억압과 폭력이 우리 사회 각 분야에서 광범위하게 관행적으로 행해져 왔음을 여실히 드러내 주었다. 현재 진행 중인 '미투 운동'은 성폭력을 피해여성의 입장에서 판단하고, 성폭력은 결코 묵인되어서는 안 되는 사회적 범죄라는 성인지적 경각심과 여성의 인권에 대한 자각을 사람들에게 불러일으킨 점에서 그 의의가 있다고 할 것이다. 그러나 법조계 성폭력을 고발하고 가해자에 대한 법적 처벌을 이끌어 낸 여검사가 "이후 바뀐 것은 없다."고 한 말처럼, 우리 사회에 만연한 여성에 대한 성적 억압과 폭력을 근절하는 것은 아직 요원한 과제이다. 그렇다면 한국 교회는 성폭력과는 무관한가? 가정을 '천국'이라고 믿는 기독교 가정에서 가정폭력, 즉 배우자 학대와 아동 학대는 일어나지 않고 있는가? 결코 그렇지 않다는 사실을 우리는 잘 알고 있다. 교회 안에서 남성 목사가 여성 신도들을 성추행하고 강간하는 일들이 죄의식 없이 빈번하게 행해지고 있고, 기독교 가정 안에서 배우자와 자녀에 대한 학대가 벌어지고 있다는 것도 부인할 수 없는 사실이다.

여성 신학자 루터(Rosemary R. Ruether, 1981, p. 18)는 하나님의 형상인 여성의 온전한 인간성을 부인하고 여성에 대한 남성의 지배와 억압을 정당시해 온 기독교 신학의 성차별주의와 이원론을 비판한다. 기독교의 이원론적 사고가 여성을 육체에 속한 존재로, 남성을 영에 속한 존재로 왜곡시켜 왔다. 이런 이원론적 사고는 결국 여성과 남성을 대립적인 존재로 규정하고, 남성의 여성 지배라는 가부장제적 가치구조를 강화시키면서 영적 영역에서 여성들을 배제하는 것을 자연적인 질서로 합리화해 왔다는 것이다. 성차별주의, 즉 "불의한 남성의 지배와 여성의 예속으로의 성의 왜곡"은 여성만이 아니라 남성의 참된 인간성을 왜곡해 왔다고 루터(1981, p. 178)는 주장한다. "성차별주의가 여성의 몸의 통전성과 인간성 그리고 온전한 인격의 가능성에 대한 폭력이요 침해라고 한다면, 그것은 또한 남성의 인간성의 왜곡이기도 하다." 성차별적인 교회와 가정 그리고 사회 속에서 여성들은 창조주 하나님께 부여받은 온전한 인간성의 왜곡과 상실을 경험하고 있다. 여성들이 안고 있는 상처와 고통을 치유하고 그들의 온전한 인간성을 회복하는 일은 여성주의 목회상담이 주력해야 할 치유사역의 과제라 할 것이다.

이제까지 여성의 지도력과 참여를 배제해 온 남성 성직자 중심의 목회는 여성들의 경험과 그들이 안고 있는 고통의 문제에 대한 무관심과 무지를 드러내 왔다. 또한 여성들의 고통의 경험을 그들 개인의 문제로만 보거나 이를 영적으로 해석하여 그들 스스로 고통을 받아들이고 인내하도록 강요해 왔다. 따라서 여성 내담자의 치유를 위해서는 그들이 경험하는 고통의 문제를 신학적으로 어떻게 이해하고 재해석할 것인가, 또한 이러한 고통에 대한 새로운 이해를 어떻게 실제 상담에 적용할 것인가에 대한 의식적인 성찰이 필요하다.

여성들은 그들의 성장과 전인적인 치유에 장애가 되고 있는 공통적인 문제들을 안고 있다. 이러한 문제들에 대해서 여성주의 심리학과 여성신학의 관점에서 논의하고자 한다. 여기서 다루고자 하는 여성의 주요 문제들로는 여성이 주체적인 삶을 살고 자아를 실현하는 데 걸림돌이 되는 자아의 상실과 의존성의 문제, 이중적인 정신건강의 기준 문제, 그리고 여성들의 인격을 파괴하고 생명을 위협하는 성폭력과 가정폭력의 문제 등이다. 이런 문제들은 여성들로 하여금 창조주 하나님에게서 부여받은 인간 본연의 자유와 창조성을 발휘하지 못하게 하며 그들의 심리적 성숙과 영적 성장을 차단하는 장애 요인들이 되고 있다(김필진, 2006).

1. 여성의 주요 문제들에 대한 여성주의 심리학과 여성 신학적 이해

1) 자아의 상실과 의존성의 문제

자아는 자아의 관계들로 구성된다. 우리는 우리의 관계를 통해 우리 자신이 되고, 우리 자신을 인간관계에 투입한다. 초도로(Nancy Chodorow, 1978, p. 173)는 남자와 여자의 내면 대상세계가 아주 다른 이유가 성적 불평등 때문이며, 대부분의 아이에게 일차적 애착대상이 어머니이기 때문이라고 주장한다. 가족 안에서의 이러한 양성 비대칭의 결과로, 남자아이는 지배적인 아버지와 자신을 동일시하기 위해 미성숙한 상태에서 어머니로부터 분리되려는 경향이 있다. 이로 인해 남자는 여자와의 관계에서 지배적인 태도를 취하는 것을 배우지만, 친밀한 관계를 유지하는 능력에는 결함을 안게 된다. 여자아이들은 반대로 동성인 자기 어머니와 자신을 강하게 동일시하게 됨으로써 대인관계에는 능숙하지만, 여자에게 차별적이고 억압적인 사회에서 여자라는 그 아이의 정체성은 스스로를 평가절하하는 감각을 갖게 만든다. 여자들은 사회가 여자에게 규정하는 종속적인 위치를 내면화하는 경향이 있으며, 특히 남자와의 관계에서 더욱 그러하다. 그러므로 가부장제는 단지 사회적인 현상이 아니라 현실의 구조에 속하며, 그 구조가 가족 안에 그리고 남성과 여성의 개별적인 정신 속에 들어 있다고 한다(Chodorow, 1978, p. 173). 성 정체성이 형성되는 인간의 발달과정의 경험에 있어서 이런 양성의 차이는 남녀 관계에서 흔히 발생하는 여성의 자아상실과 의존성의 문제의 원인을 이해하는 기초를 제공한다.

'성(性) 정체성(gender identity)'에 관한 논의에 있어서 여성주의 심리학자들, 예를 들어 길리건(Carol Gilligan)과 밀러(Jean Baker Miller)는 여성의 돌봄과 관계의 능력을 여성의 특유한 자질 또는 도덕적 능력의 원천인 것으로 인정한다(Miller, 1976). 길리건은 여성의 관계적 정체성의 개념을 여성의 인격의 긍정적인 특징으로서, 또한 남성중심적인 사회와 문화에서 지지받고 취해야 할 가치로서 강조한다.

길리건(1982)은 발달심리학의 관점에서 일차적으로 남녀의 차이를 강조하면서 발달에 있어서 양성의 관점을 모두 포함시키고자 한다. 길리건(1982, p. 8)에 의하면, 발달과정에서 "남성성은 어머니로부터의 분리를 통해 규정되는 반면 여성성은 관계의 밀착을 통해 규정되기 때문에 …… 남성은 다른 사람과 관계를 맺는 데 어려움이 있는 반면, 여성은 개별화의 문제를 지니는 경향이 있다."는 것이다. 여성의 경험의 관점에서, 길리건은 개인의 심리적 성숙을 독립과 동일시하는 관점에서 벗어나 여성의 돌봄의 관계를 성숙에 이르는 길로 제시하고자 한다. 그러나 최근에 여성심리학에 관한 이론들은 보다 가정과 사회적 상황을 고려하지 않고 오히려 양성의 차이를 과장하며, 이로 인해 인간 경험의 풍부함과 다양성을 도외시하는 방식으로 양성의 그릇된 양극화를 조장하고 있다고 러너(Harriet Lerner, 1988, p. 249)는 지적한다.

여성의 가치 있는 장점으로 볼 수 있는 돌봄과 관계의 능력은 상반되는 면이 있다. 여성주의 심리학자 밀러(1976, p. 89)는 여성의 '관계' 능력은 사회의 진보에 필수적인 기본적 힘이 되는 동시에 그들이 당면한 수많은 문제의 원인이 되기도 한다고 주장한다. 그녀는 여성의 관계 능력이 지니는 부정적인 측면에서 지배와 예속의 불평등에 따른 남녀관계의 특성을 시사하고 있다. 남자와의 관계에서 주로 여자는 복종적인 관계를 표출한다는 것이다. 그렇다면, 여성들은 어떻게 자기 성장을 촉진할 수 있는 관계방식을 발견할 수 있는가? 어떻게 여성들이 관계의 능력을 사용하여 현실세계에서 실제적인 변화를 이끌어 낼 수 있는가? 여성의 돌봄의 가치와 관계 능력을 이상화하려는 노력은 남성이 지배하고 통제하는 현실을 간과하게 하고 도리어 불평등한 남녀관계의 구조를 지속하도록 유도할 수 있다.

여성의 자아상실과 의존성의 문제는 사회문화적으로 규정된 성역할에 따라서 강화되는 측면이 있다. 사회학자 립맨-블루맨(Jean Lipman-Blumen, 1985, p. 2)에 의하면, 성역할은 사회적으로 구성된다고 한다. 성역할은 양성에 각기 이분법적으로 부과된 가정 내에서의 역할, 직업상 역할, 정치적 역할뿐만 아니라 성(性)에 따른 자아 개념들과 심리적 특성들을 내포하고 있다. 예컨대, 전통적인 여성의 역할은 여성들이 수동적이고, 양육적이며, 의존적이기를 바라는 기대들을 포함하고 있다. 표준적인 남성의 역할은 이와 대조적인 기대들, 즉 공격적이고, 경쟁적이며, 독립적인 행동과 결부되어 있다.

이러한 성역할에 수반되는 기대들은 여성에게 의존성을 유발하는 주요 요인으로 작용한다. 정신의학자 밀론(Theodore Millon, 1981)은 의존성을 정신장애의 한 유형으로 구분하면서, 의존성 인격장애자들의 양상에 대해 이렇게 말한다.

의존적인 개인은 자신감이 부족하고 독립적으로 기능하지 못하기 때문에, 자신의 삶의 주요 영역들에 대한 책임을 다른 사람들에게 소극적으로 떠맡긴다. 이런 개인은 자립하는 것을 어떻든 피하기 위해 자신이 의존하고 있는 사람들의 요구에 따른다. 의존적인 개인들은 중요한 결정을 다른

용되는 반면, 건강한 여성들은 성인의 기준에서 볼 때 건강하지 못한 것으로 인식된다. …… 따라서 여성이 건강하다는 것은, 그녀가 성(性)에 순응하고 성에 따른 행위규범들을 받아들여야 한다는 것을 말한다. 비록 이런 행위들이 일반적으로 유능하고 성숙한 성인의 기준에서 볼 때, 사회적으로 바람직하지 못하고 건강하지 못한 것이라고 하더라도 말이다(p. 7).

여성들은 남성중심적인 사회에서 정상으로 인정받으려면 여성스러운 존재가 되어야 한다는 것이다. 전통적으로 '여성성(feminity)'이 정신건강의 모델이었다. 그린스팬은 여성에 대한 정신병리학의 이중적인 제약을 다음과 같이 지적한다. "여성들은 정상적이기 위해서 정신과 전문의들이 정신병리적인 것으로 진단하는 특징들을 구체적으로 나타내야 한다(Greenspan, 2001, p. 93)."

이제까지 심리학과 심리치료 기법들은 여성들이 지닌 정서적 문제의 사회적 원인을 부인하는 문화를 반영해 왔으며, 또한 제도화된 심리학과 정신의학은 여성들을 침묵시키고, 비하하고, 오해하며, 여성들의 정서적 고통을 지속시키는 경향이 있어 왔다. "남성 치료자들의 관점에서가 아니라 여성의 관점에서 볼 때, 여성의 병리적 증상들은 대체로 남성의 세계에서 여성이라고 하는, 건강하지 못한 심리적 상황에 순응하거나 아니면 반항하는 무의식적인 시도로서 간주할 만하다."고 그린스팬(2001, p. 35)은 주장한다.

여성주의 심리치료자들에게는 우울증, 낮은 자존감, 의존성과 같은 여성들의 심리적 장애들을 치료하는 데 있어서 병리적인 사회구조 자체가 문제시된다. 여성 내담자들이 나타내는 증상들은 성적 불평등으로 인해 조직적이고 사회적으로 파생되는 증상들이다. 정신건강의 체계에서, 또한 그것이 반영하고 있는 주변 사회 속에서 여성들이 어떻게 보여지고 취급당하고 있는가를 우리는 문제삼아야 한다.

심리상담을 받는 여성들은 그들이 겪고 있는 정서적 고통의 사회문화적 원인을 분명하게 의식할 필요가 있다. 이러한 의식화 작업 없이는 여성 내담자가 개인적으로나 집단적으로 자신의 진정한 능력을 발견하고 주장하기란 어렵다. 여성을 위한 상담의 새로운 접근방법에서는 개인적인 변화의 수단만이 아니라 사회적인 변화의 수단을 여성에게 제공해야 한다. 여성주의 상담의 궁극적인 목표는 여성으로 하여금 자신의 개인적인 힘이 집단으로서의 여성들의 집합적 힘과 어떻게 긴밀히 관련되어 있는가를 보도록 돕는 것이다.

3) 성폭력과 가정폭력의 문제

우리 사회의 심각한 문제인 성폭력과 가정폭력에 있어서 피해자의 90% 이상이 여성이라는 사실은 무엇을 의미하는가? 이 사실은 성폭력과 가정폭력의 원인이 어떤 경우에도 피해자 여성에게 있지 않다는 것을 반증한다. 폴링(James N. Poling, 2015, pp. 38-39)은 성폭력 피해자들과 아동학대 피해자들에 대한 연구에서 성폭력과 아동학대를 "힘의 악용(the abuse of power)"으로 규정한다. 하나님이 의도한 힘은 살아 있는 모든 사람을 위한 것이었지만, 이제 그 힘은 사회적 약자인 여성과 아동에 대한 통제를 위해 관계를 파괴하는데 이용된다고 지적한다. 폴링은 체계적인 힘의 악용으로 나타나는 사회적 불의와 개인의 힘의 악용은 '악'이라고 주장한다. 그렇게 남용된 힘은 상호성과 상호의존성의 가능성을 질식시킨다. 힘의 악용은 개인들을 파괴할 뿐 아니라 모든 삶이 의존하고 있는 관계의 그물을 파괴한다고 한다. "힘의 악용은 상호 소통과 교제를 부정하는 것이며, 자신과 타인과 하나님을 위한 자유를 부정하는 것이다."라고 폴링(2015, p. 45)은 말한다.

이러한 힘의 악용이 극명하게 나타나는 성폭력과 가정폭력의 문제는 가부장제 사회에서 '힘이 없는' 여성을 향해 투사되는 '남성의 공격성'과 관련되어 있다. 폴링(2015)의 말을 인용하면 다음과 같다.

공격성이 분노와 무기력으로 갈라질 정도로, 이 분열은 가부장제도에서 남자와 여자에 대한 사회적 기대에 부합한다. 남성의 분노가 사회적으로 승인되기 때문에, 분노와 폭력 행위는 남자가 여자에 대한 통제를 강화하고 자기의 지배적 위치를 강화하는 수단이 된다. 여자들은 종속적 위치에 갇혀 있기 때문에, 여자에게 분노는 위험하다. 남자는 자신의 폭력을 정당화하는 데 여자의 분노를 이용하는 경우가 자주 있기 때문이다. 사회와 가족 안에서의 여성의 취약함이 결국 개인적 무력감으로 내재화되는 경우가 자주 있다(p. 160).

그러면 왜 남자들이 성폭력의 주된 가해자인가? 가부장제 사회에서 성장하면서, 남자들은 어머니와는 거리를 두고 지배적인 아버지와 자신을 동일시하는 경향이 있다. 그럼으로써 가부장제 사회에서 지배적인 남성의 위치에 맞는 성품을 내면화한다. 말하자면, 고립, 과대자아, 분노, 비현실적인 이상과 목표 같은 성품을 내면화하는 것이다. 남성적ㆍ지배적 사회에서 여자들은 공생, 자기비하, 무기력, 억제 불능과 같은 전형적인 여성의 기질을 차용함으로써 생존한다는 것이다. 정신분석 이론에서는 자아가 내면화 과정을 통해 형성된다. 자아의 발달은 성폭력의 경험에 의해, 그리고 성별 불평등과 가부장제에 의해 왜곡된다. 어릴 때 성적으로 폭행당했던 적이 있는 성인은 사랑하고 일하는 능력이 손상됨으로 인해 장기간 고통을 받는다. 남자들이 성폭력의 가해자가 되기 더 쉬운 이유는 고립, 분노, 과시의 내사가 가부장제 문화에서 남성의 전형적인 모습에 맞아떨어지기 때문이다(Poling, 2015, pp. 165-166).

저자의 목회상담 강의에 참석한 한 목사님께서 자신이 시무하는 교회 권사님의 사례에 대해 말하는 것을 들었다. 그 권사님은 결혼생활 30년 동안 남편으로부터 구타와 학대를 받아 왔지만 오로지 남편의 구원을 위해 기도하며 고통을 감수해 왔다는 것이다. 그래서 이제는 남편이 장로가 되어서 두 분이 함께 교회를 위해 충성하고 있다고 한다. 그러면서 이런 경우 남편의 학대와 고통을 참아 낸 그 권사님이 승리하신 것이라고 강변하는 이야기를 들었다. 그래서 연구자는 그 목사님께 30년 긴 세월을 남편의 폭력으로 인한 심신의 고통을 겪어 온 그 권사님의 입장에서 어떻게 생각하시냐고 반문하였다.

남성지배적인 가정과 사회에서 여성들은 그들의 삶에 있어서 고통 또는 한국적 표현으로는 '한'을 경험한다. 한국 교회 여성들은 대부분 그들 자신의 삶에 있어서 곤경과 고통에 직면할 때 하나님의 도우심과 위로와 강력한 개입을 간구한다. 이와 같은 신앙은 그들로 하여금 당면한 고통을 참아 내는 데 도움을 주지만, 개인적인 원인 때문이 아니라 여성에 대해 억압적인 불의한 사회구조 때문에 생긴 그들의 고통에 대한 근본적인 해결책이 되지 못하고 있다. 또한 그들이 겪고 있는 고통의 경험을 믿음의 연단, 또는 심지어 하나님의 형벌로 이해하는 것은 그들로 하여금 고통에 내포된 불의를 감수하게 하는 것이다. 가정폭력의 경우, 하나님의 정의의 관점에서 그리고 고통당하는 피해여성의 입장에서 고통이 이해되고, 불의로 인한 여성들의 고통을 제거하려는 적극적인 개입들이 이루어져야 할 것이다.

여성주의 목회상담을 실행함에 있어 신학적 기초를 제공해 온 성경과 기독교신학에 대한 비판적 성찰이 요구된다. 여성 신학자들이 성차별적인 기독교에 대해 비판해 왔듯이, 기독교의 상징과 신학은 여성의 인간화에 기여하기보다는 오히려 교회와 사회에서 여성들에 대한 억압과 차별을 강화하는 도구가 되어 왔다. 기독교 신앙과 성서 텍스트들은 교회 여성들이 그들의 예속적인 지위와 심지어 고통까지도 무비판적으로 수용하도록 잘못 해석되어 왔다. '십자가'와 '고난당하는 종'과 같은 기독론의 상징은 교회 여성들, 특히 가정폭력의 희생자들로 하여금 그들의 고통을 하나님의 뜻으로 알고 인내하도록 하는 데 이용되어 왔다. 여기서 저자가 분명하게 지적하고자 하는 점은, 십자가나 예수의 고난이 더 이상 가정폭력의 피해자들로 하여금 그들이 당하는 고통을 하나님의 뜻으로 또는 신앙의 연단으로 받아들이고 불의한 폭력을 묵인하게 하는 도구가 되어서는 안 된다는 것이다. 그러기 위해서 우리는 십자가나 예수의 고난의 의미를 여성신학적 관점에서 재해석해야 하며, 여성의 전인건강의 차원에서 고통의 진정한 의미를 재발견해야 한다.

포튠(Marie Fortune, 1989, p. 139)은 성폭력과 가정폭력에 연관된 신학적 문제들을 제기한다. "강간, 구타, 혹은 아동 성학대의 희생자인 신앙인은 종종 이러한 물음들에 직면하게 된다. 왜 내가 이런 식으로 고통을 당해야 하는가? 내가 고통 중에 있을 때 하나님은 어디에 계셨는가?" 고통의 원인에 대한 첫 번째 물음에서 중요한 점은, 하나님은 불의와 고통의 원인이 아니라는 것이다. 고통의 경험에 대해 두 번째로 고려할 점은, 고난의 의미 또는 고난의 목적이다. 고통의 경험이 희생자에게 무슨 의미가 있는가? 구타당하고 학대받는 것이 정당한 형벌이고 십자가를 지는 것이며 또 그것이 하나님의 뜻이라고 받아들이는 것은 희생을 정당화하면서 살아가는 방법을 추구하는 잘못된 인내의 유형을 시사한다.

고난에 대한 잘못된 신학적 해석과 오용은 희생자의 생명과 건강을 위협하는 결과를 초래한다. 이런 문제점에 대해 포튠(1989)은 다음과 같이 말한다.

> 이처럼 고통을 정당화하는 신학은 사람들이 고통을 당하는 것이 하나님의 뜻이며 유일한 선택은 그 고통을 인내하는 것이라고 가르친다. 불의로 인한 고통을 문제삼고 도전하고 분노를 느끼고 자신의 환경을 변화시키기 위해 노력할 여지가 없다. 이런 신학은 결과적으로 희생자로 하여금 무기력해지고 희생을 당하고만 있도록 한다. 그 결과 희생자의 신체적·심리적·정신적 생존이 심각한 위협을 받게 된다. 이처럼 고통의 의미에 대한 잘못된 이해는 …… 정의를 원하시고 풍성한 생명을 약속하신 하나님의 의도를 무시하는 것이다(p. 144).

가정폭력의 희생자는 불의한 폭력 때문에 받는 고통을 인내하기를 거부하고 고통의 상황을 변화시켜야 한다. 하나님은 불의에 저항하고 고통을 변화시키는 힘과 용기를 우리에게 주신다. 우리는 '힘의 악용'인 악을 참기를 거부하고 고통을 변화시키려고 함으로써 상처를 치유하시고 정의를 실현하시는 하나님의 구속의 역사에 동참하게 된다.

기독론의 상징인 예수의 십자가가 고통의 모델로서 잘못 해석되고 있다. 예수께서 십자가를 지셨기 때문에 사람들도 저항하지 말고 파괴적인 폭력의 십자가를 짊어져야 한다는 것이다. 그러나 예수의 십자가는 고통을 재가하거나 신성시하는 것이 아니라, 온갖 형태의 불의한 폭력에 대한 거부이며 심판이다. 예수의 고난과 죽음에 대한 전통적인 이해와 해석에 도전하는 여성 신학자들이 있다. 그들 대부분은 예수께서 짊어지신 십자가를 여성의 희생을 축복하는 것으로 사용하는 전통적인 해석을 거부한다. 루터(1981, pp. 27-28)는 "그리스도의 십자가가 그리스도인들에게 매저키즘적인 죄의식과 무가치감과 무저항을 주입시키는 데 이용되고 있다.…… 악을 받아들이고 참는 것이 마치 대속적인 것처럼 간주되고 있다."고 지적한다. 예수의 고난은 진정한 화해를 위한 것으로 불의에 대한 순응이 아니라 하나님의 정의를 세우기 위한 것이다.

신약성서에서 바울은 남편의 권위에 대한 아내의 복종에 기초한 결혼관계를 신성한 질서로 말하고 있다. "아내들이여, 자기 남편에게 복종하기를 주께 하듯 하라. …… 교회가 그리스도에게 하듯 아내들도 범사에 그 남편에게 복종하라.(엡 5:22-24)"는 것이다. 이 성경 구절들은 가부장적 가족구조를 합법화하는 데 이용되어 왔다. 교회는 이 구절들을 남편과 아내의 부부관계에 문자적으로 적용해 왔다. 배우자 학대의 경우에서조차 목사들은 구타당하는 아내들에게 그들의 고통을 믿음을 단련하기 위한 하나님의 시험으로 알고 인내할 것과, 가정의 평화를 위해 남편에게 계속 복종할 것을 권면하는 경향이 있다. 성서 본문에 대한 이러한 문자적 해석과 적용은 아내 학대의 문제를 해결할 수 없으며, 오히려 일방적인 지배와 통제를 행사하는 남편의 폭력의 굴레에서 벗어나지 못하게 함으로써 아내의 고통을 더욱 가중시킬 뿐이다.

우리는 고통에 대한 올바른 이해와 해석 그리고 고난의 진정한 의미를 찾아야 한다. 예수 그리스도를 따르는 것은 곧 고난받는 것이며, 따라서 고난은 본래 대속적인 것이라고 믿는 것은 그리스도의 이름으로 자기파괴를 정당화하는 것이다. 목회상담자는 고통이 자기파괴와 공동체로부터의 소외를 가져오는 수단이 되기보다는 전인적 성장과 다른 사람들을 위한 헌신의 수단이 되고 있는가를 확인할 책임이 있다.

실제 목회상담에서 기독교 신앙과 신학 그리고 성서를 어떻게 해석하고 상담에 적용할 것인가는 매우 중요한 문제이다. 폭력의 피해자로 하여금 신체적·정신적 상처와 위협을 감수하게 하고 억압적이고 불의한 가정과 사회 체계를 옹호하고 지속시키는 그런 상담이 되어서는 안 될 것이다. 목회상담은 개인의 변화와 성장에 힘쓰는 한편 이에 더 나아가서 여성들의 생명과 생존에 위협이 되고 있는 성폭력과 가정폭력을 묵인하는 가부장제적 가정과 사회 그리고 교회의 근본적인 변화에도 주력해야 할 것이다.

앞서 논의하였듯이 여성들의 전인건강에 장애가 되는 여성의 주요 문제들, 즉 자아상실과 의존성의 문제, 정신건강의 이중적인 기준 문제 그리고 성폭력과 가정폭력의 문제들은 실제 상담에서 여성 내담자 개인의 결함이나 장애로 접근하는 데 있어 분명 내담자의 문제의 해결이나 치유에 한계가 있을 수밖에 없다. 그런 점에서 실제 상담에서 고려해야 할 몇 가지 제안을 하고자 한다.

2. 여성주의 상담을 위한 제안

여성의 전인적인 성장과 치유를 위해 몇 가지 제안을 하고자 한다. 첫째로, 여성주의 상담의 기본 전제는 여성들의 문제를 사회문화적, 정치적 맥락에서 파악해야 한다는 것이다. 사회문화적 맥락에서 가부장제도의 현실은 여성들의 '병리학'을 고찰하는 데 있어서 기본적인 시각을 제공한다. 누거(Christie Cozad Neuger, 1993, p. 188)가 주장하듯이 "여성해방에 입각한 상담의 일차적인 원칙은 여성의 고통을 유발하는 근본적인 원인이 되는 가부장제도에 대한 인식이다." 여성들이 겪고 있는 고통의 일차적 원인은 성차별로 표현되는 가부장제도에 있다는 것이다. 상담자는 여성 내담자의 문제를 이해하고자 할 때, 개인적인 병리의 시각에서가 아니라 성차별주의에 대한 경각심을 가지고 문제와 문제의 원인을 파악해야 한다. 여성 우울증 환자가 남성에 비해 1.5배(또는 2배) 이상 많다는 것도 우리 사회와 가정 내에서 여자들이 받는 성적 억압과 차별과 관련이 있다고 본다. 따라서 여성 문제는 단지 여성 개인의 문제나 개인적인 결함의 문제로 접근해서는 해결되기 어렵고 그런 문제들을 유발한 사회문화적 원인을 밝혀내야 한다.

상담과 심리치료는 사회문화적 가치를 반영하는 것이며, 사회문화적 영향을 받는다. 따라서 보편타당한 상담이론이나 치료방법이란 존재하지 않는다. 심리학의 주요 학파들, 즉 정신분석학, 행동주의, 인본주의, 가족체계이론 등은 여성들의 경험을 무시해 왔다. 이런 이론들은 여성의 경험의 관점에서 재해석되어야 하며, 그러한 비판의식 없이 여성 내담자들을 상담하는 데 그대로 적용하는 것은 문제가 있다. 여성의 경험을 무시한 상담이론이나 치료방법은 여성 문제에 대한 효과적인 해결책을 제공해 줄 수 없다. 성차별적이지 않은 양성평등의 상담을 실시함에 있어서 상담자는 여성의 경험을 진지하게 받아들이지 않거나 어떤 식으로든 여성의 전인성을 부인하는 상담이론이나 방법은 피해야 할 것이다.

둘째로, 사회문화적 요소들은 여성들의 삶에 중대한 영향을 미치기 때문에, 여성상담은 사회문화적 요소들을 주변적인 문제로 취급해서는 안 될 것이다. 여성들의 삶의 모든 국면에 반영되는 체계적인 성차별주의에 대한 인식이 없는 상담자는 여성 내담자를 위한 개인상담이나 가족상담에서 효과적인 상담을 수행할 수 없다고 본다. 예를 들어, 여성 우울증의 주요 원인은 '합법적인 출구가 없는 여성들 자신의 억압에 상존하는 무의식적 분노'이다. 여성 우울증 환자에 대한 치료는 문화적 성차별주의의 맥락에서 여성의 삶을 이해할 필요가 있다는 말이다. 우울증에서 결과한 심리적, 정신적 증상들, 즉 무력감, 부정적이고 비관적인 생각들, 의욕상실, 불면증, 심할 경우 자살 기도 못지않게 가정과 사회제도에 내재한 권력의 불균형을 진지하게 고려해야 한다. 상담자는 우울증에 빠진 여성들을 상담할 때, 가부장제도가 심리적, 사회적, 신학적 측면에서 무엇을 의미하는가를 이해할 필요가 있다.

　가정 내에서 여성의 복종과 예속적 지위가 위계적인 사회질서의 일부로 강화되어 있는 우리 사회에서 여성들은 남편에게 심리적으로나 경제적으로 의존할 수밖에 없다. 심지어 여성 자신의 삶이 남편에 의해 좌우되고 결정되기조차 한다. 여성들이 남편에게서 버림받고 이혼당할 때 홀로 살아갈 자신감도 없고 특별한 기술과 경제력이 없는 상태에서 어떻게 그들 자신의 삶을 대처해 나갈 수 있겠는가? 한국의 주부들 가운데에는 경제적 이유와 자녀 때문에 이혼을 감행하지 못하고 불행한 결혼생활을 인고하며 체념하면서 보내는 여성들이 많이 있다. 높은 이혼율과 함께 가정 해체가 가속화되고 있는 현 상황에서 상담자가 이혼에 직면한 여성들을 어떻게 상담하며 조력할 것인가도 중요한 문제이다.

　여성주의 상담에서 다루어져야 할 또 다른 문제는 여성의 어머니 역할에서 제기된다. 그들의 정체성이 가정 관리와 어머니 역할에 근거한 여성들은 이러한 역할의 상실에서 삶의 위기를 맞게 된다. 한국 사회는 급속한 산업화와 경제발전 아래 가족구조상의 급격한 변화를 겪어 왔다. 대가족에서 핵가족으로 가족구조가 변화되고 이에 따라 한두 명의 자녀가 있는 축소된 가족을 경험하고 있다. 그리고 생활수준의 향상으로 인해 사람들의 평균수명은 증가하였다. 가족구조와 가정생활 주기상의 변화가 이루어지는 상황에서 여성의 어머니 역할의 주기는 상당히 감소되었다. 이런 시점에서 중년 여성들의 자기계발 문제에도 여성상담은 관심을 기울여야 할 것이다.

셋째로, 여성주의 상담은 가정이 성(性)에 따라 구성되어 있다는 것과, 그러한 가정이 여성들의 삶의 중심이라는 사실을 고려해야 한다. 가족치료의 주요 이론과 실제는 가족체계의 기본적인 구성원리인 '성'(gender)의 차원을 무시해 왔으며, 가족이 포함된 보다 광범위한 사회체계에 있어서 남녀 간의 권력과 지위상의 차이를 지금까지 고려하지 않았다. "여성: 가족치료 모델들에 있어서 감추어진 성의 차원"이란 소논문에서 저자들(Walsh & Scheinkman, 1989, p. 37)은 "결과적으로 성은 가족과 변화의 모델들에서 무시된 차원으로 남아 있다."고 주장한다. 성과 성에 따른 권력의 차등적 배분이 가정생활을 구성하는 주요 요소라는 사실에 비추어 볼 때, 상담자는 여성 내담자가 제기하는 가정 문제를 해결하는 데 있어서 불평등한 성의 측면을 인식해야 한다. 예를 들어, 결혼관계에서 부부 갈등의 문제는 여러 가지 원인이 있겠지만, 부부간의 불평등한 힘의 관계에서 발생된다고 볼 수 있다. 부부가 동등한 관계에서 서로를 존중하고 공감하고 배려한다면, 부부 사이의 갈등을 잘 해소하고 관리해 갈 수 있을 것이다.

넷째로, 그렇다면 여성 내담자의 치유에 있어서 상담자가 지녀야 할 태도는 어떠해야 하는가? 앞서 언급했듯이, 상담자는 효과적인 여성상담을 위해서 여성 내담자의 문제를 개인의 병리학의 관점에서가 아니라 사회문화적인 성차별주의의 관점에서 다루어야 한다. 그린스팬(1993, p. xx)이 지적하듯이 "여성의 문제와 딜레마는 엄밀히 말해서 개인적인 문제이며 개인의 결함이나 부적응과 관련이 있다는 남성편견적인 개념을 우리는 문제삼아야 한다." 실제 문제는 여성의 고통을 유발하는 사회구조 자체의 병리적 상태이다.

또한 상담자는 의식적으로나 무의식적으로 문화적 성차별주의에 의해 영향받은 상담자 자신의 편협한 태도나 가치를 성찰해야 한다. 저스트스(Emma J. Justes, 1993, p. 293)가 지적하듯이 상담자는, 그가 남성이든 여성이든, 주도적인 문화에 의해서 주입된 고정된 역할 규정들과 태도와 기대에 영향을 받

로써 새로운 사회의 비전과 미래 사회와 세계의 대안적인 모델들을 탐구할
수 있게 된다.

두 번째 변화의 단계는 주로 영적 과정인데, 대안적인 사회를 상상해 보는
것이다. 우리는 분열되고 불의한 세계 속에서 인간관계, 국제관계, 인간과 자
연과의 관계에서 상호의존과 상호관계를 확증하는 공동체 윤리뿐만 아니라
사회적·정치적 영역에서 여성들에게 동등한 권리와 기회를 보장해 주고, 경
제적 정의와 인간공동체의 돌봄의 가치를 보증해 줄 수 있는 정의롭고 민주
적인 사회를 필요로 한다. 우리가 바라보는 새로운 인간공동체는 상하 위계
와 가부장적 지배에 기초한 왜곡된 인간관계와 불의한 사회구조의 근본적인
변화를 통해서 실현될 것이다. 이러한 새로운 사회의 진보적 비전에 있어서,
자유와 평등은 여성들의 자아실현과 정신적으로 건강한 삶을 위한 필수적인
요소들이다.

'자유'란 우리 각자가 하나님께 부여받은 재능(은사들)을 진정으로 실현하
는 것을 의미한다. 니버(Reinhold Niebuhr, 1956, p. 134)에 의하면, "인간의 최
고의 선은 인간 본성의 본질적 잠재력을 방해받지 않고 계발하는 자유에 있
다." 그러나 '성(gender)'에 따라 구조화된 가족과 사회 속에서 남성과 여성 모
두 '인간 본성의 본질적 잠재력'을 계발하는 데 한계를 지니고 있다. 특히 여
자들은 성의 정체성과 엄격한 성역할에 따라 한정된 제한된 자유만을 경험한
다. 자유란 전인성과 창조적인 활동에 있어서 인간의 잠재력을 계발하는 본
질적 요소이다. 여성들이 충만하고 행복한 삶을 살기 위해서는 그들에게 강
요된 신체·심리·사회적 제한들이 제거되어야만 한다.

기독교 교회는 미래 사회와 세계의 비전을 제시하고 실행하는 도덕적 작인
으로 기능할 수 있다. 저자는 '하나님의 나라(Kingdom of God)'가 단지 유토피
아적 이상이나 추상적 개념이 아니라 "하나님의 나라가 하늘에서와 같이 땅
에서도 이루어지이다."라는 주기도문에 표현된 대로 새로운 사회 현실을 나
타내는 것이라고 믿는다. 우리는 억압받는 여성의 관점에서 하나님의 나라

를 어떻게 이해하고 정의할 수 있는가? 맥거번(Arthur McGovern, 1989, p. 73)은 해방신학자 소브리노드(Jon Sobrinod)의 말을 인용하면서 하나님 나라의 비전을 제시한다. 하나님 나라는 "인간관계의 전반적인 재구성"을 선취하는 것이다. 그 나라는 가난한 자와 억압받는 자를 위한 복음으로서만이 아니라 "하나님이 누구이시며, 하나님께서 인간 사회에 가치 있게 보시는 것과 원하시는 것이 무엇인가를 계시하는 것"으로 간주된다. 하나님의 의도는 여성을 포함하여 억압받는 사람들의 해방과 정의다. 개인의 구원과 사회의 구원은 서로 연관되어 있다. 이러한 비전 안에서 여성들은 성령으로 말미암은 연합과 화해를 계시하는 자유의 영성을 경험하게 될 것이다. 우리는 하나님의 나라를 정의롭고 협동적인 사회로 상상해 볼 수 있다. 물론 그것은 인간적인 과정이나 인간 사회의 특정한 형태로 환원될 수는 없다. 이러한 비전과, 하나님의 정의와 사랑에서 비롯되는 해방의 능력을 통해서 우리는 우리 사회와 세계의 새로운 미래를 향해 나아갈 수 있을 것이다.

세 번째 변화의 단계는 새로운 사회의 비전을 행동에의 헌신으로 연결하는 것이다. 비전이 없는 행동은 무모한 것이며, 행동이 따르지 않는 비전은 공허한 것이다. 행동으로 나타나는 변화 과정의 전제는, 여성의 영적 성장이 그들의 경제적·정치적 상황과 긴밀하게 관련되어 있다는 것이다. 여성들이 개인적인 힘을 갖는다고 해도 그것이 그들의 건강한 삶을 위한 실제적인 변화를 일으키는 데는 충분하지 않다. 모든 여성의 행복한 삶은 가족구조와 사회구조의 변화를 위한 집단적인 노력을 통해서 실현될 것이다. 변화를 위한 행동에 투신하려면, 개인적인 힘과 사회적인 힘을 북돋워 줌을 통해서 사회적 불의를 변화시키려고 하는 개인적인 참여와 집단적인 노력이 요구된다. 우리는 모든 여성의 치유와 행복한 삶을 위해 헌신함으로써 새 하늘과 새 땅의 비전을 바라보며 함께 연대하며 나아갈 것이다.

참고문헌

김필진 (2006). 여성의 치유를 위한 여성주의 목회상담. 여성, 삶, 그리고 이야기. 제12차 한국목회상담협회 춘계학술대회, 25-39.

Blumen, L. (1985). *Gender roles and power*. New Jersey: Prentice-Hall, Inc.

Broverman, I. K., Broverman, D. M., & Clarkson, F. E. (1970). Sex role stereotypes and clinical judgement of mental health. *Journal of Counseling and Clinical Psychology, 34*(1), 1-5.

Chodorow, N. (1978). *The reproduction of mothering: Psychoanalysis and the sociology of gender*. Berkeley: University of California Press.

Fortune, M. (1989). The transformation of suffering: A biblical and theological perspective. In C. B. Joanna & R. B. Carole (Eds.), *Christianity, patriarchy, and abuse* (pp. 139-146). New York: Pilgrim.

Gilligan, C. (1982). *In a different voice*. Cambridge: Harvard University Press.

Greenspan, M. (2001). 우리 속에 숨어 있는 힘 (고석주 역). 서울: 또 하나의 문화. (원저 1993년 출판).

Justes, E. (1993). Women. In J. W. Robert, D. P, Richard, & D. Capps (Eds.), *Clinical handbook of pastoral counseling, vol. 1* (pp. 279-299). New York: Paulist Press.

Lerner, H. G. (1988). *Women in therapy*. New York: Harper & Row.

McGovern, A. F. (1989). *Liberation theology and its critics*. Maryknoll, N. Y.: Orbis.

Millon, T. (1981). *Disorders of personality DSM-III: AXIS II*. New York: John Wiley & Sons.

Miller, J. B. (1976). *Toward a new psychology of women*. Boston: Beacon.

Neuger, C. C. (1993). A feminist perspective on pastoral counseling with women. In J. Robert, D. P. Wicks & Richard (Eds.), *Clinical handbook of pastoral counseling, vol. 2* (pp. 185-207). New York: Paulist Press.

Niebuhr, R. (1956). *An interpretation of christian ethics*. New York: Living Age.

Poling, J. N. (2015). 성폭력과 힘의 악용 (이화목회상담센터 역). 한울아카데미. (원저 1991년 출판).

Ruether, R. R. (1981). *To change the world*. New York: Crossroad Pulishing Co.

Ruether, R. R. (1983). *Sexism and god-talk*. Boston: Beacon.

Sweeney, T. J. (2005). 아들러 상담 이론과 실제 (노안영 외 공역). 서울: 학지사. (원저 1998년 출판).

Susan, S. (1980). *Therapy with women: A feminist philosophy of treatment*. New York: Springer Puglishing Co.

Walsh, F. & Scheinkman, M. (1989). (Fe)male: The hidden gender dimension in models of family therapy. In M. McGoldrick, C. M. Anderson, & F. Walsh (Eds.), *Women in families: A framework for family therapy* (pp. 16–41). New York: Norton.

한국 문화와 여성주의 상담

신명숙
(전 전주대학교)

오래전 모 TV 방송에서 전형적인 한국 중년 여성의 가슴앓이를 잘 표현해 준 〈길모퉁이〉라는 드라마가 있었다. 호된 시어머니 밑에서 시집살이를 하며 남편의 성공과 자식의 성공을 위해 한평생 살아왔지만 시어머니에 대한 두려움 그리고 가족들의 무관심과 무시 속에서 주인공 여성은 심장약을 오랜 세월 먹게 되고 중년 나이에 알츠하이머라는 병을 앓게 되는 이야기이다. 극 중에서 그 중년 여성이 남편과 자식 그리고 시어머니로부터 무시당하면서 혼자서 되씹던 말은 "그래 나는 밥만 잘해."라는 대사이다. 이 말은 밥하는 것 외에는 아무것도 할 수 없다는 자책감으로 가득한 자기비하적인 여성을 한마디로 대변한 표현이다.

비슷한 상황이지만 이것과는 반대로 갇힌 자신으로부터 과감하게 벗어난 대조적인 이야기가 있다(한겨레, 2007. 11. 16.). 교직에 몸담고 있으면서 오십 평생 베이지색이나 회색 정장을 입고 살아왔던 한 중년 여성이 어느 날 모임

1. 한국 역사에 나타난 가부장적 유교문화가 여성에게 미친 영향

남성 중심의 가부장적 사회는 우리나라 고대부터 비롯된 보편적인 현상은 아니었다고 한다(이배용 외, 1999, p. 19, 33). 적어도 고려시대까지는 아들이 없을 경우 딸이 친정 제사를 지낼 수도 있으며 딸의 자식인 외손도 가계를 계승할 수 있었고 재산도 아들과 딸 구별 없이 고르게 상속이 가능했다. 중국과는 달리 고려시대까지는 부계와 모계가 모두 중시되는 친속제도였다. 그러나 조선 중기 이후 17세기를 전후하여 중국의 성리학이 국가의 주요 이념이 되면서부터 지금까지 우리 한국인의 내면세계에는 남성 중심의 가부장적 유교문화가 그 중심을 이루어 왔다. 현재 유교를 종교로서 믿고 있는 사람의 숫자는 전체 인구 중 극소수에 지나지 않지만 유교가 한국인의 사고와 삶에 많은 영향을 미치고 있다는 사실은 어느 누구도 부정할 수 없다.

유교 윤리의 출발은 성리학의 이념에 따라 인간의 신체를 규율하는 『삼강행실도』와 『소학』이다. 특히 조선시대 성종 이후 『소학』은 과거제도에 편입될 정도로 강제적으로 읽어야 하는 것이었고, 일반 백성을 의식화하겠다는 의도로 나라에서는 『삼강행실도』와 『소학』의 보급을 강력하게 지시하였다(강명관, 2009, p. 200). 이러한 유교의 뿌리가 되는 『삼강행실도』와 『소학』은 남성 중심의 가부장적 수직윤리에서 비롯된다. 『삼강행실도』는 위정자, 아버지, 남편이 백성, 자식, 아내에게 본이 되어야 한다는 삼강과 부자의 친애, 군신의 유의, 부부의 분별, 장유의 차서, 붕우의 신의로서 가족의 조화와 연장자에 대한 존경을 장려하기 위해 형성된 도덕적 생활규범이다(강명관, 2009, p. 17). 이러한 삼강오륜은 한국 사회와 한국인의 내면세계에 효의 강조와 상하질서 의식, 남녀차별 의식을 형성하게 되었으며 남편과 아내의 관계를 우선시하는 가족주의가 아니라, 아버지와 아들의 관계를 가장 중시하는 가족주의를 보인다.

특히 『소학』은 조선시대 여성성 전체를 규정한 것으로서 여성이 아닌 남성에게 먼저 읽혀 여성과 자신을 분리시키고 구분하여 남성을 의식화했던 책이다. 『소학』은 남녀의 분별을 말하면서 여성의 격리, 유폐를 정당화했고, 개가불가를 말하여 남성에 대한 여성의 성적 종속성을 규정했으며, 삼종지도로 여성이 독립적인 존재가 아닌 의존적 존재, 즉 남성에 의해서만 주체성을 갖는 존재임을 규정했다. "여자와 소인은 가르쳐서는 안 된다."는 공자의 가르침을 받아들인 한국 문화에서 여성은 관료로서, 학자로서, 농부로서 존재하는 것이 아니라 오로지 딸과 아내와 어머니로서 존재할 뿐이었다. 여성의 일을 가정의 살림살이에 묶어 둔 것이나 정치에서 여성을 배제시킨 것 모두 『소학』에서 유래한다. 『소학』의 「가언」편 45장에 여성의 성역할을 규정한 다음과 같은 대표적인 문구가 있다.

> 부인은 규중에서 음식을 올리는 일을 주장하므로 오직 술과 밥과 의복의 예를 일삼을 뿐이니, 나라에서는 정치에 참여하지 않게 하고, 집에서는 일을 주관하지 않게 하여야 한다. 만약 총명하여 재능이 있고 지혜로워 고금을 통달한다 하더라도 마땅히 남편을 보좌하여 남편의 부족함을 권면해야 하니, 반드시 암탉이 울어 화를 부르는 일이 없어야 할 것이다(강명관, 2009, p. 113).

이렇게 남성은 성리학과 중국의 고전을 통해 유교적 가부장제를 습득했다. 즉, 여성이라는 존재에 대한 철학적 해명을 얻는 동시에 현실에서 여성과 남성과의 관계를 어떻게 정립할 것인가, 여성의 성역할은 무엇인가, 여성의 일생은 어떻게 구성되어야 할 것인가에 대한 지식과 방법적 원리를 터득했다.

이러한 『소학』의 논리에 의해 아들은 집안의 대를 잇고 제사를 모시는 데 필요한 존재로 중요하지만, 딸은 이 모든 것에서 제외된 출가외인이니 자연스럽사성을 갖고 어머니와 딸의 관계 속에서 확립된다. 어머니는 같은 성의 딸을 자기 자신의 확장으로 여기며 자신과 다른 독립체로 인정하지 않는다. 어머니는 자신의 딸과의 일치감과 연속성 속에서 더 강하게 딸과 동일시되고 딸 또한 어머니와 동일시된다(Chodorow, 1986, p. 143). 그러나 이러한 어머니와의 강한 동일시로 인해 딸은 자아 형성을 이루는 데 방해를 받는다. 따라서 딸은 어머니와 구별되면서 독립된 삶으로 발전되지 못할 수 있으며 어머니와 딸의 밀접한 관계는 딸의 자아의식을 억제할 수 있다. 어머니가 자기애적 인격장애가 있을 경우 자신의 부족함은 거짓 자아로 나타나며, 이루지 못한 자신의 욕구를 딸을 통해 얻으려고 하기 때문에 딸과 어머니의 관계가 분리되지 못한 채 딸의 자아의식은 더욱 불분명해진다. 그리고 딸의 불분명한 자아의식은 또 다시 자기애적 인격장애로 대물림되는 것이다(Wardetzki, 1991, p. 157).

여성의 이러한 자기애적 인격장애는 개인적인 차원에서 벗어나 사회문화적인 관점에서 생각해야 한다(I. Karle, 1996, p. 173 이하). 그것은 오랜 역사 속에서 남성 중심의 가부장적 사회문화로 남성과 여성을 다르게 양육한 결과이기도 하다. 여성으로 태어났기 때문에 어린 시절 가족으로부터 충분한 사랑을 받지 못했거나, 어머니와의 건강한 공감대가 형성되지 않거나, 또는 여성이기 때문에 지나치게 과잉보호한 것이 원인인 경우라고 할 수 있다. 우리나라의 많은 여성은 아들이기를 원했으나 딸로 태어남으로 인해 '태어나지 말았어야 하는 아이'로, '원치 않았던 아이'로 성장하면서 충분한 사랑을 받지 못했으며 남동생이나 오빠에게 많은 권리를 넘겨주면서 살아왔다고 볼 수 있다. 또한 여성이라는 가부장적인 성 고정관념으로 사회적으로나 가정적으로 많은 제약과 지나친 과잉보호 속에서 성장했다고 볼 수 있다. 이러한 상황에서 어린 여아는 부모의 마음에 들려고 주변 환경에 필사적으로 적응하며 모든 이의 마음에도 들려고 애를 쓸 수밖에 없는 것이다. 따라서 자신의 진정한 모습보다는 다른 사람의 관심과 마음에 들기 위해 부모 또는 사회가 싫어할 것 같은 자신의 감정과 느낌을 숨기게 되고 부모나 사회가 좋아하거나 원하는 감정만 표현하게 됨으로써 자기가 아닌 다른 사람의 모습인 '거짓' 자아만 형성할 수밖에 없다.

이렇게 '거짓' 자아로 주위 사람들의 요구와 바람에 순응하게 됨으로써 자기애적 인격장애인 나르시시즘이 나타나는 것이다. 그렇다고 주변 환경에 적응하려는 노력이 문제가 아니라 그 노력이 너무 지나칠 때 자신의 개성과 내면에서 일어나고 있는 요구를 주위 사람으로 인해 억압해야 하고 자신의 내면적인 요구보다 항상 남의 요구가 우선인 경우가 문제이다. 이것은 자기 희생과 자기소외를 통해 칭찬과 사랑, 관심을 받을 수 있기 때문이다. 이러한 여성들의 잘못된 자기애는 앞에서 언급했듯이 역사적으로 여성들로 하여금 정절을 요구하고 그것을 지킨 여성의 집 앞에 정려문을 세워 그녀의 덕행을 세상에 알리고 그 집안에 세금면제, 신분해방 등의 혜택을 주고 반대로 재혼한 과부의 자손에게 불이익을 줌으로써 여성의 희생을 강조하는 착한 여성 길들이기에 익숙해진 결과라고 할 수 있다.

역사 속에 나타나는, 자아가 존재하지 않는 여성들의 무조건적인 희생만이 존재하는 착한 여성으로서의 삶이 현대에 와서는 자신이라는 존재는 없고 오직 가족을 위해, 남편의 성공을 위해, 자녀의 성공을 위해 한평생을 살고 있는 여성들의 모습으로 이어진다. 그것이 곧 여성으로서 해야 할 몫이라 여기며 그렇게 함으로써 주위 사람들로부터 인정받는 것이라고 생각해 왔다. 특히 한국의 40대 이후 여성들은 대부분 어릴 적부터 가부장적 가치체계에 익숙해져 있다. 그들은 개인의 감정을 무시하는 유교적인 가부장적 가치관 속에서 여성들에게 제한된 성역할이 요구되고 자신의 충동이나 독립의지는 포기하고 주변 상황과 사람에 순응할 것만을 강요당했던 시대에 살아왔다. 이렇게 자신을 인격체로서 수용받지 못하고 자신의 감정과 개성에 대한 적절한 반응을 받지 못하고 살아온 여성들은 부모가 되어서도 채워지지 않은 나르시시즘을 그대로 껴안고 살아간다.

여성들의 건강하지 못한 자기애는 현대 가족의 자녀 양육에서 아버지의 부재(이혼이나 사망으로 인한 부재라기보다 물리적으로 존재하지만 실질적으로 가족 내에서 아버지로서의 역할을 하지 못하는 경우)로 인하여 더욱 부추겨지고 있다(Wardetzki, 1991, p. 167). 가부장적 성역할의 강조로 남성은 사회적인 일과 경제적인 책임에 초점을 맞추다 보니 여성은 혼자서 자녀 양육에 대한 전적인 책임을 지게 되었다. 그러다 보니 남성들은 자연히 자녀 및 가족에 대한 무관심으로 이어지고 여성들의 자녀에 대한 소유욕은 더욱 강해지게 되었다. 따라서 자녀의 마음을 읽어 주고 자녀의 개성을 찾아갈 수 있도록 돕기보다는 자식을 통해 어머니 자신의 열등감과 자존감을 상쇄할 수 있도록 성공을 무조건적으로 강요하는 입장이 되며, 이것은 아버지가 가족과 자녀에 무관심할수록 더 심해진다.

이렇게 여성적 자기애에 빠진 여성들은 '거짓' 자아 뒤로 자기를 숨기게 되어 자기 자신과 타인에게 가면을 쓴 모습만 보이게 된다. 따라서 가족을 위해 자신의 욕구나 능력을 포기하면서 살아왔던 여성들은 자신도 모르게 남편이나 자식의 성공이 곧 자신의 성공으로 동일시하여 그들을 통해 자신이 이루지 못한 것을 이루려는 대리만족을 형성하게 된다. 남들에게 남편과 자식의 성공을 은근히 자랑하게 되는데, 더할 나위 없이 행복한 모습, 어떤 것에도 의존하지 않는 모습, 완벽한 모습, 성공한 모습, 어떤 상황에 처하더라도 침착한 모습만 보이게 된다. 오랫동안 가면을 쓴 모습만 보이다 보면 자신도 스스로 자신의 거짓 자아에 동일화되어 그것이 자신의 참모습이라고 착각하게 된다. 이러한 거짓 자아를 통해 여성들의 잃어버린 자존감이 상쇄되고 열등감이나 불안감을 일시적으로 덮을 수 있다. 그러나 자신이 대리만족의 대상들로부터 이루고자 하는 것을 얻지 못하면 어느 한순간 심한 열등감과 자괴감에 빠져 무기력해진다. 그것은 무조건적인 자기희생과 자기소외가 습관이 되어 자신의 진정한 감정과 욕구를 인지할 수 있는 능력을 잃어버렸기 때문이다.

3) 의존적 인격장애: 외부 지향적 관계적 자아

여성들은 남성 중심의 가부장적인 사회문화 속에서 자신의 내면의 소리에 귀 기울이기보다는 다른 사람들의 요구에 따라 사는 것이 습관이 되어 자신의 생각이나 의견을 표현하는 것을 두려워하고 어려워한다. 그러므로 남성 중심의 가부장 문화에 익숙해진 여성들이 가정이나 조직사회에서 주체적으로 자신의 의사를 먼저 밝히기보다는 타인, 특히 남성의 의견이나 생각을 살펴본 후 분위기 흐름에 따라 자신의 의사를 결정하는 경우가 많다. 이것은 여성은 어려서는 아버지를 따르고 결혼해서는 남편에게 순종하며 늙어서는 아들을 따라야 한다는 삼종지도의 남성 중심의 가부장적 논리의 결과이다. 여성의 종속적이고 의존적인 삶은 결혼하기 전에는 아버지, 결혼 후에는 남편과 아들에 의해 좌우된다. 특히 결혼 후 아내의 삶은 남편의 영향을 많이 받는다. 남편의 성공 여하에 따라 여성의 지위가 함께 결정된다. 여성은 사고력이나 판단력이 있어도 안 되고 감성이나 지성이 있어도 안 되었던 가부장적인 남성의 권위적인 구조 속에서 여성들은 스스로 할 수 있는 것도 할 수 없는 사람으로 오랫동안 살아왔기 때문에 자신의 결정과 결단을 다른 사람에게 미루게 되고 매사에 의존적이 될 수밖에 없다. 오직 자신을 기꺼이 희생하고 봉사하는 것이 최고의 미덕으로 여겨 온 결과 주체적인 자아를 희생하고 자신이 돌본 대상의 성공으로 자존감을 얻어 대리만족할 뿐이다. 이렇게 남성 중심의 가부장적인 구조에 길들여진 여성들이 가정에서는 부모나 남편, 사회에서는 직장 상사의 뜻이나 말이 자신의 뜻인 것처럼 생각하고 움직인다. 따라서 여성들은 다른 사람이 원하는 대로 자신의 존재를 형성하기 때문에 자신의 고유한 생각이나 의견을 통해 성숙해 가기보다는 타인의 의견에 맞추어 수동적으로 자신이 속한 집단에 적응하게 되고 의존적인 삶을 살 수밖에 없다.

이러한 여성의 특성은 어떠한 상황에서나 환경에 잘 적응할 수 있는 이유이기도 하다. 그러나 여성이 자신이 살고 있는 사회의 관습과 환경에 적응하지 못할 경우 상대적으로 불안을 경험한다. 이것을 우리는 여성성의 특성으로서 '관계적 자아(relational self)'라고 표현한다. 이러한 특성상 여성은 타인과의 인간관계 속에서 자신의 자아의식을 찾으며 애착과 친밀감을 통해 자신의 정체성을 규정한다. 따라서 가부장적 가족문화에서 여성들은 부모를 돌보는 역할에서 자녀 양육, 남편의 가족 및 친구들과의 유대관계를 유지하도록 가족 모임과 전화 연락, 생일과 기념일 챙기는 일까지 담당한다. 이러한 관계가 원만하지 않으면 여성은 상대적인 불안을 느끼고 더욱 외부 지향적인 성향이 되며 소외되지 않기 위해 타인에게 자신을 맞춘다. 건강하지 못한 이러한 관계적 자아는 종속적이고 의존적인 삶을 강화시키고, 의존적인 성향은 다시 건강하지 못한 관계적 자아로 반복적인 악순환이 될 수 있다.

더욱이 여성의 종속적이고 의존적인 삶은 위기의 경우 상호적으로 악영향을 미친다. 남편이 실직할 경우 그동안 자신을 지탱해 주고 자신이 의존해 왔던 남편을 더 이상 의존의 대상으로 여기지 못하여 남편을 떠나게 된다. 또한 남편이 알코올 중독에 빠질 경우 남편을 중독으로부터 구하려는 목적으로 아내가 남편에게 극도로 매달리는 공(동)의존 상태가 된다(Wardetzki, 1991, p. 298). 이것은 아내가 남편에게 완전히 의존하는 상태에 빠진 채 남편의 삶을 통제하게 되는 역효과 현상이 나타나는 것이다. 아내는 자기 자신은 돌보지 않고 남편을 위해 모든 일을 감행한다. 이러한 현상들은 여성 자신의 삶의 의미나 자존감이 오직 파트너에 의해 좌우되는 의존상태의 결과이다.

4) 완벽주의 수치심: 욕구가 없는 수동적인 착한 여성으로 남기 위한 아픔

조선시대의 가부장적 남성 중심의 사회에서는 여성의 희생을 담보로 가정에 이익을 주어 부녀자의 자발적인 정절을 유도하는 정표정책이 있었다. 즉, 재혼하지 않고 정절을 지킴으로써 집안에 세금면제, 상금하사, 신분해방 등

2. 한국 여성에게 나타나는 심리적 현상

여러 가지 혜택을 받는 반면 그렇지 못할 때 여성으로 하여금 죄책감과 상대적 수치심을 갖게 했다. 그러나 이러한 현상은 지금도 크게 달라진 것은 없다. 전업주부들의 공통적인 특성은 착한 아내와 좋은 엄마가 되어야 한다는 강박관념을 갖고 있다. 이들은 자신이 생각하는 이상적인 여성상을 '이타적인' '베푸는' '자기희생적인' 단어로 묘사하고 있으며 자녀와 남편을 잘 돌보고 챙기는 것이 아내와 엄마로서의 성공이라고 생각하고 있다(Whiffen, 2009, p. 87). 여성들은 언제나 자신의 욕구보다는 남편과 아이들의 욕구를 우선시했으며, 자기 자신의 욕구를 위해 무엇인가를 한다는 것은 상상할 수 없다. 더욱이 여성의 경제활동 참가율이 높아졌지만 아직까지 가정에서의 자녀 양육과 집안 살림은 당연히 여성의 몫이어서 여성들은 사회생활을 하기 위해 가정생활도 완벽히 해내야 한다는 이중 고통에 시달리고 있다. 따라서 전업주부나 사회활동하는 여성이나 모두 자녀가 잘못되거나 살림을 제대로 못하면 죄인 취급을 받으며 여성 스스로 죄책감과 수치심을 경험하게 된다.

이렇게 왜곡된 자아의식을 형성하게 하는 이러한 수치심을 파울러는 '완벽주의 수치심'이라고 말하고 있다(Fowler, 1996, pp. 114-118). 완벽주의 수치심은 타인에게 인정을 받으려는 관심으로부터 형성된 수치심으로서 인정을 받고 칭찬을 받기 위해 자신의 능력이나 조절 범위를 넘어서는 행동을 하는데 그 같은 높은 수준의 행동양식에 이루지 못할 경우 상대적으로 완벽주의 수치심을 느낀다는 것이다. 이러한 논리에 따르면 남성 중심의 가부장제에서 성장한 여성들은 자신에게 요구되는 삶을 살지 못하는 것을 오히려 가장 큰 죄악으로 생각하고 수치심을 느낀다. 한국 여성들에게 '착하다'는 말은 여성이 여성으로서 존재할 수 있는 방법이기도 하다. 그러므로 착하다는 소리를 듣기 위해 자신의 감정을 감추게 되고 잘못되고 있는 것도 참게 된다. 예를 들면 송시열 선생의 여성 교과서인『계녀서』에는 남편이 일백 명의 첩을 얻고 첩을 사랑하고 자신을 거들떠보지 않더라도 성내지 말고 남편을 공경하라고 가르친다(이규태, 1999, p. 71). 자신의 삶을 살기보다 타인의 요구에 맞추어 수동적인 삶을 살아갈 수밖에 없었던 것이다. 따라서 남편이 바람을 피워도, 남편이 구박을 하거나 폭력을 가하여도 남자는 그럴 수 있고 오히려 그런 남편을 둔 아내는 가정을 지키기 위해 참는 것을 미덕으로 여겨 왔고 그렇지 못할 경우 여성들은 수치심을 느꼈던 것이다.

가사 노동이 현대화되면서 여성들에게 자유로운 시간이 허락되었지만 오랫동안 여성을 가정에 묶어 놓은 한국 문화에서 특별히 그 시간을 자신을 계발하기 위한 시간으로 활용하지 못하고 오히려 가족을 위한 매니저 역할을 하게 되었다. 특히 한국의 교육환경 속에서 "엄마의 열성이 자녀 대학을 결정한다."는 말이 나올 정도로 자녀의 성공을 위해 교육매니저로 자녀의 학원 시간표를 짜고 거기에 맞추어 자녀를 이동시키는 기사 역할까지 겸하고 있는 것이다. 이것을 '매니저 부인병'이라고 할 수 있는데 내면 속 아무것도 할 일이 없다는 두려움의 무로부터의 탈출이 그렇게 나타나는 것이다(이규태, 1999, p. 149). 이것은 늘 타인을 의식하면서 타인에 의해 수동적인 삶을 살아온 여성이 자신에게 주어진 삶의 여유와 자유를 능동적으로 누리지 못하고 스스로 누군가를 위해, 아니면 자신의 삶을 대신 살아 줄 대상을 찾아 수동적으로 자신이 이루지 못한 삶을 살아 주길 강요하고 매니저 역할을 자처하는 것이라고 할 수 있다. 그것과 더불어 자녀 양육의 책임이 여성에게 전적으로 있어 왔던 가부장적인 논리에 의해 여성들의 이러한 교육열과 매니저 역할은 더욱더 가속화된다. 그러므로 자녀가 잘못되거나 집안에 우환이 생기면 어머니인 여성의 탓으로 생각해서 강한 수치심을 경험한다. 그러나 자녀가 성장하여 떠나서 이러한 것마저 허락하지 않는다면 그 공허함을 이기지 못하고(왜냐하면 지금까지 타인이 있음으로써 자신의 존재성을 확인했으며 자신을 위해 살아오지 않았기 때문에) 혼자 있는 것에 대한 두려움이 생기게 된다. 이것은 완벽주의 수치심으로 인해 자신의 내면적 가치를 상대적으로 경시함으로써 나타나는 심리적 분리 현상이라고 할 수 있다.

그러므로 많은 여성은 이렇게 사회문화가 요구하는 착한 여성으로 살아가는 것과 한평생 직장과 가사 그리고 양육까지 완벽하게 해내기 위해 자신보다는 타인의 요구에 따르는 것을 최고의 삶으로 생각한다. 그러나 상대적으로 그렇지 못하게 되면 여성들은 죄책감과 수치심에 심한 우울증(Whiffen, 2009, p. 88) 또는 육체적인 증상이 나타나게 되는 경우가 많다. 여성들은 남성보다 두 배 이상의 우울증을 경험하고 있으며, 때로는 신경성 식욕감퇴증으로 굶어 죽어 가기도 하고, 위궤양, 심장기능 장애, 요통, 편두통 등 원인을 알 수 없는 잦은 신체적 통증을 앓는 경우가 많다(Whiffen, 2009). 확실한 의학적 원인 없이 '신경성' 또는 '히스테리적 노이로제'로 나타난다. 이렇게 신체적인 증상으로 나타나는 현상은 착한 여성으로 사회와 타인이 요구하는 완벽한 삶을 위해 정신적으로 억제한 '분노'와 여성으로서 그렇게 살지 못한 것에 대한 강한 '수치심'의 표현이다. 이것은 겉으로는 '거짓' 자아로 아닌 척하지만 육체적으로 강하게 'No'라고 나타내는 또 다른 형태의 심리적인 언어이다.

3. 한국 여성을 위한 기독교상담

그렇다면 남성 중심의 가부장적 사회문화 속에서 이러한 심리적 현상을 안고 있는 여성을 위해 어떻게 기독교상담을 할 것인가? 잘 알려진 "개인적인 것에서 정치적인 것으로"라는 표어로 시작하는 여성해방운동의 창조물인 의식향상(Consciousness-Raising: CR)모임(Worell & Remer, 2004)을 통해 우리는 여성을 위한 기독교상담의 가능성을 찾아볼 수 있다. 자기 목소리 내기 위한 의식향상(CR)모임 과정의 단계를 소개하면 다음과 같다. 첫째, 어떠한 비판도 없이 감정에 대한 지원과 수용 속에서 마음의 문을 열어 여성으로서의 개인적인 경험을 말하도록 하는 것이다. 둘째, 여성들 상호 간에 감정과 욕구 그리고 경험들에 대한 표현을 나눔으로써 다른 여성들도 함께 공유하고 있다는 것을 발견한다. 그리고 이러한 문제들이 개인적인 부족함으로 인한 것이라기보다는 사회에 근본적인 뿌리가 있다는 것을 인식하게 한다. 셋째, 개인적인 차원을 넘어서서 사회에서의 여성들의 불평등한 위치와 연결하여 이러한 이해를 개인적인 경험과 통합하도록 돕는다. 넷째, 이러한 여성들을 위한 모임을 여성들의 잠재력을 발전시켜 새로운 비전을 갖게 하고 그 잠재력이 실현되기 위한 사회로 변화시킬 수단으로서 역할을 하도록 이끈다. CR모임에 의한 자매애적 상담은 닫힌 마음의 문을 열고 이제는 다른 사람의 생각이나 말에 움직이는 것이 아니라 가슴 깊이 묻어 둔 자기만의 목소리를 낼 수 있도록 하는 것이 핵심이다.

그동안 타인 중심으로 살아온 여성들을 자기중심의 삶으로 변화시키기 위한 과정으로서 CR모임의 4단계가 지닌 의미는 크다고 할 수 있다. 그러나 진정으로 하나님이 각 개인에게 주신 능력을 인식하기 위해서는 자기중심의 삶에서 한 걸음 더 나아가 하나님 중심의 삶으로 변화되어야 할 것이다. 즉, 타인에 의해서가 아니라 주체적으로 자신의 삶을 살기 위해 우선적으로 선행되어야 할 것은 하나님을 만나는 과정이다. 이러한 과정을 성서에 나타난 하갈의 이야기(신명숙, 2010)에서 찾아볼 수 있다. 하나님은 무엇보다도 가장 먼저 고통의 소리를 들으시고 보셨다(창 16:11; 창 16:13; 창 21:17). 그리고 하나님은 하갈에게 타인 중심의 수동적이며 의존적인 특성을 지닌 종으로서의 삶에서 하나님을 만나 자신이 누구라는 것을 인식하게 하신다(창 16:8-9). 그리고 하나님은 하갈의 타인 중심의 삶에서 하나님 중심의 주체적인 삶으로 변화되어 회복에 이르도록 이끌어 주신다(창 21:19).

하갈의 이야기에서 우리는 하나님을 만나고 대화함으로써 비로소 인정하고 싶지 않은 자기가 처해 있는 현 상황을 인식하게 되고 마침내 자신에게 잠재해 있는 능력을 찾아 주체적인 새로운 삶을 살아가는 것을 알 수 있다. 이것은 여성을 위한 기독교상담의 방향을 제시해 주고 있다고 볼 수 있는데 수동적이며 다른 사람에 의해 인생을 살아온 나약한 여성으로부터 벗어나 여성에게 잠재되어 있는 진취적이며 주체적인 능력을 활성화시켜 변화된 삶을 시도한 것이다. 하갈은 이제 주인에게 복종하고 의존하는 종이라는 삶의 패턴에서 벗어나 하나님을 의지하고 자신의 신념에 따라 자율적인 삶을 살아가는 사람이 된 것이다.

따라서 CR모임의 4단계를 기독교상담적인 관점에서 과정을 보완하여 제시해 보면 다음과 같다. 첫째, 여성 자신의 개인적인 경험을 자기 목소리를 통해 이야기하는 것이다. 이것은 억압된 절망과 비탄의 소리를 어떠한 방해 없이 말하도록 하는 것이며 상담자는 묵묵히 어떠한 제언이나 충고 없이 듣는 것이다. 둘째, 여성들의 삶을 재구조화하는 것이다. 다른 여성들과 함께 경험을 공유하면서 지금까지의 삶의 틀을 다시 재구조화하여 개인적인 차원을 넘어 사회적, 문화적 그리고 정치적인 측면에서 경험을 통합한다. 셋째, 타인 중심에서 하나님 중심의 삶을 만들어 가는 것이다. 그것은 하나님의 뜻이 자기를 통해 이루어짐을 깨닫는 것이다. 자기중심보다 먼저 하나님 중심이 되면 자신의 존재가치를 깨닫고 자신에게 어떤 달란트가 주어졌는지 알게 되어 저절로 자기실현을 이루게 된다. 그러기 위해 여성 자신이 진정으로 절실하게 원하는 것이 무엇인지에 대한 자신과의 대화가 필요하다. 넷째, 자아회복으로서 여성들의 경험 속에 숨겨진 자신의 어두운 그림자를 찾고 잃어버린 자아를 찾아 하나님 앞에서 책임 있는 주체적인 삶으로 인도하는 것이다. 이는 '내면의 소리 듣기'로 표현할 수 있는데 이 과정을 통해서 비로소 여성의 내면에 억압되고 숨겨진 욕구를 인식하고 어떠한 능력이 자신에게 있는지 깨달아 그 능력을 활성화시키는 것이다. 이 4단계를 구체적으로 설명하면 다음과 같다.

1) 자기 목소리 내기: 억압된 절망과 비탄의 소리 듣기

여성을 위한 기독교상담의 시작은 무엇보다도 만나서 여성들 스스로 자기 목소리를 내게 하는 것이다(Morgenthaler, 2009, p. 15, 17) 이것은 여성이 스스

로 자신이 누구인지를 알아가기 위한 첫 번째 과정이다. 사람이 자기 목소리
를 낼 수 없는 상황이면 어떤 방법으로든(심한 우울증, 위궤양과 두통과 같은 신
체적인 증상 등으로) 표현하려고 한다. 자기 목소리를 낸다는 것은 자신에게
주어진 권리를 행사하는 것이다. 자기 목소리를 내지 못하고 있다는 것은 어
떤 힘에 의해 억압되었기 때문이다. 그래서 우리는 두 얼굴의 모습을 하고 있
다. 한 면은 어떤 힘에 의해 타인에게 보여 주어야 하는 가면의 모습이고, 다
른 한 면은 타인에게 보이기 싫어서 가면 뒤에 숨기고 있는 자신의 또 다른
모습이다. 첫 번째 가면의 모습으로 살아가다 보니 두 번째 모습은 자신도 모
르게 존재하고 있는데 존재하지 않는 것처럼 살아가고 있기 때문에 자신의
그림자로 남는다. 그러므로 억압된 또 다른 자신의 모습인 그림자를 찾아내
려면 그동안 다른 사람을 위해 보여 주었던 자신의 가면을 벗어던져야 한다.
그러기 위해 여성들은 무엇보다도 있는 그대로의 자기 자신을 드러낼 수 있
어야 한다. 그것은 그동안 억제해 온 자기 목소리이다. 그 목소리는 지금까
지 살아온 억압된 절망과 비탄의 소리일 수 있다. 그러므로 그것은 타인에게
보이고 싶지 않은 자신의 상처일 수 있다. 그러므로 상담자는 하나님의 마음
으로 여성이 미처 말하지 못한 마음과 감정의 이야기도 들을 수 있어야 한다.
그것은 여성에게 고통이 있었다는 것을 마음으로 알아주는 일이다. 고통의
마음을 알아주는 사람이 존재한다는 것을 알게 되면 상처가 드러나도 이제
그것은 더 이상 고통이 되지 않는다.

그것은 성서에서 욥의 이야기와 사마리아 여인을 통해 대조적으로 잘 드러
난다. 욥은 간절하게 자신의 고통과 비탄의 소리를 들어주기를 바라고 있다.
그는 여러 번 호소한다. "내가 내 사정을 호소하는 동안 귀를 좀 기울여 주
어라(12:6)." "이제는 좀 입을 다물고, 내가 말할 기회를 좀 주어라(욥 12:13)."
"너희는 내 말을 건성으로 듣지 말아라. 너희가 나를 위로할 생각이면, 내가
하는 말에 귀를 기울여라. 그것이 내게는 유일한 위로이다. 내게도 말할 기회
를 좀 주어라(욥 21:1-3)."

그러나 욥의 세 친구는 욥의 고통을 듣고 찾아가서 저마다 욥의 고통에 대한 자신의 판단을 장황하게 욥에게 설명한다. 그들은 욥에게 훈계도 하고, 고통의 의미를 설명하기도 하며, 위협을 하기도 한다. 그럴 때마다 욥은 친구들에게 이렇게 호소한다. "네가 언제까지 내 마음을 괴롭히며, 어느 때까지 말로써 나를 산산조각 내려느냐?(욥 19:1-2)" "'폭력이다!' 하고 부르짖어도 듣는 이가 없다. '살려 달라!'고 부르짖어도 귀를 기울이는 이가 없다(욥 19:7)." "나를 너무 구박하지 말고 불쌍히 여겨 다오. 하나님이 손으로 나를 치셨는데, 어찌하여 너희마저 마치 하나님이라도 된 듯이, 나를 핍박하느냐?(욥 19:21-22)" 욥의 세 친구는 욥의 고통과 비탄의 소리를 들으려고 하기보다는 왜 그런 고통을 당하게 되었는지 가르치고 있다. 그것은 욥의 고통을 들으면 듣는 사람이 어떻게 해야 할지 겁이 나서 차마 들으려고 하지 않는 것이다.

그러나 예수가 나눈 사마리아 여인과의 대화(요 4:7-26)와 가나안 여인과의 대화(마 15:21-28)는 욥의 이야기와는 상반적인 모습으로 다가오고 있다. 그 당시 사마리아 여인과 가나안 여인은 종교적으로나 인종적으로 그리고 성적으로 차별을 받는 상황에 처해 있었다. 그리고 이방인으로서, 여성으로서 지금까지 살아온 말 못할 자신의 현실로 인해 억눌려 있었을 것이며 무엇인가 채워지지 않는 갈급함이 있었을 것이다. 이때 예수는 단순히 여성의 욕구를 채우기보다는 대화를 통해 여성들이 자신의 처신을 표현하고 억압된 절망과 비탄의 소리를 낼 수 있도록 이끌어 가고 있다. 예수는 그 당시 유대 사람이 사마리아 사람과 상종하지 않는 상황에서 물을 길러 나온 사마리아 여성에게 물을 좀 달라고 청하면서 여성의 처지를 말하도록 했으며, 또한 그 여성에게 가서 남편을 불러오라는 말로 사마리아 여성 자신의 현재 상황을 직시할 수 있게 하였다. 또한 귀신 들린 딸을 고쳐 달라고 청하러 온 가나안 여인에게 예수는 바로 그 여인의 요구를 들어주기보다는 그 당시 사회적, 종교적 차별을 받고 있는 현실을 직시하게 하였다. 이처럼 여성들의 욕구 충족보다 먼저 중요한 것은 사회적으로 성적으로 억압된 삶을 살아온 여성들이 무엇보다도 자신의 상황을 직시할 수 있도록 여성들의 소리를 막지 않고 듣는 것이 무엇보다 중요하다. 얄팍한 지식과 선입관으로 그들의 삶을 탓하거나 가르치는 것이 아니라 무엇보다도 만나서 그들이 억눌려 표현하지 못했던 비탄의 소리를 원 없이 풀어내도록 그들의 소리에 귀 기울여야 할 것이다.

2) 여성 삶의 재구조화: 개인적인 관점에서 사회문화적 · 정치적인 관점으로 여성 이해하기

일상적인 삶의 세계와 연관이 있는 기독교상담은 삶 속에서 형성되는 개인이 살아온 삶의 역사와 밀접한 관계가 있다. 그러므로 일상적인 삶의 세계는 한 개인에게 자기 삶의 역사를 성공적으로 만들어 가기 위한 '장'이기도 하다(Henke, 1994, p. 472). 그것은 한 개인이 살아온 삶의 역사의 형태이면서 삶의 역사를 해석해 주는 배경이 되기도 한다. 따라서 여성을 위한 기독교상담을 위해 무엇보다도 여성 삶의 역사를 형성하는 일상적인 삶의 세계가 어떠한지 살펴보는 것이 필요할 것이다. 그것은 여성의 문제를 개인적인 차원에서 벗어나 사회문화적, 정치적 구조에서 출발해야 한다는 것을 의미하기도 하다. 왜냐하면 인간의 삶은 그 인간이 속해 있는 사회문화적인 요소를 무의식적으로나 의식적으로 영향을 받고 있기 때문이다. 따라서 여성이 자신의 문제를 개인적인 원인과 사회문화적인 원인을 구별하여 문제의 근본적인 원인을 인식하게 하는 것이다. 여성이 자신의 고통에 대한 근본적인 원인을 인식하기 위해 여성 내담자가 어떠한 사회 문화적인 사고를 형성하고 있는지 여성 내담자로부터 듣는 것이 필요하다. 따라서 지금까지 여성들 자신의 고통을 개인적인 차원에 국한해서 생각했던 것에서 벗어나 좀 더 포괄적인 관점에서 여성이 속해 있고, 살고 있는 사회문화적 영향과 관련하여 생각할 때 효과적인 상담의 방향이 제시될 수 있을 것이다. 그렇다면 여성의 개인적인 아픔과 고통이 어떻게 사회문화적이고 정치적인 차원과 관련성을 갖게 되는가?

이미 앞에서 언급한 것과 같이 오랜 세월 동안 한국의 가족과 사회 그리고 정치는 지극히 남성 중심의 가부장 문화였고 아직도 그러한 문화가 많이 남아 있다. 한국인은 무의식적으로나 의식적으로 가부장적인 남성 중심의 사회문화적인 영향을 받아 왔다. 이러한 사회문화가 내면화된 여성은 자신을 항상 남성보다 열등한 존재로 여기며 자신에 대하여 부정적으로 내재화된 왜곡된 인식을 할 수밖에 없다. 그러므로 한국의 많은 여성은 개인이 어찌할 수 없는 가부장적인 사회문화적 영향으로 자신의 욕구 충족이 이루어지지 않아 일종의 결핍상태, 박탈상태인 외부적 좌절감이 발생된다. 외부적인 장애로 나타나는 현상으로서 이 외부적 좌절감은 무의식적으로 내면화되어 어떤 일을 하려고 할 때 마음속의 자아나 초자아가 그것을 못 하게 저지하게 되는 내적 좌절감으로 이어진다. 여성들에게 내부적으로 자신의 감정과 욕구를 억제하기에 앞서 이미 먼저 사회문화적으로 여성으로서 금지되고 지켜야 할 사항을 교육받아 외부적인 기회 박탈과 빈곤현상을 경험하는 것이다. 따라서 학습되어진 생의 지침을 유지하기 위해 스스로 자신을 통제하고 자신의 욕구와 감정을 억제하게 된다.

그러므로 자신이 사회문화적으로 요구하는 삶을 살아가지 못하게 되면 스스로 자책하며 본질적인 자신의 내면의 소리를 거부하고 거짓 자아를 형성하게 된다. 이 거짓 자아는 여성들로 하여금 소극적이고 수동적인 형태의 적응 능력으로 발달하게 되거나 아니면 건강하지 못한 자기애로 발전하여 억압된 감정을 타인에게 전이시켜 대물림을 하게 하거나 자신을 비하시킨다. 때로는 반항 행동으로서 여성스러움에서 벗어나는 행동을 하거나 조직에 적합한 남성처럼 보이기 위해 남성보다 더 강하게 남성적인 틀에 맞추기 위해 오히려 여성적인 성향을 삼가는 경향을 갖게 된다. 예를 들면, 남성보다 더 독재적인 성향, 가족보다는 일을 우선시하는 태도, 공격적인 자기과시 등이 건강하지 못한 자기애의 표현이라고 할 수 있다. 어떻게 보면 남성 중심의 가부장적 사회문화에서 살아온 여성은 스스로 자신이 그러한 가족과 사회문화 속에서 살아남는 방법의 전문가이기도 하다.

따라서 여성 내담자의 문제를 개인적인 차원에서만 바라보는 것이 아니라 여성 내담자가 속해 있는 가족과 사회문화 구조 속에서 이해하고, 또한 여성 내담자 스스로도 자신만의 개인적인 책임만이 아니라는 것을 인식할 필요가 있다. 상담자는 이러한 내담자가 속해 있는 가족과 사회문화를 이해하기 위해 여성 내담자를 둘러싸고 있는 가족과 사회 그리고 정치적인 전반적 삶의 형태를 간과해서는 안된다(Wintzer, 1988, p. 46). 여성 내담자가 자신의 가족과 사회문화를 가장 잘 설명할 수 있는 전문가이다(Schneider-Harprecht, 2001). 그러므로 현명한 상담자는 여성 내담자 자신으로부터 여성 내담자의 삶의 스타일과 문화에 대해 들어야 한다. 그리고 상담자는 그러한 사회문화 구조 속에서 무엇이 문제인지 내담자 스스로 찾아 개인적인 차원을 넘어 여성의 삶을 둘러싸고 있는 사회와 문화 그리고 정치적인 차원과 관련하여 여성의 삶을 다시 재구조화할 수 있도록 도움을 주어야 한다.

3) 타인 중심에서 하나님 중심으로: 성숙한 자기애 형성

타인 중심에서 하나님 중심으로 된다는 것은 타인 중심에서 자기실현을 목표를 둔 자기중심의 일반 상담과는 다르다. 물론 자기중심은 타인을 배려하지 않고 이기적으로 산다는 것이 아니라 타인의 생각에 무조건적으로 자신을 맞추기보다 자신이 진정으로 원하는 것이 무엇인지 자신에게 질문하는 것이다. 타인이 나를 어떻게 생각할지를 우선시하는 것이 아니라 자기를 찾아 자신의 내면의 소리를 듣고 자신의 느낌과 생각을 존중하고 표현하는 것이다. 그래서 여성을 위한 일반 상담에서는 타인 중심에서 자기중심으로 바뀌어야 한다고 제안한다. 왜냐하면 종교를 떠나 많은 한국 여성들이 자신이 진정으로 원하는 것이 무엇인지 알지 못하며 타인의 생각과 행동에 의존하면서 살고 있기 때문에 우선적으로 타인 중심에서 자기중심으로의 전환이 한국 여성들에게 필요하다고 보는 것이다.

그러나 기독교적인 관점에서 볼 때 이러한 접근은 인간 중심이라고 할 수 있다. 한국 교회 여성들의 지나친 타인 중심의 삶은 유교적인 방법으로 신앙생활을 한 결과이지 결코 성서적인 것은 아니다. 즉, 지금 한국 교회가 여성에게 요구하는 모습은 하나님이 요구하는 것이라기보다는 유교에서 요구하는 내용들이 더 많다. 한국 교회는 하나님 중심보다는 유교적 남성 중심의 요소가 강한 기독교라고 말할 수 있다. 그러나 하나님 중심의 교회는 남성과 여성의 차별 없이 내면이 변화되는 자유와 해방이 존재한다. 그것은 인간의 눈치를 보거나 인간을 의존하는 삶이 아니다. 따라서 하나님 중심의 교회에서 신앙생활을 한다는 것은 타인 중심에서 하나님 중심으로의 전환을 통해 하나님의 뜻이 자기를 통해 이루어짐을 깨닫는 것이다. 자기중심보다 먼저 하나님 중심이 되면 자신의 존재가치를 깨닫고 자신이 누구이고 자신에게 어떤 달란트가 주어졌는지 알게 되어 저절로 자기실현을 이루게 된다. 여성에게도 하나님께서 각 사람의 능력에 따라 달란트를 주었는데 그 능력을 땅에 묻어 두는 어리석은 자가 되는 것이 아니라 몇 배로 늘리는 하나님의 종이 되어야 할 책임이 있다(마25:14-30).

그러나 타인 중심의 삶에서 벗어나 하나님 중심의 긍정적인 자기존중의 삶을 살아가는 데 방해하는 가장 큰 요소는 무엇보다도 대화의 부족과 자기부정이다. 대화는 하나님과 자신 그리고 타인과의 대화이다. 특히 여성의 대화의 장이 되어야 할 곳은 가정과 교회인데 오히려 이 두 곳에서 여성의 아픔의 소리에 귀 기울이지 못하고 있는 실정이다. 또한 많은 여성이 자녀와 남편을 위해, 그리고 부모를 위해 자신의 삶을 희생하고 그들을 돌보지만 자기 자신이 무엇을 원하고 싫어하는지 자신과 대화하고 돌볼 수 있는 여유는 존재하지 않는다. 그러므로 자기를 찾아가기 위해 여성들은 무엇보다도 삶 속에서 하나님의 소리를 들을 수 있는 시간이 필요하다. 왜냐하면 하나님과의 관계 속에서만이 여성들의 잃어버린 자신의 가치를 다시 찾을 수 있기 때문이다

(Hager, 1998, p. 22). 그렇다면 구체적으로 하나님 중심의 삶으로의 전환은 무엇을 의미하는가?

첫째, 하나님 중심의 삶은 삶의 중심에 자기 자신을 두고 자기를 실현해 가는 것이 아니라 자기를 비우고 삶의 중심에 하나님이 들어오는 것이다. 즉, 하나님이 나를 통해 무엇을 원하는가를 깨달아 가는 것이다. 이것은 길들여진 여성성이 아닌 본래의 자기를 되찾는 것이다. 그것은 나의 주인이신 하나님이 주신 달란트를 땅을 파고 숨기는 것이 아니라 더 늘려 주인이신 하나님으로부터 더 많은 일을 맡는 것이다. 그러나 자기 자신에게 숨겨진 달란트를 찾으려면 진정한 자기 모습을 볼 수 있어야 한다. 이것은 먼저 자기에 대한 회피가 아닌 직면이 요구되며 이는 타인 중심에서 벗어나 있는 그대로의 자기를 인정함으로써 하나님이 나에게 맡기신 달란트가 무엇인지 찾아가는 성숙한 자기애를 의미한다. 그러기 위해 타인을 위한 삶이었던 가면을 벗어야 한다. 자신과 삶, 타인에 대한 잘못된 시각을 고치고 기만적 태도를 포기하는 것이 우선되어야 한다. 일방적인 희생으로 자신을 평가절하(최재락, 2007, p. 187)하면서 건강하지 못한 자기애로 가는 것과는 반대로 건강한 자기애로서 하나님의 뜻을 통해 자기가치를 알고 건강한 자기애로 발전하는 것이다.

둘째, 타인 중심에서 하나님 중심의 독립된 인격체가 되기 위해 어디까지가 자기 자신이고 어디부터가 외부로부터 오는 요구인지 그 경계를 파악하고 자신의 한계를 그을 줄 아는 능력을 갖추어 건강한 관계적 자아를 형성하는 것이다. 하나님은 모든 사람에게 똑같은 달란트를 주신 것이 아니라 각 사람의 능력에 따라 각기 다르게 달란트를 주셨다. 그러므로 하나님이 주신 자신의 능력의 한계를 알고 '할 수 있는 것'과 '할 수 없는 것'을 분명하게 인식하면서 말하는 것이다. '예'라고 말할 때는 자신의 능력을 인식하고 자신이 원하는 것을 솔직하게 표현함으로써 자신의 욕구를 감지하고 충족하는 것이며, '아니요'라고 말할 때는 죄책감 없이 상대방에게 자신의 한계를 분명하게 제시하는 것이다. 상대가 나와 다르다는 것, 상대가 바라는 바와 내가 바라는 바가 다를 수 있다는 것, 내 모습을 상대방의 기대에 맞출 필요가 없다는 것을 아는 것이다. 그리고 내가 부족한 것은 부끄러운 것이 아니라 오히려 상대방이 부족한 부분을 채워 줄 수 있기 때문에 상호 간에 거부감 없이 상호작용이 일어날 수 있는 기회가 된다.

셋째, 타인 중심에서 하나님 중심이 된다는 것은 희생자 역할에서 벗어나 하나님 앞에서 책임 있는 인격체로서 살아가는 것을 의미한다(신명숙, 2010, p. 31). 가족에서 희생자로서 존재하는 것은 피해의식을 낳게 한다. 내가 괴로운 건 모두 다른 사람 탓이므로 해결책도 내가 아닌 다른 사람이 해야 한다고 생각한다. 따라서 희생자 역할에서 벗어나려면 하나님이 주신 능력을 믿고 나를 통해 하나님의 뜻을 이룬다는 믿음과 비전을 갖고 내가 하고자 하는 일을 책임있게 결정하는 것이다. 남을 위해서 하든, 자신을 위해서 하든, 무슨 일을 하든지 다른 사람의 기대에 맞추기 위해 하는 것이 아니라 하나님의 뜻과 기대를 생각하면서 내가 기뻐서 스스로 결정하는 것이어야 피해의식에서 벗어날 수 있다.

4) 자아회복: 자아의식 강화

타인 중심에서 하나님 중심의 삶으로 전환되면 잃어버렸던 자아를 다시 회복할 수 있는 기회가 주어지므로 주체적이 되며 자기정체성을 찾게 된다(Nauer, 2010, p. 186). 즉, 자아회복은 내가 누구인지, 어떻게 세상과 조화를 이루는지를 알고 행동으로 움직이는 것이다. 그러기 위해 자신의 강점과 약점을 정확하게 이해할 뿐만 아니라 더 나아가 자신이 처해 있는 상황을 현실적으로 평가하고 자신에게 의미하는 것이 무엇인지 깨닫고 통합하는 하나님 중심의 삶이 이루어진다. 따라서 자아회복은 자아의식 이상의 것으로서 내가 무엇을 원하고 어떠한 능력이 나에게 있는지 알고 행하는 것이다. 그렇다면 자아회복을 위해 어떤 과정이 필요한가?

첫째, 자기 자신과 자신이 처해 있는 상황을 분명하게 직시하는 것이다. 이것은 자신의 밝은 면과 동시에 어두운 면을 인정하고 장애물에 부딪치는 것이다. 그러기 위해서는 자신의 어둡고 감추고 싶은 내면의 그림자와 직면하는 것이며 현실을 직시하는 것이다. 자신을 분명하게 보는 여성은 자신이 어떻게 대응하는지 알고 과거에 범했던 실수를 깨닫게 되므로 같은 실수를 계속 반복해서 저지르지 않도록 객관적으로 자아를 바라보게 된다. 즉, 자신을 사랑하고 자신의 가치를 올바르게 평가하게 되며 절망적 감정에 대처하는 방법과 한계를 수용하는 방법, 무기력하게 남에게 집착하지 않는 방법 등을 터득하는 것이다.

둘째, 자기를 용납하고 받아들이는 것이다. 건강하게 있는 그대로의 자신의 모습을 사랑하는 것이다. 자신에 대한 전부를 미워하고 경멸한다든지, 자신의 일부분을 싫어하고 수용하지 못하면 마음에 병이 든다. 그러므로 건강한 마음을 갖기 위해 여성에게 내재되어 있는 부정적인 자아상을 다시 긍정적인 자아상으로 전환하여 내적 좌절감에서 벗어나는 것이 무엇보다도 중요하다. 잃어버린 자아의식을 회복하기 위해서 긍정적으로 자신을 수용하는 것이다.

셋째, 칭찬받고 사랑받으려는 목적에서 무슨 일이든 불사하던 '묵은 습관'을 버리는 것이다(Wardetzki, 2006). 이것은 '지나치게 발달된 책임감'이다. 즉, 인정받기 위해 여성은 남성보다 더 열심히 일해야 한다는 것과 여성은 다른 사람을 보살펴야 하기 때문에 자신의 행동뿐 아니라 다른 사람의 행동까지 책임을 져야 한다는 논리이다(예를 들면, 조선시대 정절을 유도하는 정표정책을 실시하여 재혼하지 않고 정절을 지킨 여성의 집 앞에 정려문을 세우고 그 집안에 세금면제, 상금하사, 신분해방 등 여러 가지 혜택을 주는 반면 그렇지 않은 여성은 오히려 상대적으로 죄인 취급을 받으며 가문의 수치로 여기는 일, 현대에 와서는 며느리가 잘못 들어와서 집안이 망했다거나 아이가 잘못되면 엄마가 일하기 때문이라 생각함). 따라서 가정과 사회에서의 지나친 책임감으로부터 벗어나는 것이 필요하다. 이것은 하나님이 주신 능력에 맞게 하나님 앞에서 책임감을 갖게 하는 것이지 여성으로 하여금 자신의 능력 이상의 것을 얻기 위해 자신을 착취하고 성취중독증으로 몰아가는 완벽주의에 빠지게 하는 것은 아니다. 긍정적 자기수용을 위해서는 지나치게 발달된 책임감으로 타인에게 완벽한 사람으로 보여야겠다는 야심을 버려야 한다.

넷째, 자신의 내부에 잠재되어 있는 강점을 발견하고 활성화시켜 책임 있는 주체적인 삶을 살아가도록 하는 것이다. 그것은 내가 무엇을 원하고 하나님이 주신 나의 능력과 재능이 무엇인지 발견하는 것이다. '실수할 수도 있어.' '나만이 잘하는 것이 있어.' '나만의 아름다움은 어떤 것이 있을까?'라는 생각으로 자기만의 긍정적 자아상을 정립할 필요가 있다. 그렇게 하여 자신의 모습을 바로 보고 다른 사람의 시선이나 다른 사람에게 의존하는 수동적인 삶에서 벗어나는 것이다.

다섯째, 왜곡되고 굴절된 여성상의 불합리성에서 벗어나 여성에 대한 인간적 존엄성을 되찾고 여성에게도 존재하는 남성의 긍정적인 특성을 증진시키는 의식향상 과정이 필요하다. 남성 중심의 가부장적인 성역할 고정관념과 이분법적으로 분리된 사고로 이해된 여성성과 남성성을 극복하고, 하나님의 형상대로 창조된 여성과 남성으로서의 동등한 위치와 긍정적인 차원의 여성성—관계적이고 보살핌의 능력—과 긍정적인 남성성—능동적이고 주체적인—을 활성화시키는 것이다(신명숙, 2010, pp. 292-308). 따라서 남녀 모두의 의식 수준을 변화시켜, 지금까지 남성성, 여성성의 요인으로 분리된 성적 차원을 통합하고 서로의 성적 특성을 긍정적으로 인정하는 재사회화 과정이 필요하다.

지금까지 무엇보다도 한국 여성을 위한 기독교상담을 사회문화적인 관계 속에서 시도해 보았다. 즉, 한국 여성을 이해하고 근본적으로 여성을 돕기 위해 여성의 삶 속에 공통적으로 나타나는 정신적, 육체적으로 영향을 끼친 문화가 무엇이고 어떤 것인지, 그리고 어떻게 그 문화가 한국 여성에게 오랫동안 영향을 주고 있는지 살펴보았다. 그리고 그 전제 속에서 한국 여성을 위한 기독교상담의 가능성을 4단계 과정—자기 목소리 내기, 여성 삶의 재구조화, 타인 중심에서 하나님 중심으로, 자아회복—을 통해 제시해 보았다. 이 과정은 남성 중심의 가부장적 문화라는 공통된 상황에 처한 한국 여성의 변화를 시도하기 위한 것이다.

그러므로 여성을 위한 기독교상담의 목적은 여성이 속한 사회문화를 인식하여 여성의 개인적인 차원에서 머물기보다는 사회적, 정치적인 차원에서 여성의 문제를 바라보며, 하나님 중심에서 여성 자신에 대한 새로운 비전과 하나님과의 새로운 관계를 형성하여 여성 스스로 자신을 알고 그 상태에서 치유와 삶의 변화가 일어나도록 하는 것이다. 앞에서 언급한 여성을 위한 기독교상담의 4단계 과정을 통해 이러한 목적이 이루어질 수 있다. 예수가 그 당시 가부장적인 사회문화 속에서 상대적으로 열악한 상황에 처해 있는 여성들의 자존감을 일으켜 세우셨듯이 오늘 한국 여성들에게도 그와 같은 삶의 변화가 이루어지길 하나님은 기대하고 계신다. 더이상 자신의 부족함 때문에 타인의 시선을 지나치게 의식하거나 타율적으로 타인의 말에 따라 움직이지 않는다. 하나님을 만남으로써 자신의 현실을 피하지 않고 처해 있는 상황을 바로 볼 수 있게 되며, 그 속에서 자신의 약점이 자신에게 무엇을 의미하는지 깨닫고 그 약점을 자신의 삶에 통합시킨다. 그리고 잠재된 자신의 강점을 살려 주체적인 삶을 살아갈 때 비로소 타인의 기대와 욕구에 맞추기 위해 가졌던 스트레스와 좌절, 불안, 거리낌은 사라지고 자신 있고 담대한 주체적인 여성으로 살아가게 될 것이다.

참고문헌

강명관 (2009). 열녀의 탄생: 가부장제와 조선 여성의 잔혹한 역사(돌베개 한국학 총서 11). 서울: 돌베개.

김진명 (1993). 굴레 속의 한국 여성. 서울: 집문당.

김영애 (1994). 가부장적인 한국 사회에서의 여성 경험에 대한 상담심리학적 고찰. 한국 여성의 경험(pp. 169-210). 한국여성신학회. 서울: 대한기독교서회.

이규태 (2000). 한국인의 의식구조 1. 서울: 신원문화사.

이능화 (1990). 조선여속고. 서울: 東文選.

이배용 (1999). 우리나라 여성들은 어떻게 살았을까 1. 서울: 청년사.

이영희 (2009). 한국 여성의 심리장애와 심리치료. 서울: 학지사.

이혜성 (1998). 여성상담. 서울: 도서출판 정일.

신명숙 (2010). 기독교상담. 서울: 학지사.

심수명 (2004). 한국 기혼여성의 우울증 역학 분석 및 치료 전략 연구. 한국기독교상담학회지, 10, 53-87.

정희성 (2008). 성폭력 피해자의 생존과 재활을 위한 성서 읽기. 한국기독교신학논총, 55, 203-228.

최재락 (2007). 여성의 자아상실에 대한 목회상담적 성찰. 한국기독교신학논총, 52, 177-199.

Chodorow, N. (1986). *Das Erbe der Mütter: Psychoanalyse und Soziologie der Geschlechter*. München: Frauenoffensive.

Erikson, E. H. (1973). *Identität und Lebenszyklus*. Frankfurt: Suhrkamp.

Fowler, J. W. (1996). *Faithful change: The personal and public challenges of postmodern life*. Nashville: Abingdon Press.

Gilligan, C. (1982). *In a different voice: Psychological theory and women's development*. Cambridge, MA: Harvard Univ Press.

Hager, W. D. (1998). *As Jesus cared for women*. Michigan: Fleming H. Revell.

Henke, T. (1994). *Seelsorge und Lebenswelt*. Würzburg: Seelsorge Echter.

Karle, I. (1996). *Seelsorge in der Moderne*. Neukirchen-Vluyn: Neukirchener.

Miller, A. (1983). *Du sollst nicht merken: Variationen über das Paradies-Thema*. Frankfurt: Suhrkamp.

Morgenthaler, C. (2009). *Lehrbuch praktische Theologie. Bd. 3. Seelsoge*. Gütersloh Gütersloher Verlag.

Nauer, D. (2010). *Seelsorge*. Suttgart: Kohlhammer.

Schneider-Harprecht, C. (2001). *Interkulturelle Seelsorge*. Göttingen: Vandenhoeck & Ruprecht.

Wardertzki, B. (2006). 여자의 심리학 (강희진 역). 서울: 북폴리오.

Whiffen, V. E. (2009). 여자를 우울하게 하는 것들 (유숙렬 역). 서울: 레드박스.

Wintzer, F. (1988). *Seelsorge*. München: Kaiser.

Worell, J., & Remer, P. (2004). 여성주의 상담의 이론과 실제 (김민예숙, 강김민순 역). 서울: 한울아카데미.

여성주의 관점에서 발달이론의 재구성

정희성
(이화여자대학교)

교회 고등부에 다니는 10대 여학생 A는 최근 과학고등학교에 입학했다. 공부 잘하는 학생이 수두룩하여 소위 '열공'하는 것밖에 방법이 없는데 한 달에 일주일 생리 때면 아무래도 남학생보다 집중력도 떨어지고 예민해진다. A는 이것이 속상해 견딜 수 없다. A는 정상이 아닌가?

30대 후반의 교회 주일학교 교사 B는 남편이 기형정자라 7번째 인공임신을 시도 중이다. 다양한 검사 및 시술로 집 한 채 값은 날아갔고, 배와 자궁은 상처투성이이다. 처음엔 어른들 때문에 시술을 시도했지만, 지금은 B도 엄마가 되고 싶은 마음 간절해 아직 포기를 못 하고 있다. B는 비정상인가?

50대 중반의 교회권사 C는 폐경 후 처방받은 호르몬 약 부작용으로 갑작스레 자궁암과 유방암 수술을 동시에 했다. 그래서 요즘 너무 억울하고 속상해 화병이 날 지경이고, 다른 곳에 또 암이 생길까 늘 불안하고 초조하다. C는 고장이 났는가?

  60대 초반 교회 권사 D는 30대 중반까지 전업주부였다. 그런데 늦게 시작한 공부가 운이 따라 쉽게 대학 교수가 되었는데 연구뿐 아니라 행정 및 모금에도 탁월하여 결국 작은 대학의 총장이 되었다. 현재 남편은 퇴직 후 집에서 살림을 도맡고, D는 전국을 누비며 학교 기금을 모금하고 있다. D는 매일 매일이 기쁘고 신난다. D는 미쳤는가?

  발달단계별 다양한 심리를 경험하는 이 사례 여성들의 이야기는 대부분의 여성이 충분히 공감할 수 있는 이야기이다.[1] 그러나 기존 발달이론의 빛에서 조명하자면, 이들 여성의 발달단계별 경험은 대체로 정상 심리발달 궤도에서 벗어나 있거나 정상이 아니거나 문제가 있는 것으로 여겨진다(Stevenson-Moessner, 2000, p. 1). 전통 발달이론은 남성학자들의 주도 속에, 남성의 발달경험에 근거해 전개되어 여성의 독특하고 다른 경험에 주목하지 않았기 때문이다. 다시 말해 에릭 에릭슨(Erik Erikson)의 심리사회적 발달이론, 장 피아제(Jean Piaget)의 인지발달이론, 로렌스 콜버그(Lawrence Kohlberg)의 도덕발달이론, 제임스 파울러(James Fowler)의 신앙발달이론 등은 그 이론의 탁월함에도 불구하고 여성의 발달 경험을 포괄적으로 포용하지는 못한다는 것이다.

  이에 본 글에서는 여성주의 목회상담학의 관점에서 여성이 주체가 되어 여성의 발달을 이해하고 논의하는 작업을 전개하고자 한다. 미국의 경우, 1990년대를 전후로 여성주의 관점에서의 목회상담학 연구가 본격적으로 시작되었으나, 여성 발달과 관련한 구체적 관심은 아주 최근에 시작되었다

1) 이 여성 사례는 실제 사례, 최근 신문기사 등을 바탕으로 재구성한 것이다.

(Glaz, & Stevenson-Moesnner, 1991; Greider, Johnson, & Kristen, 1999, pp. 21-24; Cooper-White, 2008, p. 1; Stevenson-Moessner, & Snorton, 2010). 한국의 경우도 여성의 발달심리에 대한 상담학, 심리학, 목회상담학에서의 구체적 연구는 매우 적다고 할 수 있다(양점도, 장덕희, 2002, pp. 65-92; 손운산 외, 2007, pp. 224-225). 따라서 본 글은 한국에서 여성의 심리발달에 관한 목회상담 연구를 자극하는 하나의 시발점이 될 것이다. 먼저, 여성주의 목회상담학 관점에서 기존 발달이론의 문제를 비판적으로 살펴본 후, 다양한 여성 경험을 반영하는 발달이론을 심리학적으로, 또 목회신학적으로 재구성할 것이다. 이는 전통 발달이론의 총체적 부정을 위한 것이 아니라 기독 여성 발달 이해에 좀 더 구체적이고 적합한 이론을 탐구하여 보다 효과적인 여성상담을 모색하기 위한 것이다.

1. 발달심리이론의 비판

발달심리, 무엇이 문제인가? 장 피아제, 로렌스 콜버그, 레브 비고스키(Lev Vigosky), 아놀드 게셀(Arnold Gesell)등 수없이 많은 발달이론가가 있다. 그러나 지그문트 프로이트(Sigmund Freud)와 에릭 에릭슨이 여성주의 목회상담학에서 가장 많이 관심하는 학자이기에 이들 두 학자의 이론을 중심으로 발달심리학의 문제를 살펴보고자 한다.

프로이트(1990, pp. 122, 135-138)는 마음의 질병으로 고통스러워 하는 많은 내담자에 대한 임상경험을 토대로 인간 발달은 인간의 생애 초기에 주로 완성된다고 주장한다. 즉, 인간의 발달은 구강기, 항문기, 남근기, 잠재기, 성기기를 거쳐 발달하며 각 시기의 발달이 제대로 되느냐 아니냐에 따라 인간의 독특한 성격이 결정된다는 것이다. 특히 프로이트는 남아와 여아의 심리성적발달에 있어 남근기를 주목한다. 남근기에 남아와 여아는 자기 몸의 생물학적 차이를 인식한다. 그리하여 남아의 경우, 거세근심(castration anxiety) 속에서 어머니 사랑을 멈추고 아버지의 법과 명령을 내면화하며 양심과 도덕심을 발달시킨다는 것이다. 반면, 여아는 남근시기(penis envy)속에서 허영심, 수동성, 나르시시즘 등의 성향을 발달시키며 후에 결혼을 통한 아들 출생을 강하게 선망한다는 것이다.

이런 프로이트 이론은 여성주의 목회신학자 주디스 오르(Judith Orr, 2000, p. 45)의 주장에서 보듯, 서구 남성의 심리성적 발달이론 구축에는 도움이 되나 다양한 인간의 구체적인 발달상황을 모두 포착하는 것은 아니라고 할 수 있다. 즉, 프로이트를 포함한 발달이론가들은 인간의 발달단계를 나누어, 발달단계별 인간 행동의 의미와 목적을 조목조목 설명한다. 그리하여 발달단계별 나름의 경험을 축적한 각 개인의 다양하고 구체적 모습을 이해하는 데 도움을 준다. 특히 생애주기이론은 인간의 전 생애, 즉 인간의 탄생부터 죽음에 이르기까지 인간이 경험하는 다양한 발달 문제와 가능성을 조명하도록 한다. 하지만 이들 발달이론은 중산층 서구 남성의 경험에 주로 근거한 이론이기에 인간을 보편적이고, 불변하고, 위계적인 존재로 본다. 그리하여 젠더를 비롯하여 불평등한 권력관계에서 야기된 사회문화의 문제 및 발달 문제를 직시하지 못하는 것이다.

또한 프로이트뿐 아니라 프로이트를 극복하고자 한 여성 발달이론가 역시 아직은 한계적이다. 프로이트는 남성의 발달을 인간 발달의 표준으로 봄으로써 여성의 발달이나 여성 경험에 많은 관심을 표명하지 않는다. 또한 발달단계에서 남성과 달리 독특한 여성의 경험을 여성이 남성보다 열등함을 입증하는 특성으로 규정한다. 이에 여성 이론가인 캐롤 길리건(Carol Gilligan, 1982)이나 낸시 초도로(Nancy Chodorow, 1978)는 차별이 아닌 차이의 관점에서, 여성과 남성의 심리적 동등성을 주장한다. 그러나 어린 나이부터 노동현장에 뛰어들 수밖에 없는 노동자 계층 여성 경험에 관심한 오르(2000, pp. 45-46)는, 프로이트 이론이 서구 중산층 남성의 경험을 전제하듯, 이들 여성 이론가의 논의 역시 이성애에 기초한 핵가족의 전업주부와 아이의 관계를 전제한다고 한다. 즉, 길리건이나 초도로우 역시 노동자 계층 여성 가정이나 레즈비언 가정의 돌봄 관계를 포괄하는 이론을 제공하지는 못하는 것이다.

학대 여성의 트라우마에 관심하는 파멜라 쿠퍼–화이트(Pamela Cooper-White, 2000, p. 88)의 관점에서 볼 때도 프로이트의 발달이론은 문제가 있다. 쿠퍼–화이트에 따르면, 수십 년 전만 해도 가끔씩 일어나는 끔찍한 아동학대가 현대에는 만연하고 있다. 현재 미국의 경우, 열여덟 살 전까지 3명 중 1명의 여자아이가, 11명 중 1명의 남자아이가 성적으로 육체적으로 학대를 당하고 있다. 그런데 프로이트는 「Three Essays on the Theory of Sexuality」를 통해 발달이론과 트라우마 연구 모두에 초석이 될 수 있는 연구를 한다. 그의 발달이론에 기초가 된 다수의 내담자들이 바로 아버지 혹은 아버지를 대신하는 남자들에게 성학대를 경험한 트라우마의 피해자였던 것이다(정희성, 2011, pp. 201-207). 그러나 프로이트와 그의 추종자들은 이들의 성학대에 '눈감고' 학대로 인한 트라우마의 영향도 인식하지 않은 채 발달이론을 전개한다. 그래서 프로이트 이론은 그가 얼마나 멋지게 인간 발달에 대해 논하건 학대에 눈감은 허황된 이론에 불과한 것이다.

한편, 프로이트가 인간의 초기 발달에 관심한 것과 달리 에릭슨은 인간의 출생부터 죽음까지 관심하여 전 생애 발달이론을 전개한다(Erikson, 1988). 에릭슨에 의하면, 인간의 전 생애는 유아기, 초기아동기, 놀이기, 학령기, 청소년기, 성인전기, 성인기, 노년기로 나뉜다. 인간의 발달은 시기에 맞춰 각각 발달해야 하며, 위계적으로 상호 연결되어 있다. 또 어떤 발달단계도 한 번에 이루어질 수는 없으나 초기 단계가 후기 단계로 대치될 수는 없다고 한다. 그뿐 아니라 인간 발달은 사회적 맥락에서 발달하며 발달단계별 심리사회적 위기나 발달 과제가 있다. 다시 말하면, 인간의 각 발달단계는 근본적으로 부정적 축과 긍정적 축, 두 양극을 가지며 이 두 축의 조화로운 균형 속에서 심리사회적 성숙에 이르게 된다는 것이다.

엘리자베스 리버트(Elizabeth Liebert, 2000, p. 23)는 에릭슨 이론이 젠더 관

점에서도 매우 중요하다고 주장한다. 에릭슨은 자신의 발달 이론을 통해 남아는 행동 지향적이며 돌출적이고, 심지어 폭력적이며, 여자는 내성적이고 보호 지향적이며 포용적이라 했다. 이에 리버트는 에릭슨이 남성중심적 사회문화에서 여성을 젠더화된 방식으로 반응하게 하는 상황에 무비판적이었다고 한다. 그러나 이는 당대 남아와 여아의 반응에 대한 관찰 결과이기에 무조건 에릭슨을 비판해서는 안 된다고 한다. 그리고 프로이트와 비교할 때 에릭슨은 훨씬 더 여성의 몸을 긍정한다고 한다. 즉, 프로이트는 여성의 남근선망을 강조하여 여성 발달의 부정적 측면을 강조한다. 반면, 에릭슨은 여성은 인간의 생명이 생성되는 자궁, '내적 공간(inner space)'을 소유한다고 주장한다. 프로이트가 여성을 '남성이 아닌' 존재로 명명한 것과 달리 에릭슨은 여성에게 '내적 공간을 소유한 존재'라는 긍정적 정체성을 부여한다는 것이다.

그러나 메리 린 델(Mary Lynn Dell, 2000, p. 128)과 같이 독신여성 경험이라는 구체적 여성 경험을 대입할 때 에릭슨의 이론 또한 그 문제를 드러낼 수밖에 없다. 델은 프로이트 이론이 너무 성적이고 전형적이어서 현실적이지 않은 반면, 에릭슨의 이론은 많은 임상가들에게 주요한 심리적·치료적 통찰을 제공한다고 본다. 하지만 에릭슨은 성인 단계를 초기 성인기, 중년기, 노년기의 셋으로 나누는데 이 부분이 결혼하지 않았거나 결혼생활을 하지 않는 독신여성들에게는 적합하지 않다고 주장한다. 에릭슨에게 있어서 전 단계에서의 충분한 발달 과제의 성취가 다음 단계의 성공적 발달에 주요한 전제이다. 이에 따르면, 초기 성인기에 결혼이란 과제를 완성하지 못한 독신여성의 경우, 다음 단계도 성공적으로 성취할 수 없는 것으로 간주한다. 또한 에릭슨은 초기 성인기 발달단계에서 여성은 남성과의 결혼 혹은 연합 없이는 초기 성인기의 발달 과제를 성취할 수도 없는 것으로 이해한다. 다시 말하면, 에릭슨의 성인기 논의는 결혼이나 자녀 양육과 같은 전통적인 사건에 지나치게 의존하여 현대 사회에서 증가하고 있는 독신여성의 구체적 경험과 차이를 포괄하지 못하는 것이다.

　여성 간의 다양성과 차이에 관심을 두고 있는 오르나 델과 달리, 밀러-맥르모어(Bonnie Miller-McLemore, 2000, pp. 178-179, 182)는 여성 다수가 공유하는 어머니 경험에 관심한다. 밀러-맥르모어에 따르면, 현대 사회는 아이리스 영(Iris Young, 1994, p. 91)이 주장하듯 "복수적 출산 문화(plural childbearing culture)"이다(Treadway, & Miller-McLemore, 2000, p. 187). 즉, 과거 전통사회에서 임신, 출산, 양육은 주로 20대 초반에 이성애 부부의 문제였다. 그런데 현대사회에서 임신, 출산, 양육은 10대 여성부터 후기 성인기 여성까지도 경험하는 문제이다. 출산과 관련된 경험도 다양하여, 20대 초반에 경험하기도 하고, 30대 혹은 40대 초반까지 기다려 경험하는가 하면, 평생 불임인 경우도 증가하고 있다. 그뿐 아니라 현대 사회에서 여성의 어머니 경험은 급격히 변화하고 있다(Treadway, & Miller-McLemore, 2000, p. 178; 권진숙, 2013, pp. 225-257; 최주혜, 2014, pp. 307-327). 과거 전통사회에서 여성은 부인이나 직업보다 어머니 역할을 가장 중시했다. 그러나 현대 사회에서 여성은 어머니이면서 동시에 직업을 가져야 한다. 그럼에도 불구하고 대중매체 등에서 어머니로서 여성의 역할을 계속 강조하기 때문에 많은 여성이 자기 능력의 한계를 수시로 경험하며 좌절할 수밖에 없다는 것이다.

　그런데 밀러-맥르모어와 같이 현대 여성의 어머니 경험을 숙고해 볼 때도 에릭슨의 발달이론은 확실히 문제가 있다. 밀러-맥르모어는 여성의 관점에서 볼 때 성인 여성에게 출산, 임신, 양육의 경험이야말로 매우 중요하고 복잡하고 다원적인 경험이다(Treadway & Miller-McLemore, 2000, pp. 178, 182-183). 그런데 에릭슨은 성인기 발달단계에서 이 어머니 경험을 괄호나 한편에 밀어 넣어도 되는 것으로 간주한다. 그리하여 성인기 발달 과제를 독립에 두고, 다음 세대를 안전하게 돌보고 관리하는 것에는 거의 관심하지 않는다. 물론 에릭슨은 중기 성인기에 생산성, 즉 다음 세대를 돌보고 지도하는 생물학적, 심리학적, 윤리적 헌신을 주요 발달 과제로 본다. 그러나 여성에게 있어 생산성의 문제는 성인 중기에 갑자기 관심해야 하는 문제가 아니다. 대부분의 여성은 10대부터 40대, 혹은 50대까지도 대부분의 삶을 임신, 출산, 양육에 관여하기에 여성의 발달 경험을 감안한다면 에릭슨이 제안한 시기보다 훨씬 더 생산성의 문제가 언급되고 관심되어야 하는 것이다.

2. 여성 발달의 심리학적 재구성

독신생활 혹은 어머니 경험 등 여성의 구체적인 경험을 근거로 프로이트나 에릭슨의 발달이론을 고찰할 때 이들 이론이 여성 발달의 다양하고 생생한 경험을 충분히 설명하지 못함을 알 수 있었다. 그럼, 어떻게 해야 여성의 구체적 발달 경험 이해에 도움이 되는 발달이론을 모색할 수 있는가?

먼저, 쿠퍼-화이트같이 여성의 구체적 경험에 주목하여 그 특정 경험 이해에 도움이 되도록 발달이론을 부분적으로 수정하는 것이다. 쿠퍼-화이트(2000, pp. 90-91)는 에릭슨이 인간의 모든 발달을 일직선상에 세우기 때문에 트라우마로 고통받는 여성들을 이해하는 데 많은 한계가 있다고 한다. 트라우마란 정상적인 대처에 실패했을 때 발생하는 압도적인 공포, 심한 무기력감을 의미한다. 성인에 대한 절대 의존이 기본적 감정인 어린 아동의 경우, 어린 시절 경험한 학대나 유기 경험은 아동의 공포, 무기력, 무력감을 더욱 강화하여 인생이 트라우마로 가득찬 것으로 이해하기 쉽다. 특히 에릭슨의 관점에서 접근할 경우, 생애 초기에 트라우마로 인해 기본적 신뢰 능력에 문제가 생긴 경우, 이후에도 정상적 발달은 거의 기대할 수 없는 것으로 생각할 수밖에 없다. 그러나 쿠퍼-화이트는 심한 학대 속에서 자란 여자아이가 '올 A'를 맞는 우수한 학생이 되거나, 대중이 부러워하는 유명 운동선수가 되거나, 심한 부모의 방치 속에도 당차게 가장 역할을 해내는 여아들을 접하며, 에릭슨의 이론으로 이해할 수 없는 예외들을 발견한다.

그리하여 쿠퍼-화이트는 에릭슨과 달리 다양한 발달라인(developmental

lines)을 주장하는 안나 프로이트(Anna Freud, 1963, pp. 245-265; Cooper-White, 2000, p. 92 재인용) 이론에 주목한다. 안나 프로이트는 에릭슨과 마찬가지로 프로이트 이후의 첫 세대 학자로 프로이트의 발달이론을 병리뿐 아니라 정상적 발달에도 적용해 보고자 했다. 그리하여 그녀는 런던 햄프스테드 클리닉에서 아동과 함께 작업하며 발달에는 하나의 유일한 발달라인만 있는 것이 아니라 태아기부터 성인기에 걸쳐 많은 발달라인이 있다고 주장했다. 즉, 프로이트 발달이론의 핵심개념인 자아, 원자아, 초자아 개념에 그녀는 여전히 관심했지만, 그럼에도 불구하고, 정상적 발달은 일직선상에 놓인 발달라인 각개의 문제없는 발달이 아니라 모든 다양한 발달라인의 유사한 발달이라 주장했던 것이다.

안나 프로이트의 영향 속에서 쿠퍼-화이트(2000, p. 92)는 트라우마를 경험한 아동인 경우에도 다양한 영역의 발달과 성숙이 가능함을 주장한다. 에릭슨과 같이 발달단계이론을 직선적으로 이해하는 경우, 어린 시절 심한 학대를 당한 경우, 어린 시절 경험해야 할 발달과제, 즉 기본적인 덕목(virtue)을 성취하지 못할 뿐 아니라, 이로 인해 이후 발달단계에서도 성숙한 방식으로 발달과제를 완수할 수 없다. 그러나 발달단계의 다양성을 인정하는 경우, 어릴 적 트라우마가 매우 충격적일지라도 학대받은 아동의 전체 삶에 영향 미치는 것은 아니라고 이해할 수 있다. 학대받은 아동, 트라우마 속의 아동이라도 뛰어난 능력을 발휘할 수 있다는 가능성이 배제되지 않는 것이다. 이에 쿠퍼-화이트는 발달 덕목의 다양성을 강조함으로써, 또 발달라인의 다양함을 강조함으로써, 어린 시절 트라우마를 경험한 학대아동도 성숙할 수 있음을 주장한다. 특정 시기의 위기가 다음 단계의 발달을 온전히 방해하는 것이 아니라 다양한 모습으로 쌓이고 축적되어 통나무 나이테와 같이 고유한 모습을 갖게 한다는 것이다.

한편, 여성주의 목회신학의 관점에서 발달심리학을 재구성하는 두 번째 방법은 여성의 독특한 문화적 상황에 관심하여 특정 발달 시기를 새롭게 구성

하는 것이다. 델은 독신여성이란 아직 결혼하지 않은 여성뿐 아니라 이혼 혹
은 파트너의 죽음으로 혼자가 된 여성을 가리킨다고 한다. 그런데 에릭슨의
발달이론은 이와 같은 독신여성의 경험을 적절히 반영하지 않는다고 한다.
가령, 에릭슨은 성인기의 과제로 생산성을 들었는데 독신여성은 에릭슨이 제
시한 생산성을 성취할 수 없다. 그래서 델은 진정한 생산성이란 생물학적 출
산을 포함할 수는 있지만, 이를 넘어선 것으로, 일, 직업, 소명 그리고 그 외의
모든 창조적이고 생산적 활동을 포함하는 것으로 보아야 한다고 한다. 결혼
하여 부모가 되는 것만을 성인됨의 유일한 성숙 기준으로 보지 않아야 하는
것이다. 또한 델(2000, p. 330)은 자신의 임상 경험을 근거로 독신여성의 성인
기 이후 발달주기를 다음과 같이 구성한다.

단계	정서 과정	단계	정서 과정
1. 아직 결혼 안 함	1. 원가족과의 관계 변화: 의존에서 독립으로 2. 가족 밖 세계에서 독립성이 증가됨(일과 우정)	4. 후기 (50대에서 건강이 나빠질 때까지)	1. 일 위주의 삶에 관한 정의 2. 자신의 일의 결실과 독신의 유익을 즐김 3. 육체적 쇠락을 인식함 4. 사랑하는 이의 죽음과 장애에 직면
2. 30대 (독신의 중간지대)	1. 처음으로 싱글 상황에 직면함 2. 결혼에 더해 다른 가능성을 포함하는 것으로 확장함		

3. 중년 (40대에서 50대 중반)	1. 이상적인 미국 가정에 대한 환상을 다룸
	  a. 절대 결혼 안 함의 가능성을 받아들임.
	  b. 생물학적 자녀 없음을 받아들임
	2. 현재와 미래 직업의 의미를 정의함
	3. 독신생활 안에서 진정한 삶을 정의함
	4. 원가족에서 성인 역할을 확고히 함
		5. 노년 (건강이 약화된 후 죽을 때까지)	1. 죽음을 직면함
			2. 살아온 삶을 받아들임

델(2000)은 독신여성의 경험을 중심으로 구성한 이 발달단계를 통해 문화에서 규정한 사건보다는 개인의 풍요롭고 복잡하고 다양한 삶에 관심하고 있다. 즉, 젠더화된 사회문화를 반영하는 원가족, 성, 결혼 등을 보편적으로 적용하기보다 결혼하지 않은 사람, 이혼한 사람, 미망인, 동성애자들도 받아들일 수 있는 삶의 발달단계를 제시하는 것이다. 그리하여 델은 자신의 발달단계는 독신여성들의 통전적인 삶을 이해하는 데도 도움이 되지만, 독신여성들을 위한 치료계획을 구상하는 데도 역시 도움이 된다고 한다. 또 독신여성 역시 결혼한 사람들과 그 양태는 다르지만, 결혼한 사람 못지않게 나름의 방식으로 변화와 성숙을 경험한다고 한다. 그러므로 교회와 사회가 기혼자뿐 아니라 독신여성들도 그리스도의 몸된 교회에 충분히 수용되도록, 또 독신여성들의 정신건강과 영적 성장을 위해서도 지원하고 노력해야 한다는 것이다.

여성주의 관점에서 발달이론의 심리학적 구성은 또한 오르처럼 특정 여성들의 발달 경험에 근거해 생애주기 발달단계 전체를 새롭게 고안할 수도 있다. 오르는 전형적인 발달단계와 달리 노동자 계층 여성의 발달단계를 아동기−사춘기−초기 성인기−중기 성인기−노년기로 완전히 재구성한다. 오르(2000, pp. 47-50)에 의하면, 노동자 계층 여성 발달의 첫 단계는 출생부터 12세까지의 아동기이다. 아동기에 중산층 여아와 달리 노동자 계층의 여아는 가난이 무엇인지를 구체적으로 경험한다. 부모가 직장에 다닌다 해도 비정규직인 경우가 많아 불확실성과 불안이 이 시기의 주요 경험이다. 또 이 시기의 중산층 아동기 여아의 주된 고민이 개인적 결함과 관계된 것이라면, 노동자계층 여아는 자신의 관계망 때문에 고민한다. 즉, 돈이나 음식 부족 문제뿐 아니라 알코올 중독에 걸린 부모, 자주 싸우는 가족, 아픈 엄마가 주된 고민거리이다. 그래서 "너무 어려서 걱정할 수 없다."는 말은 노동자 계층 여아에게 해당되지 않는 것이다.

노동자 계층 여성의 두 번째 발달단계는 사춘기이다(Orr, 2000, pp. 50-54). 사춘기는 급격하게 심리적·신체적 변화를 겪는 시기로 사춘기 소녀의 경우,

몸의 극심한 변화 속에 생리, 섹스, 성적 매력 등의 문제에 관심하며 종교적 회심을 경험하기도 한다. 그런데 중산층 사춘기 소녀의 경우, 대학교육을 받기 때문에 사춘기를 즐길 수 있는 기간이 비교적 길다. 반면, 노동자 계층 사춘기 소녀는 대부분 고등학교 졸업과 함께 일찍 직장생활을 하거나 결혼을 하기 때문에 사춘기 기간이 짧다. 그런가 하면 노동자 계층 사춘기 소녀들은 사춘기의 고유한 특징인 정체성 갈등 역시 자신에 대한 정직한 직면에서 시작하는 것이 아니라 생존 외에 특별한 선택의 여지가 없기 때문에 절망 속에서 경험한다. 그리하여 노동자 계층 사춘기 소녀들의 직업 선택은 자기성취가 아니라 생존 때문이며, 직업에 대한 장기 계획조차 세우지 않는다. 또 이 시기의 노동자 계층 사춘기 소녀들은 학교나 주변 이웃이 자신과 경제수준이 비슷하면 덜 갈등하지만, 그렇지 않은 경우 자신의 계층에 의해 깊이 상처받고 수치심을 느낀다.

한편, 노동자 계층 여성의 셋째 단계는 18세에서 25세까지의 초기 성인기이다(Orr, 2000, pp. 54-56). 중산층 여성의 경우, 결혼하기 전 원가족에서 독립하여 자신이 무엇을 해야 하는지, 자기가 누구인지를 생각할 여유가 있다. 그러나 노동자 계층 여성의 초기 성인기는 대부분 이른 결혼과 이른 부모 됨에서 시작한다. 그래서 자신의 성장에 관해 생각할 여유가 없고 생존을 위해 일해야 한다. 물론, 일이 가족 경제에 도움이 되기 때문에 일을 통해 자아존중감과 자기가치감을 경험하기도 하지만, 일에 대한 만족도가 높지는 않다. 때문에 오히려 가정생활에 더 많이 투자하기도 한다. 반면, 일을 할 수 없게 되는 경우, 우울감, 낮은 자존감, 중독에 빠져 심한 경우 자살까지 생각하게 된다. 일에 대한 만족도의 경우, 중산층 성인 여성은 일 자체에 대한 흥미도, 자아성취 같은 내적 요소가 중요하다고 평가한다. 그러나 노동자 계층의 여성의 경우, 임금 및 노동시간 혹은 감독이나 동료 같은 외적 요소가 중요하다고 평가한다. 여성의 수입이 이들 가정의 주요 수입원이기 때문에 노동자 계층 가정에서 여성은 임신, 섹스, 이혼 등의 문제에 주도적일 뿐 아니라 가정에서 힘이 있는 편이다.

노동자 계층 여성의 넷째 단계는 35세에서 50세까지의 중기 성인기이다 (Orr, 2000, p. 58). 이 시기 중산층 여성은 주로 자신이 무엇을 생산해 냈는가에 대해 내적 성찰을 한다. 반면, 노동자 계층 여성은 여전히 이런 문제에 대해 생각할 충분한 시간적 여유가 없다. 이 시기에 바람직한 파트너에 대해 다시 평가하기도 하는데 중산층 여성은 착한 마음, 친절, 배려심 같은 내적 요소를 중시하는 한편, 노동자 계층 여성은 함께 말할 수 있는 사람, 함께 경제적 부담을 나누는 사람 등 파트너의 행동요소에 관심한다. 계층을 초월해 '빈 둥지 증후군'은 중년 여성 모두에게 중요한 문제이다. 하지만, 노동자 계층 중년 여성의 경우, 일하며 자녀를 양육하는 것에 대한 힘든 부담에서 벗어나는 시기이기 때문에 빈둥지 경험이 오히려 안도감을 주기도 한다. 한편, 이 시기 노동자 계층 중년 여성의 주요한 관심은 타인을 돕는 것이다. 백만 달러가 생기면 어떻게 하겠느냐는 인터뷰에서 중산층 중년 여성이 가정, 가족, 투자에 관심한 것과 대조적으로 노동자 계층 여성들은 대학, 노숙자 숙소 혹은 교회에 기증하겠다고 한 것이다.

노동자 계층 여성의 마지막 발달단계는 50세 이상의 노년기이다(Orr, 2000, pp. 59-61). 노년기는 폐경, 손주 돌보기, 은퇴, 부모 돌보기 및 자신의 죽음에 직면하는 시기이다. 그런데 노동자 계층 노년 여성의 이 시기 가장 큰 관심은 배움에 관한 것이었다. 이는 한 단계 오르고 중요한 사람이 되기 위해서는 더 많이 배워야 한다고 강조한 부르주아 문화 때문이기도 하겠지만, 노동자 계층 노년 여성은 배움이 자기존중을 획득하는 방법이며, 생존을 넘어 삶의 충만함에 이르는 길로 이해한다. 그래서 부모 역할에서 자유로워지고 노동에서 벗어나게 되면 더 많이 배우고 더 많이 지혜를 축적하고자 한다. 이 시기 노동자 계층 노년 여성이 가장 두려워하는 것은 죽음 자체라기보다 자신이 다른 사람에게 부담이 되는 것이다. 이는 중산층 노년 여성이 죽음에 가까워지며 의존적이 되고 통제력을 상실할까 고민하는 것과는 대조적이다. 노동자 계층 노년기 여성의 마지막 삶의 주제는 또한 휴식이다. 이들은 노년기에 특별한 휴식을 갈망하여 백만 달러가 주어지면 빚을 갚고, 기증하고, 특별한 휴가를 가겠다는 생각을 많이 피력한다. 일에서 벗어나 쉬는 것. 그것이 그들 삶의 마지막 주요 관심인 것이다.

3. 목회신학적 재구성

한편, 도널드 캡스(Donald Capps, 1983, pp. 8-23; 1985, pp. 228-244; 2000)는 기독교의 경우, 대죄(Deadly Sins), 팔복(The Beatitude), 천로역정 이야기 등을 통해 기독교인의 발달단계별 선한 발달을 꾸준히 고취시켜 왔다고 한다 (최재락, 2011, pp. 259-580; 안석, 2011, pp. 397-427; 정희성, 2014, pp. 445-472). 때문에 교회 여성의 다양한 발달을 지지하는 상담을 위해서는 심리학 이론 뿐 아니라 기독교적 덕목이나 발달 모형에 대한 새로운 목회신학적 접근이 필요하다.

미국 흑인 여성의 삶과 경험에 관심해 온 테레사 스노튼(Teresa Snorton, 2000)이 흑인 여성을 위한 기독교적 덕목을 새롭게 제시함으로써 바로 이의 해결을 모색한다. 스노튼(2000, pp. 285-287)에 의하면, 미국 사회에서 흑인 여성들에게 강요해 온 덕목은 전통적으로 '끊임없는 일할 것'과 '과도한 책임 감'이었다고 한다. 노예생활 당시 흑인들은 백인들의 노예로 살며 남녀관계 없이 열심히 일해야 했고, 일을 잘못하거나 게으름을 피우면 심하게 벌을 받거나 팔려 갔다. 그래서 흑인들은 백인들에 의해서, 또 스스로 자신의 가족을 지키기 위해서 최선을 다해 열심히 일해야 한다고 생각하며 이를 자신들 삶의 최고 덕목으로 강조해 왔다. 노예 해방 이후 약간의 변화가 있었지만, 대부분의 흑인은 여전히 가난했기 때문에, 젠더를 불문하고 가족의 생계를 위해 여전히 열심히 일해야 한다고 배웠다. 흑인 여성들의 경우, 흑인 남성 못지않게 일했을 뿐 아니라 밭에서 아이를 낳고도 곧 다시 일하러 갈 정도로 열심히 일하고 더욱 맡은 바 일을 다하고자 했다. 이런 상황에서 흑인 여성들에게 누군가에게 의지한다거나, 휴식을 취한다거나, 잠시 휴양을 떠난다는 것은 상상조차 할 수 없는 것이었다. 다시 말하자면, 오로지 '열심히 일해라.' '맡은 일은 반드시 끝내라.' '다른 사람을 보살펴라.'가 문화적으로 흑인 여성들에게 강조한 삶의 주요 덕목이었던 것이다.

그런데 스노튼(2000, p. 289)은 기독교의 가르침 역시 흑인 여성들에게 이와 같은 과도한 책임감과 일에 대한 부담을 더욱 강화시켰다고 한다. 스노튼에 의하면, 기독교가 흑인 여성들에게 강조한 가르침은 '하나님께서는 인간이 감당할 수 없는 시험은 주시지 않는다.'는 것이었다. 그리하여 어떤 곤경이나 어려움에서도 흑인 여성들은 이를 참고 견뎌 내야 하는 것으로 이해했고, 하나님에 대한 믿음 속에서 무거운 삶의 스트레스와 책임감을 흑인 여성 홀로 지고 가야 하는 것으로 여기도록 했다. 그리하여 현재 결국, 많은 흑인 여성이 과도한 노동과 스트레스로 병에 걸리거나 죽음에 쉽게 노출되었다. 통계에 의하면, 흑인 여성들은 백인 여성보다 심장병과 심장마비로 두 배 이상 많이 죽는다. 당뇨나 그로 인한 합병증 역시 백인 여성보다 두 배나 높을 뿐더러 참고 지내다 병원에 도움을 늦게 요청하기 때문에 암으로 인한 사망률 역시 백인 여성보다 높은 것으로 나타난다는 것이다.

때문에 스노튼(2000, p. 291)은 '휴식의 신학(theology of rest)'을 통해 '휴식'을 흑인 여성들을 위한 기독교의 새로운 덕목으로서 제안한다. 스노튼은 창세기 2장 2절에 "하나님께서 일곱째 날에 쉬셨다."고 한 부분을 신학적 근거로 삼는다. 그래서 휴식이야말로 연이은 창조와 새로운 갱신에 필수불가결하며, 창조와 휴식은 주기적으로 동반해야 하는 하나의 쌍이라고 한다. 또 하나님은 피곤해서 쉬신 것이 아니라 연이은 창조를 위해 쉬신 것이라고 한다. 때문에 기독교를 믿는 흑인 여성 역시 자기를 돌보아야 하며 몸과 마음의 휴식을 취해야 한다는 것이다. 휴식이야말로 영혼의 갱신을 위해, 또 새로운 창조를 위해 반드시 필요한 것이다. 그러므로 하나님이 쉬셨듯이 흑인 여성도 쉬어야 하며, 흑인 여성들은 일을 위한 계획뿐 아니라 휴식을 위한 스케줄도 짜야 한다는 것이다.

한편, 밀러-맥르모어(2000, p. 185)도 여성의 어머니 경험을 근거로 하나님에 대한 새로운 이해뿐 아니라 기독교의 덕목을 제시한다. 현대 생태 여성 신학자 샐리 맥페이그(Sallie McFague, 1987, p. 104)는 핵무기와 같이 가공할 만한 무기가 인류 생존을 위협하는 현대사회에서 하나님과 인간이 함께 협조하고 함께 공조하는 공동 파트너십, '공동 창조(co-creating)'를 강조한다. 그런데 밀러-맥르모어는 여성의 모성이야말로 인간이 존재를 낳은 경험, 창조 경험으로 이 하나님의 공동 파트너십, 공동 창조와 가장 유사한 경험이라고 한다. 또 여성의 임신, 출산, 양육의 모성 경험은 인간이 자기 자신을 넘어서 타인을 돌보고 보호하고자 하는 종교적 헌신을 발전시키며, 타인의 가장 근본적인 필요와 번성을 추구하는 하나님 사랑 이해에 매우 적합한 경험이라고 한다. 그리하여 밀러-맥르모어는 발달주기이론에서 여성의 임신, 출산, 양육과 같은 모성 경험을 강조할 뿐 아니라 하나님을 이해하는 데 있어서도 이 모성 경험을 통해 이해하고자 하는 것이다.

모성 경험을 근거로 밀러-맥르모어(2000, p. 186)가 기독교 덕목으로 제시하는 것은 '명상', 즉 기독교 수양의 새 모습이다. 기독교 전통에서 영적 스승들은 다양한 방식으로 기독교인이 지향해야 할 삶의 방법을 모색해 왔다. 그리하여 많은 이가 오랜 침묵, 홀로 있음, 금욕, 노동, 자기부인을 강조하는 명상생활, 수도생활을 그 방안으로 강조했다. 그런데 밀러-맥르모어는 명상이나 수도생활이 아니라 모성 경험이 바로 금욕, 노동, 자기부인을 실천케 하는 구체적이고 특별한 경험이라 한다. 어머니가 된다는 것은, 어머니가 되어 자녀를 낳고 키우고 자라게 하는 것은, 움막에 스스로를 가두고 명상하는 수도사 못지않게 한밤의 긴 잠, 자신을 위한 시간, 원하는 대로 오고 갈 자유, 이 모든 것을 포기하는 자기부인의 경험을 사랑 속에서 훈련하는 것이기 때문인 것이다.

한편, 밀러-맥르모어는 모성 경험이야말로 전통적인 명상이 지향한 하나님과의 만남법에 대한 새로운 방법을 제시한다고 한다. 즉, 명상이 하나님과의 만남이 침묵과 홀로 있음 속에서 가능한 것으로 강조한 것과 달리 모성 경험을 통해 배우는 것은 하나님과의 만남은 '대화와 관계성 속에서' 가능함을 깨닫게 한다는 것이다. 아이를 양육하며 어머니는 침묵뿐 아니라 대화의 중요성을 인식하게 되는데 이것을 통해 하나님을 향한 영적 묵상이 고독뿐 아니라 관계 안에서 이루어질 수 있음을 깨닫게 되며, 하나님 사랑의 복잡하고 심오한 차원에 대해 보다 구체적인 통찰을 얻게 된다는 것이다. 따라서 모성 경험이야말로 명상 못지않게 기독교인 삶의 바람직한 덕목으로 이해해야 한다는 것이다.

그런데 스노튼이나 밀러-맥르모어보다 더 혁신적인 방식은 진 스티븐슨-모에스너(Jean Stevenson-Moessner)와 같이 여성주의 목회신학 관점에서 발달이론가들이 제시하는 발달사다리를 완전히 재편하는 것이다. 먼저, 이를 위해 스티븐슨-모에스너(2000, p. 8)는 목회신학에서 주요 메타포였던 성육신 신학에 대해 비판적으로 재조명한다. 목회신학자 찰스 거킨(Charles Gerkin, 1984, pp. 70-71)은 교부시대부터 현대에 이르기까지 목회신학의 주요 메타포는 '하나님이 육신이 되었다.'는 성육신 교리였다고 한다. 성육신 신학은 인간을 위한 하나님의 지속적인 활동을 묘사하였을 뿐 아니라 목회자와 내담자 관계의 유비, 또 목회상담관계에서 체현되는 은혜와 수용의 패러다임적 이미지가 되어 왔다. 이에 스티븐슨-모에스너는 거킨은 하나님의 성육신이 보다 구체적으로는 여성의 몸에서 일어났다는 것을 간과했다고 한다. 즉, 성육하신 예수 사건은 하나님의 성육신이면서 동시에 여성의 몸에서 태어난 모성과 분리할 수 없는 것이다. 또 예수의 성육신 사건에서 오히려 의문시해야 하는 것은 예수의 아버지이지 예수의 어머니가 아니다. 따라서 예수께서 마리아라고 이름 지어진 여성의 몸에서 태어나셨다는 사건이 더욱 강조되고 강조되어야 한다는 것이다.

그래서 스티븐슨–모에스너(2000, p. 8)는 하나님의 어머니 마리아를 중심으로 목회신학의 성육신학을 재구성하고자 한다. 그녀에 따르면, 기독교 개신교 전통에서는 여성의 경험과 몸을 중시하지 않고, 하나님을 임신한 자(God-bearer, Theotokos)로서 마리아의 중요성을 부인해 왔다. 그러나 하나님을 임신한 마리아의 중요성은 이미 431년 에베소 회의에서 확증했으며 "동정녀 마리아에게서 나시고"라는 사도신경을 통해 명백히 고백되었다. 그러므로 기독교 신앙은 성육신이 여성의 몸과 불가분하게 연결되어 있음을 놓쳐서는 안 되는 것이다. 그런데 마리아를 성육신 신앙에 중심에 놓고 목회신학적 여성 발달사다리를 구성할 때 강조되는 것은 바로 영혼과 육신의 분리가 아닌 영혼과 육신의 하나 됨이다. 다시 말하면, 마리아에 기초한 성육신 신학은 마음과 몸과 육체의 일치를 강조하며, 마리아뿐 아니라 여성의 위치를 상승시킨다. 더불어 천한 자와 낮은 자를 올리시는 하나님, 문화의 영향력에 관심할 수 있다는 것이다.

스티븐슨–모에스너(2000, p. 17)는 마리아에 기초한 발달사다리가 마음–몸–영혼–문화의 4부 일치(mind-body-soul-culture quadripartite unity)를 강조하는 것이라 한다. 육신이 되신 하나님은 여성의 자궁을 통해 운반되었고, 여성의 산고 속에서 태어났다. 그래서 이 발달모형에서는 몸과 영혼, 몸과 마음 또 몸이 하나님이 계신 거룩한 장소라는 것을 강조한다는 것이다. 그와 더불어 어느 누구의 몸도 범해지거나 약탈당해서는 안 된다는 것 또 인간의 가치가, 피부색이나 능력에 의존하지 않는다는 것도 강조한다는 것이다. 실제로 미국 병원이나 교회에서는 유방 절제나 자궁 절제 혹은 유산이나 불임, 출산 등에 직면하여 마리아께 기도해 달라는 교인들도 있다. 이처럼 이미 문화 속에 마리아는 영혼과 몸의 연결, 육체적인 것과 영적인 것을 연결하는 표상으로 자리잡아 왔다. 마찬가지로 마리아는 강간, 가정폭력, 근친상간, 아동학대도 종교적 문제가 된다는 것을 이해하게 하는 좋은 표상이 될 거라는 것이다.

　스티븐슨-모에스너(2000, p. 16)가 제시하는 마리아에 근거한 여성을 위한
발달모형은 다음과 같다.

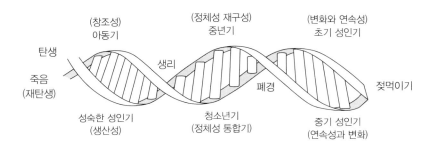

　그녀는 전통적인 발달이론가들이 주장하는 발달사다리는 단선적이고, 위
계적이며, 진단 중심적이라고 한다. 그러나 여성의 성숙과 발달은 원이나 동
심원, 혹은 이중 나선과 같은 그림의 모습으로 표현되는 것이 더 적절하다고
한다. 이 이중 나선 소용돌이 모형은 여성 몸의 통과의례인 생리와 폐경 등도
드러낼 수 있으며, 여성의 피해 경험과 희망의 이야기가 또한 얽혀질 수 있으
며, 다양한 몸-마음-문화의 경험이 소용돌이 속에서 상호관계적 교환, 쌍방
향적 교환이 일어남을 이해할 수 있게 한다는 것이다. 그뿐 아니라 어머니와
자녀의 상호관계성, 즉 아동기의 '창의성'과 성숙한 성인기의 '생산성,' 사춘기
의 '정체성 공고'와 중년기의 '정체성 재배열', 또 초기 성인기의 '변화와 일치'
와 중기 성인기의 '변화와 일치'의 발달평행 및 관계성이 드러난다는 것이다.

　이상의 연구를 통해 전통적인 발달이론을 여성주의 목회상담학 관점에서
비판하고 재구성해 보았다. 발달심리학은 문화 속에 내포된 젠더 차별에 대
해 무관심하고 무지하여 일상생활 속에서 구체적으로 발달하고 변모하는 여
성에 대해 '정상이 아닌' '고장 난' 혹은 '문제가 있는' 것으로 이해하게 하였
다. 이에 먼저, 여성주의 관점에서 발달이론을 심리학적으로 재구성했다. 여
성의 구체적인 경험을 중심으로 전통 이론을 재조명하여 발달라인의 다양성

을 강조하거나 발달단계의 특정 시기를 부분적, 전면적으로 재구성했다. 다음으로, 발달이론을 목회신학으로 구성하였는데, 예를 들면 '휴식의 신학' 등을 제안하여 '휴식'을 기독교적 덕목을 새로이 고안하거나, '모성 경험'을 기독교적 덕목을 고양하는 수양의 한 방법으로 제안하거나, 예수의 어머니 마리아를 중심으로 발달모형을 새로이 구성했다.

이와 같은 논의는 무엇보다도 앞서 서론의 10대, 30대, 50대, 60대 여성들을 여성의 관점에서 이해할 수 있는 이론적 근거를 제시해 준다. 즉, 이들이 각자 삶의 단계에서 경험하는 다양한 심리와 마음의 경험이 전통 발달심리에서 주장하듯 고장 나거나 잘못된 때문이 아니라, 여성 고유한 발달과 문화적 정황에서 일어날 수 있는 것으로 이해할 수 있게 하는 것이다. 그리하여 이는 남성 경험 중심의 전통 발달이론에서 벗어나 여성, 소수자, 기타 타자들이 자신의 발달 경험을 주체적으로 성찰할 수 있게 하는 계기를 제공한다.

그런데 이 논의는 또한 여성의 발달심리 역시 여성이라는 이유로 하나로 통일될 수 있는 것이 아님을 보여 준 데 의의가 있다. 즉, 전통 발달이론은 대표적이고 획일적인 발달 경험이 있는 것으로 이해했다. 이 논의는 인간이라는 이름하에 남성 경험을 대표했던 전통 논의에 대한 비판에서 시작하나 그렇다고 해서 여성의 발달 경험을 하나로 명명할 수 없다고 하는 것이다. 예를 들면, 여성 다수가 경험하는 모성 경험을 여성 발달의 주요 경험으로 이해하는 여성들도 있지만, 모성 경험 없이 살아가는 독신여성들도 나름 독특한 발달 경험을 하며, 그 밖에 트라우마를 경험한 여성들, 또 노동자 계층 여성들 나름 자신의 문화적, 개인적 삶의 여정에서 여성으로서 다른 여성과 '따로 또 같이' 발달하고 변화한다는 것이다.

마지막으로 이 논의는 목회상담학 컨텍스트에서 여성 발달의 새 모형구성을 위해 마리아를 끌어온 것에 그 의의가 있다. 초대 기독교와 종교개혁 당시 마리아를 하나님의 어머니, 예수님의 어머니로 강조한 것은 마리아를 신성화하기 위한 작업이 아니라 예수 그리스도의 신성을 강조하기 위한 것이었다.

그러나 그럼에도 불구하고 가부장제의 영향 속에서 개신교는 점차 마리아의 중요성을 점차 무시하고, 이와 함께 여성의 이야기, 여성의 경험에 관심하지 않았다. 또 기존 목회상담학에서 목회상담학 돌봄의 전형은 예수, 예언자, 지혜자, 선한 목자, 사마리아인 등 남성에게서만 찾았다. 이런 상황에서 마리아에 기초한 논의는 초기 기독교 및 개신교 전승과 부합하면서도, 여성 발달 경험의 중요성을 목회상담학에서 활용할 수 있는 전환점을 제공하는 것이다.

여성주의 목회상담학 관점에서 발달이론을 재구성하는 것은 아직 시작 단계에 있다. 심리학 이론뿐 아니라 기독교 및 한국 전통의 다양한 여성 전승을 재발굴하여 한국 교회 여성의 다양하고 심층적 발달을 지원하고 이해하는 노력이 지속되어야 할 것이다.

참고문헌

권수영, 손운산, 안석모, 이상억, 정희성 (2007). 돌봄과 상담의 자취와 전망. 한국기독교신학논총, 50, 215-248.

권진숙 (2013). 도널드 위니컷의 안아주기 환경 개념의 여성목회신학적 재고와 목회적 돌봄. 신학과 실천, 35, 225-257.

안석 (2012). 성숙에 관한 기독교상담학적 연구-정신분석 및 인본주의 심리학적 관점을 중심으로. 신학과 실천, 32, 397-427.

양점도, 장덕희 (2002). 여성상담의 현황과 활성화 방안. 복지행정논총, 12, 65-92.

정희성(2011). 여성과 목회상담. 서울: 이화여자대학교출판문화원.

정희성 (2014). 목회상담학 관점에서 구약성서 다시 읽기. 신학과 실천, 42, 445-472.

최재락 (2011). 인격발달의 위기에 있어서 종교의 역할. 신학과 실천, 27, 259-280.

최주혜 (2014). 어린이 돌봄에 대한 여성신학적 조명. 신학과 실천, 39, 307-327.

Capps, D. (1983). Pastoral care and the eight deadly vices. *Pastoral Psychology, 32*, 8-23.

Capps, D. (1985). The beatitudes and Erikson's life cycle theory. *Pastoral*

Psychology, 33, 228-244.

Capps, D. (2000). *Deadly sins and saving virtues.* Eugene: Wipf and Stock Pub.

Chodorow, N. (1978). *The reproduction of mothering: Psychoanalysis and the sociology of gender.* Berkeley: Univ. of California Press.

Erikson, Erik Homburger (1995). 아동기와 사회: 인간발달 8단계 이론 (윤진, 김인경 역). 서울: 중앙적성사.

Freud, S. (1990). Three essays on the theory of sexuality. In Elisabeth Young-Bruel (Ed.), *Freud on women: A reader.* N.Y.: W.W. Norton & Compan.

Gerkin, C. (1984) *The living human document: Re-envisioning pastoral counseling in a hermeneutical mode.* Nashville: Abingdon.

Gerkin, C. (1997). *An introduction to pastoral care.* Nashville: Abingdon Press.

Cooper-White, P. (2008). Feminism(s), gender and power: Reflections from a feminist pastoral theologian. *Journal of Pastoral Theology, 18*, 18-46.

Gilligan, C. (1982). *In a different voice: Psychological theory and women's development.* Cambridge, Mass.: Harvard University Press.

Glaz, M., & Stevenson-Moesnner, J. (1991). *Women in travail and transition: A new pastoral care.* Minneapolis: Fortress Press.

McFague, S. (1987). *Models of god: Theology for an ecological, nuclear age.* Philadelphia: Fortress Press.

Miller-MeLemore, B., & Gill-Austern, B. (1999). *Feminist-womanist pastoral theology.* Nashville: Abingdon Press.

Snorton, T., & Stevenson-Moessner, J. (2010). *Women out of order: Risking change and creating care in a multicultural world.* (Eds.). Minneapolis: Fortress Press.

Stevenson-Moessner, J. (2000). *In her own time: Women and developmental issues in pastoral care.* Minneapolis: Fortress Press, 2000.

제**4**장

여성 목회상담가 이야기

고영순
(치유상담대학원대학교)

1. This Is Me 작업 배경

칼 로저스(C. Rogers, 1967; 2002)는 상담자 자신에 대해서 한 인간으로 누구이며 무엇을 하는 사람인지에 대해 "This Is Me(이 모습이 나입니다)"라는 제목으로 밝힌 바 있다. 상담 공부를 하는 사람이라면 누구나 한 번쯤 This Is Me 작업을 해 보았을 것이다. 이 작업은 자전적 이야기를 통해 인생 발달단계마다에 의미 있었던 사건들과 그 사건들이 내면에 남긴 생각, 가치관(心像)을 확인함으로써 자신에 대한 통찰력을 갖게 한다. 안정적이고 건강한 사람에 대해 자전적 구술 능력의 중요성을 강조한 애착이론가 볼비(J. Bowlby, 1982)와 그 맥락을 같이한다. 아들러(A. Adler) 또한 인생 단계마다의 구체적 사건들을 성인에서 청소년, 초등 시절로 소급해 가다가 결국에는 가장 어린 시절에 떠오르는 첫 기억(first memory)의 심상을 치료적 단서로 삼는다(Dinkmeyer &

Sperry, 2004, pp. 341-344). 자신의 삶 속에서 일어났던 사건들에 대해 혼란스러워하던 내담자가 여러 번 자기 이야기를 구술하는 과정을 통해 자전적으로 구조화할 수 있을 때, 상담자는 그(녀)가 치료 기능적 단계에 이르렀음을 인지하게 된다. 치료에 있어 자전적 구술 능력은 그처럼 중요한 것이다(안미숙, 2004, pp. 274-277).

상담자인 나는 어디에 와 있는지 한 번쯤 정리해 보고 말해 보는 것이 인턴 과정에는 필요하다고 생각하여 학생들에게 This Is Me를 과제로 부여한다. 동료들 앞에서 This Is Me를 읽어 보는 일, 그리고 중요 사건들에 대해 상(像)을 재구성하는 일은 자기이해와 통찰에 매우 유용하다. 상담자이기 전에 한 인간으로 나는 어느 발달단계에 와 있는지, 그것은 또 상담자로서의 발달단계(모방, 수련, 전문가, 개성화 단계 등; 방기연, 2003, pp. 69-71)와 어떤 연관이 있는지 함께 생각해 본다. 중요 사건들을 통해서 대상들로부터 어떻게 분리/분화해 왔는지 그리고 그 과정을 정서적으로 어떻게 소화했는지 이해하고 받아들이는 과정은 상담자로서 개성화를 이루는 통과제의이기도 하다.

학생들에게 과제로 부여했던 This Is Me 작업을 나 자신이 해 보겠다고 나서는 데는 용기가 필요했다. 협회 학술세미나 주제인 "여성, 삶 그리고 이야기" 중 누군가는 자기 이야기를 할 수 있으면 좋겠다는 제안에 스스로 자원한 것이다. 상담자로서 나는 많은 여성의 이야기를 들어왔고 그것을 임상적 자료로 활용해 왔지만 정작 나의 이야기는 상담하는 사람들한테 자료로 '주지' 못했다. 앞으로 5년, 10년 이후 상담자인 나의 이야기는 또 어떤 모양새를 갖출지 모른다. 성장했을 수도, 퇴보했을 수도 있고, 혹은 그 자리에 여전히 머물러 있을 수도 있다. 그 어떤 발달적 시기나 정황에 처하여 있든지 그 때의 This Is Me도 '나 됨'을 의미하는 소중한 이야기이다.

여성주의 목회(기독)상담자로서 자기성찰이나 반성을 다루는 글이 여러 각도에서 작업되는 것이 필요하다고 생각한다(정소영, 2004a). 어떤 방식으로 다뤄지든 간에 그 과정을 다루는 당사자에게는 쉽지 않은 일이다. 상담 철학,

입장, 방법, 내용, 고민, 실패 경험과 아울러 자기노출에 대한 부담을 피할 수 없기 때문이다. 그럼에도 불구하고 목회상담을 결정했을 때의 그 생생함을 기억해 내야 할 필요를 나 자신의 깊은 곳에서부터 요즘 강하게 느끼고 있다. 잘 기억해 내야(remember) 내가 어디에 속한 사람인지(re-member) 확인하게 될 것이고, 소명 또한 분명해질 것이기 때문이다. 언제부터인지 모르게 상담이 힘들게 느껴져 상담 건수를 대폭 줄이거나, 상담을 하더라도 단기적으로 종결하게 된다. 이 핑계 저 핑계를 대며 상담을 피하려 하고, 열정적으로 해오던 여성 지지그룹(support group)에도 뜸하게 참여하거나 나 자신의 의미를 찾을 수 없다. 한 상담 선배는 인생에서 자기 자리를 찾기 위해 헤매는 시기라 그럴 수 있다고 했지만, 목회상담자로서의 나는 누군지에 대해 묻지 않을 수 없는 시기적 절박함이 이 주제를 맡게 하였다.

2. 여성주의 목회상담자

　대학 때부터 나를 알아온 친구들의 반응은 내가 상담을 전공한 것에 대해 놀람 반 놀림 반이다. 사회윤리나 여성신학을 전공할 줄 알았는데 어떻게 상담을 전공했느냐는 것이다. 상담을 전공해서 분명해진 것이 있다면, 상담은 내게 넓은 의미의 '여성주의 활동'이라는 것이다. 상담자로서 내가 여성에게 접근하는 방식은 여성 내담자들의 심리에 내면화된 가부장적 상(像)을 인식시키고, 여성주의적 가치관이라는 새로운 상(像)을 구성하는 데 초점을 맞추는 작업이다. 그러므로 내게 여성주의자라는 정체성은 필수적인 것이며, 나는 여성주의 활동의 일환으로 상담을 하고 있다.

　문제는 왜 목회상담자인가 하는 것이다. 이것은 내 개인적 경험과 밀접한 관련이 있다. 시카고 대학교 병원에서 임상목회교육(CPE)을 한 것이 내가 목회상담을 전공하게 된 중요한 계기이다. CPE 동료들로부터 얻은 내 별칭은

'on-call 마법사'였다. 24시간 대기 채플린 차례가 오면 영락없이 가정폭력이나 성폭력 피해자가 응급실에 실려 왔고, 검진을 받는 그들과 함께 밤을 새우기를 여러 번 하였다. 어느 날 친지에게 성폭력을 당한 흑인 여자아이가 실려 왔는데, 병원에서 상주하는 성폭력 전문가가 아이를 도와주려고 가까이 다가갔다. 그런데 아이가 내 명찰을 보더니, "목사님이 함께 있어 주세요." 하는 것이다(그 당시 나는 목사도 아니고 그저 채플린 수련생이었다). 검진 과정을 처음부터 끝까지 지켜보면서 나는 여성의 몸을 가지고 사는 것이 얼마나 위험한지 알았다. 그 아이의 성기에서 뽑아내는 정액을 보면서 여성의 몸이 혐오스러웠다. 아이러니하게도, 그런 정신적 충격 속에서 매우 강렬한 하나의 생각을 떨쳐 버릴 수가 없었다. 내가 여성의 몸을 입고 있다는 사실 하나만으로 할 일, 할 수 있는 일, 목회자이면 더 좋을 일이 바로 목회상담이라는 것이었다. 그 이후, 왜 목회상담을 전공했느냐고 누군가 물어보면 나는 '계시'를 받았다고 대답한다. 그것은 실로 나한테 종교적 체험과 같은 사건이기 때문이다.

CPE 이후, 시카고 여성 핫라인(KANWIN)이라는 이민 차세대들이 세운 가정폭력 성폭력 기관에서 인턴 실습부터 시작하여 7년 동안, 학교에서 배울 수 없는 생생한 교육을 받았다. 자신이 속한 교회 공동체에서 도움을 받지 못한 많은 여성이 사회기관을 찾는 이유가 있다. 폭력을 당한 여성이 교회에서 듣는 메시지는 뭔가 자신이 잘못을 해서 혹은 하나님이 그녀를 연단시키기 위해서, 기도할 이유를 주기 위해서 등 죄책감을 갖게 하는 것들이다. 나는 이곳 핫라인에서 종교적 가치관이 얼마나 폭력 피해여성에게 불리한 사회적 통념에 일조하는지 그리고 그것이 얼마나 많은 헌신적 여성을 소외시키는지를 배웠다. 나는 상담, 쉼터방문, 법정동반, 경찰들과의 싸움, 캠페인 운동, 사물놀이 지지그룹 등 '신뢰 동반자(advocate)'로서 활동하였다(고영순, 2004). 아이한테 젖을 물린 채 운영위원회를 하고, 어쩔 때는 우는 아이를 떼 놓고 미국 곳곳의 여성대회에 참여하며 배운 그 시기가 내 인생의 가장 열정적인 시기였다.

3. 여성주의 상담의 내용

사모, 목회자, 신학생, 평신도들을 상담실에서 만나고 있다. 이들과 나누게 되는 주제는 남편과의 갈등, 성폭력, 가정폭력, 고부간 갈등, 외도, 우울, 성(동성애), 자녀 문제, 남자 교역자와의 관계, 사모로서 교인과의 문제 등 다양하다. 사건이나 주제는 다양해도 주로 많이 듣는 내담자들의 생각이나 느낌은 오랜 억압으로 인한 호소들이다. 버릇처럼 "내 말을 믿겠어요? 이런 경우 봤어요? 목사님(선생님)도 내가 이상하죠?"라고 묻는 것은, 자기 이야기를 믿어 주지 않을 거라는 오랜 불신(세상에 대한, 자신에 대한)과 의심 때문이다(Bons-Storm, 1996, pp. 19-20). 우울하고, 화가 나지만 무력하고, 의존과 독립의 문제로 혼란스럽고, 책임지게 될까 두렵고, 성(性) 관련 꿈을 꾸고, 혼자 살아갈 수 있을까 두렵고, 남들이 날 어떻게 볼까 하는 불안 등을 통해 이 세상에 여성으로 사는 경험을 이야기한다. 임상적으로 보아 삶의 기능성이 많이 떨어진다 하더라도 내담자들에게 심리검사나 이상(abnormal)심리 진단을 먼저 들이대지 않는다. 이상심리 진단 기준인 '적응성'이 훼손된 경우라도 그것을 병적으로 보기보다 외상 후 스트레스 장애(PTSD) 차원에서 보는 입장을 견지하고 있다(물론 나는 여성 문제에 대해 우호적인 정신과 관련 전문가 동료들로부터 도움을 받고 있다). 오랫동안 마음속에 담아 둔 삶의 응어리를 들어줄 좋은 대상을 희구해 온 내담자들에게 여성주의 상담이 의학적 모델이 아닌 심리-교육적 모델(psycho-educator model)에 서는 이유를 여성들과 상담하면서 거듭 확인하게 된다(권희순, 2005, pp. 110-111).

그러므로 문제나 주제는 달라도 그것이 여성이 하는 얘기라면 나는 일단 중립적이지 않기로 선택한다. 여성주의 목회상담자로서 나의 상담방법이나 철학은 다분히 가치 개입적이다(Neuger, p. 146). 여성이 하는 이야기 치고 '여성이기 때문에'를 벗어나는 예를 상담에서 나는 거의 만난 적이 없다. 설사 여성 내담자의 이야기가 도덕적으로 문제가 있거나 신앙적으로 건강하지 않더라도 그 이야기의 배경에는 거의 많은 경우 여성이 처한 사회문화적 환경이 반영되어 있다(Bons-Storm, 1996, pp. 52-57; 정희성, 2005, pp. 196-203). 아버지로부터 강간당하고, 남편에게 사랑받지 못하고, 존경받는 선생님에게서 추행을 당하고, 목회자에게 실망하는 등, 숱한 여성들의 이야기 속에는 인간을 믿을 수 없고 나 자신을 귀하게 여길 수 없는 분노와 무력감이 덕지덕지 묻어 있다. 설상가상 이런 이야기들을 여성보다는 남성 상담자를 선호해 상담을 받았는데, 그 관계 속에서도 건강하지 않은 전이와 역전이 현상이 일어나 또 한 번 상처를 당하는 경우가 적지 않았다.

1) 도덕성-책임-목적성(Crabb, 1985)

"그럴 수 있겠다."(당신 상황에서는 우울할 수밖에 없겠다.)나 "어떻게 그럴 수 있었나?"(악조건에서 그렇게 살아낼 수 있었다니 놀랍다.)가 내가 많이 쓰는 초반 회기들의 피드백이다. 일단 나는 내담자와 '느낌'을 나누는 것에 시간을 많이 할애한다. 의미 있는 관계, 친밀에의 갈망은 보편적이지 않은가? 원하는 대상에게서 그것을 얻어낼 수 없을 때 당연히 불행한 느낌이 든다. 정서적으로 함께 충분히 교류가 되면(Greenberg, 2002, pp. 67-72) 자연스럽게 대처할 수 있는 '생각'이 따라오기 마련이다. 그 생각에 '의지'를 실어 줘야 하는데, 의지가 중요한 것은 그것이 책임으로 인도하기 때문이다. '무언가를 할 수 없을 것 같다.'는 심상은 누군가가 내 문제를 대신 해결해 주기 바라는 도덕적 회피와 피해자 심리로 강화된다. 이미 상담을 시작한 것부터가 의지가 있다는 것이고 그것은 도덕적으로 책임지는 인간으로서 잠재력이 있음을 말한다(Glasser, 2001). 느낌과 의지가 문제행동을 교정해 줄 수 있지만, 장기적인 치료를 위해서는 역시 과거 어린 시절 경험의 재구성이 필요하다(Sweeney, 1998). 내담자에게 나는 어느 인간이든 목적 없이 세상에 나오지 않으며 그 목적을 이루려

는 갈망을 가지고 있음을 강조한다. 자신을 인격으로 대하고 가치 있는 인간
으로 자각하는 것이야말로 자아 강도를 증진시키는 주춧돌이다.

2) 여성주의에서의 접근

앞의 내용을 떠받쳐 주는 나의 상담 철학은 역시, 여성의 문제는 개인의 문
제가 아니라 성역할과 사회화로 인한 구조의 문제라고 보는 것이다(Worell &
Remer, 2004, pp. 75-85). 문제의 근본적인 해결을 위해서는 개인의 변화뿐 아
니라 사회구조의 변화가 반드시 수반되어야 함을 의미한다. 우리 대학원 부
설 성폭력/가정폭력 상담소/여성쉼터의 교육과정에 법원견학, 폭력 없는 세
상 캠페인 벌이기, 수요 정신대여성 모임에 참여해 보기 등이 있는 것도 상담
원의 사회의식을 확장시키기 위해서이다. 여성의 문제가 여성 한 개인의 문
제가 아니라 많은 여성이 공통적으로 경험하는 문제라는 것을 인식할 때, 문
제의 원인을 스스로에게 돌리는 자기패배적인 생각에서 벗어날 수 있다. 부
모나 남편으로부터 듣는 비하적인 욕설, 잘못에 대한 비난, 신체적 폭력 등으
로 인해 여성들은 자신이 못났고 문제가 많다고 생각한다. 남편이나 상사의
기분만 잘 맞춰 주면 모든 문제가 해결될 텐데 그렇게 하지 못한 자기의 잘
못이라고 자책한다. 이러한 자기비난이 여성들을 우울과 무력감으로 몰아넣
고, 그것으로 인해 생활의 활력을 잃게 되고 또다시 비난의 빌미를 준다. 이
것을 단절하기 위해서는 문제의 원인을 개인의 내적인 원인과 사회적인 원인
으로 구분해 보고, 내적인 자기변화와 사회변화 사이에 얽혀 있는 총체적인
관계를 볼 수 있도록 돕는다. 순수하게 개인적인 것처럼 보이는 문제들이 실
상은 깊숙이 내면화되어 있는 사회적인 조건에 의한 것임을 볼 수 있게 해주
는 것이 여성주의 상담의 핵심내용이다.

그런 점에서 권력관계에 대한 인식은 여성주의 상담자에게 필수적이다.
결혼, 두 아이의 엄마, 목사, 상담 전문가라는 내 개인적이고 사회적인 위치

는 적지 않은 여성들에게 특권을 가진 입장이다. 힘의 불균형, 즉 내담자는 현재 무력한 상태에서 나를 만나고 있다는 사실을 상담자로서 항상 의식하고 있다. 무기력하고 힘이 없는 상태에서 상담자를 찾는 내담자는 상담자가 마술 같은 위력으로 자신의 문제를 치유해 줄 것이라고 믿는다. 그러나 변화시킬 수 있는 힘은 내담자 자신에게 있다는 것을 자각하게 하여 내적 힘을 촉진시키는 역할을 하는 사람이 상담자이다. 내담자는 상담자에게 자신의 경험을 이야기하면서 자신의 준거 틀을 조정하거나 확장시킨다. 이처럼 상담자는 그녀의 역량 강화(empowerment)를 위한 이야기 공명판이다. 상담자와 내담자가 함께 작업하는 평등한 관계에 대한 인식은 여성주의 상담에서 윤리적 주제이기도 하다.

3) 이미지 읽기

여성주의 상담자가 유념해야 할 것은 내담자의 모든 사고과정에 들어가 사회적으로 조건화된 신념들을 내담자 스스로 다시 생각해 보도록 심상(心像)을 재구성하는 것이다(DeMarinis, 1993, pp. 100-102). 이미지 읽기(reading images)를 통해 자신에 대한 인식을 확장시키는 일은 곧 의식화 작업이다. 첫 단계는 자신과 의사소통을 하고, 그런 다음 자기 이미지와 하나님 이미지의 관계를 살펴보게 돕는다. 나 자신과 의사소통이라 함은, 내가 누군가의 기대나 지시에 반응하는 것이 아니라, 관계를 내가 주도적으로 선택한다는 의미이다. 내가 다른 사람들에 대해 느끼는 사랑과 자기주장, 그리고 내가 나 자신을 어떻게 느끼는가의 약함과 강함의 영적 중심 마음을 구축하는 작업을 한다(Montgomery, 1995). 즉, "나는 사랑인 존재다."(사랑)와 "사람들이 인정하든 않든 간에 내 자신을 표현할 수 있다."(자기주장) 그리고 "불확실한 일이나 근심걱정에 부딪히더라도 그것이 인간 조건의 일부임을 아는 까닭에 초조해하지 않는다."(약함)와 "새로운 분야에 뛰어들더라도 훈련, 실습, 숙달을 함으로써 능력을 키우고 신뢰를 얻을 수 있다."(강함)는 삶의 태도 만들기가 그것이다. 자기 이미지 작업은 자연스럽게 열등감 콤플렉스와 타인 중심성 심리도식, 내적 자원 찾기, 자존감 증진으로 재구성된다(DeMarinis, 1993, p. 125).

그저 반사적으로 반응하는(react) 것을 넘어서서 자기 마음을 깊게 탐색하고 알아차리는 반응을 통해 삶에 더 적극적으로 뛰어들게 된다. 삶에 대해 자발적이고 주도적이 될 때, 나만의 내적 자기(Self), 자기의 일부인 다른 사람들, 또 다른 일부인 자연과 연결된다. 다른 사람들에게 반응하고 그들이 나의 일부라는 것을 알기 때문에 더(자발적으로) 책임감을 갖게 된다. '반응하다(response)' '자발성(spontaneity)' '책임(responsibility)'이라는 단어들이 한 어근을 가지고 있는 것은 임상과 연결해 볼 때 신뢰도와 타당성이 있다. 여성주의 상담에서는 이처럼 관계 안에서 어떻게 자신을 구축하는 것이 건강한 삶인지 의식화 작업을 중시한다.

4) 프라이멀 요법(sharaf, 2005)

폭력과 관련되는 여성이 아니더라도 나는 내담자에게 꼭 집단 상담에 참여해 볼 것을 독려한다. 개인 상담에서 맛볼 수 없는 역동(감정의 흐름; Morton, 1985, p. 207)이 집단, 특히 프라이멀 요법(primal screaming therapy)과 관련된 집단치료에서 이루어진다. 내 안에 억압되어 있는 원초적 공격성을 '소리 지르기'를 통해 만나 본다는 것은 다시 한번 자신의 갈망(desire)과 접촉하는 기회가 된다. "나는 어떻게 사랑하고 싶은가? 누가 내 인생의 주인인가? 그것을 누가 막아 왔는가? 나는 결정할 수 있다. 선택할 수 있다. 내 인생, 책임도 내가 진다!" 폭력 피해 생존자들이 춤을 추거나 소리 지르면서 내 안의 분노, 증오, 원망 등을 토해 낼 때 오랜 억압으로부터 자유로워지고 자발적 에너지가 넘치는 것을 적지 않게 목격하였다. 프라이멀 요법은 (내담자뿐만 아니라) 상담자도 직접 경험하면 좋을 '망가지기' 관문으로 자신을 확장시키는 상담훈

련과정이라고 본다.

4. 공감피로와 영적 멘토

상담자로서 나는 종종 무기력에 빠질 때가 있다. 언제부터인지 모르게 사람에 대한 불신이나 피해의식에 싸여 있는 나를 보게 된다. 성폭력을 당한 어린아이의 신체검사를 위해 입회해 본 경험은, 나로 하여금 결코 지울 수 없는 정신적 충격(trauma)을 남겼다. 나는 가정폭력이나 성폭력을 전공한 것이 아니라, 그 전공 경험으로 인해 오히려 정서적으로 취약한(vulnerable) 사람이 되어 버렸는지도 모른다. 지금도 나는 병원 진단을 필요로 하는 성폭력 피해 생존자를 안내할 때, 겉으로는 차분하지만 내면에서는 불안, 성마름, 두려움, 분노 등을 섞어 놓은 복합적이고 무력한 느낌을 갖는다. 삶의 위기를 당하여, 자신이 이해되기를 바라거나 위기를 극복하기 위해 정보를 구하는 마음이 어떻게 무덤덤할 수 있겠는가? 위기의 강도에 따라 그 마음의 열정(passion)도 비례한다. 그 열정에 함께하는(com=with) 마음, 즉 공감(compassion)을 하려면 그만큼의 정신적, 육체적, 영적 에너지가 필요하다.

사람을 돌보는 직업을 가진 사람들 중에 충격적 역전이 경험을 하는 사람들이 적지 않다는 보고가 있다. 응급실의 의사나 관계자들, 치명적인 삶의 경험을 한 사람을 다루는 상담가들, 가정폭력이나 성폭력 신뢰 동반자들은 각자의 영역에서 전문성으로 해결할 수 없는 절대적인 무기력에 빠질 때가 있다. 약간의 휴식이나 여행을 통해서 해소할 수 있는 피로(burn-out)하고는 그 정도가 다른, 어쩌면 이 경험으로 인해 직업을 포기해야 하거나 극도의 우울증, 불신을 넘는 피해망상중 또는 일상의 삶에 지대한 장애를 가지고 살아야 할지도 모르는 일종의 병을 앓게 된다. 그 병을 이름하여 '공감피로(compassion fatigue)'라고 한다. 상담증후군으로, 내담자가 아닌 치료를 하는 상담자가 걸리는 병이다. 공감피로를 일종의 병이라고 말하는 학자들의 주장 근저에는 '감정은 전염된다'는 경험에서 비롯된 것이다(Herman, 1992, p. 140). 어떤 사람의 충격적인 경험을 들었을 때, 혹은 사건을 목격했을 때 그 충격의 정도가 너무나 극심하면, 그것을 듣거나 본 사람에게 그 충격이 생생하게 남아 있어서 자기의 일상을 유지하기가 힘들어 치료를 받지 않으면 안 되는 경우가 있다.

육체보다는 정신, 몸보다는 이성이 더 가치가 있고, 그 육체와 몸을 상징하는 말이 여성인 사회 속에서, 강간이나 가정폭력 피해자를 자주 접하는 대변인 여성들은 피해자들의 피해감정에 전염되고, 그들 몸의 상해를 보고 결코 자신도 안전할 수 없는 세상 속에 살고 있음을 절감하게 된다. 그 절감하는 감정이 압도할 때 역전이 현상이 일어나기도 한다. 상담 후유증이라 불리는 공감피로 마음 현상(Figley, 1994)은 이렇다.

- 작은 자극에도 쉽게 화를 내거나 짜증을 내는 마음
- 상담해 준 내담자의 충격적 경험에 내가 전염된 건 아닌가 하는 마음
- 스트레스가 강한 경험들에 대해 이야기 나눌 사람이 내겐 없다고 여기는 마음
- 상담해 준 내담자의 복지와 평안에 대해 관심이 없을 때가 있는 마음
- 특별한 어려움을 가진 내담자나 그의 가족에 대한 생각을 떨쳐 버릴 수가 없는 마음
- 상담자인 내 역할에 올무가 잡혔다는 생각이 드는 마음
- 내 개인적 삶과 일을 분리하는 것이 힘든 마음
- 상담과 관계하여 무가치함, 망상, 분노 등을 느끼는 마음
- 상담자로 난 '실패자'가 아닌가 하는 마음
- 같이 사역하는 동료 상담자들에 대해 애정을 느낄 수 없는 마음

살 만한 가치가 있는 것이 우리의 인생이기도 하면서, 상처를 받을 수 있고 줄 수도 있는 나약한 존재로 사는 것도 인생이다. 상처를 치유하는 직업을 가졌다고 해서 예외는 아니다. 요는 그런 인생에 대해 긍정적으로 받아들이고 지혜와 평안을 구할 수 있는 관계의 망(net)이 있다면 말이다. 미국에서는 사회복지, 병원 응급실, 상담, 목회, 심리치료에 종사하는 많은 사람들이 자기 전문 직종 안에 지원 시스템을 만들어 심리적으로 영적으로 지친 마음을 서로 달래 준다. 지원 그룹을 가질 수 없는 여건에 있는 사람들은 규칙적으로 영성 안내자(spiritual companion)를 만나 재충전하는 시간을 가진다.

상담을 통해 느끼는 인간적 한계와 소진 속에서 나는 묻는다(Kushner, 1981). 왜 선량한 사람에게 나쁜 일이 일어나는가? 성경은 이 일에 대해 내게 뭐라고 알려 주는가? 하나님은 지금 이 일을 통해 내가 어떠하기를 바라실까? 이것이 내게 무슨 의미가 있는가? 왜 내게 이런 일이 계속될까? 나는 올바른 결정을 내릴 능력이 있는 걸까? 나는 잘 분별하고 있는가? 등의 '의미'를 묻는 질문이며 영성과 관계가 있다. 그 분별력을 도움받는 일이 영적 안내(spiritual companionship; Fitchett, 1993; Prichard, 1999)이다. 나는 지금 환경적으로 안전하고, 내 눈의 초점을 잘 맞춰 줄 '안아 주기' 대상(Davis & Wallbridge, 2002)을 찾고 있다. 상담이 필요한 내담자가 바로 나이다.

5. 개인적 심상 읽기

1) 꿈과 이미지(心像)

내게 Focusing을 훈련시켜 준 심리치료사에게 안부 메일을 나누다가 우연히 꿈이 많아졌다는 근황 얘기를 하게 되었다. 그녀는 내게 요즘도 꿈 일지를 쓰고 있는지 물었고, 내용들이 어떤 것인지 알고 싶다고 하였다. 별 특이사항이 없는 평범한 것들인데도 난 그것들을 자세하게 일지에 써 두었다. 그녀는 내 꿈에 대해 이러저러한 해석을 해 준 것이 아니라(그녀는 몸 안의 정보를 내가 스스로 해석하고 알아차릴 수 있도록 Focusing 기법을 훈련시켜 준 사람이다.), 그 꿈이 주로 '입'에 관련하고 있는 것이 흥미롭다고 하였다. 입이 무엇을 의미할까? 내 입은 무엇을 말하고 싶은 것일까? 혹은 무엇을 먹고 싶은 것일까? 몇 날 며칠을 입에 관련된 생각과 명상을 하다가 나는 문득 '구강기'란 단어를 떠올리게 되었다. 입이라는 상징에 대한 몰입, 그리고 그 상징에 의해 연상되는 것들을 통해 나는 나 스스로에게 묻는다(Savary, 1999, pp. 243-249). 구강기란 어떤 발달단계인가? 이것이 나에게 주는 의미가 무엇인가? 젖 먹는 때가 아닌가? 어쩌면 나는 구강기 재구성이 필요했던 모양이다.

나는 젖을 충분히 먹은 걸까? 언니와 세 살 터울이고 남동생과 세 살 터울이라(그리고 엄마는 매우 젊은 때여서) 젖은 부족하지 않게 먹었을 것 같다. 어쩌면 난 젖을 다시 먹고 싶은 게 아닐까? 퇴행하는 건가? 그녀에게 다시 메일을 보냈다. 아닌 게 아니라 좀 유치해져 가고 있는 요즘 내 모습에 대해 스스로도 당혹스러울 때가 있기 때문이다. 그녀는 그저 "당신 몇 살이지요?"라고 짧게 답장을 보냈다. 그때 난 "아, 내가 더 이상 젊지 않구나!"라는 것을 새롭게 느꼈다. 나 자신을 위해서는 한 번도 진지하게 살펴보지 않았던 레빈슨(D. Levinson, 1997, 1986)의 성인발달심리를 살펴보았다. 중년 전환기에 내가 서 있었다. 중년을 잘 살기 위해 어쩌면 나는 내가 누구인지, 어떻게 살고 싶은지 짚고 넘어가는 발달과제에 직면하고 있었던 모양이다.

세상은 어떤 곳인가? 그리고 나는 그곳에서 어떻게 사는 사람인가? 상담을 공부하면서 몇 번이고 써 본 자전적 스토리를 이번에는 '내 마음 안의 이미지'(心像)를 통해 알아보기로 한다. 갑자기 인생이 공허하고 사는 게 별 의미도 없는 것 같고, 몸은 피로해서 어떻게 가누지 못할 때 몇 번의 집단상담에 들어갔다. 항상 그렇듯이 약간의 후회(내가 여기 왜 왔지?)와 두려움(노출해도 안전할까?)에서 시작하지만 집단의 흐름에 서서히 빠져든다. 개인적으로, 마음에 준비한 것을 자기 차례가 되어 이야기하는 집단상담보다 상호작용 집단상담을 선호한다(Earley, 1999). '지금-여기' 느낌의 흐름대로 대상과 상호작용하는 방식이 방어기제로부터 훨씬 놓여날 수 있기 때문이다. 그저 지금의 마음에 충실하면서 집단원과 피드백을 주고받는다. 나만 아는 내 모습이 있지만, 다른 사람이 피드백을 해 주고서야 알아차리는 내 모습이 있다. 그것이 집단상담이 주는 유익이다. 끝나고 나면 내 개인 상담일지에 느낌의 변화과정을 자세히 기록해 놓는다. 기록하되 심상을 '읽는(reading)' 방식으로 쓴다.

내 마음 안에는 여러 복잡한 내용물들이 있다. 느낌, 생각, 의지, 가치관, 믿음 등의 총체가 그것이다. 불안한 마음, 복잡한 마음, 잘해 보겠다는 마음, 잘될 거라고 여기는 마음 등 여러 마음이 한 마음 안에 각기 자리를 차지하고 있다. 그 마음 안에는 편안한 내용물도 있지만, 불편하거나 힘들게 하는 것들도 있다. 후자를 이름하여, '마음 문제점'이라고 하자. 그러니까 마음과 마음 문제점은 다른 것이다. 심상치료란 바로 마음 문제점을 다루는 것을 말한다. 태도(attitude)는 상(像)과 같은 뜻인데, 그것은 결국 행동방식으로 표현된다. 아무리 작은 말실수 혹은 농담이라도 그것은 나의 마음 안에 있는 상에서 나온 것이다. 그것은 온전히 내 것이라는 말이다. 심상치료에서는 떠오르는 어떤 작은 생각이라도 그것을 '나의 이미지'라고 명명하게 한다.

내 마음 안에 있는 여러 생각이나 느낌 등에 '내 마음' 자(字)를 붙여서 의식적으로 구술해 보는 것은 지금 겪고 있는 문제는 마음의 문제이고, 그것은 다름 아닌 '내' 문제라는 것을 분명히 하기 위해서이다. 그 모든 마음 문제점은 다른 어떤 사람의 것이 아닌 소유주가 나이며, 나의 것을 다른 사람에게 투사하지 않고, 있는 그대로 나의 심상으로 받아들여야 함을 의미한다. 현재 내가 문제라고 여기는 마음들을 하나씩 나열하면서 '내 마음'이라고 또박또박 말해 보는 것은, 문제 사건을 구술하는 것보다 훨씬 내 문제를 거리 두고 볼 수 있게 해 준다. 집단에서 내가 내놓은 마음 문제점들을 읽기 방식으로 다음과 같이 정리 기록한다. 여러 마음 중에서 하나하나 정서 강도를 느껴 보고, 반

복적이면서도 핵심이라고 여겨지는 '콤플렉스 시리즈'(Corsini, 1997, p. 43)를
모은 것이다.

　　-집단에서 리더나 집단원의 소리를 못 알아들을까 봐 걱정되는 마음
　　-다시 말해 달라는 요청을 자연스럽게 표현하지 못할까 봐 두려운 마음
　　-다시 말해 주었는데도 못 알아들으면 어떡하나 염려스러운 마음
　　-모임에서 다시 말해 달라는 요청을 편안하게 반복하지 못하는 '내' 마음

질문: 왜 나는 다시 말해 달라고 편안하게 말하지 못할까?

　　-다시 말해 달라는 요청을 반복하려면 미안함이 느껴지기 때문에
　　-다른 사람들이 그것 때문에 기다리게 된다고 느끼는 마음 때문에
　　-다른 사람의 몫을 빼앗아 간다고 느끼는 마음 때문에
　　-나는 내 몫을 두 번 갖게 된다고 느끼는 마음 때문에
　　-나는 왠지 정해진 분량만을 요구해야 한다고 느끼는 마음 때문에
　　-비록 다시 말해 달라고 요청을 하여도 그 요청이 관철되지 않을 것이라
　　　고 느끼는 마음 때문에
　　-요청해야 하는 대상이 어렵게 느껴지는 마음 때문에
　　-그 대상은 힘(power)을 갖고 있다고 느끼는 '내' 마음 때문에

질문: 힘(power)을 가진 사람에 대한 **나의 상**(像)은?

　　-그러면 난 대상들에 대하여 아무런 힘을 느끼지 못하는 마음
　　-그 대상은 모두 내 아버지 같다고 여기는 마음
　　-내 아버지에게는 쉽게 요구할 수 없다고 느끼는 마음
　　-아버지는 내가 요구해도 그 요구를 들어주지 않았다고 느끼는 마음

—아버지로부터 명령과 위압을 느끼는 마음

—아버지의 돈은 함부로 쓸 수 없다고 여기는 마음

—(그러나) 이런 것이 부당하게 느껴지는 마음

—(그러면서도) 그런 아버지를 실망시키면 안 된다고 여기는 마음

—요구하고 싶었던 것이 많았던 마음

—그것을 억제하고 누르며 지냈던 마음

—아버지를 싫어하면 천벌 받는 줄 알았던 '내' 마음

2) 내 마음의 핵심역동: 아버지

내 문제의 출발은 항상 '귀'에서 시작한다. 나의 콤플렉스는 '듣는다'와 관련되어 있다. 아기 때부터 귀를 앓았다. 섬 출신인데도 수영을 못하는 데는, 물장난이라도 하는 날이면 여지없이 병원에 갔어야 했기 때문이다. 부모님은 당신들이 얻어들은 모든 정보를 활용하여 여기저기 병원이며 민간요법을 찾았다. 고모도 귀가 약해 조건이 안 좋은 사람하고 결혼했다는 이야기는 어린 마음에 얼마나 무서웠는지 모른다. 그런데도 나는 내 아픔(두통)이나 불편에 대해 부모님께 '솔직하게' 말할 수 없었다. 손톱이 휘어져라 일만 하는 아버지, 제도교육은 받아보지 못한 아버지, 먹고살기 위해서는 배워야 한다는 아버지에게 난 (그 어린 나이에도) 귀가 아픈 것이 죄송하고 내가 나쁜 딸인 것만 같았다. "난 배우겠다는 놈만 가르칠 거야!" 단호한 표정으로 아버지가 말씀하실 때는 자식 대열에서 내가 떨어져 나갈지 모른다는 공포를 느끼곤 했다. 어쨌든 아빠의 딸이라는 연결을 잃고 싶지 않았다.

스무 살이 넘어 양쪽 귀를 수술하기까지 내가 선택한 생존전략은 '체'하는 것이었다. 잘 알아들은 척, 이해한 척, 다른 아이들과 다를 바 없다는 듯 거짓으로 날 포장하는 것이다. 수술 후 통증은 사라졌지만 청력은 더 좋아지지 않았다. 나의 난청 장애는 드러난 것이 아니어서(그리고 내가 얼마나 '체'를 잘 연

기해 냈던지) 친구들한테 많이 듣는 얘기는 "넌 항상 처음 들은 것처럼 놀라며 말한다."였다. 미처 알아듣지 못하고 나중에 되묻거나, 실제로 그제야 처음 듣기도 했기 때문이다. '체'는 나의 삶의 양식이 되어 버렸다.

시카고 아들러 심리치료 중, 초등학교 2학년 때 산수 점수 10점 받은 걸 아빠한테 들통나서 매 맞은 장면이 떠올랐다. "잘못했어요."라고 얼마나 빌었는지 모른다. 그러나 사실은 그렇게 말해야 할 것이 아니라, "아빠, 귀에 고름이 차 있어서 무슨 말인지 못 알아들었어요. 그래서 시험을 못 봤어요. 아빠, 사실은 제가 귀 때문에 너무 힘들어요." 내 마음 안에 있는 숨죽인 어린아이를 서른이 넘어서야 만난 것이다! 그 내면의 어린아이를 만난 후, 나는 내가 도움이 필요한 사람이라는 걸 받아들이게 되었다. 내 귀는 더 이상의 의술이 아닌 보청기가 필요하다는 것을 언제부턴가 알고 있었지만, 그것을 내 몸에 받아들이면 난 완전히 낙오자가 된다고 생각했다. 그러니 목회상담학 박사가 된 과정보다 내 인생에 보청기를 받아들이는 과정이 더 험난하고 힘들었다. 상담과 심리치료는 그것을 가능하게 해 주었다. '아버지의 딸'이고픈 열망이 그렇게 먼 길을 돌아오게 한 것이다.

세상은 어떤 곳인가? 그리고 나는 그곳에서 어떻게 사는 사람인가? 나는 세상에 대해 아버지와 관련된 이미지를 내면화해 왔다. 그리고 그 세상 속에서 나(정체성)는 어머니의 이미지를 따라 살고 있었다(Riso, 1990, p. 154). 자유연상을 통해 부모의 단적인 면을 이미지화했을 때 떠오른 것들이다. 손톱을 깎을 필요가 없는, 배우겠다는 자식만 가르치겠다는, 세상에는 공짜가 없다는, 공무원들에게 절절 매셨던, 자식에게도 보증을 안 서는, 왜 그렇게 의지가 약하냐고 나무라시던 분, 내 아버지이다.

　　아버지는 집안의 둘째인데, 가족 중에서 (고모와 함께) 제도교육을 받지 못하였다. 다른 형이나 동생들은 모두 고등학교 이상을 졸업하였고, 형은 교장으로 퇴직하였다. 아버지는 어릴 때부터 할아버지와 함께 가족 부

양자로서 역할을 맡아야 했다. 농사, 기와공장, 건축 등 안 해 본 일이 없으며, 남이 버린 연탄도 새벽이면 리어카에 주워 모아 썼다. 자녀들은 어떻게 해서라도 배우게 하겠다는 일념으로 섬을 떠나 도시에 일터를 잡았다. 배우지 못하여서였는지 동사무소 직원(동사무소나 은행에서 서류를 작성할 때 매우 긴장하곤 하였다.)이나 교사 대하기를 어려워하였다. 아버지는 첫 딸이 꼭 사범대에 가서 교사(그것도 고등학교 영어 교사)가 되기를 바랐다. 자녀들을 저축상을 받게 할 정도로 근면 성실한 분이다. 큰딸은 현재 아버지가 사는 도시의 고등학교 영어 교사이다.

어머니는 항상 나를 애처로운 듯 바라보는, 외상을 할 곳이 있어야 한다는, 여자 인생은 친정에 달려 있다는, 여자 팔자 두레박 팔자라는, 지나가는 참새에게도 한잔하라는, 인생에 순응하라는 분, 내 어머니이다.

어머니는 어렸을 때 부모를 잃었다. 의지하던 오빠마저 죽어 두 자매들과 함께 어렵게 살았다. 여덟 살짜리 동생을 데리고 시집 올 만큼, 동생들에 대한 책임감을 결혼생활 내내 놓지 못하였고, 지금도 친정 제사를 (딸인) 당신 혼자 지낸다. 친정이 취약한 것이 엄마의 한(恨)이다. 손자 손녀들에게 용돈 주실 때 항상 '외'할머니임을 강조한다. 당신 자녀들은 외할머니라는 단어를 말해 본 적이 없기 때문이다. 그럼에도 불구하고 인생에 대해 낙천적이고, 사람들과의 친화력이 매우 좋다. 사람 좋은 엄마 때문에 우리 집은 언제나 친척들이나 손님들이 끊이지 않았다. 여자는 음식 만드는 것을 부담스럽게 생각해서는 안 되며, 손님을 대접할 수 있을 준비가 언제라도 되어 있어야 한다고 강조하곤 하였다. 또한 인간은 언제고 위기를 만날 수 있으므로 '외상' 할 곳 하나쯤은 만들어 놔야 한다는 것이 엄마의 인생철학이다.

내게 세상은 비정하다. 공짜란 없어서 꼭 대가를 치러야 하고, 하나님의 사랑도 공짜가 아니다. 생존하기 위해 끊임없이 일해야 하는 곳이며, 언제고 나의 약점을 잡으려 한다. 핸디캡이 있는 사람은 무시당한다. 그래도 남모르게 좋은 일 하는 사람이 숨어 있는 곳, 내가 사는 세상이다.

그런 세상 속에서 나는 항상 긴장하고, 잘하려고 애쓴다. 그런데도 나보다는 다른 사람이 더 잘되는 것 같다고 느낀다. 그냥 "내 몫은 이정도"라며 빨리 포기하거나 '공짜 사랑'은 있을 수 없다고 믿는다. 서러워서 눈물 많은 나는 아버지에게 자랑스러운 딸이고 싶다. 어떻게 해서든 부모의 날개이고 싶다.

　　나는 둘째 딸이다. 위로 언니, 아래로 남동생 셋이 있다. 내가 사춘기가 될 때부터, 부모님들은 귀향해 농사와 공장 일을 다시 하게 되었다. 나는 동생들을 돌보는 역할을 맡았다. 우리 집에 세 들어 사는 사람들이 많았는데, 월말이면 전기세, 수도세 등을 거두어 내는 일을 도맡아 하였다. 동생들의 도시락, 교복, 목욕, 바른 생활 시키는 일 등 '엄마 역할'을 대신했다. 학교에서 리더를 맡았지만, 학교에 오실 수 없는 부모님에 대한 자의식 때문이었는지 모범생이려고 무진 애썼다. 그러나 아버지에 대한 양가감정(성실한 아버지/두려운 아버지)은 권위자(교사, 목사)에게도 전이되어, 겉으로는 '착한 소녀'였지만 내적으로는 두려움과 분노가 있었다. 끊임없이 드나드는 친척들이나 손님들로부터 딸들의 공간을 보호해 주지 않는 엄마한테도 불만스러웠다. 취약한 귀 때문에 인생을 '안전하게' 살 방도에 대해 사춘기 고민을 많이 했다. 귀, 6년의 미션스쿨 생활, 예수님. 내 사춘기의 고민과 희망의 이름들이다.

어느 집단상담에서 '신뢰도(trust/mistrust)'와 '현재성(here and now)' 영역에 내가 취약하다는 피드백을 받았다. 앞의 상(像) 읽기를 통해서도 그것이 드러나는 바, 대상(타인)은 나를 도우려고 혹은 나를 사랑해 주려고 있는 것이 아

니고, 어쩌면 조금은 경계해야만 하는, 조금은 거리를 두어야 하는 그런 존재
이다. 적정 거리를 유지하는 관계방식이 나를 보호하기도 하면서 대상한테
기대할 필요 없는 안전한 방식이다. 누구로부터 내 영역을 침범당하기 싫어
하는 유별난 성격도 자기 공간을 충분히 보호받지 못한 어린 시절 환경적 안
아 주기와 관련 있는 것 같다. 아버지의 메시지인 공짜 없는 인생, 공짜 없는
사랑은 여지없이 하나님 이미지에도 투사되어 있다(Clair, 1994, pp. 21-24).
예수님도 거저 날 사랑하지 않는다. 신앙은 깨어 있음, 즉 긴장을 의미한다.
지금까지 내가 잘 걸어왔는지 끊임없이 뒤를 돌아보며 나는 누구인지 정체
를 확인하는 버릇, 그래서 현재를 잃어버리는 현상은 '지금 여기'를 누리지 못
하게 한 원인이기도 하다. 거의 마흔이 넘도록, 난청이 나의 열등감 콤플렉스
의 핵심이라고 생각해 왔다. 그러나 일련의 집단상담을 통해 깨달은 것은, 귀
는 내 문제의 표층일 뿐, 마음 깊은 곳에 각인되어 있는 문제의 동기는 '아버
지 역동'(Lamb, 2003)이라는 것이다. 어떻게 해서든 아버지를 잃고 싶지 않은,
아버지로부터 거절당할지 모른다는 두려움, 나는 그것 때문에 무서웠던 것
이다. 아버지에게 "누가 뭐래도 넌 내 딸이야. 네가 어떻게 되든 넌 나의 예쁜
둘째 딸이야. 아빠가 널 지켜줄 거야."라고 확인받고 싶은 딸, 나는 '아버지의
딸'이고 싶었다.

  강의를 하다가도 정신이 멍해지거나 금방이라도 뛰쳐나가고플 때가 한두
번이 아니었다. 딱히 어떤 문제가 있었다기보다 그냥 정서적으로 힘들어서
주체할 수가 없었다. 평소보다 꿈도 많이 꾸었다. 구강기적 사랑에 대한 갈망
이 내 마음 안에서 만나 달라고 그렇게 소리 질렀나 보다. 나는 부모(특히 아
버지) 젖을 다시 한번 원 없이, 배부르게 먹고 싶었던 것이다. 심상독습을 통
하여 내 안에 아버지와 관련한 '미해결 과제'(Perls, 1969; 1976)가 남아 있다는
것을 깨달았다. 그렇듯 논리적인 콤플렉스 시리즈에 얽매여 살았던 내 마음
현상을 이제야 알아차리게 된 것이다. 어떤 모습이더라도 그 모습 그대로 사
랑받기를 소원한 아이(inner child)가 내 안에서 소리 질렀다. 나는 이제 그 소

리가 들린다! 정성을 다해 들어주고 나니 이렇게 마음이 편안하다. 중년 전환기 숙제를 마친 기분이다.

참고문헌

고영순 (2003). 관계 사이에 흐르는 힘(power). 목회와 상담, 4, 123-155.

고영순 (2004). 기울어진 세상, 그 경험의 의미. 한국여성신학, 59, 82-93.

권희순 (2005). 중년 여성의 위기에 대한 이해와 목회상담 및 목회적 돌봄. 한국여성신학, 61, 107-117.

방기연 (2003). 상담 수퍼비전. 서울: 학지사.

안미숙 (2004). 자서전 쓰기를 활용한 인간 삶의 형성 및 변형에 관한 연구. 목회와 상담, 5, 261-284.

정소영 (2004a). 기독교 상담에 대한 한 여성주의 상담자의 성찰: 진리가 자유케 하리라. 한국기독교상담학회지, 7, 286-312.

정소영 (2004b). 한 기독인(人) 여성주의 상담자의 이야기. 한국기독교상담학회지, 8, 251-278.

정희성 (2005). 교회 성장과 여성주의 목회상담. 목회와 상담, 6, 193-224.

최범식 (1999). 심상치료. 서울: 하나의학사.

Bons-Storm, R. (1996). *The incredible woman: Listening to women's silences in pastoral care and counseling.* Nashville: Abingdon Press.

Clair, M. (1994). *Human relationships and the experiences of God.* New York: Paulist Press.

Corsini, R. J. (2004). 다섯 명의 치료자와 한 명의 내담자 (이혜성 역). 서울: 이화여대출판부.

Crabb, L. (1985). *Understanding people: Deep longings for relationship.* Grand Rapids. MI: Zondervan Publishing House.

Davis, M., & Wallbridge, David (1997). 역울타리와 공간: 도널드 위니컷의 정신분석 (이재훈 역). 서울: 한국심리치료연구소. (원저 1981년 출판).

DeMarinis, V. M. (1993). *Critical caring: A feminist model for pastoral psychology*. Louisville, Kentucky: John Knox Press.

Dinkmeyer, D. C. & Sperry, L. (2004). 상담과 심리치료: Adler 개인 심리학의 통합적 접근 (김춘경 역). 서울: 시그마프레스. (원저 2004년 출판).

Earley, J. (1999). *Interactive group therapy: Integrating, interpersonal, action-oriented, and psychodynamic approaches*. New York: Brunner Routledge.

Figley, C. (1994). *Compassion fatigue: The stress of caring too much*. Panama City: Visionary Production.

Fitchett, G. (1993). *Assessing spiritual needs: A guide for care-givers*. Minneapolis: Augsburg Fortress.

Glasser, W. (2001). *Counseling with choice theory*. New York: HarperCollins Publishers.

Greenberg, L. (2002). *Emotion-focused therapy: Coaching clients to work Ttrough their feelings*. Washington, DC: American Psychological Association.

Greenspan, M. (1995). 우리 속에 숨어 있는 힘 (고석주 역). 서울: 또 하나의 문화.

Hendrix, H. (1992). *Keeping the love you find: A personal guide*. New York: Atria Books.

Kushner, H. (1981). *When bad things happen to good people*. New York: Schocken.

Lamb, M. E. (2003). *The role of father in child development*. New York: Wiley Publishers.

Levinson, D. (1997). *The seasons of a woman's life*. New York: Ballantine Books.

Levinson, D. (1986). *The seasons of a man's Life*. New York: Ballantine Books.

Montgomery, D. (1995). *God and your personality*. Boston, Massachusetts: Pauline Books & Media.

Morton, N. (1985). *The journey is home*. Boston: Beacon Press.

Neuger, C. C. (2002). 여성들을 위한 목회상담 (정석환 역). 서울: 한들출판사.

Perls, F. S. (1969). *Ego, hunger and aggression*. New York: Vintage Books.

Perls, F. S. (1976). *The Gestalt approach and eyewitness to therapy*. New York: Bantam Books.

Prichard, R. B. (1999). *Sensing the Spirit: The Holy Spirit in feminist perspective.* St. Louis, Missouri, Chalice Press.

Riso, D. R. (1990). *Understanding the eneagram: The practical guide to personality types.* Boston: Houghton Mifflin Company.

Rogers, C. (1967). Autobiography. In G. Boring, & G. Lindzey (Eds.), *A history of psychology in autobiography,* vol. 5, 341-384. New York: Appleton.

Rogers, C. (2002). *The quiet revolutionary: An oral history.* CA: Penmarin Books.

Sacary, L. M. (1999). 꿈, 내 마음의 거울 (정태기 역). 서울: 상담과치유.

Sharaf, M. R. (2005). 빌헬름 라이히 (이미선 역). 서울: 양문.

Sweeney, T. (1998). *Adlerian counseling and psychotherapy: A practitioner's approach.* New York: Hamilton Printing Company.

Worell, J., & Remer, P. (2004). 여성주의 상담의 이론과 실제 (김민예숙, 강김문순 역). 서울: 한울아카데미.

제2부

여성의 삶과 상담

제5장

난임 여성을 위한 상담

이경애
(이화여자대학교)

삶의 기본 가치이자 정상적인 삶의 통과의례로 여겨져 왔던 결혼이 기피되면서 임신과 출산이라는 재생산 영역도 더 이상 당연시되지 않는 시대이다. 아니, 당연시되지 않을 뿐 아니라 오히려 기피해야 할 부담스러운 일이 되어가고 있다. 이러한 인식의 변화는 개인의 삶의 양식을 변화시켰을 뿐 아니라, 사상 최대 저출산이 야기한 인구의 현격한 감소로 인구 절벽의 불안과 국가 경쟁력에 대한 우려까지 초래되고 있다. 이에 대하여 국가는 막대한 경제 지원 정책을 통해 출산율을 높이고자 하지만 큰 성공은 거두지 못하고 있는 것이 현실이다.

그러나 이러한 출산 기피 현실에도 여전히 임신과 출산을 원하는 여성은 존재한다. 이들은 대부분 재생산 의학 기술에 상당히 의존하여 임신과 출산을 기대하는 '비자발적' 난임 여성들로 자의로 임신과 출산을 기피하고 있는 자발적 난임 여성과는 다른 어려움을 겪고 있다. 즉, 임신과 출산을 위해 재생산 의학적 기술에 전적으로 의존하나 거듭되는 좌절을 경험하면서 '아직 오지 않은 아기'를 기다리는 여성들이 바로 이들이다.

주로 체내인공수정시술—보통 인공수정이라고 불리고 있음—과 시험관 아기 시술로 알려진 체외인공시술(In-Vetro Fertilization: IVF)이라는 의학적 기술에 의존하는 난임 여성은 개인적 비용뿐 아니라 이들의 욕구와 국가 인구 정책에 발맞추어 투입되는 막대한 국가 자본에 힘입어 임신을 시도한다. 그러나 문제는 아무리 기술에 의존하여도 임신이 되지 않는 난임 문제가 여전히 존재한다는 사실이다. 문제는 이것이다. 적극적으로 의학 기술에 의존하지만 여전히 난임 문제를 지닌 여성을 목회상담은 어떻게 도와야 할 것인가? 아무리 의학 기술이 발전하였다고 하더라도 여전히 신비의 영역으로 남아 있는 생명 창조 영역에 어느 정도까지 의학 기술이 도입될 수 있을 것인가? 그리고 이러한 노력에도 불구하고 여전히 임신이 되지 않은 기독교 여성의 경우, 재생산이 신의 축복과 연관되어 해석되는 상황에서 어떻게 종교적, 영적 고통을 극복하도록 도울 수 있을 것인가?

이 글은 이러한 비자발적 난임 여성의 재생산 기술의 의미를 비판적으로 고찰하고 이러한 기술이 갖는 신학적 의미를 재고해 보고자 한다. 그동안 하나님의 영역으로 국한되었던 '신비의 영역'인 생명 영역에 강력한 영향을 미치고 있는 '기술의 영역'을 고찰해 보고 이 기술에 접근하고 있는 여성, 그리고 기술의 도움을 받고 있음에도 불구하고 여전히 난임을 경험하는 여성들을 위한 목회적 돌봄의 방향을 고려해 보고자 한다. 이러한 고찰은 우리 일상에 깊이 들어와 있는 재생산 기술을 상대화하고 기술의 주체적 사용을 돕게 될 것이다. 그리고 이러한 재생산 기술의 절대성에 대한 비판적 고찰은 결국 재생산보다 우선하는 난임 여성의 본래적 존재가치를 회복하는 데 도움이 될 것으로 기대한다.

1. 재생산 의학 기술과 여성의 몸

이 장에서는 우선 자연적 과정으로 인식되었던 재생산에 어떻게 기술이 개입되게 되었는지 그 과정을 고찰해 보기로 한다. 재생산을 자연의 영역으로 보는 경우와 전문적 영역으로 보는 경우 어떻게 여성의 몸에 대한 인식이 다른지 살펴보면서 기술의 절대성에 대한 비판적 고찰을 시도해 보고자 한다.

1) 자연의 영역으로서의 재생산

전통적으로 임신과 출산은 신의 자연스러운 영역으로 간주되었다. 대부분의 종교 경전은 인간의 기원이 신의 창조 능력으로 시작되었다고 이야기한다. 우리에게 익숙한 기독교의 창조 신화는 말할 것도 없고 대부분의 종교가 인간 기원이 신의 창조 능력에 있음을 언급하고 있는데 이는 생명의 기원을 인위의 영역이 아닌 자연의 영역임을 깊이 신뢰해 온 역사를 보여 준다. 기독교의 창조 신화 외에도 중국, 수메르, 이집트, 그리스, 아프리카, 인디언 등의 창조 신화들을 보면 공통적으로 인간 탄생은 신의 특권적 영역으로 여겨진다. 다시 말해 이러한 신화는 재생산 영역이 인간의 힘으로 해결할 수 있는 문제가 아님을 인정하면서 이에 개입되는 초월적 힘을 깊이 인정하고 있다고 할 수 있다.

이러한 인간 창조에 대한 신을 향한 의탁은 당연히 재생산 과정에 있어서도 인위적 개입을 최소화시켜 왔다. 즉, 임신과 출산이 하늘의 뜻에 따르는, 자연스러운 과정으로 여겨져 왔던 것이다. 그래서 임신과 출산이 진행되는 과정에서도 경험 있는 '비전문가' 여성이 도움을 주는 것이 일반적 과정이었다. 소위 '산파'의 도움으로 병원이 아닌 '집'에서 출산이 이루어지는 것이 17세기까지 자연스러운 출산의 과정이었던 것이다. 이러한 산파의 도움으로 이루어지는 재생산 과정은 출산을 자연스러운 인간 삶의 한 과정으로 인식하도록 하였을 뿐 아니라, 산파 역할을 하는 여성은 이 일을 통해 생계를 이어 가는 소박한 경제적 연결고리도 형성하고 있었던 것이다. 그리고 이러한 산파 기술은 한 세대에서 또 다음 세대로 전수되면서 특별한 처치나 치료이기보다 삶의 과정을 돕는, 특별한 금기도 주의사항도 없는 그야말로 삶의 자연스러운 일로 인식되었던 것이다.

그런데 이렇듯 재생산을 자연스러운 신성한 영역으로 보는 관점은 여성의 몸에 대한 인위적 개입을 최소화시킨다는 점에서도 중요한 의미를 갖는다. 재생산이 인공의 영역이 아니라 여전히 신비의 영역으로 남는 것이다. 이러한 관점에서 여성의 몸은 여전히 고유의 존재가치가 보존되며, 신학적 관점에서 본다면 여성의 몸에서 일어날 하나님의 창조 능력과 개입을 여전히 신뢰하며 기대하고 있음을 의미한다고 하겠다.

이러한 관점은 난임과 같은 어려움에 봉착할 때, 생명의 주권자인 창조주의 도움이 필요한 영역으로 간주되었기 때문에 자연히 신에게 의지하게 하였다. 기독교의 경우에도 자녀를 낳기 위한 소원과 간구의 이야기는 구약성서에도 반복되는 바, 구약성서에는 난임으로 고통받았던 여성들이 하나님의 축복으로 임신과 출산에 성공한 이야기들이 등장한다. 예를 들어, 창세기의 사라와 리브가와 같은 믿음의 여성들은 모두 하나님의 축복의 증거로 출산을 약속받았고 결국 축복을 확증받은 것으로 이해되고 있다. 또한 사무엘상에는 엘가나의 아내요 사무엘의 어머니 한나가 자식 없는 일로 오랫동안 고통받다가 여호와의 기억하시는 은혜로 사무엘을 얻게 되었다는 이야기가 나온다. 이러한 성서 이야기들은 임신과 출산이 신의 주관 속에서 이루어지는 축복의 영역임을 명시하고 있다. 굳이 이러한 성서의 예를 들지 않더라도 전통적으로 이러한 재생산에 대한 인식은 임신이 되지 않는 경우 진단적, 의도적 개입을 최소화시켜 왔음을 보게 된다.

앞에서도 잠시 언급되었듯이 이렇듯 자연스러운 과정으로 재생산을 인식하며 신의 영역으로 간주하는 것은 여성의 몸에 대한 인위적 개입을 최소화함으로써 몸의 신비를 존중하는 것이다. 남성들은 이해할 수 없는 여성 고유의 재생산에 대한 신비와 이러한 재생산을 돕는 여성에 대한 신비화가 여성의 가치를 신성하게 인식하도록 하는 것이다. 그러나 한편으로 이러한 재생산 자체의 신비화는 여성 존재 자체를 재생산하는 존재로 동일시함으로써 여성의 존재의미를 온통 '아이 낳는' 것과 순진하게 연관시키는 문제를 야기할 위험도 내포한다. 심지어 원치 않는 임신의 경우에도―예를 들어, 성폭력으로 인한 임신의 경우―기술에 저항하게 함으로써 낙태를 금하고 원치 않는 출산을 장려하는 결과를 야기하기도 하는 것이 그러한 예이다. 신비의 영역인 재생산이 여성의 몸에 대한 존중을 보증해 주는 것 이면에, 여성과 재생산의 과도한 동일시 문제, 즉 재생산의 지나친 신비화를 통해 다른 역할자로서의 여성은 인정되지 않는 부작용을 야기하게 된 것이다.

2) 전문적 영역으로서의 재생산

한편, 과학 기술의 급증은 여성의 몸에 대한 탈신비화를 가속화하면서 자연적 영역으로 인식되던 재생산 영역에 인위적인 개입을 가능하게 하였다. 그리고 흥미롭게도 재생산을 자연적 신의 영역으로 인식할 때 여성의 몸에 해방과 억압이 공존했듯이, 의학 기술이 개입되면서 동일하게 여성은 해방과 억압을 또한 경험하게 되었다.

우선, 재생산 기술은 재생산 과정에 대한 과학적인 이해를 부분적으로 가능하게 해 주었으며 동시에 난임을 여성의 탓으로만 여기던 전통적인 오해로부터 해방시키는 긍정적 결과를 야기하였다. 즉, 난임의 원인이 여성만이 아니라 남성에게도 있을 수 있다는 것을 밝혀낸 것이다. 남성의 뇌하수체 혹은 시상하부의 이상, 고환 자체의 조직과 기능 이상, 정자 수송의 문제 등의 원인들을 밝혀냄으로써 난임의 원인이 여성에게만 있는 것으로 여겨지던 전통적인 시각에 경종을 울리게 된 것이다. 물론 여성의 난임 원인들도 밝혀지면서 임신을 높이기 위한 여러 처치가 가능해지게 된 것 또한 의학적 기술 덕이라고 할 수 있다.

현재 의학적 관점에서는 난임의 원인을 대개 남성에게 원인이 있는 경우 30%, 여성에게 원인이 있는 경우 30%, 부부 모두에게 원인이 있는 경우 10%, 그리고 원인을 확인할 수 없는 경우를 대개 30%로 보고하고 있는 실정이다. 그러므로 이렇듯 다양한 난임 원인이 밝혀지게 된 것은 순전히 의학의 공헌이며 이 공헌으로 난임 문제에 있어 더 이상 여성 탓으로만 그 원인을 돌릴 수 없게 된 것이다. 그런데 난임의 원인이 여성에게만 국한되지 않는다는 의학적 지식과 기술의 발달이 이루어졌다고 하더라도 여전히 문제는 남는다. 그것은 재생산과 관련된 상당한 처치가 남성 전문가에 의해 여성의 몸에 행해진다는 사실이다.

난임의 원인을 절대적으로 여성에게 돌릴 수 없다는 선포가 남성 전문가에 의해 행해지는 것이 어떤 문제를 야기하는 것일까? 재생산과 관련된 의학적 지식의 발전은 난임의 문제를 질병으로, 남성 전문가의 개입이 필요한 전문적 영역이 되게 하였다. 지식의 발전이 여성의 건강 증진과 무관한 것은 물론, 여성 몸에서 이루어지는 일에 대해서 정상적인 것도 질병으로 인식하게 한 것이다. 예를 들어, 여성이 월경을 하는 것과 반대로 월경을 하지 않는 것, 모두 질병으로 여겨지게 되었다. 또한 임신기간의 경험 중에서도 유쾌하지 않은 경험들만 초점의 대상이 되었다. 출산의 과정도 병리로 여겨져 출산 이후 긴 시간의 요양기간이 권유되었고, 결국 여성의 마지막 질병인 폐경을 끝으로 여성은 질병에서 해방되었던 것이다. 주로 남성 전문가에 의해 발전해 온 의학은 여성을 환자로 인식하도록 하면서, 여성은 전 생애 동안 환자라고 인식된 것이다.

산파의 도움으로 이루어지던 자연스럽고 소박한 과정이 '남성 전문가' 영역이 되면서 여성의 몸은 남성 통제하에 들어가게 되었고 성의 젠더적 구분은 더욱 명확해졌다. 19세기에는 부인과 영역이 하나의 구분된 분과가 되면서 남성다움과 여성다움의 차이가 더욱 극명해졌다. 여성을 아픈 존재, 병든 존재로 인식할수록 여성의 재생산 능력은 더욱 약화되는 모순 속에서 남성 치료자, 여성 환자라는 이분법적이고 위계적인 구도는 유지되었고, 이로써 여성은 더욱더 자신의 몸의 경험으로부터 소외되고, 남성은 여성의 몸을 통제하는 당위적 권력을 부여받게 된 것이다.

그런데 문제는 여기서 끝나지 않았다. 이러한 남녀 차이에서 차별로 이어지는 권력관계는 사적 영역과 공적 영역의 명백한 구분을 야기하게 되었다. 재생산을 자연스러운 삶의 영역으로 볼 때는 재생산에 대하여 사적 영역과 공적 영역의 구분이 엄격하지 않았다. 즉, 자연스러운 영역으로서의 재생산은 인간이 경험하는 삶의 한 과정일 뿐 어떠한 당위적 처치가 제시되거나 정상성이 운운되는 진단과 규제의 영역이 아니었던 것이다. 그러나 여성의 몸에 대한 질병화, 환자화, 전문화는 여성의 몸을 향한 공적 규제가 가능한 대상화를 야기하게 되었고, 나아가 국가 정책에 지휘되고 종속되는 결과까지 야기하게 된 것이다. 결국 여성 몸의 신비의 과정을 알아내고, 재생산 관련 지식이 발굴되며, 난임 원인이 여성에게 국한된다는 전통적인 여성 억압의 굴레를 벗어나도록 도와주리라 기대했던 재생산 관련 의학 지식은 점점 여성 몸의 통제라는 더 억압적 구조를 야기하게 된 것이다.

2. 재생산 기술에 관한 다양한 입장

앞에서 살펴본 바와 같이 재생산 관련 기술은 여성의 몸과 존재에 대한 인식에 영향을 미쳐 왔다. 재생산 기술이 단지 보조생식 기술이 아니라 여성의 몸에 대한 해방과 통제를 가능하게 하는 일종의 권력으로 작용하게 된 것이다. 이 글에서는 이에 더 나아가 재생산을 위한 기술뿐 아니라, 재생산을 거부하기 위한 기술 그리고 이러한 다양한 의학 기술의 통제적인 적용 과정에서도 여성 내부에서 기술을 주체적으로 인식하고 사용하고자 했던 과정들을 살펴보고자 한다. 이러한 고찰은 여성이 재생산 관련 기술의 단순한 수동적 수혜자가 아니라 능동적 선택자가 되고자 했던 과정을 인식하는 데 도움이 될 것이다.

1) 기술 거부론

우선, 재생산 기술을 거부하는 입장에서는 재생산 기술이 출산을 거부하는 여성의 문제에 민감하지 않았다고 주장하면서 재생산 기술 자체에 대해 비판적 입장을 취해 왔다. 낙태 허용과 피임의 중요성을 강조하며 재생산 자체를 거부하는 제2세대 여성주의자들은 재생산을 돕는 기술이 출산을 거부하는 여성의 문제에 민감하지 않았다고 주장하면서 재생산 기술에 대해 비판적 입장을 취하였다. 이러한 급진적—자유 의지론적 페미니스트들은 여성의 몸을 출산하는 몸으로 규정하는 입장을 비판하고, 여성의 몸은 사회적 구성물로 사회와 얽혀서 끊임없이 사회 · 문화 · 경제적 과정의 영향을 받는다고 주장하였다. 즉, 사회적인 입장 차이가 몸의 입장 차이를 유발할 수 있다고 본 것이다. 특히 젠더체계를 여성 억압의 주요 요인으로 간주한 이들은 1960~1970년대 출산이나 성역할들에 대한 책임을 비롯하여 여성성 개념 자체가 여성의 완전한 인간 발달을 제한한다고 주장하였다. 그리하여 사회에서 남성성이라고 여긴 규정들을 자신의 내부에 포함시키기 시작한 것이다.

그러나 한편으로는 이러한 기술 거부론자들 중에는 재생산 기술만을 거부하는 것이 아닌 낙태 기술을 거부하는 입장도 있었다. 이들은 재생산 관련 기술을 거부하는 것은 맞지만 재생산을 거부하는 것이 아닌 재생산 옹호론자들로서, 임신과 출산이 생물학적 본성이기 때문에 기술 시도 자체가 무의미하다고 주장하는 좀 더 여성성에 대한 근본적인 입장이었다. 예를 들어, 아드리

엔느 리치(Adrienne Rich, 2006)는 남성들이 여성의 출산에 대해 기술적 개입을 하는 것을 거부하면서 육체로 경험하는 여성 경험의 중요성을 강조하였다. 안드레아 리타 드워킨(Andrea Rita Dworkin, 2006)도 산부인과 의사들의 여성 출산 능력 장악 의도를 지적하면서, 남성들이 소원하는 대로 여성들이 자녀 양육을 원하게 되는 것이라고 지적하였다. 또한 지나 코레아(Gena Corea, 2006)도 남성들의 재생산 기술 장악이 여성을 위한 것이 아님을 지적하면서 재생산 기술들이 결국 여성을 위한 것이라고 보기 어렵다고 주장하였다.

결국 이러한 급진적-문화적 페미니스트들은 여성의 자연적인 출산 능력을 포기하지 않도록 촉구하면서, 임신과 출산에 대해 열광적인 입장 안에서 제3자에 의한 재생산 기술 적용에 대해 배타적인 입장을 지녔던 것이다. 즉, 동일하게 기술을 거부하지만 그 의도는 전혀 달랐던 것이다. 어떤 경우든 이러한 기술 거부 입장에서는 기술의 해악에 집중하여 비관적 입장을 취하였는데 사실 현재 발견된 기술이 여성에게 미치는 영향이 이들의 주장만큼 해롭지 않다면, 그리고 기술이 배제된 현상유지보다 기술의 활용이 더 해로운 것이라고 주장하기 어렵다면, 사실상 무조건 재생산 기술을 거부하는 것은 또 하나의 극단적 입장이라고도 할 수 있을 것이다. 어쨌든 재생산을 옹호하든 거부하든 이러한 기술 거부론은 기술이 여성에게 미치는 부정적 결과에 관심하는 입장이라고 할 수 있다.

2) 기술 옹호론

기술을 거부하는 입장이 모두 여성을 위한 것이라고 주장했던 것처럼, 기술 옹호론자들도 재생산을 돕는 혹은 거부하도록 돕는 기술을 옹호하면서 여성을 위한 주장을 보여 왔다. 우선 재생산을 옹호하는 기술 옹호론자들은 난임 여성들이 가장 반기는 기술이라고 할 수 있다. IVF로 대표되는 재생산 기술이 여성에게 기여한 가장 큰 공헌은 여성으로 하여금 '어머니 경험'을 가능하게 해 주었다는 것이다. 의학적 지식의 발달로 난임의 원인이 다양하게 밝혀지면서 처치의 과정도 다양해졌고 새로운 기술의 계속되는 등장과 적용은 임신 성공률을 높여 주었다. 현재 시험관 시술의 성공률은 대개 25~35%에 이른다고 보고되고 있다. 1985년 세계적으로 2,200명에 불과했던 시험관 아기의 수는 2002년 10만 명에 이르렀고, 우리나라도 한 해 시험관 시술 건수가 1만 5,000 건에 이른다고 알려져 있다. 시술의 성공률을 30%로만 감안하여도 한 해 약 5,000명의 아이가 시험관 시술을 통해 출산된다는 현실은 그만큼 재생산 기술이 여성의 가임률을 높이는 데 공헌하고 있음을 보여 준다. 아이 낳기를 간절히 원하는 여성에게 출산의 길을 열어 주었다는 점에서 재생산 기술은 긍정적인 기여를 했다고 평가될 수 있다. 즉, 이러한 출산 옹호론자들에게 기술은 난임 여성으로 하여금 어머니가 되었다는 경험과 더불어 여성으로서의 의무감을 다했다는 성취감과 안도감, 장기적으로 온전한 여성의 정체성을 확립시켜 준 계기가 되었던 것이다.

반대로 재생산 거부를 돕는 기술 옹호론자, 즉 낙태나 피임을 강조하는 여성주의자들도 존재해 왔다. 슐라미스 파이어스톤(Shulamith Firestone, 2006)과 같은 페미니스트들은 여성들이 아무리 많은 교육적, 법적, 정치적 평등을 획득하더라도 자연출산이 규칙으로 남아 있고 인공적인 또는 보조적인 재생산이 예외로 남는 한, 여성들에게 근본적인 변화는 일어나지 않을 것이라고 역설했다. 이러한 입장의 페미니스트들은 자연출산의 즐거움이란 가부장제의 신화이며 임신은 야만적이고 자연분만은 더 많은 악의 근원이라고 보았다. 즉, 이들은 사회 대부분의 영역이 여성 문제에 대해 무관심한 현실에서 이러한 출산 거부만이 여성의 몸에 대한 윤리적 고려를 가능하게 한다고 주장했던 것이다. 실제로 1960년대 피임약의 발달은 성혁명을 가능하게 하였고 여성에게 낙태의 고통으로부터 해방을 가져다준 것 또한 사실이다.

그러나 이러한 출산 거부 기술이 여성을 완전히 해방시켰다고 보기도 어렵다. 왜냐하면 이러한 임신의 공포로부터의 해방을 가져온 출산 억제 기술들이 남성들로부터 가해지는 강압적 성을 거절할 근거도 박탈하였기 때문이다. 다시 말해 피임약이 임신 거부를 가능하게 하였으므로 여성의 남성을 향한 성에 대한 거부권도 그 힘을 잃게 된 것이다.

이상에서 재생산 기술과 관련된 출산 옹호 혹은 거부의 입장을 주장한 여성주의자들의 입장을 살펴보았다. 이러한 기술과 관련된 다양한 여성주의 입장은 무엇을 의미하는가? 이는 재생산을 전문영역으로 간주하는 상황 안에도 기술에 대한 다양한 입장 차이가 존재함을 보여 준다고 하겠다. 그리고 이것은 여성에게 행해지는 재생산 기술 적용의 결과에 대한 신중한 분석을 요구한다고 하겠다.

3. 여성주의 목회상담은 어떻게 난임 여성을 돌볼 것인가

이상에서 재생산이 자연적 과정에서 전문적 과정으로 이동하는 과정 그리고 재생산 관련 관점에도 재생산을 긍정하고 부정하느냐에 따른 기술 옹호와 거부의 다양한 입장이 있음을 살펴보았다. 그렇다면 목회상담은 이러한 다양한 기술 논쟁의 한가운데에 있는 난임 여성들을 어떻게 도와야 하며 도울 수 있을까? 본 글에서는 다양한 기술적 입장이 어떻게 난임 여성들을 위한 돌봄의 자원이 될 수 있을 것인지 살펴보고자 한다. 그리고 결국 이 다양한 관점을 주체적으로 사용할 난임 여성의 힘을 강화하기 위한 돌봄의 방법들을 모색해 보고자 한다. 마지막으로 여성주의 관점에서 난임 여성을 위한 목회상담의 실제 예를 기존의 전통적인 상담 답글과 비교하여 예시해 보고자 한다.

1) 공동의 창조자로서의 재생산 기술

그렇다면 생명 창조를 돕는 이 재생산 기술은 기독교 신학과 어떻게 조화를 이룰 수 있으며 난임 여성들은 이 생명 창조 영역에 침투해 들어온 기술을 어떻게 사용해야 할까? 다른 의학적 기술과 달리 재생산 기술이 인간에게 적용될 때 신학적 논의가 더욱 민감해지는 이유는 하나님의 창조 영역에의 침범에 대한 두려움 때문일 것이다.

사실 난임 영역은 유전공학의 최대의 수혜이자 피해 영역이다. 유전공학의 발달로 난임의 원인과 처치 가능성이 높아졌지만 한편으로는 여전히 신비의 영역인 생명 창조의 신적 영역이 지나치게 공격받으므로 하나님 역사에 대한 기대, 인간에게 부여된 미래에의 자유, 신비와 기대를 놓칠 위험을 야기했기 때문이다. 즉, 이러한 재생산 기술은 인간에 대한 신비의 모든 것이 유전자에 의해 결정된다는 결정론에 빠지게 하였고 이로서 인간의 신체적 운명이 유전자에 의해 결정될 뿐 아니라, 유전자를 창조하고 조종하는 존재에 의해 전적으로 의탁되는 인간 존재를 상정하게 된 것이다.

그렇다면 우리는 이 신적 영역의 침범에 대한 두려움으로 모든 것이 하나님의 창조에서 비롯된다는 '무로부터의 창조(creatio ex nihilo)'만을 받아들여야 하는가? 이 입장은 하나님이 만든 어떤 것도 하나님 자리를 대신할 수 없다고 주장하면서 의사나 과학자들의 '하나님 놀이'를 인정하며 기술의 우상화된 기대 없이 인간의 과감한 기술적 개입 시도를 허용한다. 즉, 자연적 과정은 신성한 것이 될 수 없다는 것이다. 이 입장은 일면 겸손해 보이나 운명론적 결정주의 때문에 오히려 재생산을 신비도 기대도 없는 하나의 물리적 과정으로 인식하게 할 가능성이 있다. 그러므로 이 입장에서 난임 문제를 보면 유전적, 생물학적 문제에 집중한 나머지 신성한 새로움, 기대, 변화를 꿈꾸기 어려운 한계를 갖는다. 그렇다면 이 재생산 기술과 신학은 이 양립 불가능한 둘의 입장에서 어떤 입장을 선택해야 하는가? 재생산 기술은 하나님 영역에의 침범이니 경계해야 하는 존재인가? 아니면 어차피 재생산은 신의 영역이니 인간은 자의적으로 기술을 활용, 남용할 수 있는 것인가?

그런데 유대 기독교 전통에는 창조에 관한 또 다른 신학적 입장이 존재한다. 그것은 '계속적 창조(creatio continua)'를 강조하는 입장으로 이 입장은 생명 창조 과정에 인간의 개입과 공헌을 중시한다. 하나님이 세상을 있게 하였지만 인간을 '공동의 창조자(created cocreator)'로 인정한다는 것이다. 이 입장에서 인간의 미래는 열려 있고, 열린 만큼 인간도 존재한다. 성서에서 하나님은 창조뿐 아니라 끊임없이 구속(redemption)의 약속을 하듯이, 하나님은 인간을 창조하셨을 뿐 아니라, 인간들과 구속을 위한 공동의 작업을 계속해 나가신다는 것이다. 이때 하나님의 세상 관여는 결정론적 관여가 아니라 하나의 가능성으로서의 관여라고 할 수 있다. 이 하나님의 가능성은 인간에게 미래적 자유를 허용하고 인간에게 본성적 기억(nature memory), 상상력과 자유를 부여하면서 다른 미래를 상상하도록 격려한다. 이러한 자유는 프로메테우스적 결정론과 공통분모를 가지며 인간 미래에 대한 무조건적 결정론을 거부한다. 그러나 이러한 유동적인 결정론 또한 인간이 그러한 결정권 앞에서 교만하거나 겸손할 수 있는 양가적 가능성, 긍정적인 혹은 부정적인 방향으로 나아갈 수 있는 가능성을 깊이 인식하지 못한다는 점이다. 그러므로 여기에는 전제가 있다. 인간의 도덕적 의지 혹은 미덕의 유무 혹은 정도에 따라 미래 방향이 긍정적으로 전개될 때만이 우리에게 부여된 창조성과 자기결정력은 의미가 있다고 보는 겸손이 요구되는 것이다. 이러한 덕목이 갖추어진다면 재생산 기술은 선용될 수 있을 것이다. 그렇다면 돌봄의 방향은 보다 명료해진다. 인간의 진정한 전쟁은 영과 육의 갈등이 아닌, 자아와 하나님 사이에 있다는 사실을 깨닫도록 돕는 것이 되어야 하는 것이다. 유전자 교류 안에서 발견되는 정체성이 아닌, 하나님과의 관계성 안에서 발견되는 정체성 말이다.

2) 난임 여성의 주체적 선택권 강화하기

기독교 신학이 재생산 관련 영역에서 고정된 하나님이나 고정된 인간을 상정하지 않고 미래의 가능성을 열어 놓는다면 이때 목회상담이 난임 여성에게 기대하는 기술에의 태도는 더욱 선명해진다. 그것은 여성이 보다 과감하게 개인적인 하나님과 자신을 믿으며 기술에 대한 주체적 선택권을 강화하도록 돕는 것이다.

난임 여성의 주체적 선택권을 강화한다는 것은 자신을 기술의 수동적 수혜자가 아닌 사회의 중심 가치로부터 분리된 존재로 인식하는 것을 의미한다. 다양한 기술에 노출된 상황에서 기술의 공동의 창조자로서의 역할 수행을 위해서는 단지 기술에게 맹목적 헌신을 하거나 거부하는 냉소적 태도만으로는 불가능하다. 이러한 탈중심화(de-centering)는 포스트모더니즘적인 개념으로 통합되고 동일성의 의미를 지닌 전체적이고 일관된 주체라는 일반적 전제의 해체를 시도하며, 체화된 본질적 주체만을 강조하는 입장이다. 포스트모더니즘의 대표주자라고 할 수 있는 미셸 푸코(Michel Foucault)는 육체야말로 주체 구성에 중심 역할을 하는 권력 장소라고 주장하였고, 이 육체와 산재하는 권력담론, 권력, 지식의 연계를 강조하면서 권력의 집중화에 이의를 제기하였다. 그는 생체권력(biopower)을 규제권력(regulatory power)과 기율권력(disciplinary power)로 나눈다. 규제권력이란 소위 '인구에 대한 생체정치'라고 불리는 것으로, 종(種)으로서의 신체(species body), 즉 출생, 사망, 건강 수준, 수명 등의 생물학적 과정의 신체에 초점을 두는 것으로 신체를 통제하여 생산의 기계 장치 속으로 삽입시키는 권력을 의미한다. 이와 비교하여 기율권력은 개별 신체, 즉 신체들의 능력, 몸짓, 운동, 위치, 행동에 대한 지식과 권력이라고 할 수 있다. 이러한 권력은 폭력이나 힘의 위협을 통해서가 아니라 오히려 개인이 욕망을 창조하고 개인의 행동과 신체가 스스로 판단하고 단속하는 기준이 되는 규범을 세움으로써 스스로의 장악력을 유지하는 것을 의미한다. 푸코는 개인의 몸은 단지 규제권력에만 의존되어 조종되지 않는다고 주장하면서 개인의 기율권력에 의한 통치 가능성을 인정한다. 만약 개인이 중심화된 주체, 규범화된 육체가 되어야 한다는 것에 대한 두려움보다 자신의 몸에 대한 통제와 주인의식을 회복할 수 있다면 이것은 여성들의 주체 형성에의 새로운 가능성을 보여 준다고 하겠다. 그리고 이러한 몸에 대한 기율권력의 회복은 다양한 재생산 기술 속에서도 개인의 주체성을 유지하고 기술에의 선택권을 강화하도록 도울 것이다.

결국 기술에 대한 주체성의 확립, 탈중심화는 개인의 선택권을 강화하기 위한 시도이다. 여기서 선택권은 여성들이 재생산 기술에 충분히 노출되어 있고 자유로운 선택을 하도록 권리를 부여받고 있다고 주장하는 자유주의적 개인주의자들(liberal individualists)의 '음성적 자유(negative liberty)'에 국한되지 않는다. 왜냐하면 이 입장은 여성이 자유로운 권리만 부여받으면 독립적이고 책임 있는 선택을 할 수 있다고 낙관하고 있기 때문이다. 그런데 이러한 입장은 현실적 한계를 지닌다. 왜냐하면 어떠한 규제 없이 충분한 정보에만 기초한 자유로운 선택이 과연 가능한가에 대한 의문 때문이다. 오히려 여성은 의학적 처치와 정부의 규제, 사회적 압력과의 상호 작용이 이루어지는 맥락 속에서 자신에게 최적의 선택이 무엇인지를 결정하기 상당히 어렵다. 그러므로 자유주의적 개인주의자들의 입장보다는 비평적 구성주의자들(critical constructionists)의 입장처럼 개인의 선택은 상당 부분 사회적으로 구성되어 있으며 따라서 개인의 선택 자유는 이미 제한된 자유임을 인식하는 것이 필요하다. 때로는 '양성적 자유(positive liberty)'를 통해 적극적으로 여성들의 권리를 옹호할 수 있는 대책을 마련하는 적극적 개입도 필요한 것이다. 중립성이나 객관성은 하나의 신화임을 인식하고 여성의 선택에 영향을 미치는 제도적, 상황적 장치를 규명하는 것, 그리고 이러한 장치들에 대한 여성의 비판적 고찰을 통해 자신의 정황에 적절한 최적의 선택을 하도록 돕는 것이 더 윤리적인 접근이 될 수 있을 것이다. 그러므로 결국 이러한 재생산 관련 목회상담은 타 영역의 여성주의 상담가들과 입장을 공유하며 여성의 의식화와 비판적 사고의 증진, 기술과 심지어 그 기술형성 과정에 개입한 조직적 힘에까지 저항하며 개인의 주체적 주체성과 선택권을 증진시키는 것이 되어야 하는 것이다.

4. 난임 여성주의 목회상담의 사례

마지막으로 본 글에서는 난임 여성의 실제 호소 문제에 목회상담이 어떻게 답할 수 있는가에 대한 예를 제시해 보고자 한다. 난임 여성의 호소글과 전통적인 교회의 입장에서 답한 상담 글을 소개[1]하고, 그에 대한 대안으로 여성주의 입장에서 답글을 제시해 보고자 한다.

1) 내담자의 글

〈제가 어떻게 하길 하나님은 바라실까요?〉

저는 결혼한 지 3년 된 30대 초반의 여성입니다. 아직 아이가 없습니다. 하나님의 자녀이지만 항상 세상적인 것에 빠져 있습니다. 하나님 안에서 지혜가 부족한 것 같아 조언을 구합니다. 하나님께서 저희 가정에 아이를 아직 주지 않으시네요. 기도를 하려고 해도 쉽지 않네요. 병원에서는 한 가지 검사만 더 해 보고 그 결과도 정상으로 나오면 인공수정을 권하십니다. 저도 더 이상은 기다릴 수 없어 그 방법을 써야 하지 않나 생각합니다.

그런데 저희 교회 속장님은 이번 기회에 기도를 열심히 해서 기적을 만들어 보면 어떠냐고 하십니다. 믿지 않는 남편이 신앙을 갖게 되는 계기도 될 것이라고 말씀하십니다. 그런데 개인적으로는 어떠한 방법이 하나님의 방법인지 모르겠습니다. 하나님의 뜻을 알 수가 없네요. 쉽사리 결론이 나지 않습니다.

---

1) 내담자의 호소글과 이에 대한 답글은 www.cccenter.or.kr 가정상담실 공개 게시판의 글을 인용하였으며, 호소글은 2006년 5월 26일 게시되었고, 이에 대한 답글은 2006년 6월 2일 게시되었다 (2013년 9월 12일 접속).

　　요약하면, 내담자는 결혼한 지 3년 된 30대 여성으로 난임의 어려움을 겪고 있다. 병원으로부터 한 가지 검사 후에 정상으로 나오면 인공수정을 할 것을 권유받은 상태이다. 교회 속장은 병원보다 기도를 통해 임신을 기다리는 것을 권하고 있으며 이 기회를 통해 교회를 다니지 않는 남편이 신앙을 갖게 될 계기가 될 것이라고 권면하고 있는 상황이다. 내담자는 하나님의 뜻을 알지 못하겠다고 하며 상담을 요청하였다.

2) 기존의 전통적인 상담 답글

　　이 내담자에 대해 상담사는 〈모든 상황 속에 하나님의 뜻은 다 있습니다.〉라는 제목하에 답글을 제시하였다. 상담사는 내담자의 간절한 임신의 소망을 공감하고 있다. 불임검사 과정과 인공수정을 하게 될 수도 있는 상황, 속장의 권면 모든 것이 하나님의 손길이라고 이야기하고 있다. 그러나 하나님의 뜻은 우리 인간의 뜻과 다르다고 이야기하면서 고난도 하나님의 뜻이 될 수 있다고 답하고 있다. 단기적인 내담자의 뜻이나 소원보다 장기적이고 궁극의 목적이신 하나님의 뜻을 생각하며 받아들일 것을 권하고 있다.

　　이러한 내담자의 호소에 대한 전통적인 접근은 재생산 관련 부분에 있어 하나님의 절대주권을 강조함으로써 내담자의 선택권과 결정권, 주체성을 돕는 부분에서 한계가 있었다고 보인다. 그러므로 이러한 기존의 답변과 달리 다음의 글은 재생산을 신의 축복으로 여기는 사회적, 종교적 전통 속에서 재생산 기술을 통해 어머니가 되고자 하는 여성들을 위한 여성주의 목회상담 방법을 모색하고자 하였다. 기존의 거의 무비판적으로 사용되는 재생산 기술과 관련된 다양한 입장을 비판적으로 고찰해 봄으로 기술과 신학의 공존 속에서 기술과 하나님 신비가 조화를 이루며 여성의 주체적 선택권이 강화될 가능성을 찾아보고자 하였다.

3) 여성주의 목회상담의 답글

안녕하세요? 김〇〇 님. 〇〇〇상담실의 상담사 이경애입니다.

님의 글 잘 읽었습니다. 결혼한 지 3년이 되면서 찾아간 병원에서 난임에 대한 이야기를 들으셨군요. 혹시나 하는 마음으로 병원에 가셨을 텐데 막상 병원에서 난임 진단과 인공수정을 권유받으셨으니 님께서 경험하셨을 놀람과 당황스러움이 저도 짐작이 됩니다. 그래도 인공수정의 방법이 있어 그 방법의 도움을 받으려고 하셨는데 속장님의 기도로 이 문제를 해결해 보자는 의견에 신앙적인 갈등까지 더하여졌으니 더욱 마음이 복잡해지셨군요.

그러나 님의 글을 읽으며 겪고 계신 여러 복잡한 상황 속에서도 님께서 가지고 계신 여러 힘들이 느껴졌고 이러한 힘들이 앞으로 님의 여러 중요한 의사결정에 긍정적인 힘이 될 것이라는 생각이 들었습니다. 무엇보다 상담을 통해 자신의 상황을 객관화시켜 보고 자신에게 가장 좋은 길이 무엇일까 고민하는 님의 용기에 격려를 보내 드리고 싶습니다. 여러 마음의 갈등이 있으시겠지만 의사의 말을 들을까, 속장의 말을 들을까 고민하시는 것 자체가 이미 님 안에서 자신에게 가장 적절한 해결책을 찾고자 하는 마음이 있는 것 같아 반가웠습니다.

이러한 님의 자신을 위한 깊은 고민이 님에게 가장 좋은 선택을 하도록 도울 것입니다. 지혜를 달라고 하셨지만 이러한 시도 자체가 님 스스로 지혜를 찾아가시는 과정이 될 테니까요. 또한 님의 연령이 임신을 하기에 그렇게 많은 나이가 아니라는 점도 다행이라는 생각이 듭니다. 물론 님보다 나이가 어리지만 더 큰 어려움을 겪고 계신 분도 계시고, 또 님보다 나이가 많지만 수월하게 임신하시는 경우도 있음을 압니다. 그러나 객관적으로 볼 때 더 늦기 전에 병원을 찾으셨고 여러 방법의 가능성을 찾으셨으니 조금 더 긍정적인 마음을 가져도 좋겠다는 생각이 듭니다. 또한 난임과 관련된 사항에 대해서는 남편분과 많이 의논하시고 합의하시는 것도 중요하니 배우자와 깊은 대화를 통해 여러 좋은 방법을 모색하시기 바랍니다. 무엇보다 님을 도와주려고 하는 교회분도 계시고 무엇보다 님께서 기도하시면서 신중한 결정을 하고자 하시니 하나님께서 님으로 하여금 가장 행복한 선택을 하도록 도와주시도록 저도 응원하겠습니다.

　김〇〇 님.
　인생의 중요한 결정을 하고자 할 때 스스로 결정하기 힘들고 누군가의 적극적인 조언을 바라는 것이 평범한 우리들의 마음이 아닌가 합니다. 그런데 한편으로 생각해 보면 중요한 결정인 만큼 본인의 의지와 결단이 또한 가장 중요하지 않나 하는 생각도 듭니다. 특히 임신과 관련된 부분은 님의 건강상태나 마음의 준비, 경제적 여건이나 기타 여러 조건을 생각해서 신중하게 결정해야 할 부분인 듯합니다. 여러 일어날 가능성에 대해 남편분과 깊이 대화하시면서 내게, 우리 부부에게 최적의 결정을 하시면 어떨까 합니다. 그리고 님의 기도도 이러한 혼돈의 때에 가장 선한 길로 인도되도록 구하는 기도가 된다면 다른 누구의 의견을 구하기보다 내면의 확신에서 비롯된 결정을 하실 수 있으리라 생각됩니다. 그리고 무엇보다 중요한 것은 님 자신의 삶이 될 것입니다. 아무리 좋은 권면의 이야기를 듣는다고 하여도 그러한 이야기들이 나 자신이 진정 원하는 것이 아니었다면 무슨 소용이 있겠습니까? 그러므로 여러 혼돈스러운 상황일 때 잠시 혼자만의 시간을 가지시면서 정말 나 자신이 원하는 삶이 무엇인가 한번 진지하게 생각하는 시간을 가져보는 것 또한 권해 드리고 싶네요.

님께서 지내시다 보면 안정된 듯하여도 또한 지치고 힘드실 때도 있을 것입니다. 이럴 때 너무 임신에만 몰두하다 보면 오히려 더 지치시기 쉬울 수 있습니다. 서로 마음을 나누고 서로 의지할 만남의 기회도 많이 가지시고 마음을 푸는 시간을 가지시기를 권합니다. 어려움은 나누면 반이 되고, 기쁨은 나누면 배가 된다는 말처럼 좋은 사람과의 만남 속에서 님의 마음도 더욱 여유로워지고 풍성해지기를 기대합니다. 어떠한 결정을 하시든지 그 결정이 님을 가장 행복하게 하는 결정이 되시기를 저도 응원하겠습니다. 힘내세요.

저희 상담실은 님의 삶의 여정에 좋은 친구요, 동반자가 되기 위해 최선을 다하고 있습니다. 더 마음을 나누기 원하시면 언제든지 글을 올려 주시거나, 전화 ○○○-○○○○으로 연락 주시면 전화상담이나 면접상담도 가능합니다.

목회상담은 하나님의 형상을 지닌 개인과 하나님 사이에서 주체적 개인이 하나님으로부터 부여받은 건강한 자존감을 회복하도록 돕는 것에 주력한다. 그렇다면 난임 여성을 위한 목회상담은 어떻게 이루어져야 할까? 이를 위해서는 하나님으로부터 부여되고 활용되는 재생산 기술에 대한 가치를 다양한 각도로 살펴보도록 돕는 것이 선행되어야 할 것이다. 왜냐하면 다른 의학적 기술과 달리 재생산은 신의 생명창조의 영역에 관여하는 바 기술과 종교의 충돌과 조화의 가능성을 더욱 예민하게 인식해야 하기 때문이다. 그리고 이 과정을 통해 여성이 다양한 기술 정보에 접근되고 최선의 방법을 주체적으로 선택하도록 돕는 상담이 이루어져야 할 것이다. 이러한 의식화를 돕는 여성주의 상담을 통해 난임 여성들은 다양한 의학정보 속에서 자신에게 최적화된 기술의 선택 및 적용을 할 수 있게 될 것이다. 그리고 이러한 상담의 과정은 기술과 신비 사이에 놓인 여성의 주체 확립을 돕게 될 것이다.

참고문헌

김향미 (2009). 불임치료 현장에서의 모성생명윤리. 생명윤리, 10, 29.

이명선 외 (2001). 시험관 아기를 둔 어머니의 경험. 간호학회지, 31, 55-67.

이숙진 (2009). 여성신학의 최근 동향. 기독교 사상, 108, 36-47.

Corea, G. (1979). *The mother machine: Reproductive technologies from artificial insemination to artificial wombs.* Cambridge: Harper & Row.

Ehrenreich, B., & English, D. (2007). The sexual politics of sickness. In Nancy Ehrenreich (Ed.), *The reproductive rights reader: Law, medicine and the construction of motherhood* (pp. 24-31). New York: New York University Press.

Gassen, H-G., & Minole, J. (2007). 인간 아담을 창조하다 (정수정 역). 서울: 웅진씽크빅. (원저 2006년 출판).

Hartshone, C. (1995). 하나님은 어떤 분이신가: 하나님의 전능하심과 여섯 가지 신학적인 오류 (홍기석, 임인영 역). 서울: 한들. (원저 1984년 출판).

Peters, T. (2003). *Playing God: Genetic determinism and human freedom.* N.Y.: Routledge.

Purdy, L. M. (1996). *Reproducing persons: Issues in feminist bioethics.* Ithaca, N.Y.: Cornell University Press.

Raymond, J. G. (1993). *Women as wombs: Reproductive technologies and the battle over women's freedom.* New York: HarperSanFrancisco.

Shilling, C. (1999). 몸의 사회학 (임인숙 역). 서울: 나남출판. (원저 1993년 출판).

Tong, R. P. (2006). 페미니즘 사상: 종합적 접근 (이소영 역). 서울: 한신문화사. (원저 1998년 출판).

Wajcman, J. (2001). 페미니즘과 기술 (조주현 역). 서울: 당대. (원저 1991년 출판).

Jaggar, A. M., & Young, M. (2005). 여성주의 철학 1. (한국여성철학회 역). 서울: 서광사. (원저 2000년 출판).

통계 N (2020. 3. 23). 2019년 혼인ㆍ이혼 통계, 결혼 7.2%↓ 이혼 2.0%↑.

https://blog.naver.com/keh2389/221869008034에서 검색.

매일경제 (2020. 2. 26). 185兆 쏟아붓고도…출산율 2년째 '0명대'.

https://mk.co.kr/news/economy/view/2020/02/200809에서 검색.

부부갈등 및 학대 경험에 나타난 복합성 포용

유상희
(치유상담대학원대학교)

결혼생활에서 부부는 서로 다른 성격, 삶의 방식, 가치관과 신념뿐 아니라
확대가족과의 관계, 출산, 양육 등 다양한 요소로 인해 부부관계 내 갈등을
경험하게 된다. 부부간에 갈등을 경험할 때 원활한 의사소통을 통해 문제들
을 해결하기도 하지만 갈등이 장기화되거나 심화되고 때로는 학대나 폭력적
인 상황에 놓이기도 한다. 가정 내 발생할 수 있는 학대나 폭력의 형태는 정
신적, 언어적, 육체적, 경제적, 물리적(물건을 던지거나 부수는), 성적 학대나
폭력뿐 아니라 통제 및 방임 등 다양하며, 한국적 상황에서는 남편이 가해자,
아내가 피해자인 경우가 더 많다고 보고된다. 부부간 학대나 폭력이 일어난
경우, 가시성(visibility), 빈도(frequency), 강도(intensity)의 차이에 상관없이
주위에 알리거나 도움을 요청하는 것을 어렵게 느끼며, 별거나 이혼은 최후
의 수단으로 여겨진다(여성가족부, 2013, 2016, 2019).
　부부관계 내 갈등과 학대의 경험에도 여성이 결혼생활을 지속하는 경우 이

들 여성에 대해 낮은 자존감, 수치심, 죄책감, 심리적 또는 경제적 의존성, 남편에 대한 잘못된 사랑, 변화에 대한 비현실적 희망 등을 가지고 있다고 지적되며, 또한 별거와 이혼 시 보복에 대한 두려움, 경제적 독립의 부담감, 자녀 양육의 어려움 등이 이들로 하여금 가정을 유지하게 만든다고 언급된다(Clark, 1986; Harway & Hansen, 1994; Gaddis, 1996; Gelles, 1997). 이러한 연구는 피해자로서의 여성이 가진 감정, 사고, 행동 등의 공통된 특징에 초점을 두고 여성의 의존성과 수동성에 주의를 기울인다. 하지만 여성주의적 접근 (feminist approaches)과 체계론적 접근(systemic approaches)은 여성의 감정, 사고, 행동 등에 영향을 미치는 사회 및 문화적 요인과 이들의 상호작용적 관계(reciprocal relationships)에 초점을 맞추어 연구한다. 여성주의적 접근의 경우, 사회적 요인으로서의 '성별과 힘(gender and power)'의 논리가 가정 내 학대나 폭력의 근본적 원인이라고 규정하며, 가부장적이고 성차별적인 가정 및 사회구조, 결혼에 대한 전통적 이해, 남녀에 대한 성역할의 구분이 부부관계 내 갈등 및 학대를 유발할 뿐 아니라 여성의 감정, 사고, 행동 등에 영향을 미친다고 보고한다(Dobash & Dobash, 1979; Walker, 1979; Yllo, 1993; Gaddis, 1996; Anderson, 1997, p. 655). 여성주의적 접근의 영향으로 존슨(Michael p. Johnson, 1995, p. 283)은 가정폭력을 '간헐적 분노 표출'로서의 폭력과 가부장적 통제에 기인한 '체제적 폭력'으로 구분하여 논의하며, 폴링(James N. Poling, 1991, p. 23)은 '힘의 남용'으로서의 가정폭력에 대한 관점을 제공한다. 체계론적 접근은 부부관계 및 가정에 미치는 다양한 요인―연령, 교육, 종교, 거주형태, 고용형태, 사회경제적 상태, 사회구조, 문화 등―을 고려하여 가정 내 갈등 및 학대의 현상을 이해한다(Anderson, 1997; White & Rogers, 2000; Kaukinen, 2004).

　가정폭력에 대한 국내의 선행연구들도 국외 문헌들과 마찬가지로 피해자로서의 여성의 공통적 특징―수치심, 두려움, 낮은 자존감, 의존성, 비현실적 사랑과 희망 등―과 그러한 현상에 영향을 주는 한국 내 사회 및 문화적 요인들에 초점을 맞추어 논의가 진행되었다(김인숙 외, 2000; 박민수, 2007a, 2007b; 송다영, 김미주, 최희경, 장수정, 2011). 특히, 유교사상을 바탕으로 한 가부장적이고 가족 중심적인 한국 사회에서 여성들이 겪게 될 사회적 비난, 편견, 차별 등과 가부장적 기독교 공동체 내 목회자나 교회의 가정폭력에 대한 외면과 무관심, 순종, 희생, 인내, 용서 등의 종교적 가르침, 이혼에 대한 죄의식의 강조 등이 여성에게 고통을 가중시켰다고 비판하며, 교회 및 사회 내 가정폭력에 대한 논의의 필요성과 개입방안 등에 대해 논의한다(목회상담센터, 2003; 박민수, 2007a, 2007b; 손병덕, 이재서, 2007; Sohn, 2009; Yang, 2007; 송다영 외, 2011).

부부관계 내 갈등 및 학대를 경험하는 여성의 수동성과 의존성이나 피해자로서의 여성에 대한 논의와는 달리, 생존자로서의 여성과 주체성을 가진 여성에 대한 관점을 제시하는 이들도 있다. 곤돌프와 피셔(Edward E. Gondolf, & Ellen R. Fisher, 1998)는 여성들을 희생자로만 보는 기존의 연구를 비판하며, 여성들이 가정 내 갈등 및 학대에도 불구하고 관계를 유지하고 생존해 왔던 '생존자(survivors)'로서의 여성에 대한 관점이 인정되고 존중되어야 함을 주장한다. 이와 유사하게 골드너 등(Goldner, Penn, Sheinberg, & Walker, 1990)은 여성이 나약한 희생자라기보다는 자신의 의견과 힘을 가진 이들로 관계를 유지 및 회복하기 위해 끊임없이 노력한다고 말한다. 이러한 관점은 여성의 관계성에 초점을 두고 연구한다는 점에서 '관계적 여성주의(relational feminism)'로 불리우기도 한다(Offen, 1988; Browning et al., 2000, p. 163에서 재인용). 여성의 관계성, 돌봄, 책임성에 중점을 두고 여성의 정체성과 도덕성의 발달을 이해하는 관점들은 어려움에도 불구하고 관계를 유지하는 여성의 노력을 수동적이거나 의존적인 것으로 여기지 않고 여성의 정체성과 발달적 성숙의 차원에서 이해하는 것이다(Gilligan, 1993; Jordan, 2010/2016; Lyons, 1983). 이러한 관점은 한국계 미국인 여성학자인 조원희(W. Anne Joh, 2004, 2007)와 김정하(Jung Ha Kim, 1997, 1999, p. 210)의 연구에서도 언급되며, 이들은 미국

한인 교회 내 한인 여성이 가정, 교회, 사회 내 억압적 상황에서 수동적인 참여자가 아닌 주체적인 참여자로 현재 상태를 유지함과 동시에 자신들의 상황을 해결하기 위한 그들만의 '미세한 생존방법(micromanipulative survival skills)'이나 '숨겨진 전략들(hidden transcripts)'을 서로 전수하고 있으며 이에 대해 자부심을 느끼고 있다고 보고한다. 여성들의 이러한 관계의 회복과 유지에 대한 바람과 시도들은 단절에서 관계로 돌아올 수 있는 능력으로서의 '관계 회복탄력성(relational resilience)'으로도 간주될 수 있을 것이다(유상희, 2019; Jordan, 2010/2016, p. 57).

이처럼 부부관계 내 갈등 및 학대를 경험하는 여성에 대한 다양한 관점은 수동적, 의존적 여성과 피해자로서의 여성에 대한 관점에서부터 생존자로서의 여성, 주체성과 회복탄력성을 가진 여성으로 확장되어 논의되고 있다. 따라서 본 글은 부부갈등 내 갈등과 학대를 경험하는 한국 여성들의 삶의 이야기를 듣고, 이들의 삶을 다각도에서 살펴보고자 한다. 이는 심리적 차원, 가족적 차원, 사회문화적 차원, 종교적 차원 등을 포함하며, 이들 여성에 대한 비판적 시각뿐 아니라 그동안 간과되고 경시되었던 여성의 주체성과 회복탄력성 등의 긍정적 시각을 포함한 전인적이고 통합적 차원에서 이들의 삶을 고찰하고자 한다.

1. 이들과의 만남

본 글에 소개된 내용들은 부부관계 내 갈등이나 학대를 경험한 7명의 한국 여성들의 이야기를 분석하고 정리한 것이다. 인터뷰에 참여한 여성들은 결혼기간이 17년에서 43년 된 이들로, 40대 3명, 50대 2명, 60대 2명으로 구성되었으며, 3명은 가정주부, 4명은 직장인이며, 이 중 2명은 사모이다. 이들의 거주지는 서울 3명, 경기도 2명, 경상도 1명, 전라도 1명으로 참여자 보호를 위해 지역 및 사모에 대한 상세 표기는 하지 않았다. 이들과는 2014년 6월부터 2014년 10월까지 1~2회의 만남이 진행되었고, 1회 만남의 경우 4시간 정도가 소요되었으며, 2회 만남의 경우 회당 2시간 정도가 소요되었다. 인터뷰 초반 본 연구의 목적, 비밀보장 및 익명성 유지, 기록 파기에 대한 설명과 승인이 진행되고, 질문 및 만남 참여에 대한 거부권 등의 권리가 설명되었다. 만남을 통해 결혼의 의미, 부부관계에서의 주된 걱정이나 갈등, 부부 갈등 및 학대 경험에도 불구하고 결혼생활을 유지하는 이유, 부부관계 내 어려움을 견디고 극복할 수 있도록 도운 것들이 무엇인지 등이 질의응답되었다. 이들이 경험한 부부갈등의 주된 원인으로는 성격 차이, 의사소통의 차이, 갈등 해결방법 차이, 분노조절 능력, 고부관계, 경제적 어려움 등이었으며, 부

〈표 1〉 여성 참여자

이름	연령	결혼 기간	경제 활동	자녀	종교		갈등 원인과 학대 및 폭력의 경험
					참여자	배우자	
여A	40대	17년	O	2	기독교	기독교	성격과 의사소통 차이, 폭발적 분노와 물리적 폭력
여B	40대	23년	O	1	기독교	기독교	통제와 의심, 언어적 학대와 물리적 폭력
여C	40대	24년	X	1	기독교	기독교	음주 시 언어적 학대(저주와 욕)와 물리적 폭력
여D	50대	23년	O	2	무교	천주교	성격 및 의사소통 차이, 방임, 3번의 외도, 별거
여E	50대	29년	O	3	기독교	무교	무책임과 방임, 도박, 언어적 학대와 물리적 폭력, 외도, 별거 후 재결합
여F	60대	43년	X	2	기독교	기독교	폭발적 분노, 언어적 학대 및 물리적 폭력(물건을 던지거나 부서뜨림), 외도, 이혼, 재결합
여G	60대	44년	X	2	기독교	무교	방임, 언어적 학대와 물리적 폭력, 외도, 별거

부갈등이 고조되었을 때 언어적 학대, 경제적 방임, 물건을 던지거나 부수는 등의 물리적 폭력 등이 있었음을 표현하였다. 신체적 폭력이나 아동학대에 대한 언급은 없었으며, 현재의 부부관계 내에서 위험성에 대해서는 부인하였다. 또한 50대 이상인 4명의 참여자에게는 외도가 부부갈등의 요인에 포함되었으며, 외도로 인해 관계 내 갈등 및 학대 경험이 향상되고 별거나 이혼 후 재결합한 경우가 있었다. 본 글은 가해자 또는 피해자로서의 남성, 가해자로서의 여성, 자녀에 관련된 주제는 포함하지 않는다.

2. 이들의 이야기

1) 가부장적 체계 속 전달된 메시지들

용인되는 남편, 비난받는 아내

인터뷰 참여 여성들은 부부관계 내 갈등이나 학대를 경험 시 수치감, 열등감, 죄책감 등을 느꼈으며 이로 인해 도움을 구하거나 이혼을 주저했다고 표현한다. 하지만 이는 자신의 낮은 자존감 때문이 아닌 유교주의적이며 가부장적인 한국 가정, 교회, 사회 내에서 행복한 결혼생활을 유지하는 것의 강조, 부부갈등 시 여성에 대한 비판적 시각, 이혼을 선택할 시의 예측되는 차별 등과 깊은 연관이 있는 것으로 나타났다. 또한 부부관계 내 학대나 외도의 경험을 가족에게 표현했을 때 가족들이 배우자에게 이를 문제시하는 경우는 거의 없었다고 말한다. 시댁에 도움을 요청한 경우 시부모로부터 외도나 남자들의 물건을 던지는 등의 분노 표출은 일어날 수 있는 일로 문제시되지 않았음을 말하며, 참여자로 하여금 배우자를 용서하고 받아들이라는 조언을 들음으로써 고통이 가중되는 것을 표현했다.

시댁은 "남편이 바람필 수도 있지 뭐. 그게 큰일이야. 용서해 주고 가야지." "아주버님은 칠칠치 못하게 그런 걸 걸려……."그런 분위기고요(여D).

형제간도 친척들도 알지만 팔이 안으로 굽는다고……(시댁 식구들이) 다 알면서도 남편편이더라고……온 집에서 나를 왕따를 시킨 거야. 나가서 내가 나쁘다고……. 나는 남 부끄러워서 얘기를 안 하는데 자기는 그런 식으로 말하면서…… 나만 나쁜 사람이 됐지. …… 하소연을 하면 나를 면박을 주더라고……(여G).

이혼을 반대하는 암묵적 메시지들

인터뷰 참여 여성들은 가족, 친구, 자녀로부터의 자신들이 받은 암묵적 메시지들에 대해 표현한다. 첫째, 이들의 가족, 친척, 또는 친구들 사이에 이혼한 사람이 없는 것이 이들로 하여금 부부관계 내 갈등 및 학대의 경험에도 이혼을 고려하는 것을 주저하게 했으며, 지인들이 부부갈등 및 학대를 경험함에도 가정을 유지하는 것이 참여자의 의사결정에 영향을 준 것으로 나타났다. 또한 자신이 이혼할 경우 겪게 될 외로움이나 고립감 등에 대한 두려움과 자신의 이혼이 부모 및 가족에게 미칠 수치심이나 불효에 대해 고려하였다.

집안에서 친척들 만나서 얘기하면 아우 우리 집안에는 요즘 얼마나 이혼한 사람도 많은데 이혼한 사람도 하나도 없고 하나님의 은혜라고 얘기를 해요. 그런게 암묵적인 압력이 된 거죠(여C).

남들은 (이혼을) 해도 ……우리 가족 안에 없는 것……. 친가, 외가, 내 친구도 이혼한 사람이 없고……. 우리나라는 아무래도 차별을 받으니까. 나만 거기서 뭔가 외톨이, 돌연변이 같은 ……소외감 그런 걸 느끼고 싶지 않았거든요.(이혼녀로서) 혼자만의 싸움이 참 고독하고 싫을 것 같아서 그래서 안 한게 더 크기 때문에……(여A).

엄마 아버지를 봐도, 주위 사람들 봐도 원수니 그러니 해도……. 부모님
이 사시는 것도 영향이 있겠죠. 우리 부모뿐 아니라 웬만한 부부들 보면 그
냥 결국은…… 부부만 남잖아요(여E).

둘째로, 연구 참여자들의 자녀들도 이혼에 대한 암묵적 거부의 메시지를
보낸 것으로 표현하였다. 참여자들은 이혼 시 자녀에게 아버지의 부재를 경
험하게 하는 것, 자녀의 장래에 결혼 및 취업에 장애가 될지도 모른다는 염
려, 이혼 부모를 가진 것에 대한 고통과 차별을 방지하기 위해 가정을 최대한
지키려고 노력하고 있었지만, 자녀에게 이혼에 대해 논의했을 때 자녀로부터
지지를 받지 못하자 서운함을 느꼈고 이혼을 더욱 주저하게 되었다고 표현한
다. 또한 주변에 이혼과 재혼을 경험한 친구 및 교인들의 삶의 어려움을 보면
서 한국 사회 내에서 이혼과 재혼의 현실적 어려움을 표현하였다.

나도 힘들고 애들도 이혼하라고 하고……. 근데 진짜 이혼한다고 하
니까 자식들도 아무 말도 안 하더라고. 잘했다고 한마디 해 줄 줄 알았는
데…… 좀 섭섭했지(여E).

내가 도저히 너희 아버지하고 못 살겠고 안 살고 싶다고 했더니 아무 말
안하더만. 어제오늘 일도 아닌데 엄마가 알아서 결정을 할 일이지만 그럼
나중에 우리가 어디로 가냐고 그러고 한마디하고 말 한마디를 안 하더라
고. 야 저놈이 나 안 살고 나가면 나 찾아올 놈이 아니다, 저놈한테 버림받
겠다, 신랑한테 버림받는 것은 괜찮은데, 저놈 하나 의지하고 사는데 내가
저놈한테 버림받겠다 싶어서……. 내가 죽어도 버텨야, 내가 있어야 이 집
을 (아들이) 들어오니까(여G).

가중되는 고통

부부갈등 및 학대를 경험했을 때 여성들은 식욕상실, 수면장애, 우울, 분노뿐 아니라 좋은 가정을 이루지 못한 것에 대한 죄책감과 수치심을 표현하며 자신을 외부로부터 스스로 고립시키는 모습도 보였다. 가족 및 지인들에게 자신의 고통이나 어려움을 호소할 때 가해자에 대한 대처보다는 인내하거나 용서하기를 권유받을 때의 좌절감, 자신을 비난하는 시댁과 이웃들에 대한 서운함, 폭력과 외도에 대한 가족의 용인, 이혼을 고려했을 때 이혼에 반대하는 암묵적 메시지들로 인해 외로움, 소외감, 고통이 가중됐음을 보고한다. 미아의 경우 이혼을 원치 않는 자신의 마음에 대한 이해 없이 언니로부터 이혼하지 않는 것에 대해 비난받았을 때 서운했다는 표현을 하기도 했다. 참여자들이 갈등 및 학대의 경험에 일차적 고통을 겪는다면, 가족이나 타인의 비난과 편견으로 이들의 고통이 가중됨을 보이고 있다.

> 참 창피해서 남한테 얘기도 못 하고, 나는 말도 못 하고……. 그 당시에는 말을 못했었어……. 친정에 가서 얘기를 하겠나. 그래서 밖에는 못 나갔지. 사람하고 단절하고 살았지……. 지금 생각하면 그때 우울증도 오고 정신적으로 이상도 오고 그랬어……. 내가 너무너무나 힘이 들고……. 살아야겠다 하다가도, 죽을라고 하다가도 내가 죽으면 내 자식 길 안 막겠나. 그러니까 내가 사람이 사람이 아니었지. 내 꼴이……. 그래 가지고 (언젠가) 낮에는 대문 잠그고 죽을라고 작정을 했어요. 내가 이래서 살면 뭐하나 싶어서(여G).

> 언니는 그 사람 아니면 못 사냐 그렇게 얘기를 하더라고. 내가 바보같이 이혼도 안 하고 산다고 그랬지. 그럴 때 서운한 이야기는 안 했지만(여F).

2) 한계를 가진 지지체계(Support Systems)

가족

인터뷰 참여 여성들은 부부갈등과 학대의 경험 시 수치심, 비난의 두려움, 가족에게 고통을 주는 등의 이유로 부모, 형제자매 또는 친척에게 도움을 구하기 어려움을 표현했고, 도움을 요청했을 때도 자신의 고통이나 바람을 이해하지 못하고 비난받음으로 고통이 가중되었다고 보고한다. 하지만 이와 더불어 자신들의 이야기를 경청하고 안타까워하며 도움을 제공하기 위해 노력하는 가족들도 있었음을 보고한다.

> 친정 식구들은 문제를 해결하기 위해서 같이 살든 같이 살지 않든 내가 결정한 게 최선의 해결방법이라면 지원해 주겠다고 이야기하더라고요(여D).

> 내가 집에 들어앉아 있을 때 찾아온 분은 큰어머니밖에 없어. 와서 한다는 말이 너 이래 가지고 죽는다, 너 아무도 불쌍하게 생각 안 한다, 나 따라 교회 가자 그러더라고. 그래서 가만히 생각을 할 때 그래도 나를 찾아와서 말 한마디 해 주고 교회 가자 그 소리를 하고, 또 (남편을) 찾아가서 (네 부인) 다 죽을라 그런다고 뭐라고 했대. 그게 고맙더라고(여F).

친구

참여자들은 자신의 경험을 친구나 이웃 등 지인들에게 이야기했을 때, 자신의 고충을 이야기함으로써 감정의 해소와 공감대 형성을 통한 지지를 경험했다는 반면, 이야기를 나누어도 문제가 해결되지 않는 것에 대한 자신들의 깨달음을 이야기한다.

> 친구들은 도움이 안 돼요. 정말 풀려고 얘기를 꺼내기는 했지만 서로 욕

하면서 (감정이) 가중되는 것 같아요. 얘도 이런 문제가 있구나, 문제 속에서 우리는 살고 있구나라는 자각만 하게 되는 것 같아요. 해결은 하나도 없어요. 같이 대화를 하면서 술을 마시면서 공통문제를 가지고 있다는 위안, 그 정도밖에 없는 것 같아요. 해결방안은 없는 것 같아요(여C).

같은 동네에 사는 사람한테도 얘기해 보기도 하지만 남편이 그 사람들한테 내 흉을 보니까 남편 말만 듣고……. 근데 나를 알고는 억울함은 해소가 되기는 하는데 그래도 내 탓을 하더라고. 인간은 영원한 친구는 없더라 싶더라고. 좋은 때는 좋지만(여F).

교회공동체

이들은 부부갈등을 겪는 자신들에게 좋은 기독교인이 되지 못한 것에 대해 교회 내에서 회개하기를 강요받거나 비난받은 경험은 없다고 보고하고 목사님이나 성도들로부터 도움을 받은 경험을 이야기한다.

그런 도움을 받은 적이 있죠. 속회 같은 경우 같이 기도하자 그래서 기도하는 기간은 마음의 평안을 받은 적도 있고……. 혼자서 그런 거 잘 못하는데 셋이서 같이 한 적이 있어요. 40일 정도(여C).

(처음 새벽기도를) 가서 뒤에 앉았는데…… 사모님이 처음 온 사람이 뒤에 앉아 있으니까 목사님 방으로 데리고 가더라고. 그래서…… 내가 참 가정적으로 너무 힘이 들고 살기가 어려워서 여기 오면 좋은 거 있을까 싶어서 왔다고 그러니까 목사님이 기도를 해 주더라고. 근데 내가 생전 처음 본 남자 앞에서 펑펑 울었어. 그때 하나님이 날 붙든 거야. 그리고 나니까 내 맘이, 속이 후련하고. 여기가 내가 올 데인가 보다 싶어 가지고 그날부터 새벽기도를 잠을 안 자고 갔어. 지금 이날까지 갔지(여F).

하지만 교회가 부부갈등의 문제, 이혼, 재혼, 가정폭력에 대한 설교나 가르침은 직접적으로 제공하지 않는다고 지적한다. 그로 인해 만약 자신들이 이혼하게 되면 자신이 속한 기독교 가정이나 신앙의 공동체에서 고립감이나 소외감을 경험하게 될 것이라 예측된다고 이야기한다.

> 교회에서는 이혼에 대한 이야기를 아예 안 한다고 생각해요. 내가 이혼에 대해서 심각하게 고려해 봤던 적이 있으니까(여A).

사회제도
여C와 여F의 경험은 언어적, 물리적 학대를 심각하게 생각하지 않는 한국문화와 신체적 폭력이 심한 경우가 아닌 경우 피해자가 제도적으로 보호나 지원을 받지 못하는 현실을 보고한다. 여C는 남편의 음주 시 언어적, 물리적 학대를 경험했을 때 갈 곳이 없어 자동차에서 하루를 보냈다고 이야기한다. 여F의 경우 과거 학대와 폭력이 가중되었을 때 경찰서에 신고했음에도 불구하고 경찰이 학대나 폭력에 대한 대응 없이 외도에 대한 법적 대응방법(조서 및 입건 등)을 조언함으로써 도움을 받지 못하고 귀가하였다고 보고한다. 또한 미아는 경찰이 부부갈등을 개인적 가정사로 간주하며 '집에서 해결하라'는 조언을 듣고 더 이상 신고하지 않게 되었다고 보고한다.

3) 자기고찰의 과정과 회복탄력성

자기고찰 및 계발
이들은 부부관계 내 갈등 및 학대의 경험으로 좌절되고 힘들 때 스트레스를 해소하기 위한 방법이나 자신을 회복하기 위한 방법들이 있음을 표현했다. 산책, 운동, 음악 듣기, 영화 보기 등 혼자 있는 시간을 통해 자신의 감정과 생각을 정리하거나 자신의 향후 대처방법에 대해 고찰하는 모습을 보인 참여자도 있었다. 또한 배우자들의 분노 표출, 학대 또는 외도를 경험 시 자신이 잘못한 부분은 없는가에 대한 자기고찰과 변화를 위한 노력을 시도하기도 하지만 학대 및 외도가 반복된 경우 이들은 자신을 자책하기보다는 이러한 문제가 배우자의 문제 또는 배우자의 원가족의 영향이 있음을 지적한다.

> 나중에는 환자라고 생각했지. 성격이 이상한 사람, 그냥 화를 참을 수 없는 사람, 정신적으로 이상이 있는 사람이라고 생각하니까 차라리 낫더라고(여F).

또한 자기계발을 위한 노력으로 교육 프로그램의 참여나 경제활동에 참여하는 등의 모습도 보고한다. 여C의 경우 초기 술, 담배, 게임 등의 비건설적 대처방법을 사용하기도 했지만, 자신과 자녀에 대한 부정적 영향과 공허감을 깨달은 후 어학공부, 바리스타 및 한식조리사 자격증 취득 등으로 자신을 계발하고 회복하려 시도했다. 여E도 신학연구원과 상담원 등에서 신학 및 상담 공부를 하고 찬양집회, 춤테라피, 워십댄스 등을 통해 자신을 계발하고 회복하려 시도했다. 경제적 의존도에 문제의식을 가졌던 여E와 여D의 경우 자신들이 경제적 능력을 향상시키기 위해 노력한 결과로 경제적 의존에서 탈피하였음을 이야기한다.

> 그런 공부를 하고 배우는 게 굉장히 도움이 됐어요. 나의 사고체계를 변화시키는데, 나의 생활습관인 줄 알았더니 사고도 패턴이 있는 거예요(여D).

결혼과 삶에 대한 가치관

인터뷰 참여 여성들은 부부관계 내 어려움을 겪으면서 지속적으로 결혼의 의미와 삶의 의미에 대해 고찰했음을 보인다. 이들은 결혼이나 삶이 단순한 것이 아닌 '복잡한' 것이며, 고통, 행복, 책임, 의무, 용기, 의지, 인내 등 다양한 요소들이 내포되어 있다고 표현하였다. 자신이나 타인의 결혼생활과 이혼 결정을 이해하기 위해서는 다양한 요소를 고려해야 함을 지적한다.

> 결혼이라는 것은, 이혼이라는 것은…… 이것보다 훨씬 복잡한 것이 있구나……이것에 대해 나중에 깨달았죠. (전에는) 그런 일? 그럼 이혼……. 나는 그렇게 생각한 거죠. 하지만 지금은…… 이혼이라는 것은 맨 나중에 내려도 되는 결정이라고, 다른 거 다 해 보고 안 되면 그때 내려도 충분한 결정이라고……이혼보다 더 중요한 것들이 있다는 생각이 들고 부부관계는 갈등을 넘어서는 더 많은 요소들이 있다, 보이는 것이 다가 아니다라는 그런 생각도 들고(여A).

> 결혼은 ……복잡해요. 단순하지가 않고……. 나는 남편이랑 너무 안 좋았어요. 뭐 고통이라고만 말할 수도 없고…… 또 행복은 아니고. 그냥 열심히 사는 거죠(여E).

> 인생은 길게 놓고 보면 다 반반씩인 것 같아요. 행복반 불행 반 기쁨 반……이게 그냥……주어진 삶에 뜨겁게 걸어가고 있는 거죠(여D).

신앙

이들의 삶과 결혼에 대한 가치관들은 신앙과도 관련이 있음을 보인다. 기독교인 연구 참여자들은 자신의 신앙과 하나님에 대한 믿음이 자신의 삶과 결혼의 방향성을 결정하는 데 영향을 주었으며, 기도나 찬양 등의 신앙적 의식이나 행위(rituals and practices)가 자신을 회복시키고 삶의 힘을 주는 원천이었음을 보고한다.

> 한 몇 년 전에 제가 하나님을 만나고 믿게 되면서 그동안의 이런 것들

이……나 자신이 아무것도 아니라는 것, 하나님을 의지하지 않으면 내가 세상에서 얻을 수 있는게 없다는 것을 알았어요. 그냥 관계의 깨짐 또는 무익함만 있을 뿐이고……. 하나님을 의지하니까 갑자기 뭔가 살아나는 느낌이 들더라고요(여C).

찬양하고, 신앙의 힘이랑 기도랑 그렇게 하지 않았으면 못 살았죠(여E).

잠을 못 잤는데 새벽기도 갔다 오면 그렇게 잠이 와. 그렇게 편안할 수가 없고…… 눈만 감으면 십자가가 보이고, 잠만 자면 찬송을 하고. 내 영혼이 빠져들어 가더라고. 너무 좋은 거야. 그 당시에는 내가 얼굴이 다 이글어져 가지고 너무 힘이 들고 얼굴은 푸석거리고 그런 상황이었는데 (새벽기도를) 다니니까 내 생각에도 얼굴이 피는 것 같더라고. 내 맘이 좋으니까(여F).

4) 도움을 위한 자원(resource) 되기

자녀 및 이웃

이들 여성들은 자신과 배우자가 결혼 전 부모나 지인으로부터 결혼생활에 대한 조언을 듣거나 대화의 기회를 거의 갖지 못했던 것을 지적하며 자신이 부모로서 자녀에게 결혼생활의 예측되는 어려움들에 대해 결혼 전후로 의논하는 부모가 되고자 하는 마음을 표현했다. 또한 교회 및 사회 공동체 내에서 결혼 전 예비부부 교육이나 의사소통방법 등 다양한 교육 프로그램을 제공했으면 하는 바람을 보였다. 마지막으로 이들은 주변에 부부관계 내 갈등이나 학대를 경험하는 사람들을 만날 때 이들의 이야기를 들어주고 도움을 제공하는 자로 변화되는 자신의 모습을 발견하게 됐다고 보고한다.

결혼하는 사람한테 해 주는 이야기는……내 경험상 대화로 풀고 폭력이 있으면 둘이 해결하려 하지 말고, 멘토를 한 명쯤 가지고 있으면 그것이 굉장한 결혼생활의 힘이라는 거예요. 나는 그게 없었거든요(여B).

나는 자살하는 사람도 이해가 되고 살인하는 사람도 이해가 되고. 사람이 회까닥하면 죽이겠더라고. 그런 심정이 있을 때가 있었어. (목사님 따라 심방) 이리저리 다니다 보니까 나만 힘든 줄 알았더니 나보다 더 힘든 사람도 있고 정말 힘든 사람들이 보이더라고. 그러니까 내가 힘들어도 나보다 힘든 사람 있으면 손 잡아 주고……. 나는 내가 바뀔 거라고 생각도 안 했어 (여F).

남편, 안쓰럽고 불쌍한 사람

연구 참여자들의 자신의 배우자에 대한 현재의 주된 감정을 사랑보다는 안쓰러움, 불쌍함, 연민, 측은지심, 정(情), 미운 정, 고운 정이라고 표현한다. 과거에는 남편을 가해자로 인지하여 분노한 반면, 현재는 또 다른 의미에서 고통스러운 삶을 살아온 피해자로서 배우자를 인식하게 되었고 이러한 감정들이 자신과 배우자와의 관계를 지속하고 회복하는 원동력이 된다고 보고한다. 또한 참여자들(여F 제외)은 배우자들의 변화를 위한 노력들도 부부관계의 변화에 긍정적 영향을 주었음을 표현했다.

결국은 인간에 대한 아가페적 사랑, 그런 거라고 봐요 나는. 최근에는 연민, 불쌍, 참 늙은 모습이 안됐다는 생각도 들고……어쨌든 내가 스물한 살에 만나서 30년 넘게 살아온 거잖아요(여E).

나는 경험하지 못한 것을 이 남자는…… 파란만장하게 산 거예요. 그런 이야기를 들으면 이해가 되고, 한편으로…… 고단한 삶을 살았구나 이해가 되고……. 그러니까 남편을 보면 막 사랑…… 사랑의 감정은 별로 없는 것 같아요. 지금은 보면 안쓰러움 마음이 있고요(여B).

인간이 불쌍하더라고. 인간적으로. 내 남자로서가 아니라. 저 한평생 사는 것이 너무 불쌍하더라고. 그래서 같이 산 거야(여F).

3. 복합성의 포용

부부관계 내 갈등 및 학대를 경험하는 여성들에 대한 기존의 논의들은 여성에 대한 부정적인 시각과 긍정적인 시각의 두 상반된 의견들을 보인 반면, 본 글에 소개된 여성 참여자들의 삶과 경험에 대한 전인적, 통합적 고찰은 이들의 정체성, 앎의 과정, 감정과 영성에 있어 복합성(complexities)이 표현되고 있음이 나타났다.

1) 혼재된 정체성의 포용: 피해자, 생존자, 그리고 주체자

이들 여성들이 보이는 첫 번째 복합성은 혼재된 정체성(miscellaneous identity)이다. 여성들은 부부갈등 시 학대나 폭력을 경험하는 피해자이며 생존자일 뿐 아니라 주체성 및 회복탄력성을 가진 자로 보여진다. 참여자들은 관계 내 학대와 폭력의 경험으로 두려움, 수치심 등을 느낌에도 불구하고 가족, 친구, 교회 공동체 내 목사 및 지인들에게 도움을 요청하는 용기를 보이고, 자신의 감정 및 스트레스를 다루기 위한 다양한 대처방법을 가지고 있을 뿐 아니라, 상담 및 교육 프로그램에의 참여 등을 통해 지속적 자기고찰과 계발을 시도하는 등 주체적으로 자신을 회복하고 문제를 해결하려는 모습을 보인다. 또한 신앙 및 기도와 찬양 등 신앙적 의식이나 행위들을 통해 자신의 삶과 고통의 의미를 이해하고 삶의 방향성 및 소명의식 등을 재정립하며 부부관계의 회복을 위해 지속적으로 노력했음을 보인다. 더불어 이들은 수치심으로 자신을 고립시키는 모습을 보일 때도 있었지만 어려움에 처한 다른 대상을 만났을 때 이들에 대한 도움을 제공하는 자원이 되는 주체성도 보인다. 따라서 부부관계 내 갈등 및 학대를 경험하는 참여자들은 피해자이며 생존자이지만, 이와 동시에 자신 및 부부관계의 회복을 위해 노력하는 주체자로 혼재된 정체성을 보임으로써 이들 정체성 내 복합성을 볼 수 있다.

2) 복합적 앎의 단계

이들이 복합성은 자신들의 경험을 바탕으로 결혼과 삶에 대한 정의나 가치관을 형성하는 과정에서도 들어난다. 벨렌키 등(Belenky, Clinchy, Goldberger, & Tarule, 1986)은 여성의 인식발달 또는 알아가는 과정에 대한 다섯 가지의 범주—침묵(silence), 받아들인 앎(received knowing), 주체적 앎(subjective knowing), 절차적 앎(procedural knowing), 구조화된 앎(constructed knowing)—를 제시하고, 이들 범주가 고정적이거나 단계성을 보이지 않고 복합적으로 보인다고 설명한다. 벨렌키 등(1986)이 제시한 관점을 적용할 때, 본 연구의 참여자들은 부부관계 내 갈등과 학대의 경험 시 '침묵의 단계'에 머문 듯하거나 부모나 교회로부터 교육받은 결혼, 가정, 이혼 등에 대한 기존의 가치를 '받아들인 앎'의 단계에 있는 듯하기도 하다. 하지만 연구의 참여자들은 지속적 자기고찰을 통해 결혼과 삶에 대한 개인적 가치관을 갖는 '주체적 앎'의 단계나 상담 및 교육 프로그램의 참여를 통해 새로운 앎을 추구하는 '절차적 앎'의 과정을 통해 새롭게 형성된 '구조화된 앎'의 단계에 접어든 것으로 보이기도 한다. 다시 말해, 현재의 시점에서 참여자들은 결혼이라는 긴 여정 가운데 벨렌키 등(1986)이 제시한 다섯 가지의 다양한 범주를 복합적으로 보인다고 볼 수 있다.

또한 갈등과 학대에도 결혼을 유지하기로 결정한 참여자들의 의사결정 과정에서도 이러한 인지 및 알아가는 과정의 복합성이 보인다. 부부관계 내 갈등 및 학대를 경험할 때 참여자들은 자신을 둘러싼 가족, 친구 및 공동체 자원들의 한계와 한국 사회의 현실과 제도의 한계에 직면함을 보인다. 자신의 가족 내에 이혼자가 없다는 현실, 교회 내 이혼과 재혼을 경험한 교인 및 자녀의 고통에 대한 인식, 학대나 폭력이 심각한 경우 여성에게 쉼터가 제공되어지는 반면 그 외의 언어적, 심리적, 물리적 학대나 외도에 대해서는 용인하는 한국 가족 및 사회문화 등을 경험하면서 이들의 가정 유지의 결정이 수동적이라 지적될 수 있음과 동시에 자신을 둘러싼 다양한 현실적 상황을 고려한 합리적 결정이라 볼 수 있는 것이다.

3) 복합적 감정와 영성

이들 여성들이 보이는 주체성과 복합성은 이들이 배우자에 대해 가진 감정에서도 표현된다. 참여자들은 배우자에게 갖는 현재의 핵심감정을 사랑이 아닌 불쌍함, 안쓰러움, 연민, 측은지심, 정, 미운 정이라는 단어로 표현한다. 자신의 고통에도 불구하고 배우자의 고통을 이해하고 수용하는 이들의 모습은 '긍휼의 영성(compassionate spirituality)'이나 '관계 중심 또는 공동체 중심의 영성(relationship-oriented or community-oriented spirituality)'으로 불리우기도 한다(Chung, 1991, p. 93; Kim, 1997, 1999; Joh, 2004, 2007). 또한 이들이 보이는 정, 미운 정은 사랑과 미움 등의 '비현실적 병렬(quixotic juxtapositions)'을 보이는 '관계적 결속(relational bond)' 또는 '미스테리한 점착성(mysterious stickiness)'으로 해석된다(Goldner et al., 1990). 다시 말해, 이들이 보이는 감정과 영성은 '이것 아니면 저것(either/or)'의 이원론적 관점이 아닌 '둘 모두(both/and)'라는 통합적 관점에서 이해될 필요가 있다(Goldner et al., 1990; Joh, 2004, 2007; Kim, 1997, 1999). 정이나 긍휼은 감정, 인지, 도덕, 의지, 행동 등이 포함된 복합적 인간의 상태(오규훈, 2011; 최상진, 2000; Davies, 2001)로

서, 부부관계 내 갈등과 학대를 경험하는 여성들이 배우자에 갖는 이러한 감
정이나 상태는 결혼과 삶에 대한 이들의 감정, 인지, 의지, 행동의 복합적 표
현인 것이다. 또한 이들의 긍휼의 영성과 가정을 유지하고자 하는 바람은 여
성의 정체성과 발달과정에서 관계의 중요성으로도 인식될 수 있다(Gilligan,
1993; Jordan, 2010/2016; Lyons, 1983). 자신과 타인에 대한 이해를 분리나 독립
의 개념보다 '관계 속의 자아(self-in-relation; Jordan, 2010/2016)' 또는 '관계 속
의 존재(being in relationships; 권수영, 2004)'로 이해하는 시각은 이들의 가족을
유지하고 관계를 회복하기 위한 노력을 관계 회복탄력성으로 볼 수 있게 하
며, 단절이 아닌 관계성을 유지하는, 그러나 학대나 폭력이 없는 가정을 이루
는 것에 대한 소망은 존중되어야 하는 것이다(Goldner et al., 1999; Greenspun,
2000).

   여성주의 목회신학자 쿠퍼-화이트(Pamela Cooper-White, 2010)는 '복잡
한 여성(com|plicated woman)'이라는 표현을 통해 여성과 여성 삶의 복합성
에 대해 이야기한다. 여성은 다양한 역할의 수행뿐 아니라 다양한 내적 감정
과 정체성으로 인해 복잡성을 보이는 존재로 간주되며, 이는 보다 반응적이
며 건강한 형태의 자아로 간주된다. 쿠퍼-화이트의 주장과 같이, 본 글은 부
부관계 내 갈등이나 학대를 경험하는 여성들이 다양한 측면에서 복합성을 보
이고 있음을 보고한다. 이들은 피해자, 생존자, 주체자로서의 혼재적이며 복
합적 정체성으로 보이며, 의사결정 과정에서 다양한 요소—심리적, 사회적,
문화적, 제도적, 종교적 요인 등—를 고려함으로써 복합적 앎의 과정과 결정
과정을 보일 뿐 아니라 배우자에게 갖는 복합적 감정과 영성을 보인다.

   따라서 부부관계 내 갈등이나 학대를 경험하는 여성에 돌봄과 상담의 제공
시 첫째로 이들 삶에 내포된 복합성을 이해할 필요가 있다. 피해자, 생존자,
주체자로서의 혼재적이며 복합적 정체성을 이해하며, 다양한 요소를 고려하
여 결정된 결혼 유지 및 의사결정 과정을 이해하고, 배우자에 대한 복합적 감
정들을 경청하고 이해하는 것이 필요하다. 이들이 보이는 복합적 정체성을

이해하지 못한다면 이들은 부부관계 내 갈등과 학대의 경험으로 오는 고통뿐
아니라, 자신들의 복잡한 감정이나 생각을 충분히 이해받지 못함으로써 가중
된 고통을 경험하게 될 것이다. 둘째, 돌봄과 상담의 현장에서 이들이 자신과
배우자에 대한 복잡한 감정과 사고를 비난이나 판단받을 것이라는 두려움 없
이 충분히 이야기할 수 있도록 기회를 제공하는 것이 필요하다. 쿠퍼-화이
트(2010)는 인간이 자신의 감정과 생각을 누군가에게 이야기할 수 없을 때 또
는 누군가로부터 충분히 이해받고 있지 못하고 느낄 때 고통을 경험한다고
말한다. 따라서 이들이 자신, 배우자, 결혼과 삶에 대한 혼재된 복합적 감정
과 생각들을 충분히 표현할 수 있도록 하는 것이 중요하다. 셋째, 이들이 갈
등과 학대를 경험하면서 느꼈을 고통과 어려움에 대한 인식(acknowledging)
및 공감과 함께, 이들이 가정을 유지하기 위해 해 왔던 노력에 대한 감사
(appreciating)와 존중(respecting)이 요구된다고 하겠다(Jordan, 2010/2016). 이
러한 이해와 존중은 이들로 하여금 자신의 이야기를 충분히 할 수 있는 안정
성을 느끼게 하며 자신과 부부관계에 대한 보다 나은 시도들이나 대안들을
계획할 수 있는 기반을 제공할 것이다.

참고문헌

권수영 (2004). 우리 사이 좋은 사이: 한국적 목회 상황에서의 경계 문제. **목회와 상담**,
　　5, 65-97.

김인숙, 김혜선, 성정현, 신은주, 윤영숙, 이혜경, 최선아 (2000). **여성복지론**. 서울: 나
　　남출판.

목회상담센터 (2003). **한국문화와 목회상담**. 서울: 목회상담.

박민수 (2007a). 가정폭력에 대한 목회적 돌봄과 상담 I. 가정과 상담, 112(5), 38-44.

박민수 (2007b). 가정폭력에 대한 목회적 돌봄과 상담 II. 가정과 상담, 113(6), 36-42.

손병덕, 이재서 (2007). 가정폭력에 대한 교회, 사회복지 개입방안 연구. 신앙과 학문,
　　12(1), 35-61.

송다영, 김미주, 최희경, 장수정 (2011). 새로 쓰는 여성복지론: 쟁점과 실천. 서울: 양서원.

여성가족부 (2013, 2016, 2019). 가정폭력실태조사. http://www.mogef.go.kr.

오규훈 (2011). 정과 한국교회. 서울: 장로신학.

유상희 (2019). 회복탄력성에 대한 기독상담적 고찰. 한국기독교상담학회지, 30(2), 155–184.

최상진 (2000). 한국인의 심리학. 서울: 중앙대학교.

Anderson, K. L. (1997). Gender, status, and domestic violence: An integration of feminist and family violence approaches. *Journal of Marriage and Family, 59*(3), 655–669. doi:10.2307/353952.

Belenky, M. F., Clinchy, B. M., Goldberger, N. R., & Tarule, J. M. (1986). *Women's ways of knowing: The developmemt of self, voice, and mind.* New York, NY: Basic Books.

Browning, D., Miller-McLemore, B. J., Couture, P. D., Lyon, R., & Franklin, E. M. (2000). *From culture wars to common ground: Religion and the American family debate* (2nd ed.). Louisville, KY: Westminister John Knox Press.

Chung, H. K. (1991). *Struggles to be the sun again: Introducing Asian women's theology.* Maryknoll, NY: Orbis Books.

Clark, R. (1986). *Pastoral care of battered women.* Louisville, KY: Westminister John Knox Press.

Cooper-White, P. (2010). Complicated woman: Multiplicity and relationality across gender and culture. In J. Stevenson-Moessner & T. Snorton (Eds.), *Women out of order: Risking change and creating care in a multicultural world* (pp. 7–21). Philadelphia, PA: Fortress Press.

Davies, O. (2001). *A theology of compassion: Metaphysics of difference and the renewal of tradition.* Grand Rapids, MI: William B. Eerdmans Publishing.

Dobash, R., & Dobash, R. E. (1979). *Violence against wives: A case against the patriarchy.* New York, NY: Free Press.

Gaddis, P. R. (1996). *Battered but not broken: Help for abused wives and their church families*. Valley Forge, PA: Judson Press.

Gelles, R. J. (1997). *Intimate violence in families*. Thousand Oaks, CA: Sage.

Gilligan, C. (1993). *In a different voice: Psychological theory and women's development*. Cambridge, MA: Harvard University Press.

Goldner, V., Peen, P., Sheinberg, M., & Walker, G. (1990). Love and violence: Gender paradoxes in volatile attachments. *Family Process, 29*, 342-64. doi:10. 1111/j.1545-5300.1990.00343.xㅣ.

Gondolf, E. W., & Fisher, E. R. (1998). *Battered women as survivors: An alternative to treating learned helplessness*. Lexington, MA: Lesington Books.

Greenspun, W. (2000). Embracing the controversy: A metasystemic approach to the treatment of.

 domestic violence. In P. Papp (Ed.), *Couples on the fault line: New directions for therapists* (pp. 152-177). New York, NY: Guildford Press.

Harway, M., & Hansen, M. (1994). *Spouse abuse: Assessing & treating battered women, batterers, & their children*. Sarasota, FL: Professional Resource Press.

Joh, W. A. (2004). The transgressive power of jeong: A postcolonical hybridization of christology. In C. Keller et al. (Eds.), *Postcolonial theologies: Divinity and empire* (pp. 149-163). St. Louis, MO: Chalice Press.

Joh, W. A. (2007). Violence and Asian American experience: From abjection to jeong. In R. N. Brock, J. H. Kim, K. Pui-Lan, & S. A. Yang (Eds.), *Off the menu: Asian and Asian North American women's religion and theology* (pp. 145-162). Louisville, KY: Westminister John Knox Press.

Johnson, M. P. (1995). Patriarchal terrorism and common couple violence: Two forms of violence against women. *Journal of Marriage and the Family*, 57, 283-294. doi:10.2307/353683.

Jordan, J. V. (2016). **관계문화치료 입문** (정푸름, 유상희 역). 서울: 학지사. (원저 2010년 출판).

Kaukinen, C. (2004). Status compatibility, physical violence, and emotional abuse in intimate relationships. *Journal of Marriage and the Family 66*, 452-471.

doi:10.1111/j.1741-3737.2004.00031.xㅣ.

Kim, J. H. (1997). *Bridge-makers and cross-bearers: Korean-American women and the church.* Atlanta, GA: Scholars Press.

Kim, J. H. (1999). The labor of compassion: Voices of churched Korean American women. In D. K. Yoo (Ed.), *New spiritual homes: Religion and Asian Americans* (pp. 202-217). Honolulu, HI: University of Hawaii Press.

Lyons, N. P. (1983). Two perspectives on self, relationships, and morality. *Harvard Educational Review*, 53, 125-145.

Offen, K. (1988). Defining feminism: A comparative historical approach. *9 Signs: Journal of Women in Culture and Society*, 14(1), 119-157.

Poling, J. (1991). *The abuse of power: A theological problem.* Nashville, TN: Abingdon Press.

Sohn, C. W. (2009). Domestic violence in Christian family: The church's silence. 목회와 상담. 12, 218-242.

Walker, L. E. (1979). *The battered women.* New York, NY: Haper & Row.

White, L., & Rogers, S. J. (2000). Economic circumstances and family outcomes: A review of the 1990s. *Journal of Marriage and the Family*, 62, 1035-1051. doi:10.1111/j.1741-3737.2000.01035.xㅣ.

Yang, S. A. (2007). Has Jesus ever condemned divorce? An intercultural interpretation of Jesus' saying on divorce. In R. N. Brock, J. H. Kim, K. Pui-Lan, & S. A. Yang (Eds.), *Off the menu: Aian and Asian North American women's religion and theology* (pp. 253-273). Louisville, KY: Westminster John Knox Press.

Yllo, K. (1993). Through a feminist lens: Gender, power, and violence. In R. J. Gelles & D. R. Loseke (Eds.), *Current controversies on family violence* (pp. 19-34). Newbury Park, CA: Sage.

제 **7** 장

기러기 가족을 위한 상담

장석연
(이화여자대학교)

1. 결혼의 역설적 상징: 기러기

　신부의 집에서 열리는 한국 전통 결혼식에서 신랑이 도착하자마자 하는 첫 번째 행동은 신부의 가족에게 평생 동안 아내에 대한 충성을 다짐하는 표로 나무로 만든 기러기 한 쌍을 제공하는 것이다. 신랑이 미래의 장모에게 두 번 절을 한 후 나무 기러기를 건네주는 것으로 예식이 시작된다. 장모가 나무 기러기를 집으로 받아들이면 결혼식이 계속될 수 있는 것이다. 한국의 전통에 따르면 결혼의 상징으로 기러기를 사용하는 데는 다음의 세 가지 이유가 있다. 첫째, 기러기는 사랑에 대한 약속을 지키는 조류이다. 그들은 일반적으로 약 150~200년 동안 살며, 배우자를 잃어버린 경우 다른 배우자를 가지지 않는다. 둘째, 야생 기러기는 수직적 체계로 공공의 질서를 유지한다. 그들이 날 때, 지도자가 내는 소리를 따라서 다른 기러기들은 지도자를 모방하며 따라간다. 셋째, 야생 기러기는 반드시 자신의 자취를 남기는데 이것은 결혼을 통해 자식들이 훌륭한 성취를 이룸으로써 가문의 족적을 남기고 싶은 욕구와 맞닿아 있다. 기러기의 상징적 이미지는 한국 가족의 가치 및 구조와 밀접한 관련이 있다. 신랑이 미래의 장모에게 기러기를 건네주는 것은 미래의 가족을 이끌 방법을 상징적으로 보여 주고, 죽음이 부부를 갈라놓을 때까지 아내에게 충실하겠다는 약속을 나타낸다.

그러나 기러기는 현대를 살아가는 한국 가족들에게는 역설적인 상징이다. 이 역설은 야생 기러기가 집을 떠나 많은 시간을 보내지만 가족에 대한 끊임없는 헌신을 유지한다는 사실에서 비롯된다. 약 15년 전에 한국 사회를 떠들썩하게 했던 한국의 기러기 가족은 아버지가 한국에 살면서 돈을 벌고 어머니와 아이들은 어린이 교육을 위해 영어권 국가로 이사하여 생활하는 가족을 통칭한다. 기러기 가족의 대부분은 가족을 위해 개인적인 필요를 희생해야하면서도 가족 내에서 충성과 헌신을 유지하려고 한다. 한때 한국의 매우 많은 가족이 기러기 가족을 선택하였고 지금은 많이 그 숫자가 줄어들었지만 여전히 많은 수의 가족이 다양한 이유로 부부가 별거하는 삶을 살고 있다. 이 글은 저자가 미국에서 사역을 하면서 만났던 기러기 엄마들의 이야기를 여성주의적 관점에서 나누고 한국 사회가 지향해야 할 가족의 가치로서 사랑과 정의의 상생적 균형에 대한 목회상담적 관점을 나누고자 한다. 여기에 실린 3명의 기러기 어머니들의 이야기는 그들의 동의를 얻어 작성되었으며, 실제 사례에 기초했지만 그들의 개인정보를 보호하기 위하여 실명과 구체적인 정보를 재구성한 사례이다.

2. 세 기러기 엄마의 이야기

1) 아이들을 위한 희생: 은지의 이야기

은지는 그녀의 교회에서 매우 존경받는 여성이다. 그녀는 많은 재능을 가지고 교회에 봉사하고 있다. 그녀의 음악적 재능과 맛있는 요리를 만드는 능력은 교회에서 유명하다. 사람들은 많은 사역에서 지속적인 봉사를 하고 있는 그녀에 대하여 많은 존경심을 가지고 있지만 그녀는 항상 겸손하다. 그녀는 지방 유지의 가정에서 4명의 자녀 중 첫 번째로 대가족에서 자랐다. 은지의 가족은 경제적으로 편안했지만 어머니는 형제자매와 다른 대가족을 돌보느라 늘 바빴다. 그녀가 자라면서 어머니는 종종 요리나 쇼핑과 같은 가사 일을 장녀인 그녀에게 의지했다. 그녀의 강한 책임감과 가족에 대한 충성은 아주 어릴 때부터 집안의 분위기에 의해 형성된 것이다.

은지의 결혼 계획은 부모의 권위에 대한 첫 반란이었다. 그녀의 부모는 딸이 모르는 사람과 사랑에 빠졌다는 사실을 받아들일 수 없었다. 그들은 그녀가 자신들과 비슷한 수준의 가족과 결혼하여 자신들의 전통을 이어 갈 수 있기를 원했다. 그녀는 부모를 설득하여 결혼에 성공하였고 두 자녀를 두었다. 남편의 박사학위 공부를 위해 그들은 약 5년 동안 미국에 머물렀다가 한국으로 돌아왔다. 그녀의 남편은 한국에서 존경받는 교수이며 다양한 프로젝트로 바빴다. 그녀의 남편은 대부분의 가족 문제를 그녀에게 크게 의존했지만 결혼생활은 매우 안정적이고 행복했다. 그녀는 시누이의 출판 사업에 합류하여 사업을 성공적으로 운영했다. 문제는 아들이 한국 학교 시스템에 잘 적응하지 못했을 때 시작되었다. 은지는 아들을 키우는 방법을 놓고 싸우면서 남편과의 갈등이 생겼다. 그래서 그녀의 아들은 미국 시민이기 때문에 아들을 미국으로 보내는 것은 좋은 계획처럼 보였다. 그 당시에 많은 친구가 이미 자녀들을 미국으로 보냈다. 미국에서 아들을 돌볼 후견인 가족의 약속은 설득력이 있었기 때문에 은지 부부는 아들을 미국으로 보냈다. 그녀의 아들이 후견인 가족과 관계가 어려워졌을 때 은지 부부는 어려운 결정을 내려야했다. 은지는 처음에는 기러기 엄마가 되고 싶지 않았지만 미국에 도착한 후 두 자녀와 함께 미국에서 사는 삶의 전환은 평탄한 것 같았다. 그녀의 유일한 장애물은 미국에서 합법적으로 체류하기 위해 비자를 얻는 것이었다. 다행히도, 그녀는 한국 국적인 딸이 미국 공립학교에서 공부할 수 있도록 학생 비자를 받을 수 있었다. 그러나 한국에서의 경력을 포기하고 남편과 헤어지는 것은 쉽지 않았다. 하지만 은지는 아이를 위해 무엇이든 희생하겠다는 것을 깨달았다. 그녀에게 아이들의 행복은 다른 무엇보다 중요했다. 실제로, 그녀는 다시 공부할 기회를 갖게 되어 매우 기뻤지만, 자녀를 돌보는 데 방해가 되지 않기를 원했다. 그녀의 가장 큰 걱정은 지금 혼자 사는 것에 잘 적응하지 못하는 남편이다.

미국에 사는 것은 대부분의 한국 여성에게 사치로 여겨진다. 왜냐하면 남편과 대가족을 돌보는 책임에서 면제되기 때문이다. 그러나 그들은 자녀의 학업 성공에 헌신하고 자녀가 미국의 명문 대학에 진학해야 한다는 강한 압박을 느낀다. 결국, 기러기 가족이 되는 주된 이유는 자녀의 행복과 성공 때문이다. 은지는 1년 2개월 동안 기러기 엄마로 살았는데 좋은 점도 있고 나쁜 점도 있었지만 이것이 그녀의 자녀에게 최선의 선택이라고 생각한다. 그녀는 또한 한국으로 돌아가기 전 2년 더 머무를 계획인데 그동안 음악 학위를 마칠 계획이다. 은지의 이야기를 들으면서 기러기 엄마들이 아이들을 위해 자기희생을 하는 것의 의미를 다시 생각하게 되었다. 그녀는 한국에서 사업을 잘하고 사랑하는 남편이 있었지만 아들과 함께 있으면서 아들을 돌보기 위해 기러기 엄마가 되어야 했다. 자녀교육을 위해 기꺼이 무엇이든 하려는 기러기 엄마들에게는 '유익한 희생'이라는 여성주의적 성찰이 건강한 가정을 유지하기 위한 결정을 분별하는 데 도움이 될 수 있다고 생각한다.

2) 더 이상 하녀로 살고 싶지 않아: 서니의 이야기

내가 처음 그녀를 만났을 때 서니는 매우 자신감 있는 여성인 것 같았다. 그녀의 차분하고 부드러운 목소리는 그녀가 매우 지적이며 사려 깊은 여성임을 보여 주었다. 서니는 3년 전에 기러기 엄마가 되었다. 처음 2년 동안, 그녀는 세 자녀와 함께 캐나다에 있었다. 그녀의 큰딸은 이미 대학에 다닌다. 서니는 폐쇄적인 가족 시스템에서 자란 맏아들과 결혼했다. 그녀의 시부모는 맏며느리인 그녀에게 많은 요구를 했고 그녀는 대가족을 돌보는 일을 책임져야 했다. 그녀의 이야기는 한국의 많은 여성이 기러기 엄마를 선택하는 이유를 보여 준다. 맏며느리로서 시댁의 대소사를 챙기느라 자신의 아이들을 돌보는 것도 소원했던 그녀는 유방암 진단을 받았고 가족들이 그녀의 건강을 걱정하기 시작했을 때 비로소 자신이 원하는 것을 말할 수 있게 되었다. 마침내 시어머니가 돌아가시고 나서야 기러기 엄마로 캐나다로 떠날 수 있었다.

한국 전통 가정에서는 남편의 가족을 돌보는 것이 대부분 맏며느리의 책임이다. 맏며느리로서의 역할은 서니에게 너무 많은 시간과 에너지를 소비하게 했다. 그녀는 휴식이 필요했고 마침내 기러기 엄마가 되겠다는 결정은 여러 가지 이유로 가능하게 되었다. 한국 문화에서는 여성이 남편과 대가족을 떠나 자신의 꿈을 추구하기 위해 가족의 책임에서 벗어나는 것이 일반적이지 않다. 그러나 많은 한국인 가정은 영어권 국가에서 자녀를 교육하고자 하는 열망이 있다. 이것은 많은 중산층 엄마들이 스스로 새로운 지평을 탐험 할 수 있는 새로운 기회를 제공한다. 하지만 한국 언론은 기러기 가족을 부부간의 불신을 조장하고 가족을 해체시키는 개념으로 비난한다. 현실적으로 그 비판에는 어느 정도의 타당성이 있으며, 많은 기러기 엄마들이 그 우려를 가지고 있음을 보여 준다. 그러나 결혼이 탄탄한 기초 위에 세워졌다면, 부부는 별거 과정을 통해 관계를 유지하려고 노력함으로써 서로에 대한 더 큰 배려와 연민을 키울 수 있을 것이다. 서니는 다행히 남편과의 관계가 더 가까워졌다고 한다.

　기러기 엄마가 되려는 것은 서니의 결정이었지만 기러기 엄마로서의 그녀의 삶은 쉽지 않았다. 그녀는 다른 기러기 엄마들과 같은 문제를 많이 공유한다. 자녀를 혼자 양육하는 것은 어려운 일이며 그녀의 강력한 가족 지원은 더 이상 존재하지 않는다. 그녀는 시댁으로부터 어느 정도의 자유를 경험할 수 있지만, 남성 역할모델이 없기 때문에 두 아들의 발달과정에 대한 우려를 나타낸다. 서니는 또한 언어와 씨름하고 있다. 미국에서 처음으로 생활하기 때문에 영어를 배우는 것이 그녀의 일상생활에서 큰 스트레스가 되었다. 저자가 인터뷰한 모든 기러기 엄마가 영어를 배우는 것이 매우 어렵다고 말한다. 언어는 종종 미국에서 자기계발의 기회를 추구하는 데 가장 큰 장벽이다. 또한 많은 기러기 엄마에게 자녀의 학교활동에 적극적으로 참여하기가 어렵고, 미국에서 공부나 혹은 새로운 사업을 시작하거나 일자리를 찾는 것이 힘들다. 그러나 언어 장벽은 서니가 자신의 꿈을 추구하는 것을 막지 못했다. 서니는 기러기 엄마가 되는 것이 자신뿐만 아니라 자녀에게도 훌륭한 기회를 제공한다는 것을 알고 있다. 그래서 영어를 매우 열심히 공부하고 있고 유아교육으로 대학원에 진학하려고 계획 중이다.

　서니의 이야기는 대가족을 돌보는 맏며느리로서의 한국 여성의 역할이 얼마나 부담스러운지 보여 준다. 그들은 모든 가족 모임을 책임지고 요리와 청소의 대부분을 책임진다. 많은 며느리가 추석과 설 및 다른 특별한 가족 모임과 같은 명절을 좋아하지 않는다. 하루 종일 온 가족을 위해 봉사해야 하기 때문이다. 이들의 가족체계에는 공평함이나 정의가 없다. 며느리가 요리나 접대를 거부하면, 종종 말도 안 되는 비난을 받게 된다. 왜 많은 기러기 엄마가 그 모든 자유를 누린 후에 한국으로 돌아가기를 원하지 않는지 이해할 수 있다. 서니는 더 이상 자기 가족에 의해 하녀로 취급되는 것을 거부하고 자기 삶을 추구하기 시작했다. 서니의 이야기는 가족 안에서의 정의가 한국의 가족체계에서 매우 필요한 가치라는 것을 보여 준다.

3) 나도 할 수 있어!: 민지의 이야기

민지의 가족은 교회에 다니지는 않지만 자녀를 방학 성경 학교에 보내곤 해서 그녀를 알게 되었다. 그녀는 아이들을 교회에 데려오는 것에 대해 조금 부끄러워하는 것처럼 보였지만, 교회에 올 때마다 뭔가 도와주고 싶어 하곤 했다. 민지의 남편은 한국 회사의 미국 지사 관리자였고 남편의 회사는 가족이 영주권을 받도록 지원했으며 캘리포니아에서 편안하게 생활했다. 그녀의 남편은 6년 임기가 끝나고 한국으로 돌아가야 했고, 그녀는 자녀와 함께 미국에 남아 있고 싶지 않았지만 자녀들을 위해서 결국 3년 동안 기러기 가족이 되기로 결정했다. 민지가 한국으로 돌아가고 싶은 몇 가지 이유가 있다. 다른 기러기 가족과 달리 민지의 아이들은 대부분 한국 밖에서 자랐기 때문에 한국인으로서 강한 자기 정체성을 계발하도록 돕는 것이 매우 중요하다고 느꼈다. 또한 그녀의 문제는 남편 없이 혼자 사는 것이었다. 민지의 남편은 가정을 돌보는 것뿐만 아니라 자녀교육에 적극적으로 관여하였고 그녀는 결혼한 이후로 많은 일을 남편에게 의지했다. 기러기 엄마가 되는 것은 그녀가 처음으로 '독립'을 경험하는 것이다.

그러나 기러기 엄마로서의 삶에 대한 그녀의 두려움은 자신감을 새롭게 발견하는 것으로 바뀌었다. 미국에서 일할 법적 지위를 갖지 못한 다른 많은 기러기 엄마와 비교할 때, 민지는 좋은 일자리를 찾을 수 있었고 미국에서 일하면서 자신 안에서 숨겨진 힘을 발견했다. 지금은 대학 식당에서 돈 받는 일을 하고 있다. 한국에서는 사람들의 시선 때문에 절대로 하지 못할 일이지만 지금 그녀는 자신이 하고 있는 일에 만족하고 있다. 민지는 이전에는 할 수 없었던 많은 것을 어떻게 할 수 있는지 말해 주면서 따뜻하게 웃었다. 기러기 엄마로서의 그녀의 경험은 자기발견의 중요한 과정이었다. 남편과 시부모의 과잉보호로 인해 개인적인 성장이 일어나기 힘들었다. 그녀의 새로운 자기발견은 다른 사람들을 돕고 삶에 대한 더 큰 인식을 키우는 데까지 확장되기 시작했다. 미국에서 자신의 정체성을 발견하기 시작한 민지와 같은 다른 기러기 엄마들을 돌보기 위하여 '책임 있는 자아'에 대한 니버(H. Richard Niebuhr, 1963)의 윤리적 성찰은 좋은 토대를 제공할 것이다. 니버는 응답자로서의 사람의 개념을 발전시켰다. 니버는 인간을 정의하기를 'I-Thou' 관계에 대한 응답자로 규정한다. 그리고 스티븐슨-모에스너(Jeanne Stevenson-Moessner, 1991)에 의하면 이러한 'I-Thou' 대화는 인간이 이웃과의 관계성에 반응할 때 시작된다고 본다. 이러한 관계성에 기초한 자기이해는 기러기 엄마들의 자기 정체성 확립을 위한 중요한 논의라고 생각된다.

3. 목회상담적 논의

1) 유익한 희생?

오늘날 많은 어머니가 여전히 얼마만큼의 희생이 충분한지 고민하고 있다. 밀러-맥르모어(Bonnie Miller-McLemore)는 그녀의 저서 『혼돈의 한가운데』(2009, pp. 81-82)에서 여성의 희생 문제를 다루고 있다. 그녀는 이렇게 질문한다. "하나님께서 우리를 붙잡으신다는 확신을 가지고 있는 동안에도 여전히 우리는 돌봄에 대한 세부적인 문제들을 해결해야 한다. 누가 하나님과 함께, 하나님을 대신하여 또는 하나님의 돌보심 가운데 돌보는 자들을 돌볼 것인가?" 문화적 차이에도 불구하고, 서구 백인 전문직 여성과 한국 기러기 엄마에게 같은 질문을 할 수 있다. 대부분의 기러기 엄마는 자녀를 위해 남편과 대가족을 돌볼 책임을 기꺼이 포기하지만 그들은 자녀에게 전적으로 헌신할 수 없을 때 여전히 죄책감을 느낀다. 특히 기러기 엄마는 혼자 아이들을 돌보아야 하기 때문에 더 큰 책임감을 가진다. 그래서 전통적인 서구 기독교의 미덕일 뿐만 아니라 동양의 유교적 덕목이기도 한 여성의 '자기희생'이라는 개념을 재평가하는 것이 중요하다고 생각한다. 밀러-맥르모어에 따르면, 서양 문화에서 많은 보수적 목사가 여성들이 가족을 위해서 끝없이 희생하는 것에 대한 감상적인 가치를 만들어 냈다고 비판한다. 예를 들어, 부쉬넬(Horace Bushnell)은 하나님의 사랑을 어머니의 무한정한 사랑과 비교한다. 비쳐(Henry W. Beecher)는 "하나님과 가장 비슷한 사랑은 이기적이지 않고 오래 참음을 나타내는 어머니의 사랑이고 이 사랑은 고통을 가장 달콤하고 슬픈 즐거움으로 만든다."라고 묘사한다(Bushnell, 2000; Beecher, 2010; Mill-LcLemore, 2009, p. 83에서 재인용).

여성의 희생을 낭만적으로 묘사하는 것은 서구의 기독교 전통만이 아니다. 한국 전래동화는 여성, 특히 가족을 위해 희생한 젊은 여성들에게 이러한 미덕을 찬양하고 격려하는 이야기들로 가득하다. 어린 소녀들에게 들려주는 이야기 중 가장 눈에 띄는 것은 맹인의 딸인 심청의 이야기이다. 그녀는 맹인이 된 아버지를 치료하기 위해 돈을 모으기 위해 자신을 바다에 제물로 바쳤다. 이야기는 바다거북에 의해 구출된 심청이 왕비가 되어 아버지와 재회하는 행복한 결말로 끝이 나지만 이 이야기는 심청이 자기 가족에 대한 자기희생이 나중에 어떻게 보상을 받았는지를 미화하고 있다. 전래동화 외에도, 조선시대에 설립된 열녀문은 마을의 입구마다 세워져 있는데 남편이나 시부모를 위해 희생한 여성에게 헌정되었다. 이처럼 여성의 자기희생의 미덕은 많은 문화와 종교적 전통에 널리 퍼져 있다.

최근 몇 년간 많은 서구 페미니스트 기독교 신학자들은 여성을 위한 가치로서 자기희생의 개념에 도전해 왔다. 해리슨(Beverly Harrison), 브락(Rita Nakashima Brock), 브라운(Joanne Brown), 파커(Rebecca Parker), 구돌프(Christina Gudorf) 등이 1980년대에 이 주제와 관련하여 많은 책을 출판하였다. 이 저자들은 희생적인 여성의 문제를 기독교 신학의 부정적인 면과 연관시켰다. 그들은 희생적인 사랑이 이미 과도한 희생으로 학습된 여성들의 머리에 주입되는 올바른 종교적 이미지는 아니라고 주장했다. 왜냐하면 여성들이 자기사랑에 수반되는 이기심을 부끄러워하게 만들기 때문이다. 또한 그들은 아버지 하나님은 자신의 아들 예수의 십자가상의 희생을 강대상과 친교 테이블에서 학대와 성차별을 합리화하는 상징으로 사용하기를 원하지 않는다고 주장한다. 종종 여성들은 개인적 고통을 내재적으로는 선하고 구속적으로 이해한다. 그러한 가정이 여성들로 하여금 고통을 개인적, 체계적 차원에서 수동적으로 수용하게 만드는 것이다(Williams, 1993, pp. 161-162). 커클리(Sarah Coakley)는 예수의 순종과 고통을 모범적인 사례로 드는 것은 "여성주의 신학자들이 비판하는 성적, 신체적, 감정적 학대를 재현하는 것이며, 학대적인 하나님이 학대를 정당화하는 것"이라고 현대의 여성주의적 관점을 정리하고 있다(Coakley 2002, p. 16). 또 다른 신학자 브락(Rita N. Brock, 1988, pp. 50-70)은 학대적인 부모가 있는 아이들의 눈을 통해 그것을 생각해 보려고 한다. 그들은 '아버지가 독생자의 완전한 아들의 죽음을 허용하거나 심지어 괴롭히는' '우주적 아동학대(cosmic child abuse)'를 선동하고 있다고 희생적 속죄의 전통적인 교리를 비난한다. 브락의 신학적 성경 읽기는, 구원은 희생을 통해서가 아니라 가장 높은 형태의 그리스도인 사랑의 친밀감을 통해 온다. 진정한 사랑이란 '자아 없는 자기희생'이 아니라 '자기인식, 자기확신 및 구체적인 현존'이 필요하다. 십자가의 의미에 대한 신학적 탐구와 관련하여 자기희생에 대한 여성 신학자들의 재검토는 많은 여성에게 힘을 실어 주었으며 기독교 전통에서 자기희생의 파괴적인 영향을 인식하는 데 기여했다.

이중문화적 맥락에서 살고 있는 한국 기러기 엄마에 대한 효과적인 목회적 돌봄을 위해서는 건강한 가족 역동을 창출하고 유지할 수 있는 균형 잡힌 자기희생 개념을 찾는 것이 중요하다. 밀러-맥크모어(2008, p. 60)는 자기희생 이론을 보는 대안으로 '희생으로부터의 건짐(salvaging sacrifice)'라는 아이디어를 제시했다. 웹스터 사전은 난파선이나 화재와 같은 재난으로 인해 파괴될 위험에 처한 '재산을 구하거나 구하는 행위'로 'salvaging'을 정의한다. 그녀는 "건져 내는 것이란 모든 피해에도 불구하고 여전히 일종의 가치가 있기 때문에 취하는 조치이지만 전체 조각 자체는 건져 낼 가치가 없다."고 말했다. 그녀는 희생이 정당화될 수 있는 세 가지 경우를 명시한다. ① 억압받는 자를 대신하여 특권층이 실천할 때, ② 더 큰 도움을 필요로 하는 정당이 다른 사람에 대해 우선권을 주장할 때, ③ 희생의 기회가 장기적으로 균형을 이룰 수 있을 때이다. 밀러-맥르모어는 여러 가지 종류의 희생을 식별하고, 희생의 적법성을 평가하기 위해보다 명백한 표준을 개발해야 한다고 제안했다. 밀러-맥르모어는 희생의 동기와 목표 그리고 개인의 자아의 본질에 관한 페미니스트와 여성론주의자에 의해 제기된 일련의 복잡한 질문을 제시하였다. 희생과 항복은 강요되거나 요구되는 것이 아니라 선택되고 초청 되는가? 희생의 동기가 두려움이 아닌 진정한 사랑과 신실함인가? 그 사람은 여전히 주체로 남아 있는가 아니면 그녀는 다른 사람의 목적에 대한 대상이 되고 수단이 되었는가? 희생적인 '손실'은 실제로 생명을 파괴하는 것보다 더 깊은 방법으로 얻어지고 생명을 풍성하게 하는가? 본질적으로 희생은 더 공정하고 사랑스러운 관계를 이끌어 내는가? 하는 것이다(Mill-LcLemore, 2008).

　저자는 여기에서 서구 사회와 한국 사회가 자기희생의 문제를 어떻게 다르게 인식하는지 살펴보고자 한다. 한국은 자녀들의 유익을 위해 가족에게 자기희생을 하기 위한 방법을 모색하는 반면에, 서구 사회는 강제적인 자기희생으로부터 해방을 찾고 있다. 그러나 둘 다 희생적인 사랑과 자기성취 사이에 건강한 균형을 찾으려고 한다. 특히 기러기 엄마의 경우, 이러한 질문은 그녀가 기러기 엄마가 되고 싶은지 아닌지, 미국에서 경력을 쌓고 싶은지 아닌지 그리고 더 중요한 것은 한국으로 돌아올 것인지 아닌지를 선택하는 데 매우 중요하다. 흥미롭게도 희생과 자기성취 사이의 양극화 대신에, 많은 기러기 엄마의 자녀에 대한 희생적인 사랑은 자기성취의 길을 찾을 수 있는 기회를 열어 준다. 저자가 인터뷰한 대부분의 기러기 엄마는 그들의 경험이 유익한 희생이라는 데 동의했다. 부부 사이의 친밀감의 희생은 부부가 서로를 긍휼함으로 볼 수 있게 한다. 앤더슨(Herbert Anderson, 2004)에 따르면, 결혼이 가지고 있는 역설의 중심은 친밀감과 자율성의 균형을 활기차게 유지하는 데 있다고 말한다. 많은 기러기 엄마는 남편과의 새로운 관계의 이점 외에도 외국에서 독립적인 삶을 배우기 때문에 자신감이 높아진다. 기러기 엄마의 삶은 자녀에 대한 희생적인 사랑에 동기를 부여받지만 새로운 자기 정체성을 발견할 수 있는 완벽한 기회를 제공한다. 자기희생은 기러기 엄마의 삶에 무게와 부담을 준다. 하지만 '희생(sacrifice)'이라는 단어는 원래 '신성하게 한다(to make sacred)'는 뜻을 의미한다. 가족에 대한 자기희생적인 사랑은 가족생활을 변화시키고 축복하고 성결하게 할 잠재력을 가지고 있다. 하지만 희생자로서 자신을 보는 것은 위험하며 결국 가족 자체를 파괴한다. 결론적으로 유익한 희생을 하기 위해서는 자기사랑에서 출발한 건강한 희생이어야 한다는 것이다.

2) 가족의 가치로서의 정의

대부분의 기러기 엄마는 가족을 그리워하고 남편과 다시 만나기를 원하지만 한국으로 돌아가는 것을 두려워한다. 그들이 처음부터 엄격한 가족체계에서 벗어날 개인의 자유를 찾고 있었고, 몇 년 동안 개인의 자유를 경험하고 서구 문화에서 자기성취에 중점을 둔 삶의 경험이 있기 때문에 놀라운 일이 아니다. 한국 가족체계에 변화가 없다면 한국으로 돌아가고 싶어하지 않고 어떤 경우에는 남편이 결국 미국에 있는 가족과 합류하기도 한다. 아내가 미국에 머물기를 고집한다면, 아이들의 교육 후에 부부는 이혼할 수도 있다. 이 경향은 특히 기러기 엄마가 미국에서 재정적으로 독립된 생활수단을 찾은 경우에 더 많이 볼 수 있다. 한국의 가족구조는 매우 빠르게 변화하고 있다. 많은 시어머니는 이전 세대에 비해 며느리에 대한 기대치가 동일하지 않다. 최근에는 맞벌이하는 여성 수가 증가하여 많은 젊은 남편이 아내와 가정 업무를 기꺼이 나누고 있다. 그러나 여전히 한국 사회는 전통적인 유교적 가치에 때문에 대안적인 가족생활 방식을 제공하는 데 제한적이다. 이 장에서는 미국 가족 이론가들 사이의 상호 관계와 평등에 대한 관심사를 탐구하고 한국 사회에서 가족 가치로서 정의를 구현할 수 있는 방법을 살펴보겠다.

　서양 가족 이론이 한국 가족에게 도움이 될 수 있는지 여부에 대해서는 논쟁의 여지가 있지만 여성을 위한 정의의 근본적인 문제는 문화를 뛰어넘는 주제라고 생각한다. 오시엑(Carolyn Osiek, 2004)에 따르면, 장로들에게 지혜와 결과적으로 권위를 부여하는 대부분의 문화적 체계는 남성의 권위에 찬성하여 성 편견을 포함하며 때로는 여성보다 남성보다 우월하다는 명시적 진술과 신념을 가지고 있다. 그녀는 문화의 명시된 목표가 이러한 단점을 제거하는 것이지만 오늘날에도 정치적으로나 사회적으로 여성에게 불리하지 않은 문화가 거의 존재하지 않는다는 것을 관찰했다. 대부분의 문화권에서 여성은 합법적인 자손의 보호자로서만 간주된다. 남성이 그러한 과정을 통제하고 법적인 규제를 보장할 필요가 있다고 느끼는 한도 내에서만 여성은 보호될 것이다. 그리고 여성의 근본적인 중요성은 가정의 미덕과 성실의 구체화로 길들여지고 성화된다. 따라서 오늘날 가족에서 여성은 종종 자기실현의 기회를 희생하면서 대가족을 통해 그리고 여러 세대에 걸쳐 관계를 유지해야 할 전적인 책임을 지게 된다.

　건강한 한국 가족 가치 시스템을 정의하고 장려하기 위한 수단으로 클레인겔드(Paul Kleingeld)와 앤더슨(Joel Anderson)의 논문「가족 가치로서의 정의」(2008)는 한국 가족에게 매우 흥미롭고 필요한 논문이라고 생각한다. 이 논문은 정의라는 가치가 우리가 사랑하는 가족과 관련된 특성의 본질에 대해 반대하는 (또는 적어도 긴장상태에 있는) 광범위한 견해에 관한 우려를 제기했다. 그들은 이 견해가 사회 제도로서의 가족에 대한 토론에서 '정의지향성(pro-justice)'과 '가족지향성(pro-family)' 접근법 사이의 심오하고, 고도로 정치화된 반대 입장이 반영되어 있음을 본다. 그들은 사랑과 정의가 서로 반대적인 가치라는 가정에 반대한다. 그들은 이 논문을 통하여 이 병치(juxtaposition)

는 잘못일 뿐만 아니라 가족 사랑의 필수적이고 내부적인 요소로서 정의에 헌신하는 방법이 있음을 보여 준다.

클레인겔드와 앤더슨은 가족에서 사랑과 정의가 서로 반대되는 세 가지 가정들을 설명했다. 첫째, 가정은 사랑이 자발성과 정서의 즉각적인 문제로 생각된다는 것이다. 사랑을 행동으로 옮기는 것은 원칙에 대해 생각하거나 효과를 계산할 필요 없이 행동하는 것이다. 둘째, 사랑은 특수성의 문제, 즉 다른 사람에 대한 특별한 헌신이라는 가정이다. 셋째, 사랑은 자기희생의 문제로 여겨지고 자신과 자신의 이익과 사랑하는 사람의 이익 사이의 장벽이 무너져야 한다고 생각한다. 그러나 클레인겔드와 앤더슨은 진정으로 사랑하는 관계 또는 행동을 구성하는 요소에 대한 이 세 가지 가정이 가족 내 정의에 대한 심각한 문제를 배제하는 것으로 본다.

가족의 사랑과 정의 사이의 긴장은 정의에 대한 잘못된 인식, 즉 정의를 사랑에 대한 위협이나 시스템을 붕괴시킨다고 생각하기 때문에 발생한다. 일부 보수적인 비평가들은 현재의 문화적 경향(전통의 쇠퇴와 자신의 삶의 형태를 자율적으로 선택해야 하는 압력 증가)이 '가족의 붕괴'를 이끌고 있다고 가정하고, 사랑하는 가족보다는 협상에 의해 이루어지는 냉정한 이기심의 시대로부터 가정을 보호해야 한다고 생각한다. 가족 내의 성평등적 비판은 이러한 시대적인 경향의 증상으로 본다. 다른 학자들은 정의가 가족 내에서 필요하지만, 둘 사이에는 항상 불안한 긴장이 존재한다고 본다. 마지막으로, 사랑의 유대를 정의에 대한 위협으로 보는 사람들도 있는데, 그들은 가족에게 사랑의 지지대를 제공한다는 이야기는 가정폭력, 착취 및 다른 형태의 불의에 대한 비판을 막는 것으로 생각하기 때문이다. 이러한 관점의 차이에도 불구하고, 그들은 모두 정의의 논리와 반대되는 가족의 논리 개념을 공유한다. 클레인겔드와 앤더슨의 논문(2008, p. 4)은 이렇게 말한다.

이러한 견해 중 어느 것도 정의와 관련된 문제를 가족의 개념으로 통합 할 수 없다. 정의의 원칙을 가족 시스템에 '적용'하는 것이 중요하다고 생각하는 사람들조차도, 정의가 아닌 다른 것을 중심으로 조직된 가족에 대한 이해를 위해 정의를 외부에서 가족들을 위해 가져오는 것으로 생각한다.'

따라서 가족 가치로서 정의의 가능성을 확보하기 위해서는 보다 근본적인 사고가 필요하다. 정의 지향적 가족의 가장 두드러진 측면은 가족 구성원이 가족 내에서 정의의 실현을 위해 서로 공유하고 협력적이며 의도적인 노력을 하는 것이다. 이러한 요구를 공유 추구로 경험하기 위해서는 정의가 가족 구조의 결과일 뿐만 아니라 명시적이고 공유된 목표가 되어야 한다. 또한 이러한 목표를 달성하기 위해 가족 구성원은 기본적인 준비가 필요하고 가족 구성원이 서로를 대하는 방식에 대해 생각해야 한다.

정의 지향적 가족의 또 다른 측면은 기분, 주의, 시간, 에너지 및 기억의 한계와 같은 인간의 한계를 인식하는 데 있다. 클레인겔드와 앤더슨은 부모와 자녀 사이의 상호 작용에서 정의의 방향이 이미 존재한다고 생각하고 있으며 모든 대상을 향해 동등하기보다 공평해야 하는데 이러한 경향은 배우자에게도 확대되어야 한다고 생각한다. 실제로 정의는 즉각적이며 사랑의 경향과 잘 어울리도록 요구한다. 옳은 일을 하는 것이 부담일 필요는 없으며, 사랑하는 사람을 향한 것이 자연스러운 성향이기 때문이다. 사랑하는 사람이 기대하는 일을 하기 위해 애정에 의해 자발적으로 움직이지 않는 경우에도, 전혀 하지 않는 것보다 정의의 의미에서 행동을 수행하는 것이 더 좋을 것이다. 정의 중심의 가족이라는 개념은 가족과 사랑하는 가족의 복지를 증진하고 보호해야 한다는 사랑의 인식을 분명히 수용할 수 있다. 그러나 순전히 사랑에 의해 동기부여된 자기희생과 정의에 대한 헌신에 의한 자기희생 사이에는 중요한 차이가 있다. 다시 말해, 이러한 선택이 실제로 자유롭고 자발적으로 이루어지면 엄청나게 관대하게 사랑으로 행동하는 것이 정의 지향적인 가정에 쉽게 들어맞는다. 그러나 그렇게 하기 전에 어려운 질문을 할 수 있어야 하는

데, 정의의 어휘를 사용하여 어떻게 그렇게 할 수 있는지는 쉽지 않다. 정의 지향적 가족 모델의 가장 큰 장점 중 하나는 사랑하는 가족의 핵심 관심사로서 정의에 대한 이러한 의문을 제기한다는 것이다. 즉, 사랑하는 사람들을 위한 여성의 희생이 진정한 결정이 아니라 성차별적 사회화의 결과일 수 있다는 것이다. 밀러-맥르모어가 이전 장에서 제안한 것처럼 어려운 질문을 하는 것이 중요하다. 결정이 가족에 대한 진정한 사랑으로 이루어진 경우, 그것은 정의 지향적 가족 시스템의 표준에 따른다. 은지의 이야기에서 볼 수 있듯이, 많은 기러기 엄마는 어떤 희생을 치르더라도 자녀를 위해 희생할 준비가 되어 있다. 우리는 어머니의 사랑을 찬양하기 전에 가족의 정의의 적용과 이중 표준이 존재하는지 여부와 관련된 문제를 해결해야 한다.

오늘날 가족을 유지하는 데 따르는 어려움을 부정하지는 않으며, 이러한 도전 중 많은 부분이 정의에 의해 요구되는 사회적 변화에서 비롯된다고 이해한다. 그러나 클레인겔드와 앤더슨은 가족 시스템 내에서 정의의 적용을 보류한다고 해서 이러한 도전과 문제가 사라지지 않을 것이라고 생각한다. 그들은 정의 중심의 가족 내에서 가족이 문제를 해결할 수 있도록 하는 방법에 더 주의를 기울여야 하고 또한 정의 중심의 가족이 이러한 복잡한 새로운 결정을 처리할 수 있는 역량을 계발한다고 덧붙였다. 가족의 정의를 유지하고 진정으로 사랑하는 가족관계를 유지하려면 이러한 수용 능력과 상대방이 진정으로 원하는 것을 진지하게 받아들이려는 의지가 필요한데, 이런 의미에서 정의에 대한 헌신은 실제로 사랑의 관계를 보다 유연하고 적응력 있게 지속시키는 데 도움이 된다. 가족의 정의를 증진시키기 위해서는 결혼과 가족의 본질에 대한 사회적 인식이 바뀌어야 한다. 가족과 사회 구성원 모두는 정의에 대한 헌신이 사랑의 관계에 대한 헌신과 잘 어울린다는 생각을 받아들이고 가족을 사랑의 원천으로만 보는 대신 가족은 정의의 원천으로 보는 것이다.

두 가지 다른 문화가 서로 충돌하는 상황에 갇혀서 살고 있는 한국의 기러기 엄마들에게 친가족적(pro-family)이면서도 동시에 정의 추구적인(pro-justice) 개념은 해방적이다. 실제로 대부분의 한국인 가족은 각 가족 구성원에 대한 평등한 정의를 받아들이기 힘들다. 그러나 성 불평등에 근거한 한국의 전통적인 가족 역동과 달리, 기러기 가족과 같은 다양한 형태의 가족이 늘어나는 만큼 가족 구성원들은 서로의 목소리에 더 민감하게 반응하면서 정의로운 가족질서에 대한 민감한 관심을 유지한다면 이러한 민감성은 서로에 대한 깊은 감사와 함께 정의 지향적인 가족을 지향하려는 소망을 담보함으로써 가족 간의 조화를 유지할 수 있을 것이다.

3) 책임적 자아: 기러기 엄마를 위한 새로운 정체성 만들기

한국 가족의 사회적, 역사적 배경을 평가하지 않고 기러기 엄마의 선택을 이해하는 것은 불가능하다. 개인적인 기억과 경험뿐만 아니라 각 여성의 희망과 두려움을 탐구하는 것도 중요하다. 역사적으로 한국 여성들은 자아에 대한 책임을 성취될 기회가 잘 주어지지 않았고 이 억압된 자아성취는 서니의 이야기에서 알 수 있듯이 기러기 엄마가 되려는 선택에 영향을 준다. 기러기 엄마가 되겠다는 선택은 가족의 안정성을 해칠 위험이 있지만 많은 한국 여성의 자아 정체성을 발전시킬 수 있는 기회로 여겨질 수도 있다.

니버(Richard H. Niebuhr, 1963, pp. 90-107)는 자아를 성찰적인 존재로 여겼다. 그는 인간은 상황에 대한 응답자이며 세상에 대한 해석 과정을 성찰한다고 주장했다. 반응적인 존재로서, 인간은 자신이 무엇을 겪었는지 또는 무엇이 자신에게 행해졌는지에 대한 해석에 따라 행동한다. 기러기 엄마가 되겠다는 결정은 자기 정체성을 탐구할 기회가 없는 한국 중산층 여성의 위기에 대한 반응이다. 또한 한국의 교육 시스템에서 자녀들이 견뎌야 할 어려움에 대한 결정이기도 하다. 그들은 시스템에 의해 학대받는 대신 자녀와 자신을 위해 근본적으로 다른 선택을 하였다. 그 선택은 결코 한국 사회에서 보는 관계적 자아의 전통적인 이미지가 아니다. 그러나 그것은 책임적 자아를 성취하고자 시스템에 대항하여 삶의 여정에서 새로운 변화를 만들 수 있음을 보여 준다.

니버(1963, pp. 90-107)는 자아 정체성이 정적이거나 추상적이 아니라 시간에 따라 자신의 '자아'에 대한 살아 있는 해석과 재해석을 포함한다고 이해했다. 그리고 이러한 '자아'는 다른 사람들과의 관계에서 경험되고 정의된 것이다. 정체성은 독아적인 진공상태가 아니라 타자와의 개인적, 공동체적 관계, 다른 사람들에 대한 기억, 하나님과의 관계에 대한 기억으로 만들어진다. 많은 기러기 엄마들은 새로 개발된 '자기'와 다른 사람들의 책임 사이의 격차를 해소하는 데 혼란을 겪고 있다. 그러나 자기감이 없으면 다른 사람들에게 제공할 수 있는 자기를 계발하기가 어렵다. 한국 기러기 엄마들에게 더 큰 공동체와 공동선을 위해 하나님께서 주신 선물을 사용하는 공공 책임을 수행하는 자기계발의 중요성을 강조하는 것은 너무 중요한 과제이다.

니버는 또한 어떤 사람이 하나님과의 관계를 특징짓는 방식이 자신의 삶을 보는 방식과 다른 사람을 보는 방식에 영향을 준다고 지적한다. 즉, 하나님이 모든 것을 주관하시기 때문에 우리를 위해 하나님의 뜻과 관련하여 진로를 선택할 수 있다면, 우리를 둘러싸고 있는 관계에 대한 우리의 반응은 우리를 하나님에 대한 신뢰와 믿음으로 이끌 것이다. 기러기 엄마의 삶이 하나님과의 관계를 더욱 굳건하게 한다고 은지는 말한다.

나는 전보다 하나님을 더 신뢰한다는 것을 알고 있습니다. 내가 믿음이 없다면, 이 삶은 매우 어려울 것입니다. 하나님께서 원하시는 곳으로 나를 인도해 달라고 기도하고 있습니다. 나는 하나님께 내 선택을 열어 놓고 있어요. 얼마나 오래 머무를지 모르겠습니다. 나는 여기에 살든 한국에 살든 하나님이 내 인생에 대한 계획이 있다면 하나님께서 저에게 문을 열어 주실 것을 믿어요.

　관점의 선택은 우리가 하나님이 어떤 분이라고 보는지에 따라 달라진다. 믿음은 단순히 우리가 함께 고백하는 어떤 것이라기보다는 신뢰할 수 있고 자비로운 하나님을 향한 경험적 지식이라고 할 수 있다. 신뢰할 만한 하나님을 믿는 사람은 과거의 기억과 현재의 고통을 재해석할 힘을 얻게 될 것이다. 니버가 말하는 하나님을 신뢰하는 것에서 오는 기억에 대한 재해석은 유교 문화에서 가족을 위해 자기를 희생해야 하는 많은 한국 여성에게 새로운 희망과 힘을 줄 것이다. 니버는 자신에 대한 책임을 강조하면서 동시에 우리는 남들에 대한 자연스러운 반응을 포기함으로써 살 수 없다는 것을 상기시켰다. 종종 많은 기러기 엄마는 정체성 충돌로 인해 파편화되거나 불균형한 사람들처럼 느껴진다. 그러나 하나님과의 관계에서 그들은 새로운 반응을 형성하고 균형, 힘, 완전성의 반응과 궤도를 습관화할 수 있다. 니버는 자신의 은사를 계발할 수 있는 자유를 가지는 관계형 자아라는 새로운 비전을 제시한다. 이러한 이해를 통해 기러기 엄마는 이전의 조각난 삶을 초월하여 진정한 자아를 찾는 용기를 가질 수 있을 것이다.

　기러기 엄마들의 이야기를 통해 그들이 기러기 엄마의 경험을 통해 강력한 자율성을 계발하고 있음이 분명해졌다. 동시에 그들은 어머니와 아내로서 전통적인 여성의 역할에 대한 기대를 충족시키기 위해 열심히 노력한다. 그러나 한국의 전통적인 가족체계에서 서로 다른 두 가지 가치의 균형을 잡는 것은 쉬운 일이 아니다. 이들을 위한 목회적 돌봄에서 각 가정 구성원의 자아 성취를 촉진하면서도 가정의 조화를 찾을 수 있는 가능성을 탐구하는 것이 중요한 임무일 것이다. 다음 글에서는 21세기 한국 가정에 적용할 수 있는 새로운 가족 가치 체계를 제안하고자 한다.

4. 상생의 원리에 기반한 가족체계

일부 다문화 목회 신학자들은 문화적 맥락에서 상호 가치와 정의의 원칙을 가족 가치로 적용하는 것에 관한 것에 대하여 논의를 하기 시작하였다. 사무엘 리(Samuel Lee, 2004)는 오늘날 미국에 사는 한인 가족들이 자신들의 문화적 정체성의 균형을 유지하면서도 사랑의 본질에 대해 어렵고 독특한 질문에 대한 답을 찾는 문제를 제기했다. 기러기 엄마 이야기에서 볼 수 있듯이 재미 한인 가족은 화해하기 어려운 반대적이고 모순되는 문화적 힘에 관한 어려움을 가진다. 한국의 유교 전통 가족은 종종 가족구성원에 대한 희생적 사랑의 의무에 더 중점을 둔 반면 북미 가족은 개인 가족 관계의 상호 사랑을 요구한다. 사무엘 리는 위계적인 문화와 상호주의적 문화 간의 명백한 갈등은 한인 가족이 사는 두 문화 중 하나를 강제로 선택해야 하는 이론적 구성에 기인한다고 주장했다. 사무엘 리는 상호 사랑의 중요성과 희생적인 사랑의 문제를 인식하면서 상호 또는 평등에 대한 극단적 강조는 인간관계의 복잡성을 무시한다고 주장한다. 상호성이라는 개념만으로 인간의 정체성과 관계의 많은 복잡성을 포괄할 수는 없다는 것이다. 사무엘 리(2004, p. 107)는 한인 가족에 대한 유교적 위계적 영향과 북미의 개인주의적이고 평등한 영향 사이의 긴장을 효과적으로 해결하기 위해 서양 문화 내에 존재하는 '충돌적 이원론' 대신 '보완적 이원론' 개념을 소개한다. 그의 말에 따르면, 보완적 이원론의 개념은 아시아의 음양 철학에서 비롯된 것으로서, 한국의 '우주적 인간론'을 이해하기 위한 '해석학적 열쇠'로 묘사된다. 음양 철학은 음과 양의 상충되는 힘으로 세상을 보완하는 것으로 본다. 그는 문화적 차이의 선형 모델은 완전한 양 극단에 상호성(caritas)과 희생적 사랑(agape)을 둔다고 말한다. 그는 한국 문화를 아가페(agape)로, 미국 문화를 카리타스(caritas)로 보고 가족생활에 영향을 미치는 이 두 가지 가치 사이의 갈등을 기대한다.

하지만 나는 아가페와 카리타스가 반드시 대립 선상에 있다고 보지 않는다. 『다문화주의는 여성에게 좋지 않은가?(Is multiculturalism bad for women?)』에서 여성주의 신학자 오킨(Susan Okin, 1999)은 문화적 다양성을 존중하기 위해 정의롭지 않은 문화적 관습이 어떻게 지속될 수 있는지 지적하고 있다. 나는 많은 가부장적 문화가 건강하고 정당한 가족관계를 위한 기초가 되어야 하기 위해 필요한 보완적인 가치들을 충분히 탐색하는 것을 억압하고 있기 때문에 부당한 문화라는 그녀의 견해에 강력히 동의한다. 처음에는 갈등이 있을 수 있지만 진정한 아가페는 모든 문화에서 카리타스를 받아들일 것이라고 생각한다.

이러한 아가페와 카리타스가 조화를 이루면서도 한국의 문화적 가치에 적절한 가족체계로서 나는 동양의 음양오행설에서 말하는 상생의 원리를 제안하고 싶다. 상생은 창조자의 우주적 원리를 이해하기 위한 경로를 제공하는 해석학적 원리로서 동양인들에게 잘 알려져 있다. 음양오행설에 따르면 우주에는 다섯 가지 요소(물, 쇠, 흙, 불, 나무)가 있으며 이 요소 간의 자연 현상 사이의 상호 작용의 역학을 상생주기와 파괴주기로 설명하고 있다. 상생은 다섯 요소들이 서로에게 힘을 주는 창조의 주기를 말하고 파괴주기는 상호 정복하는 주기이다. 다섯 요소들 간에 창조의 힘이 올바른 방향으로 움직일 때 각 요소에 새로운 생명을 불어넣게 되지만 너무 힘이 과도하게 작용하면 주기의 균형이 깨지게 된다.

이 개념을 예를 들어서 설명한다면 남편이 아내에게 부모를 돌보도록 강요할 때 아내는 학대를 느끼고 약하고 오래된 부모를 돌보는 기쁨을 잃게 된다. 마찬가지로, 아내가 자신의 성취만을 추구하고 남편과 자녀들에게 관심을 기울이지 않으면 가족 내에 갈등이 생길 것이다. 하지만 남편이 아내의 헌신을 고맙게 생각하면서 적극적으로 부양과 양육의 의무를 나눈다면 아내는 일과 가정을 조화시킬 수 있는 방법을 찾을 수도 있을 것이다. 상생의 개념은 가족의 사랑과 정의 사이의 올바른 균형을 찾는 것의 중요성을 가르쳐 주는 동시에 가족 구성원이 관계에서 사랑과 정의의 균형을 유지하는 법을 배우면 온 가족이 행복하고 조화를 찾을 수 있다는 희망을 보여 준다. 그러나 각 가족 구성원의 요구를 만족시키기 위해서는 효과적인 협상의 기술이 필요하다. 가정생활에서 전통 문화 개념을 존중할 필요가 있지만 상생의 개념을 현대의 한국 가족체계 안에서 재정의해야 전통을 발전적으로 지속하는 것이 가능할 것이다. 상생의 원리를 통해 가정 안에서의 불의에 도전하고 보다 정의 지향적이고 사랑스러운 가정생활을 장려할 수 있다. 또한 이 개념을 사용하여 가족 구성원의 선택을 검토하는 과정을 통해 기러기 가족은 정의와 사랑 사이의 균형이 잘 잡히고 진정으로 삶을 확인하고 생명을 주는 상호 관계로 나아가게 된다.

5. 목회상담적 제언

자녀의 학업 성공을 지원하기 위해 많은 한국인 어머니가 자녀의 교육에 집중하고 있다. 일하는 엄마에 대한 사회적 지원이 부족하고 아동 교육 및 가사에 대한 책임이 높아짐에 따라 자족 성취를 추구하는 고등 교육을 받은 많은 중산층 여성은 갈등의 상황에 처해 있다. 기러기 가족 현상은 한국 가정의 자녀교육에 대한 헌신을 유지하면서도 전통적 가족 시스템에서 벗어나고 싶어 하는 여성의 대안적 선택의 결과로 볼 수 있다.

한국의 전통적 유교 원칙은 종종 남편, 아내, 자녀 사이의 관계를 위계적, 불평등적으로 정의한다. 현대의 한국 가정에서 가족관계의 향상을 위해서는 평등, 친밀감, 의사 소통 및 상호 신뢰의 유연한 유대를 더 많이 제시하는 것이 시급한 목회상담적 과제라고 본다. 가족체계를 희생을 담보로 한 엄격한 계층적 관계의 네트워크로 보는 대신 각 구성원을 위한 정의의 공간을 만들어야 서로의 특수성을 존중하고 상생적 균형을 유지할 수 있을 것이다.

　현대의 한국 가족이 각 구성원들의 개인 정체성과 권리를 존중하고 정의 지향적인 사랑의 관계를 적극적으로 실천할 수 없다면 가족의 해체는 피할 수 없다. 그렇다고 가족을 희생하면서 개인의 자유를 강조하고 있다는 의미는 아니다. 앤더슨(2004)은 가족공동체와 개인이 동등하게 중요함을 강조하기 위해 '따로 또 같이(bein separate together)'라는 문구를 사용했다. 개인의 자기 이익과 가족공동체의 이익 사이에 조화로운 균형을 이루려면 가족 간의 상호 신뢰와 올바른 의사소통이 필요하다.

　공동체와 개인은 서로의 지원 없이 존재할 수 없고 정의와 사랑은 분리될 수 없다. 기러기 엄마가 자녀에 대한 헌신을 유지하면서도 자신에 대한 책임을 다하기 위해 새로운 도전을 했던 것처럼 현재의 한국 가족들은 새로운 도전들에 직면해 있다. 경제적인 이유로 많은 여성은 맞벌이를 할 수밖에 없고 아이를 갖는 것은 많은 헌신을 요구하기 때문에 너무 큰 부담으로 작용하기 때문에 출산율은 급격하게 낮아지고 있다. 심지어 결혼도 부담으로 느끼는 현대인들에게 가족들은 어떤 관점으로 그들을 바라보아야 할까? 목회상담사들은 이러한 젊은 세대가 갖는 고민들을 어떻게 바라보아야 할까? 부모들이나 가족 구성원들이 각자의 선택을 존중하고 그들이 스스로의 삶의 방식을 선택하도록 도와주어야 정의로운 사랑을 실천하는 가족으로서 상생의 관계를 유지할 수 있을 것으로 생각한다.

참고문헌

라이프 인 코리아 (2020. 8. 21.). 문화 특집: "전통혼례".
http://www.lifeinkorea.com/Culture/Marriage/marriagek.cfm?xURL=meaning에서
　　검색.

Anderson, H. (2004). Between retoric and reality: Women and men as equal
　　partners. In Herbert Anderson, Edward Foley, Bonnie Miller-McLemore, &

Robert Schreiter (Eds.), *Mutuality matters, family, faith, and just love* (pp. 67–82). New York: Rowman & Littlefield Publishers, INC.

Anderson, H., & Browning, Don S. (1984). *The family and pastoral care*. Minneapolis: Fortress Press.

Andolsen, B. H. (1981). Agape in feminist ethics. *The Journal of Religious Ethics*. 9, no. 1. pp. 69–83.

Beecher, H. W. (2010). *Christian philosopher, pulpit orator, patriot and philanthropist* (1887). Whitefish, Montana: Kessinger Publishing, LLC.

Brock, R. N. (1988). *Journeys by heart: A christology of erotic power*. New York: Crossroad.

Bushnell, H. (2000). *Christian nurture*. New York: Scribner, 1861; reprint, Eugene, Ore.: Wipf & Stock.

Coakley, S. (2002). *Powers and submissions: Spirituality, philosophy and gender*. Oxford: Blackwell.

Kleingeld, P., & Anderson, J. (2008). "Justice as a family value," unpublished English version of "Die gerechtigkeitsorientierte familie: Jenseits der Spannung zwischen Liebe und Gerechtigkeit," Person zu Person (Eds.), *Beate Rössler and Axel Honneth,* Frankfurt: Suhrkamp.

Lee, K. S. (2004). Navigating between two cultures: The bicultural family's lived realities. In Herbert Anderson, Edward Foley, Bonnie miller–McLemore, & Robert Schreiter (Eds.), *Mutuality Matters* (pp. 107–120). New York: Rowman & Littlefield Publisher, INC..

Miller-McLemore, B. (2008). Salvaging sacrifice. In Herbert Anderson, & Bonnie Miller-McLemore (Eds.), *Faith Wisdom in Daily Living* (pp. 51–70). Minneapolis: Augsburg Fortress.

Miller-McLemore, B. (2007). *In the midst of chaos*. San Francisco: John Wiley & Sons, Inc.

Napier, A. Y., & Whitaker, C. A. (1978). *The family crucible*. New York: Harper & Row.

Neuger, C. C. (2001). *Counseling women: A narrative pastoral approach*. Minneapolis: Fortress press.

Niebuhr, H. R. (1963). *The responsible self: An essay in Christian moral philosophy*. New York: Harper & Row.

Okin, S. (2004). Is multiculturalism bad? In Joshua Cohen, Matthew Howard, & Martha Nussabaum (Eds.), *Is multiculturalism bad for women?* (pp. 7–26). Princeton NJ: Princeton University Press.

Osiek, C. (2004). Who submits to whom? Submission and mutuality in the family. In Herbert Anderson, Edward Foley, Bonnie Miller-McLemore, & Robert Schreiter (Eds.), *Mutuality Matters* (pp. 57–66). New York: Rowman & Littlefield Publisher, INC,.

Williams, D. S. (1993). *Sisters in the wilderness: The challenge of womanist God-talk*. Maryknoll, New York: Orbis Books.

제**8**장

여성 의존노동자에 대한 상담

정보라
(건신대학원대학교)

   돌봄의 실천은 우리가 서로 의지하여 살아가는 공존을 강조한다. 그러나 노동으로서의 돌봄은 사회적 위치, 경제적 능력, 연령 등에 따라 대개 여성에게 맡겨진다. 목회상담에서 사용하는 패러다임이 여성 내담자의 상황에 적합한지 알아보려면, 상담의 패러다임이 돌봄의 위기 정황을 구체적으로 반영하는지와 필요 자원을 효과적으로 제공할 수 있는지 살펴보아야 한다. 목회상담자의 종교적 전통으로부터 시작되어 도움이 필요한 사람에게 전달되는 기독교 복음에 강조점을 둔 돌봄, 심리치료적 이론과 실제 및 목회상담자와의 관계 나눔을 통한 개인들의 성장에 강조점을 둔 돌봄, 신앙공동체의 자원을 활용하고 힘의 역학을 재구조화하는 돌봄의 실천은 각각 고전적인 패러다임, 임상목회적 패러다임, 공동체적−상황적 패러다임과 함께 발전해 왔다 (Miller-McLemore, 2012, pp. 82-83). 그러나 사회복지사, 간호사 또는 특수 교육 교사와 같은 여성 돌봄 노동자들의 고통은 심리내적 차원, 대인관계 차원,

신앙공동체 차원 중심으로만 접근할 수 없다.

가부장적 세계관에 의한 성역할 규범은 여성이기에 더 잘할 수 있고 마땅히 해야 한다는 성역할과 돌봄을 동일시한다. 여성주의적 관점에서 이러한 현상을 비판할 수 있을 때 목회상담은 비로소 여성들의 목소리를 드러낼 수 있다. 여성주의 윤리와 정의 이해는 보살핌 활동을 통해 임금을 받는 방식의 직업적 활동을 하는 돌봄 제공자들에게 돌봄의 윤리적 가치만을 강조하지 않는다. 돌봄의 미덕과 전통을 이상화하는 이러한 입장은 전통적 성역할의 범주에서 여성의 역할을 미화하는 데 머무르고, 노동자로서의 여성 권리 보호를 간과할 수 있기 때문이다(허라금, 2018, pp. 82-83). 상담이 목회적 돌봄의 모델로서 활용되는 과정에서는 심리적 환원주의, 사회정치적 무감각, 신학적 성찰의 부족, 심리내적 내면의 삶을 치료의 초점으로 강조하는 개인주의적 해석을 주의하여야 한다(Lartey, 2011, pp. 135-136). 그러므로 목회상담자들은 돌봄의 행위와 책임을 비인간적인 인간 조건으로서 느끼게 하는 환경을 비판하고, 여성이 주로 감당하는 돌봄의 부담을 어떻게 나누어야 하는지에 대한 논의를 발전시켜야 한다.

이 글은 여성 의존노동자들의 돌봄 경험을 사회구조적 차원과 여성주의 목회상담적 관점에서 고려하기 위해서 돌봄의 책임을 지며 살아가다가 위기를 경험한 여성들의 경험을 사례 연구의 형식으로 제시한다(Schipani, 2012, p. 92). 제시된 글은 실제 사례에 기초하여 내담자의 동의를 얻어 작성되었으며 개인정보의 보호를 위해 내용은 재구성되었다. 목회상담 사례 연구의 구성 요소에는 배경, 연구 참여자들의 상황, 상황에 대한 분석과 평가 및 신학적 성찰이 포함된다. 첫째, 목회상담자는 여성의 돌봄 경험으로부터 출발하여 돌봄을 둘러싼 상황적 분석에 이르는 목회적 실천 단계를 모색한다. 나는 의존노동과 억압과 지배의 부정의(不正義) 이해를 중심으로 여성 내담자들의 경험을 분석한다. 둘째, 목회상담자는 여성주의 상담에서의 진단 이해를 참고하여 여성의 돌봄 경험을 살펴보고 내담자와 함께 경험의 의미를 신학적으로 성찰할 수 있다. 여성주의적 목회상담에서 내담자의 회복과 성장을 위한 제언은 돌봄의 의미에 대한 신학적 분석, 신학에 대한 상황적 분석, 상담자와 내담자 모두의 새로운 반응을 포함하는 목회적 실천 단계에 해당한다.

1. 의존노동으로서의 돌봄과 의존관계의 보편성

1) 간호사 A의 보살핌

간호사 A는 대형병원에서 3교대로 근무하는 동안 심한 불면증을 경험했다. 무거운 피로감을 참으면서 일하는 상황을 수년간 견디고 있을 때 병원에 진료 보조 간호사 제도가 신설되었다. A는 용기를 내어 지원하였고 퇴근 후 삶도 다양한 취미활동과 사람들과의 만남을 통해 풍성해졌다. 그러던 어느 날, A가 돌보던 노인 환자의 부인이 더 이상 치료를 받지 않겠다고 했고, 레지던트는 숙련된 간호사인 A에게 특정한 의료적 처치를 하도록 지시했다. A는 그 과정에서 환자가 이미 임종기에 있어서 임종 호흡을 하고 있다고 알아차렸다. 그녀가 걱정하고 있을 때 환자는 사망했고 옆에 있던 부인은 깜짝 놀라 울면서 항의하였다. 환자의 가족들은 '그 간호사'를 막 찾았다. 수간호사와 환자 담당교수 등은 '프로토콜대로 했으니 잘못이 없고' 해당 노인 환자는 '어차피 죽을 사람이었으니 어쩔 수 없다'면서 A에게 며칠 쉬고 오라고 권유했다. 불안과 죄책감에 시달리면서 하루만 쉬고 돌아온 A에게 동료들은 "그 핑계에 좀 쉬었네. 빨리빨리 잊어요."라고 말했다. A는 '발 밑에 기분이나 감정이 다 깔려 있는' 기분이고 행복한 감정은 '1도 없는' 상황이라고 말했다.

2) 아동돌봄 전문가 B의 보살핌

기혼여성이며 직장인인 B는 유치원에 다니는 외동딸을 키워 왔다. B는 집안 사정 때문에 출산 후 최소한의 휴직 기간을 선택했고 출근길에 운전하면서 슬퍼했던 기억이 있다. 맞벌이 부부로 살아온 동료들은 '모범 답안처럼' 아이를 키우는 것 같았다. 자아실현과 아이를 잘 키우고 싶은 꿈이 결국 도달할 수 없는 '너무 큰 꿈'인지 생각할 때는 두려워지기도 했다. B는 지속적으로 너무 바빠서, 아이와 편안하게 있었던 적이 별로 없다고 기억했다. B는 딸을 사랑하면서도 함께 있을 때 긴장할 때가 많았다. 특히 주말에는 '빨리 애가 잤으면' 하는 마음이 간절하여 미안했다. 수년 동안 B는 '참고 견뎌야' 한다고 느꼈지만 감정 조절은 점점 버거워졌다. 최근에는 공동 프로젝트에서 맡은 내용을 제출하는 마감일이 다가와서 더욱 긴장하고 부담을 느끼며 퇴근 후에도 일했다. 남편은 하고 싶었던 직종에 취업하기 위해 준비해 왔지만, 지금은 새로운 일을 배우면서 적응하려 애쓰고 있었다. 남편은 가정 재정을 책임지고자 노력해 온 자신을 늘 인정해 주었다. 남편에게 고민을 얘기하면 "너무 노력하지 않아도 돼." 하는 식으로 반응했다. B는 "부족한 부분을 메꾸어 왔는데 이제는 지쳐서 못 떠안아 줄 것 같다."고 했다.

우리 모두는 생존하고 성장하기 위해 인생의 일정 시기 동안 보살핌을 받았다. 에바 키테이(Eva F. Kittay)는 의존을 인간 존재의 기본 조건이고 엄연한 사실로서 중요하게 고려하는 노력은 사회에서의 정의를 실현하기 위한 필수 조건이라고 주장한다. 누구나 살아가는 동안 의존인이 되는 현실을 피할 수 없다. 장애인과 환자, 영유아, 노쇠한 어르신의 병약함은 의존의 상태이다. 이렇게 사회문화적 환경과 생물학적 요인으로 결정되는 의존은 인간 경험에서 예외적 조건이 아니다. 오히려 의존상태를 결핍이나 예외로 규정하여 보려는 시도는 인간 상호관계성의 중요성을 왜곡시킨다.

키테이는 돌봄노동 개념을 의존노동의 개념으로 바꾸어 제시하면서 의존노동을 하는 간호사 A, 기혼여성 직장인 B와 같은 사람들을 의존노동자들(dependency workers)로 명명한다. 의존인이 되는 환자나 자녀, 연로한 부모의 경우 도움을 받지 않고는 생존하거나 원활히 기능할 수 없으므로 의존노동자의 돌봄 책임 안에 있어야 한다(Kittay, 2016, pp. 81-84). A의 의존노동은 의존인인 환자를 돌보는 노동으로서 병원에서 이루어졌다. 간호사 A의 환자들은 건강했던 때는 호혜적 관계를 누릴 수 있었고 간호 전문 인력에게 전적으로 의존해야만 생존을 연장할 수 있는 의존인이 아니었다. 그러나 병원의 관습과 구조에서 노동생산성을 발휘할 수 없는 중환자와 같은 의존인은 개인으로서의 자율성과 지위가 축소되면서 배제되었다(Kittay, 2016, p. 154). 간호사는 의존인이 된 환자를 돌보고 그 의존성에 대한 돌봄 책임을 지기 위해 노력한다. 그러나 돌봄의 환경이 부정의를 포함하고 있는 경우, 간호사 역시 환자처럼 불평등한 지위에 위치하여 박탈을 함께 겪게 된다.

사라 러딕(Sara Ruddick)은 취약한 생명을 돌보는 사람은 자신의 존재를 지키는 동시에 위험을 포착할 수 있는 주의력(attentiveness)과 예의주시(scrutinizing)의 정신적 습성 또는 인지 양식을 발휘해야 한다고 주장한다(허라금, 2018, p. 79). A는 위급한 상황에서도 좋은 돌봄을 수행하기 위해 필요한 능력을 지속적으로 발휘하고 있었다. 환자의 위급한 상태를 관찰하면서 전체적 상황을 모두 파악하고 있었던 간호사 A는 레지던트를 향해 "선생님, 이 지시대로 한다면 임종할 수 있는데, 처치의 위험성을 환자 보호자에게 설명했나요? 제가 보기에는 이 환자는 임종기인데 처치를 하면 환자가 잘못될 것 같아요."라고 직접 말하지 못했다. 인턴 의사가 환자의 사정과 처치 과정을 끝까지 지켜보지 않고 다른 업무를 하기 위해 갔을 때, 급박한 상황이 발생했다. 레지던트나 인턴인 의사에게 그 결과의 책임을 묻는 대신, 간호사에게 직접 항의하는 방식으로 의사표현을 한 환자 보호자들의 태도는 병원 문화가 만들어 낸 독특한 위계질서를 고스란히 반영했다. A의 노력과 전문성은 온전히 인정받지 못했고 돌봄 노동자로서의 감정 역시 외면받았다. 이렇게 의존노동을 둘러싼 특정한 조건들은 좋은 돌봄을 방해하면서 돌봄 제공자를 억압한다.

의존인을 돌보아야 할 책임을 지고 있는 사람들은 돌보기 위해 노력하는 과정에서 개인적 열망의 좌절을 경험하기도 한다(Kittay, 2016, p. 79). 아동 돌봄 전문가 B는 아이와 남편의 필요를 꾸준히 채워 주었지만, 그녀 역시 누군가로부터 좋은 돌봄을 받고 필요한 부분에서 충족함을 느끼는 경험이 절실했다. 그녀의 수고는 사랑으로써 형성된 돌봄이었으나 과도한 노동이 되어 있었다. 직장에서의 돌봄 책임에 더하여 가정에서의 과중한 돌봄 부담, 즉 의존노동은 남편 및 아이와의 좋은 관계 그 자체에 어려움을 더하고 있었다. "내가 뭘 하면 행복해질까?"라고 묻는 B의 질문은 자신의 책임 범위와 관계 안 경계에 대한 질문이기도 했다. B의 의존노동은 아동 돌봄 전문가로서의 정체성과 함께 직장에서 주로 이루어졌고, 가정 안에서는 아이와 남편을 수혜자로 하는 의존노동, 감성노동(affectional labor), 가사노동이 함께 발생했다.

가부장적 문화 내 여성이 돌봄을 통한 의존관계와 의존노동을 사회화를 통해 습득하고 실천해 온 상황은 우연이 아니다(Kittay, 2016, p. 187). 이러한 상황을 여성의 개인적 선택으로 해석할 때, 여성은 자기를 온전히 주장할 수 없게 된다. 돌봄이 오직 의존노동자들의 희생으로만 채워지는 사회에 사는 한, 우리는 자기존중을 실천하는 데 더욱 어려움을 겪는다. 돌봄관계의 필요는 호혜성 개념으로 확대될 수 있다. 키테이의 관점에서 보면, 인간관계의 본질을 "배태된 의존성"으로 바라볼 때 우리는 의존관계를 지원하는 데 있어서 필요한 각자의 가치 있는 기능이 무엇인지 협력하며 조정함으로써 관계를 매개로 한 평등을 지향할 수 있다(Kittay, 2016, p. 310). 차이를 인정할 뿐 아니라 의존관계의 보편성을 강조할 때, 공적 개념으로서의 사회적 협력은 의존관계 속에서 학대하거나 천대받지 않는 공동체적 호혜성의 협력관계를 의미한다(홍찬숙, 2017, pp. 321-322). 우리는 현실적인 사회변화를 반영한 제도화된 의존노동의 이해를 넓혀야 한다. 돌봄이 의존관계에서 발생한다고 인정하면, 정의로운 사회는 의존인과 의존노동자가 만드는 의존관계가 원활하게 유지되도록 자원을 제공해야 한다. 정의로운 사회는 의존노동자의 가능성을 희생하거나 돌보는 과정에서 스스로 빈곤에 처하지 않도록 일정 수준의 복지를 제공할 수 있어야 한다.

목회상담자는 여성주의 목회상담적 접근을 통해 여성 내담자 개인이 경험한 돌봄의 실패와 좌절을 개인적 차원의 병리로 규정짓기 전, 돌봄에서 어느 정도 수준의 사회적 협력이 이루어지고 있는지 살펴보아야 한다. 특히 상담자는 내담자의 직업이 간호, 사회복지, 요양 보호 등의 의존노동일 경우, 의존노동자로서의 내담자가 스스로의 생존과 성장에 필요한 돌봄을 주변 사람들과 적절한 수준에서 주고받을 수 있도록 상담의 실제를 통해 만들어 가야 한다. 이러한 상황적 분석은 목회상담적 실천 단계를 준비한다.

2. 의존노동에 있는 부정의와 억압

나는 "살아 있는 인간 관계망"에 영향을 주는 정의롭지 않은 정치, 문화, 사회적 요인들을 고려할 때, 목회상담을 위한 여성주의적 성찰을 확장할 수 있다고 전제한다(Miller-McLemore, 2012, p. 74). 상담자와 내담자는 사회구조적 차원에서 인간 세상이 어떻게 운영되고 있는지, 그 운영 과정에서 개인과 가족의 안녕에 영향을 주는 다양한 인식구조를 함께 살펴볼 수 있다. 목회상담자들은 내담자들의 호소 문제와 돌봄 경험에 포함된 구조적 부정의에 대한 예민한 인식과 감수성을 유지해야 한다. 더 나아가 상담자들은 의존노동으로서의 돌봄에서 정의로운 상호관계가 어떻게 가능할 수 있는지 파악해야 한다.

아이리스 매리언 영(Iris Marrion Young)은 기존의 정의 담론들이 분배 패러다임(the distributive paradigm)에 의해 전개되면서 사회적 부정의에 대한 논의가 축소되어 왔다고 비판한다. 부정의(不正義, injustice)는 인간의 자기 계발과 자기결정을 제약하는 지배와 억압의 구조와 억압의 다양한 측면을 의미한다(Young, 2017, pp. 90-91). 분배 패러다임에서 본 정의는 물질적 재화를 개인들 사이에 공정하게 분배하려는 문제 의식에서 출발하므로 분배의 사회적 과정보다는 그 결과에만 집중한다. 그러나 우리가 분배의 사회적, 제도적 맥락을 간과하거나 무시하면, 사회적 부정의인 현실적 지배와 억압을 방관하게 된다. 영은 사람들의 일상에서 실재하는 지배와 억압의 문제를 다룰 것을 제안한다. 공동으로 하는 의사결정의 구조와 절차, 노동 분업, 문화의 문제에서 다양하게 발생하는 지배와 억압은 개인이 속한 집단 간 존재하는 불평등과 사회적 차이에서 발생한다.

부정의(不正義) 상태를 규정하는 첫 번째 사회 조건은 개인들의 자기 발전을 막는 "제도적인 제약으로서의 억압(oppression)"이며, 부정의의 두 번째 사회 조건은 개인들의 자기결정을 막는 "제도적인 제약으로서의 지배(domination)"이다(Young, 2017, pp. 98-99). 지배체계 안에서 어떤 사람들은 다른 사람들보다 더 많은 지원을 받는 제도적 맥락 안에서 일정한 권력을 확보할 수 있다. 사회집단은 특정 집단에의 소속감을 주장하는 사람들의 정체성 형성과 관련되어 있고 "사회관계의 형식"으로 존재한다(Young, 2017, p. 113). 각 집단에 소속된 사람들은 다른 집단과 구별되는 고유성을 주장하고 이 과정에서 일정한 특권과 사회관계를 표방하는 특정 사회집단이 발생한다.

억압은 지배와 제약을 포함하지만 지배관계에 의해 직접적으로 새로 만들어지지 않는 금제(禁制)들을 포함한다. 억압받는 사람들은 자신들의 역량을 계발하거나 자신의 필요, 느낌, 확신 등을 표현할 때 어려움을 경험한다. 영은 억압을 착취(exploitation), 주변화(marginalization), 무력함(powerlessness), 문화제국주의(cultural imperialism), 폭력(violence)이라는 다섯 범주로 분류한다(Young, 2017, p. 105). 각 억압 범주는 분배가 이루어질 때의 부정의를 포함하거나 부정의를 야기하는 원인을 제공한다. 또한 분배 패러다임으로 모두 설명하기 어려운 부정의의 상황을 보여 준다. 억압의 형식들은 특정 개인이나 집단보다는 사회구조적 원인에 의해 나타난다. 그러므로 억압의 주체를 특정한 개인이나 집단이라고 구체적으로 지목하기는 어렵다(조주영, 2013, p. 89).

첫째, 부정의로서의 착취는 권력 및 불평등 관계를 생산하고 재생산한다. 착취는 한 집단이 생산한 노동의 산물이 다른 집단의 유익이 되도록 '항상적 과정'을 통해서 이전되는 가운데 억압이 발생한다는 의미이다(Young, 2017, p. 124). 착취라는 억압의 결과 불평등한 분배가 발생한다.

둘째, 주변화는 기존 노동 시스템이 사용할 수 없거나 사용하지 않으려는 사람들인 주변인들의 범주에 속한 사람들에게 사회생활에의 참여 기회를 제한하고 물질적 궁핍까지 초래하는 위험한 형태의 억압이다. 주변화는 건강보험에의 접근을 막거나 환경적 위험에 노출되거나 개인적 필요를 채우지 못하는 등의 위험을 포함한다(Hall, 1999, p. 90). 영은 주변화로 발생하는 부정의로 쓸모없음, 따분함, 자존감 결핍을 지적하면서 주변화에는 자신의 역량을 행사할 수 있는 문화적, 실천적, 제도화된 조건들을 박탈하는 것도 포함되어 있음을 상기시킨다(Young, 2017, p. 135).

셋째, 무력화나 무기력과 관련된 억압은 역량 계발을 못 하게 하거나, 일하면서도 의사결정 권력을 갖지 못하게 하고 사회적 위치 때문에 존중받지 못하게 한다. "무력한 사람들(the powerless)"은 일할 때 자율성이 거의 없거나 아예 없고, 창의성을 발휘하거나 독자적 판단을 내리지 못한다(Young, 2017, pp. 137-138). 영은 무력함이 노동 분업과 사회적 지위에도 반영된다고 분석한다.

넷째, 문화제국주의라는 억압은 억압받는 특정한 개인과 사회집단의 경험과 사회에 대한 해석이 거의 표현되지 못하도록 막고, 지배집단의 경험과 사회에 대한 해석은 타자화된 다른 집단에게 일방적으로 부과되도록 한다(Young, 2017, p. 141). 문화제국주의는 사람들이 자신을 보이지 않는 존재로 느끼고 타인의 시선과 규범에 의해 자신이 열등한 다른 존재로서 명명되는 경험을 하도록 강요한다.

마지막으로 폭력은 사회부정의의 현상이며 사회적 실천으로서 존재한다(Young, 2017, pp. 148-151). 폭력이라는 억압은 지배받는 취약한 사회집단 사람들이 언제든 공격당할 수 있다고 느끼는 인식 안에 실제로 존재한다. 문화제국주의적인 사회제도와 그 운영방식이 특정한 집단과 구성원에 대한 폭력행위가 일어나도록 한다.

간호사 A의 의존노동은 사람들과의 관계에서 A 자신이 속한 사회적 지위를 규정했다. 그녀가 직장에서 경험한 주변화와 무력함은 노동의 사회적 분업에 의해 발생하는 권력과 억압의 관계를 반영했다. 간호사 A의 개인 정체성은 집단 소속감에 의해 형성되었다(Young, 2017, p. 38). 특정 사회집단에 속한 사람들이 일방적으로 다른 집단에 속한 개인의 행동 조건을 직간접적으로 결정할 수 있다면, 약자 위에 군림하는 지배체계는 이미 실제로 존재한다. A가 속한 간호사들의 사회집단은 환자들, 수련의들, 의과대학 교수들, 수간호사들 등과 간호사 개인이 어떻게 결합할 수 있는지와 이들을 왜 각각 다르게 대할 수 있는지를 결정했고, A 자신의 고유한 의지보다 한발 앞서 작동했다. A는 환자, 환자 가족들, 동료 의료진들과의 관계에서 유지되고 있는 지배적 가치관과 의사결정 구조에 의문을 느꼈다. 그러나 A가 속한 사회집단의 힘은 A의 진솔한 감정과 판단의 결이 다를 수 있다는 사실을 솔직하게 표현하지 못하도록 막았다. 병원 안팎의 사회집단들 사이의 역학은 권위주의적 위계질서를 정당화한다. 이러한 차이의 부정은 A의 개별특수성(particularity)을 억눌렀다(Young, 2017, p. 40). A가 경험한 슬픔과 충격은 의료 관행이라는 규범적 시선에 따라서 해석되었을 때, 간호사로서의 역할 수행에 어울리지 않는 감정으로 무력화되었다.

아동 돌봄 전문가인 B가 안정적인 직업을 유지하면서 남편과 아이를 돌보며 노력한 삶은 격려와 지원을 받아야 할 소중한 가치를 담고 있었다. 그러나 이러한 수고는 전통적 성역할론에 근거한 남편-아내의 역할에 뿌리를 둔 집단의 가치를 중심으로 보았을 때, 여성차별적인 문화제국주의라는 억압이 발생했고 B의 소속감과 정체성을 찾기 어려운 상황으로 이어졌다. 그 결과 B 개인의 잘못이나 문제가 아닌 가부장적 가치관에 근거한 구조적, 제도적 부정의가 발생하였다. B가 경험한 억압의 형식들은 두드러지게 괴롭히는 특정 개인이나 집단에 의해 B에게 강요되기보다는 의존노동 중심으로 구조화된 일상과 연관되어 발생하였다. B는 감정을 구체적으로 표현할 수 있는 능력이 풍부했음에도 불구하고 자신을 있는 그대로 표현하기 어려운 무력함을 느꼈다. 자신의 사는 방식이나 가치관에 관해 솔직하게 표현하는 대신 참거나 억누르는 경우가 쌓여 가면서 B는 사람들을 자유롭게 만나고 싶다는 마음이 있어도 만남 그 자체에 대해 부담감을 느끼게 되었다. B가 경험한 주변화는 사람들과의 자연스러운 교류를 점차 어렵게 느끼도록 했다.

영은 억압의 다섯 가지 측면인 착취, 주변화, 무력함, 문화제국주의, 폭력의 범주가 개인과 집단이 현재 억압받고 있는지 여부를 평가할 수 있는 기준이 된다고 본다. 이 중 어느 하나의 범주라도 경험하고 있는 사회집단이라면 현재 억압받고 있다고 판단할 수 있다. 목회상담자는 여성 내담자들이 겪는 구체적 상황을 지배와 억압의 부정의를 고려하여 분석하는 가운데, 각각 또는 함께 존재하는 억압을 명명할 수 있으며 이러한 분석을 통해 여성을 위한 목회상담적 성찰을 발전시킬 수 있다.

3. 여성주의 목회상담적 진단 이해: 함께 모색하고 나아가기

목회상담자는 자기비난의 느낌을 경험하면서도 괴로운 생각들을 제어하며 돌보기 위해 애쓰는 여성 내담자들을 만난다. 외부 대상이나 사건으로 향하는 부정적인 감정이나 태도를 자신에게 돌리는 자기비난은 자아의 상위 방어 과정이기도 하다. 자기비난은 일시적으로 괴로움을 효과적으로 통제한다는 느낌을 주고 불쾌함을 외부 탓으로 돌리려는 문제를 미리 예방한다. 낸시 맥윌리엄스(Nancy McWilliams)는 이러한 자기비난의 방어를 비교적 건강한 방어방식으로 제시한다(McWilliams, 2008, pp. 187-188). 그러나 이들이 우울함을 느낄 때, 자기비난은 정서적 수준에서의 적응을 더디게 할 수 있었다. 맥윌리엄스는 억압을 자아의 기본적 방어로 보고 불안을 관리하며 억제하는 방어기제로 해석한다(McWilliams, 2008, pp. 171-175). 자기비판과 억압으로 불안을 통제하려는 사람들은 고통을 경험한다.

여성주의적 목회상담의 관점에서 우리는 여성이 느끼는 주관적인 고통의 경험을 어떻게 이해하고 이름 붙일 수 있는가? 목회상담자가 사용하는 목회 신학의 방법론에는 상담의 이론과 실제를 발전시키는 과정에서 어떤 자료를 사용하는지에 대한 자기인식과 자기반성적 평가가 포함된다. 여성주의 상담자는 여성의 고통에 이름을 붙이는 방법을 내담자와 함께 공동으로 모색하며 "고통의 본질, 원인, 의미"에 관한 유기적 이해를 발전시킨다(Brown, 2012, p. 189). 여성주의 상담은 질병 분류에 의해 여성의 경험을 명명할 때 나타날 수 있는 억압의 가능성을 고려하면서 진단의 사회적 의미를 고려하도록 촉구한다. 의존노동을 하며 고통을 겪은 여성들과의 작업은 "고통을 어떻게 이해하고 이름 붙일지 아는 것"으로서의 진단 평가와 사례 개념화를 DSM-5 중심으로 구성하는 이론화 방식과 다른 경로로 이루어질 수 있다(Brown, 2012, pp. 224-225). 여성주의 상담 관점에서 본 분류와 진단은 각각의 표준화된 용어에 "개인의 진실이 담겨 있는지를 멈춰 생각하고" 살펴보도록 촉구한다(Brown, 2012, p. 188).

주디스 워렐(Judith Worell)과 파멜라 리머(Pamela Remer)는 여성주의적 관점에서 기존 진단방식에 영향을 주는 주요 문제로 다음 사항을 지적한다. 누군가를 돌보는 가운데 고통을 겪는 여성 내담자들의 문제를 이해하려면, 개인행동에 대한 환경적 맥락을 간과하거나 최소화하는 문제, 문화적 규범과 가치의 영향에 대한 인식 부족 문제, 유사한 증상을 보이는 사람의 사회적 위치나 집단 구성원의 의식에 영향받은 변별적 진단의 문제, 진단하는 상담자의 신념체계에 의한 오진, 이론적 경향의 편견 문제, 편견적 요인의 상호 작용에 의한 문제를 여성주의적 관점에서 검토해야 한다(Worell & Remer, 2004, pp. 193-196).

정신병리학 중심으로 구성된 진단은 고통과 그 해결책 모두를 개인화하며, 고통을 질병으로 규정하고, 분석의 장소를 상황에서 개인으로 옮긴다는 비판을 받아 왔다(Brown, 2012, pp. 184-185). DSM-5에서의 임상진단은 범주 분류(categorical classification)에 기반을 두지만, 경계가 모호하게 겹칠 수 있는 범주들은 동시에 존재할 수 있고 이러한 상황은 적확한 진단적 판단을 어렵게 한다. 그 결과로 여성 내담자들의 경우, 동시에 한 가지 이상의 진단, 즉 동반이환 또는 공존질환(comorbidity)을 갖고 있다고 평가받기도 한다. 상담자는 여성의 특정한 경험에 대해 일반적으로 접근하지 않도록 주의해야 하며 모든 여성들을 동일한 집단이라고 간주하는 경향을 경계해야 한다. 여성주의적 관점을 고려하지 않을 때, 연구자들은 정신건강의 문제와 치료에 대해 정확하지 않은 일반화를 행한다. 사람들은 연령, 인지 능력, 성별 차이, 치료에 대한 경험에서 서로 다를 수 있으므로 집단 간 단순 비교는 잘못된 결론에 이를 수 있다(Durand & Barlow, 2018, p. 125).

여성주의 상담은 이름 붙이기의 힘과 그 영향을 고려한다. 로라 브라운(Laura Brown)은 개인의 통합성을 위협하는 가부장제의 영향을 비판한다. 여성의 경험을 비정상적이라고 규정하려는 시도에는 가부장적 영향을 의식하지 않는 임상가 개인의 가치관도 포함될 수 있으므로 진단을 둘러싼 이러한 권력구조는 부정의와 같은 불균형과 불평등을 심화시킨다(Kring, Johnson, Davison, & Neale, 2018, p. 17). 상담자가 여성 내담자의 복잡한 고통의 원인을 이해하는 작업은 내담자 자신이 고통의 의미를 해석하고 치료의 효과를 경험하는 데 있어 차이를 만들어 낸다(Brown, 2012, p. 195). 여성주의 상담은 진단명의 의미에 포함된 성별, 인종, 문화적 고려사항과 그 진단 내용을 결정하는 권위집단에 가부장제의 영향이 스며들어 있는지 앞서 살펴본다.

　여성주의 상담은 여성의 주관적 고통과 이를 해결하기 위한 행동 사이의 상호작용과 병리를 구분한다. 병리적 현상의 원인은 기본적으로 여성 개인의 외부인 사회적, 정치적 맥락에 있다. 고통의 문제는 가부장제 문화에서 발생한다. 그러므로 여성의 고통은 개인적 차원의 병리로만 축소될 수 없다. 여성주의 상담에 의하면, 고통을 느끼는 여성은 무기력한 희생자가 아니라 인간으로서의 역량을 발휘하고자 가부장제에 저항하며 도전하는 표시를 갖기도 한다(Brown, 2012, p. 209). 돌봄 경험과 그 고통을 여성주의적으로 이해하려는 상담은 저항하기에 필요한 다양한 자원을 찾기 위해 상담자와 내담자가 함께 모색한다. 여성주의 상담에서의 진단은 내담자가 겪은 고통뿐 아니라 내담자가 지닌 가능성과 역량에 대한 진단이기도 하다.

　간호사 A는 장기간 일주기리듬수면-각성장애(교대근무형)을 겪었다(Francis, 2014, pp. 227-228). 근무환경에서의 의사결정 절차, 간호의 사회적 분업 형식, 병원 고유의 상명하복식 문화는 A의 신체적, 정서적 상황에 꾸준히 영향을 주었다. A에게는 급성 스트레스 장애(acute stress disorder)의 주요 증상인 침습 증상, 부정적 기분, 회피와 각성이 번갈아 나타났다(Barnhill, 2014, pp. 219-222). 나는 1개월 정도 시간이 지나야 사건의 영향을 좀 더 알 수 있으리라 판단하였고 특히 외상적 스트레스에 대한 A의 반응을 '정상적 반응'으로 해석하였다. A는 감정이 가라앉아 있다고 표현했으나, 직장에서의 기능이 현저하게 손상되지 않았다. 친구와 외출하기도 했고 지치거나 기분이 좋지 않은 날에도 꾸준히 출근했다. 그녀는 간호사로서 보람을 느끼며 일할 수 있게 되었다.

　아동 돌봄 전문가 B의 우울 기분과 분노 감정, 위축된 행동, 직업 및 일상생활에서의 문제는 장기간에 걸친 스트레스 누적에 의한 우울 기분 동반 적응 장애(adjustment disorder with depressed mood)의 영향과 함께 나타났다 (Barnhill, 2014, pp. 231-232). 나는 B가 자신을 우울증 환자라고 믿어 버리지 않도록 노력을 집중하였다. B는 좌절감을 경험하는 중에도 직장 업무에 집중할 수 있었다. 상담 과정에서는 '만약 지금 상황이 다르다면' B가 내고 싶은 목소리와 그 내용이 무엇인지 탐색하는 작업이 주로 이루어졌다. B는 여러 스트레스 요인과 씨름하며 성장했지만, 학업, 취업, 결혼, 출산과 같은 주요 인생 사건에서 주도적으로 행동해 온 자신의 모습을 기억해 낼 수 있었다. 관찰한 내용에 진단명을 붙여 언급하기보다는 사적, 공적 영역에서 상존하는 명백한 스트레스 요인을 살펴보면서, 내담자가 지금—여기의 경험에 집중하는 방식으로 함께 작업하는 편이 효과적일 수 있었다. 이후 B와 남편의 관계는 조금씩 늘어나는 대화와 공동 양육의 노력을 통해 개선되었고, 다른 사람들과 진심 어린 격려와 위로가 되는 대화를 하는 경우도 점차 증가하였다.

억압에 저항해야 하고 고통을 돌봐야 하는 필요성은 여성에게 잠재된 개인적 탄력성과 사회적 탄력성으로 표현된다. 탄력성은 개인에게 종종 가부장제에 의해 운영되는 보상체계에 덜 의존하도록 하여 가부장제에 저항할 수 있는 능력을 주고 다양한 자원을 활용할 수 있도록 한다(Brown, 2012, p. 211). 여성주의 상담에서의 진단은 상담자와 내담자가 함께 인정할 수 있는 각자의 고통을 반영하여 자신을 타자화하지 않고 명료하게 자신의 상황과 역량을 인식할 수 있는 명명(labeling)의 과정이다(Brown, 2012, pp. 222-223). 여성주의적 목회상담 과정에서 상담자는 내담자가 고통 중에서도 보여 주는 강점과 일상에서 활용하는 생활기술에 집중하며 자신의 목소리를 분명하게 낼 수 있도록 지원해야 한다.

목회신학적 성찰은 사람들의 생생한 경험으로부터 출발하여, 다양한 관점을 적용하면서 상황적 분석을 한다. 상황적 분석과 신학적 분석의 상호 연관성은 '믿어 온 신앙에 의지해서 현재 경험과 상황을 어떻게 이해할 수 있는가' 라는 질문으로 요약될 수 있다(Lartey, 2011, p. 163). 목회상담에서의 신학적 분석은 내담자의 신앙이 기초한 종래의 신학이 상담에서 다루고 있는 구체적 돌봄 상황에 적합한지 질문하는 단계로 나아간다. 이 질문은 목회상담자와 내담자 모두를 변화시킨다. 즉, 양자는 변화해 가면서 상담의 출발지였던 구체적 돌봄 경험의 의미를 해석한다(Lartey, 2011, p. 165). 목회상담자는 자신 또는 특정한 이의 문제를 고치면 사정이 나아지리라고 믿어 온 여성 내담자들에게 도움이 될 수 있는 신학적 주제들이 상담 과정에서 떠오르는지 관찰하고, 이들이 신학적 주제들에 인도받는 경험을 충분히 할 수 있도록 효과적으로 지원해야 한다.

크리스티 코자드 누거(Christie Cozad Neuger)는 "개인의 변화뿐 아니라 교회를 포함한 문화의 변형"을 상담 과정 안에서 추구할 때 여성주의적 목회상담을 할 수 있다고 주장한다(Neuger, 1996, p. 93). 여성주의적 목회상담은 하나님의 선하심을 위해 기존 세상의 가부장적 규범과 원리를 변형시키도록 사람들의 역량을 강화함으로써 목회의 본질을 지킨다. 그는 선행하는 은혜, 그리스도의 몸 안에 있는 신앙 공동체의 힘, 하나님의 풍성함과 복합성, 출애굽의 주제를 여성들에게 힘을 주고 자유를 경험할 수 있는 신학적 주요 주제로 제시한다(Neuger, 2002, pp. 97-102). 나는 누거가 제시한 주요 신학적 주제를 상담 당시 빠짐없이 다루지 않았다. 각 내담자들의 관심과 상황에 따라 연관 지을 수 있는 주제가 달랐으며, 이들이 교회에서의 경험이나 기독교 신앙인인 가족들과의 관계를 언급하며 진솔한 감정을 표현할 때에 한정하여 신앙과 관련한 의미를 탐색하였다.

A와 B에게 그리스도의 몸 안에 있는 공동체라는 신학적 주제는 의존노동을 하며 고통을 겪는 과정에서 크게 와닿지 않았다. 오히려 교회는 개인적 고통을 직접적으로 드러내지 않도록 일정한 감정을 보여 주어야 하는 부담을 주는 환경이기도 했다. 환자들의 추천으로 특별 포상까지 받았던 A는 성실하게 일하는 방식을 미묘하게 활용하고자 하는 사람들과의 관계에서 시달리기도 했다. A가 간혹 퇴근 시간을 넘기며 일할 때 A가 같은 역할을 하는 동료들

로부터 비판적으로 평가받기도 했다. 상담 과정에서 A는 '안된다' 또는 '하지 않겠다'라고 말하기로 선택할 때, 더 이상 누구의 '아랫사람'이 아니기에 힘이 날 수 있다고 느꼈다. A는 일하는 방식을 개선하였고 동료들과의 관계도 긍정적으로 바뀌어 갔다. 출애굽의 주제는 A와 같은 처지의 내담자들이 자신의 내적, 외적 억압으로부터 벗어나 자신의 목소리를 분명히 내는 데 도움을 줄 수 있다. 돌봄노동자가 의존인들을 효과적으로 돌보기 위해 자신을 지키기에 어려운 무리한 압력이나 요구를 거절하는 연습은 자유를 향해 인도해 주시는 하나님에 대한 믿음의 표현일 수 있다.

　상담 초기 B는 '은혜를 못 받는 상태'가 자신의 책임이라고 생각했다. 나는 존재함(Being)은 행함(Doing)보다 선행한다고 언급한 뒤, 하나님이 사랑이시라는 증거는 그저 존재하고 살아가는 B를 소중히 받아 주시는 그 자체이지 않을까라는 질문과 함께 관련 주제를 B와 함께 탐색했다. 이어진 상담에서 B는 지난 상담 후 돌아가는 길에 잠시 눈물이 났는데 동시에 하나님에 대한 '따뜻함'이 느껴졌다고 했다. 뉴거가 제시한 선행하는 은혜는 B가 하나님의 사랑에 응답하기 위해서 필요한 환경이다. 선행하는 은혜는 돌봄의 실패를 두려워하는 여성들의 외로움과 자기처벌적 생각을 멈추고 하나님을 만나도록 지지해 주는 신학적 주제이다. 목회상담자는 자신의 존재 자체가 부족하다고 믿는 여성에게 선행적 은혜가 이미 함께하고 있음을 경험하도록 지원한다.

　의존노동으로서의 돌봄과 돌봄관계 안에서 나타나는 부정의에 대한 성찰은 내담자의 자기 자신에 대한 호소를 DSM-5를 기준으로 한 개인 병리적 관점 너머 여성주의 상담을 중심으로 살펴보도록 한다. 의존노동 개념의 핵심에는 의존노동자에게는 고통을 줄 수 있고 의존자에게는 학대받을 가능성을 높일 수 있는 취약성이 있다. 목회상담자는 의존노동을 하는 여성 내담자가 자신을 의지하고 있는 의존인의 필요를 충족시킬 때 자신의 필요 또한 충족시킬 수 있도록 상담 과정을 통해 작업한다. 상담자와 내담자는 여성을 억압하는 구조적, 제도적 부정의의 발생 상황과 착취, 주변화, 무력함, 문화제국주의, 폭력의 모습을 한 억압의 상황을 살펴봄으로써 인간의 배태된 의존성을 인정하는 상호 의존성과 이 의존성을 돌볼 수 있는 평등의 조건을 새롭게 만드는 출발을 할 수 있게 된다. 이러한 과정을 통해 목회상담자는 개인과 가족, 공동체들이 어떤 이유로 억압받는지, 이 과정에 영향을 주는 불평등과 사회적 차이의 의미를 내담자가 신학적으로 어떻게 이해하고 있는지 분석할 수 있다.

인간 경험의 사회적 본질을 고려할 때, 여성들을 위한 목회 상담은 임상적 관점 중심의 협소한 해석에만 머무르지 않고, 반드시 인간 경험의 사회, 문화, 공동체적 차원과 신학적 의미 탐구에 관심을 두어야 한다(Graham, 1995, p. 227). 목회상담에서 이루어지는 여성주의적 진단의 활용은 여성들이 느끼는 지극히 개인적이고 정서적인 안녕감이 권력, 주변화, 사회적 통제와 같은 공적 차원의 주제들과 연관되어 있음을 기억하도록 돕는다. 목회상담적 성찰을 통해 목회상담자는 광범위한 사회 안에서 "종교적으로 판별할 수 있는 능력(religious literacy)"이 여성 내담자들과 신앙 공동체 안에서 계발되도록 노력해야 한다(Graham, 2008, p. 16).

의존노동에 헌신해 온 여성들의 회복이 시작되려면, 신앙 공동체는 이들이 경험한 권위주의적이고 가부장제 중심의 위계질서가 지배한 상황에 대한 호소를 있는 그대로 경청해야 한다. 특히 의존노동을 제공하며 활동해 온 여성들이 일터의 전문가로서 발전시켜 온 역량과 생생한 감정의 관계성을 부인하거나 해리시키지 않도록 주의하며 지원해야 한다(Poling, 2015, p. 230). 예수의 제자들이 추구할 수 있는 포용적이고 정의로운 공동체에 대한 비전은 관계적 힘을 나누며, 가장 억압받는 사람에게 관심을 기울이는 공동체이다. 하나님의 경험에는 억압의 경험과 구원의 경험이 공존한다(Poling, 2015, pp. 270-271).

많은 여성 내담자는 일상의 삶 가운데에서 경험하는 다양한 관계에 대한 고민을 호소한다. 특히 돌봄의 규범과 경계를 설정하는 과정에서 자신의 책임이 어디까지인지 헤아려 결정하기를 주저하며 무엇이 옳고 그른지 선택하는 과정에서 혼란과 불안을 경험하기도 한다. 나는 다른 사람들과 다르다는 내담자들의 자기인식은 의미 있는 인간관계의 힘이 되지 못하고 오히려 차별과 억압의 영향 안에 갇혀 버린다. 누군가를 돌보는 관계 안에서 억압받고 배제된 경험이 있는 내담자들은 다른 사람들과 자신을 다르게 인식한다. 정의를 지향하는 목회상담 과정에서 내담자들의 다름은 특유성으로 해석할 수 있다. 특유성은 우월성을 주장하는 모종의 규범과 비교하여 다르기에 열등하다고 명명하는 성차별적 권력체계에 도전할 수 있는 내담자의 역량이며 자원이다.

여성주의 목회상담에서 진단은 여성 내담자들이 경험한 부정의와 억압의 영향을 살펴보면서 의존노동을 경험하는 여성들이 지닌 차이의 의미를 맥락화한다. 차이를 구체적으로 사회적, 문화적, 경제적 맥락과 연관 지어서 살펴볼 수 있을 때 특정한 개인이 지닌 차이는 고유의 개성으로 인정받을 수 있다. 목회상담의 실제를 통해 우리는 각 사회집단이 본질적으로 공통된 본질을 가진다거나 가져야 한다는 주장에 도전할 수 있다. 여성주의 목회상담은 각 개인의 고유한 경험과 그 경험에 영향을 주고 있는 사회적 가치와 신학적 주제를 상담자와 내담자가 함께 확인하고, 어떻게 확인한 내용을 극복하거나 수용할 수 있는지 결정하는 가운데 보다 정의로운 사회를 위해 기여할 수 있다.

생명을 가진 모든 이들의 고통이 모두 하나님의 경험에 속하며 고통 그 자체가 관계 안의 모든 생명을 파멸시키지 못한다는 것을 알려 주는 하나님 이해는 여성들의 회복을 촉진할 수 있다. 관계적 정의를 지향하는 여성주의적 목회상담은 각 개인의 고유한 경험과 그 경험에 영향을 주고 있는 사회적 가치를 함께 공적으로 확인하고, 어떻게 극복하거나 수용할 수 있는지 결정하는 가운데 진행될 수 있다. 내담자들은 자신의 경험 속에 있는 차이와 다름을 역량으로 인정받을 때, 이러한 차이가 신앙 공동체 안팎의 차별이나 불이익으로 연결되지 않음을 믿을 수 있을 때, 자신의 특유성과 존재 그 자체가 하

나님 안에서 온전히 받아들여짐을 경험할 수 있을 때 회복과 성장을 향하여
전진할 수 있다.

참고문헌

조주영 (2013). 정의와 차이의 정치. 아이리스 마리온 영. 여/성이론, 28, 84-93.

허라금 (2018). 관계적 돌봄의 철학: 필요의 노동을 넘어 정치적 행위로. 사회와 철학,
  35, 67-90.

홍찬숙 (2017). 사회정의론에 대한 돌봄 관점의 논증. 한국여성학, 33(2), 317-327.

Barnhill, J. W. (2014). DSM-5 임상사례집 (강진령 역). 서울: 학지사.

Durand, M. V., & Barlow, D. (2018). 이상심리학 제7판 (정경미 외 5인 역). 서울:
  Cengage.

Francis, A. (2014). 정신의학적 진단의 핵심: DSM-5의 변화와 쟁점에 대한 대응 (박원명 외
  5인 역). 서울: 시그마프레스.

Kittay, E. F. (2016). 돌봄: 사랑의 노동 여성, 평등, 그리고 의존에 관한 에세이 (김희강, 나
  상원 역). 서울: 박영사.

Kring, A., Johnson, S. L., Davison, G. C., & Neale, J. M. (2018). 이상심리학: 심리장애
  의 과학과 치료 (이봉건 역). 서울: 시그마프레스.

Lartey, E. (2011). 상호문화 목회상담 (문희경 역). 서울: 도서출판 대서.

McWilliams, N. (2008). 정신분석적 진단: 성격구조의 이해 (정남운, 이기련 역). 서울: 학
  지사.

Miller-McLemore, B. (2012). 공공신학으로서의 목회신학: '네 번째 영역'에서의 혁명.
  목회상담의 최근 동향 (pp. 74-101). 낸시 램지 (문희경 역). 서울: 그리심.

Neuger, C. C. (2002). 여성들을 위한 목회상담 (정석환 역). 서울: 한들출판사.

Poling, J. N. (2015). 성폭력과 힘의 악용: 목회상담적 성찰 (이화목회상담센터 역). 서울:
  한울아카데미.

Young, I. M. (2017). 차이의 정치와 정의 (김도균, 조국 역). 서울: 모티브룩.

Worell, J., & Remer, P. (2004). 여성주의 상담의 이론과 실제 (김민예숙, 강김문순 역).
서울: 한울아카데미.

Graham, E. (2008). Why practical theology must go public. *Practical Theology,
1*(1), 11–17. DOI: 10.1558/prth.v1i1.11.

Graham, L. K. (1995). From relational humanness to relational justice: Reconceiving
pastoral care and counseling. In P. D. Couture and R. J. Hunter (Eds.), *Pastoral
care and social conflict: Essays in honor of Charles V. Gerkin* (pp. 220-234).
Nashville, TN: Abingdon Press.

Hall, J. M. (1999). Marginalization revisited: Critical, postmodern, and liberation
perspectives. *Advances in nursing science, 22*(1), 88–102. DOI: 10.1097/
00012272-199912000-00009.

Neuger, C. C. (1996). Pastoral counseling as an art of personal political activism.
In C. C. Neuger (Ed.), *The art of ministry: Feminist and womanist approaches*
(pp. 88–117). Louisville, KY: Westminster John Knox Press,.

Schipani, D. S. (2012). Case Study method. In B. J. Miller-McLemore (Ed.), *The
Wiley-Blackwell companion to practical theology* (pp. 91-101). Malden, MA:
Wiley-Blackwell.

제3부

섹슈얼리티와 상담

제**9**장

포스트모던 걸들의 출현과 상담

조현숙
(서울신학대학교)

2006년에 나온 영화 〈악마는 프라다를 입는다〉는 시골 출신의 촌스럽지만 똑똑한 한 여성이 냉혹한 상사와 화려한 도시 속에서 어떻게 자신의 욕망을 구현하며 성공해 가는지를 다룬 영화이다. 영화에 등장하는 여주인공의 화려한 의상, 매력적인 외모, 게다가 일까지 똑 부러지게 해 내는 캐릭터는 현실 그 어딘가에 존재할 법한 능력의 소유자로 앤 해서웨이(Anne Hathaway)를 여성들의 롤 모델의 하나로 등장시킨다.

여성의 욕망을 자본과 연결시키며 모름지기 매력적인 여성이란 이렇게 일과 사랑, 외모에서 찬사를 받기에 부족함이 없는 사람이란 환상을 심어 준다. 이런 영화는 여성을 자본과 연결시켰다는 비판의 대상이 되기도 하지만, 한편 어디선가 존재할 법한 현실 여성의 모습을 그려 내기도 한다. 가장 소박한 문화적 재현의 방식을 갖고 있는 영화는 이렇게 동시대 사람들의 삶의 관점과 태도를 제공하면서 새로운 담론을 던지는데, 즉 포스트페미니즘에 대한 질문이다.

과거의 페미니즘이 가지는 편당성과 연대성을 넘어 포스트페미니즘이 선택하는 포용과 개인적 행복의 추구는 여성의 '몸'에 대해서도 질문을 던지는데, 여성의 몸이 남성 중심의 시선에 매몰될 필요가 없다는 역설로서 화려한 의상이나 화장의 재현이다. 이는 여성의 몸을 향유하는 주체로서 여성들의 관점의 변화를 지향하고, 자기충족적인 여성의 시선과 여성들의 힘의 유대를 묶어 내야 할 필요성을 제공한다.

앤 헤서웨이처럼 여성의 모델을 이상화하고, 실제로 자신을 가꾸는 데도 소홀하지 않으면서 일도 열심히 하는 여성들을 최근에는 드물지 않게 만날 수 있다. 자신에 대한 사랑을 강조하면서 자신이 속한 사회의 이익과 욕구를 충실히 추구하는 이런 여성은, 희생과 헌신이라는 모성적 상징에 매몰되었던 여성의 욕망을 보다 솔직하게 드러낸다. 과거와는 현격히 다른 이런 여성은 집단보다 개인적 연대를 선호하고, 투쟁보다는 전략적 이용을 선택한다. 이런 여성의 출현을 무엇이라 명명할까? 나는 이런 여성들을 위한 담론을 포스트모던 페미니즘이라고 하기보다, 포스트모던 걸이라는 개체 단위의 언어로 명명하기로 한다.

정치적 연대나 거대 담론보다는 개별적인 선택과 선호가 중요해지는 포스트모던 걸들은 누구이며, 이들을 위한 상담은 어디부터 시작해야 하는가? 포스트모던에서 더욱 중요해진 여성의 몸과, 그 몸을 중심으로 정체성이 말해지는 담론의 방식은 몸에 대한 재사유화를 요청한다. 특히 포스트모던 걸들이 추구하는 '몸'에 대한 관점은, 그동안 억압받고 배제되었던 여성의 몸에 대한 전유를 통한 재진술이다. 본 글은 이런 포스트모던 걸들이 어떻게 자기 욕망을 새롭게 상담을 통해 구현할 수 있는 지를 크리스테바(Julia Kristeva)와 이리거레이(luce Irigaray)의 몸을 중심으로 한 담론을 통해 모색해 보려고 한다.

1. "나쁜 몸! 이상한 몸! 좋은 몸!"

나와 타자 그리고 세계를 이해하는 기본 토대로서 '몸'은 여성주의가 자신의 정체성을 설명하는 방법론으로 아직도 매우 유효하다. 그러나 버틀러 (Judith Butler, 2008, p. 94)에 의하면 정체성을 결정하는 '몸'으로서의 토대는 섹스와 젠더의 구분으로 균열이 나기 시작했다고 본다. 즉, '해부학이 운명'이라는 명제에 반박할 수 있는 논리로서의 섹스와 젠더의 구분은 젠더가 문화적으로 구성되는 것이라는 주장에 의해, 단일화된 주체에 대해 질문하게 되었다는 것이다. 그러나 버틀러가 말하는 문화적 구성물로서 몸도 그것이 말해지는 방식은 여전히 고통과 아픔, 쾌락을 느끼고 의미화해 가는 존재임을 기억해야 한다. 단, 버틀러의 관점이 제공하는 것은 그동안의 페미니즘이 여성의 공통성을 부각시키고 그것을 연대의 출발점으로 삼았다면, 공통성을 거부하는 다양한 주체들이 등장하기 시작하면서 단일적이고 동일한 해석들이 거부되기 시작했다는 것이다.

왜 신학생들은 똑같은 학생인데 교회만 가면 나이 든 교역자들처럼 행동해야 하는지 모르겠어요. 아직은 학생이고 어떻게 보면 한국 사회의 대학생인데, 교회만 너무 뒤떨어진 것 같아요. 더구나 저는 '여자 신학생'이라는 딱지가 붙어 있어서, 귀걸이를 하거나 예쁜 옷을 입고 가면 불편한 시선을 느낄 수 있어요. 저는 그게 너무 싫어요. 저는 아직 제 인생이 완결이라고 생각하지 않거든요, 저는 지금 꿈을 만들어 가는 중이고, 사역의 길을 갈지, 아니면 다른 길을 선택할지 탐색 중이거든요. 저는 남자 목사님 사이에서도 재밌게 당당하게 협력하면서 일하고 싶어요. 지난주에 교회 행사 때문에 주중에 그냥 모자 쓰고 반바지를 입고 갔는데, 여전도사님께 불려가서 혼이 났어요. 귀걸이도 하지 마라, 반바지도 입지 마라, 모자도 쓰

지 마라, 신학생답게 하고 다니라고요. 그런데 도대체 신학생다운 게 뭐
죠? 저는 20대잖아요. 예쁘게 꾸미고 싶어요. 그렇다고 제가 일을 잘 못하
고 무책임한 것도 아니고요. 기도도 열심히 하고 일도 야무지게 해내는 편
이거든요. 오히려 목사님은 그런 말씀 안 하시고 귀엽다고 해 주시는데 여
자이신 전도사님이 그러시니까 더 속상해요. 저는 아무 생각 없는 날라리
가 아니거든요. 책임감 없는 사람이 제일 싫어요. 그런데 그런 딱지 같은
걸 붙여서 너무 속상해요(눈물).

이 이야기는 여성 신학생 상담 시 경험할 수 있는 사례의 내용으로 상담사
례를 바탕으로 각색된 내용이다. 그녀는 기존의 보수적인 가치관을 대변하
고 있는 여전도사님께 불려 가서 옷차림과 외모에 대해 지적을 받은 후, 이에
대한 부당함을 토로한다. 남성 상징세계에서 여자 신학생들이 겪어 내야 하
는 몸의 경험은, 독특한 2개의 구조를 대변한다. 첫째는 가부장제에서 남성
들에게 억압받고 있는 몸이고, 두 번째는 역시 가부장제 안에서 자신의 시선
과 남성의 시선을 동일시한 여성들의 시샘받는 몸이다.

첫 번째에 대한 반란으로 여성들은 이전에 억압받던 자신들의 몸에 재의미
화 작업을 진행했다. 즉, 여성들은 자신들의 섹슈얼리티를 표현하고 갖고 노
는 활동을 통해 기존의 문화적 코드에 도전한다. 이런 전략은 여성적 특성을
평가절하하는 성차별적인 가부장제에 대한 반란에서 시작되었다. 문화의 패
러디는 여성들만이 소유할 수 있는 경험이나 생물학적 상태인 출산, 수유, 월
경, 강간, 성폭행 같은 주제들을 미학적으로 구성함으로써 새롭게 승화하려
는 시도들이다. 이는 그동안 성폭력과 같은 여성의 문제를 과거에 늘 여성의
미학을 고통이라는 코드로 재생산해 내 온 것에 대한 위반의 시도이다(Morris,
1997, p. 149).

현대 여성주의에서는 이러한 우울한 주제들을 오히려 패러디함으로써 유쾌
한 위반을 시작한다. 즉, 가부장제에서 소외되고 배제되어 왔던 여성 경험들을

패러디하고 전유하며 재구성함으로써 유머로 이를 승화하기 시작한 것이다.

1세대 페미니스트들은 남녀의 불평등의 원인을 생물학적 차이로 보았고, 여성의 몸은 언제나 초월적 존재인 남성의 타자로서 존재한다고 주장하였다. 이들은 여성의 타자성은 출산과 양육이라는 여성의 생물학적 조건 속에서 발생하는 것으로, 이것에 대한 해결은 여성이 안고 있는 생물학적 부담을 덜어 주는 제도적 기술적 보완이었다. 여기서 강조되는 여성의 몸은 불평등을 낳는 배제되어야 할 몸이다.

이렇게 억압과 차별을 받았던 몸은 중세에는 히스테릭한 성녀와 신들린 여성과 성흔(stigma) 받은 여성의 이야기를 통해 전복과 반란의 몸부림을 드러냈지만, 이런 불가해한 모든 현상들은 동일성의 논리에 따라 나쁜 몸으로 치부되어 마녀사냥을 당하기도 했다.

2세대 페미니스트들은 보다 '차이'에 주목한다. 그들은 섹스와 젠더를 구분하고 1세대 페미니스트들이 평등에 집착하여 차이를 간과했음을 지적한다. 그들은 남성과 여성의 위계화된 가부장적 질서를 해체하려면 사회학적으로 구성되는 젠더에 주목할 것을 주장한다. 젠더를 강조함으로써 엄숙하고 무거웠던 차별의 주제들은 때로 발랄하고 유쾌한 시도들로 패러디되었다.

그리고 3세대 페미니스트들은 섹스와 젠더의 이분법 자체도 해체하려고 한다. 즉, '섹스'라 불리는 문화적 구성물은 젠더만큼이나 문화적으로 구성된 것이기 때문이다. 이들은 섹스와 젠더의 구분 역시 낡은 이분법적 전통의 산물이라고 본다. 왜냐하면 젠더는 섹스 자체가 설정되는 바로 그 위에 자신의 위치를 설정하기 때문이다. 특히 버틀러에게 젠더는 담론에 의해 구성되는 것이다. 그러나 젠더가 담론에 의해 구성된다 할지라도 섹스와 젠더가 그다지 문제없이 일치하는 것처럼 보인다면, 이것은 문화적으로 구성된 반복된 수행의 결과이다.

두 번째 반란은 제도화되고 문화화된 여성의 몸과 주체성에 대한 논의가 다양한 관점의 해석들이 등장하면서 선택과 기호의 사유화된 문제로 변화한 것이다. 즉, 앞의 사례에 나온 여신학생 A는 자신의 몸에 대한 이해를 기존의 여자 교역자들에게 씌워진 가치체계나 의식, 관습에 두는 것이 아니라 나름의 아름다움을 추구하면서 자기만의 방식으로 새로운 재현을 만들어 간다. 새로운 재현이라 함은 버틀러를 비롯한 포스트구조주의자들의 관점에서 여성이라는 존재가 하나의 상징으로 표현되기보다, 끊임없이 새로운 상징들을 출몰시키는 재현 불가능성의 주체임을 선포하는 것이다. 이리거레이(Irigaray, 2000, pp. 40-41)에 따르면 '여성'이라는 차이에서 발생하는 동일성에 대한 질문은 여성들의 성(性)이 결국 하나가 아닌 다수의 재현 불가능한 성(性)임을 의미한다

다음 장은 다양한 여성성의 재발굴과 재구성에 도전하는 여성이론으로 크리스테바와 이리거레이의 여성이론을 중심으로 다양한 방식의 여성들을 재현시키는 포스트모던 걸에게 몸이란 무엇인가를 생각해 보고자 한다.

2. 경계를 위반하는 여성의 몸

1) 줄리아 크리스테바의 '매력과 공포'의 이중적인 육체

크리스테바에게 몸이란, 비천함과 숭고함을 동시에 내포하는 어머니의 몸(abject)과 관련되어 있다. 아이가 주체가 되기 위해서는 비천한 어머니 육체를 배제해야 한다. 즉, 아이는 자신이 그동안 향유했던 어머니의 몸을 배설물, 구토물, 시체, 매춘부와 같은 것으로 배척하면서 팔루스(Phallus)라고 하는 상징계에 진입해야 한다. 하지만 크리스테바는 아이가 어머니를 완벽하게 떠나는 것은 불가능하다고 보았고, 이것이 여성의 우울을 발생시킨다고 주장한다. 그녀에게 어머니의 몸은 상징계로 나가는 것을 방해하는 위협적인 공포로 존재하고, 다른 한편으로는 안락한 향유의 시간을 기억나게 하는

매혹적인 이중적인 존재이다.

리오타르(Jean F. Lyotard, 1989, p. 149)와 임옥희(2006)는 크리스테바의 아브젝트(abject)를 '숭고와 기괴함'의 이중구조로 연결시켰다. 본 글에서는 아브젝트를 '매혹과 공포'의 구조로 보려고 한다. 숭고와 기괴함이 매혹과 공포의 구조로 연결될 수 있는 있는 근거는 아브젝트가 발생시킨 수많은 아방가드르드 문학과 예술작품을 통해서 알 수 있다.

크리스테바(2001, p. 124)는 어머니를 접촉, 금지와 연결되는 불결제의(rituals of defilement)와 연결했다. 특히 그녀는 여성의 월경이 가부장제 속에서 부계의 공포가 억누르려고 했던 두려운 힘이라고 보았다. 번식이 오염으로 간주하게끔 하는 부권문화 속에서 여성의 월경은 공포로 상징되었다고 주장한다. 이렇게 아브젝트는 여성의 신체, 즉 몸을 기반으로 하여 슬프고 흥분되고 두려운 주체의 여정을 시작한다.

크리스테바에게 여성의 몸은 이렇게 오염되어 있고 불결하지만, 더러움이나 추함이라는 경계는 오히려 그것을 뛰어넘기를 유혹한다. 경계를 뛰어넘는 일은 우리 안의 경계 초월의 의지에서 비롯되는 것이다(Georges Bataille, 1996, p. 160). 경계를 위반하고 더러움을 아름다움으로 승화하는 일은 일단의 극단의 과정을 포함한다. 오염된 육체를 뛰어넘어 정화된 상징의 세계 혹은 아름다움의 욕구는 비체화(abjection)된 어머니의 육체가 주는 공포가 크면 클수록 매혹적인 것으로 여겨지게 된다. 더러움은 동시에 재생의 욕망을 불러일으키고, 존재와 비존재, 죽음과 활기와 같은 모든 것은 양면성이 존재하고 이런 양면성이 상징적 타자와의 합일에 대한 욕망을 추동한다는 것이다. 크리스테바가 아브젝트에 대해 갖는 이론적 근간은 조르주 바타이유에게서 온 것이다. 바따이유는 종교를 예로 들면서 공포가 없는 종교란 상상할 수 없다고 말한다. 공포가 심할수록 충만함은 공포의 초월, 위반을 가능하게 하는 단서가 되며, 이런 측면에서 에로티즘과 공포는 맞닿아 있다고 말한다.

크리드(Babara Creed, 2008, p. 121)는 사실상의 모든 공포 텍스트가 어머니와 관련되어 여성괴물을 재현한다고 보았다. 공포영화 주인공 중에서 가장 매혹적인 주인공을 그녀는 여성 뱀파이어로 보았다. 이는 여성 뱀파이어가 가부장제 사회를 지속하기 위해 관습적이고 상징적인 남성과 여성 사이의 관계를 위협하기 때문이다. 관능적이고 에로틱한 여성들의 육체를 입은 여성 뱀파이어는 발군의 유혹자이다. 여성 뱀파이어는 정체성과 질서를 교란한다는 점에서 비체이며, 피에 대한 탐욕에 이끌려 적절한 성적 행위의 법칙들을 존중하지 않는다. 뱀파이어는 산 자와 죽은 자, 인간과 동물 사이의 경계를 넘나들며 아브젝션을 교환하는 재현하는 존재이다.

또한 뱀파이어에 물린 소녀는 순수한 존재에서 벗어나 위협적인 밤의 존재로 바뀌는데 이는 그녀가 성적으로 깨어났기 때문이다. 그녀는 남자의 피를 빨기를 원하는 욕망하는 치명적인 뱀파이어이며, 이 맥락에서 남자의 피는 정액에 대한 메타포로 읽히며, 여성 뱀파이어는 성적 포획자로 묘사되기도 했다.

결코 버릴 수 없는 매혹적인 존재인 동시에 피를 흘리게 하는 공포의 존재로서 여성의 몸은 상징계를 위협하는 가장 큰 위반의 존재이다. 오염과 정화, 숭고와 기괴함, 공포와 매력의 경계에서 경계를 존중하지 않는 아브젝트는 애매모호하며, 불확정적인 존재이다. 그러므로 아브젝트는 본질적인 어떤 특성이 아니라, 경계와의 관계이며 경계의 가장자리를 표상하는 것으로 기능하면서, 사회와 질서 정체성의 사이를 가로지르며 위반하고 있다.

따라서 크리스테바에게 여성과 남성의 구분 자체는 몽매한 것이 된다. 여성과 남성의 경계에서 여성의 정체성을 확정짓는 순간 그것은 본질과는 다른 어떤 존재가 되며, 여성은 늘 경계에서 정체성을 어지럽히며, 위반하는 욕망의 존재로 읽힌다.

2) 뤼스 이리거레이의 여성의 '쾌락과 욕망'의 재발견

이리거레이(1977, p. 62)는 여성의 섹슈얼리티가 항상 남성을 기준으로 설정되어 왔다고 이야기한다. 또한 여성의 성욕은 남성 음핵의 능동성에 대비되는 수동성으로 상정되어 왔으며, 여성에게 섹슈얼리티에 대한 물음이 중요한 이유는 이것이 여성의 정체성을 결정하는 데 중요한 기준이 되어 왔기 때문이다.

그녀는 여성의 성이 남성의 환영을 만족시키기 위한 층위에서만 고려된다면, 여성 자신의 몸에 대한 주체성과 상관없이 자신의 육체를 매도하는 행위라고 규정한다. 이렇게 될 때 여성의 성은 남성의 쾌락을 실현하기 위한 '대상'으로 전락하게 된다(Irigaray, 2000, p. 34). 여성의 대상화, 여성을 남성적 시선의 체계 속에 포함시키는 것은 여전히 여성의 성을 수동적으로 지정하고 있음을 의미한다. 즉 여성은 바라보기 좋은 대상이 될 뿐이며, 남성들이 원하는 쾌락의 보조물에 불과하다. 하지만 이리거레이는 여성에게는 도처에 성감대가 있고 여성은 그 몸에서 쾌락을 누리는 존재라고 말한다. 그러나 여성이 여성으로서 온전한 쾌락을 누리려면 자신에게 가해지는 억압의 다양한 체계들을 분석하는 것이 필요하다.

특히 그녀는 여성의 섹슈얼리티를 해석하고 재현하기 위해서는 남성 중심의 해부학적 사고를 벗어나 여성만의 성의 형태 문제로 되돌아가야 한다고 주장한다. 예를 들어, 남근 형태론을 내세우는 문화에서는 여성의 자가 성애를 불완전하게 취급한다. 이런 문화권에서 남성과 여성은 어떤 핑계로든 서로 결합을 시도해야 한다. 그러나 여성의 성은 가시적 외부(visible exterior)이기도 하지만, 내부적(interior)이기도 하다. 여성의 성적 기능은 결코 단일한 형태를 선언하지 않으며 끝없이 혼자 접촉하며 쾌락을 누리기도 한다 (Irigaray, 2000, p. 39).

시선의 우월성, 형태 구별과 형태 개별화의 우월성은 여성적 에로티시즘에는 생소하다. 여성은 시선보다는 접촉(touch)을 더 즐긴다. 따라서 그녀를 시각적인 체계 속에 포함시키는 것은 여전히 여성을 수동성으로 지정하고 있는 것이다. 즉, 여성은 '응시'하기 좋은 대상이 된다. 만일 여성의 육체가 '주체'의 충동을 불러일으키기 위한 노출과 정숙한 위축이라는 이중의 움직임으로 인해 성적으로 자극적이고 유혹적이라면, 여성의 성기는 아무것도 볼 것이 없다는 두려움을 나타낸다. 재현과 욕망이란 이 체계의 오류를 나타내는 것으로서, 보는 것을 좋아하는 목표의 허점을 드러낸다. 아무것도 볼 만한 것이 없는 것이 재현 장면에서 배제되고 거부되어야 함은 이미 그리스 조각품에서 드러난다. 여성의 성기는 그저 없는 것으로 나타난다. 즉, 가려지고 그 '틈새' 안에 다시 여며진 것이다(Irigaray, 2000, p. 34).

남근 형태론을 내세우는 문화에서는 여성이 자기 자신과의 접촉을 유지할 수 있는 접촉을 갈라놓고 분리한다. 그러나 여성은 하나도 둘도 아니며, 한두 사람으로 정의될 수 없다. 여성은 그 어떤 적합한 정의에도 들어맞지 않으며, 어떤 '고유'명사도 없다(Irigaray, 2000, p. 35).

이리거레이의 관점에서 여성의 성은 하나가 아니며 항상 복수 이상으로 존재한다. 즉, 눈에 보이는 유일한 성기는 오직 유일한 성기인 페니스의 부정이자 그 반대편일 뿐이며, 여성은 자신의 몸 도처에 자리 잡은 성감대로 쾌락을 누릴 수 있는 존재이다. 이리거레이에게 여성은 대답할 수도, 책임적으로 답할 수도 없는 존재이다. 만약 그녀가 여성을 어떤 여성이라고 규정한다면 다시 여성을 특정한 담화 속에 가두는 형태가 되기 때문이다(Irigaray, 2000, pp. 203-204).

또한 그녀는 때로 여성들이 자신의 욕망을 되찾기 위해 혹은 남성의 욕망에 참여하기 위해 남성들의 '가면무도회'에 참여하기도 한다고 말한다. 이 '가면무도회'는 여성들이 욕망의 지배체계에 스스로 복종하여 남성 중심의 시장에 남으려고 애쓰는 여성들을 일컫는 말이다(Irigaray, 2000, p. 176).

부연하면, 자신만의 언어활동을 갖지 못한 여성들을 남자와 동일한 언어를 구사하지 못한다는 이유로 정신병으로 매도하는 것은 불공평한 것이며, 정신분석치료가 오히려 남성사회에 적응하는 여성을 만들어 내는 치료가 될 수 있기에, 여성들은 가면을 쓰고서라도 남성 무대에서 살아남아 자신들의 권리를 되찾아야 한다는 말이다(Irigaray, 2000, pp. 180-181).

남성들의 언어세계에서 여성 섹슈얼리티의 다양성과 언어의 상관성은 이리거레이에게 매우 중요한 주제이다. 즉, 여성의 담화도 남성의 부정성 내지 보완으로밖에 존재할 수 없다고 할 때, 여성의 언어는 남성 주체의 자기투사에 이용되거나, 남성 주체가 역전된 타자로서만 모습을 드러낼 수 있다(Irigaray, 2000, p. 170).

그러므로 위계나 서열, 권위를 강조하는 남성의 지배체제를 단순히 따라가는 여성들은 그저 또 다른 남성들처럼 될 것이고, '여성'이라는 고유한 존재로서 자신이 되지는 않을 것이다. 이런 정형화는 또다시 성차의 무시를 가져올 것이며, 여성의 성은 은폐될 것이다. 따라서 여성들은 여성들 사이에서 새로운 양식의 조직들과 새로운 형태의 투쟁들 그리고 새로운 논쟁들을 창출해야만 한다. 이리거레이에게 여성해방운동이란, 여성이라는 유일한 집단에 갇혀 있는 것을 거부하고, 여성 각자가 자기가 처해 있는 곳과 자신이 살고 있는 지역에서 자신의 성적 경험과 사회적 계급, 각각의 억압의 형태에 따라 각자에게 알맞은 투쟁을 해 나가는 것이다(Irigaray, 2000, pp. 216-217).

정확한 말에 집착하지 마라. 그런 것은 없다. 우리들 입 사이에는 진실이 없다. 모든 것에는 존재할 수 있는 자리가 있다. 특권이나 거부 없이도 모든 것에는 교환될 만한 가치가 있다. 교환? 모든 것은 교환된다. 그러나 거래는 아니다. 우리의 육체는 공동의 쾌락에서 성장한다. 우리의 풍요는 끝이 없다. 어떻게 말해야 할까? 우리가 알고 있는 언어활동은 너무나 협소하다(Irigaray, 2000, p. 284).

그녀에게 여성의 몸은 매혹당하고 이끌리고 환호하고 열광하며 끊임없이 변화하는 육체이다. 여성의 몸은 스스로를 고정시키지 않고 변화한다. 자신의 정체성을 미완으로 남긴다. 이런 육체의 유동성이야말로 여성들이 자신을 새로 태어날 수 있게 하는 근거가 되는 것이다.

3. 목회상담학적 성찰

1) 경계를 넘나드는 주체

앞의 논의에서 드러난 것처럼 포스트페미니스트들에게 여성은 하나로 명명되거나 고정될 수 없는 존재이다. 끊임없이 변화하며, 유동적인 주체로 존재하고, 이 변화 가능함은 상담에서 다중적인 우리 자신의 내면과 만나게 한다(권진숙, 2012, p. 15). 여성 주체가 끝없는 재현의 상징으로 나타난다고 볼 때, 이것은 여성이 경험하는 하나님 인식에 어떤 영향을 미치게 될까?

존슨(Elizabeth Johnson, 2002, p. 106)은 자아와 거룩한 신비가 한 실재에 대한 체험의 적응이 다른 체험에 영향을 미친다고 본다. 즉, 인간의 자아관계 변화 과정은 하나님 체험에도 변화를 가져오는 것이다. 자신의 정체성을 가부장제하의 상대적 존재로만 인식해 온 여성이 자신의 자아를 확장시킬 때 이는 여성의 하나님을 경험하는 방식에도 영향을 미친다는 것이다. 존슨과 맥페이그(Sallie McFague)는 은유를 사용해 하나님의 다른 이름과 상징을 제안하고 이런 확장된 은유가 여성들의 삶을 해방시킬 것이라고 주장한다.

위던(Chris Weedon, 1994, p. 35)은 포스트구조주의의 실천에 언어와 주체성의 관계를 중요하게 여긴다. 포스트구조주의에서 언어는 주체성이 구성되

는 장소이며, 주체성이 구성된다는 전제는 그것이 선천적인 것이 아니라 사
회적으로 만들어지는 것임을 의미한다. 다시 말해, 서로의 경험들이 상충하
면서 이것을 해석하는 방식 역시 상호 충돌할 수밖에 없을 때, 포스트구조주
의는 이런 다름을 인정하고 한쪽을 힘으로 누르지 않는다. 이런 관점은 언어
가 다양해지면 의미를 고정시키는 방식 역시 불가능하다고 보기 때문이다.

　치료적 관점에서 포스트구조주의는 문제의 원인이 우리가 보통 말하는 주
제, 가족, 행위의 내부에 있다는 틀을 공격하고 문제의 흐름을 해석학의 깃발
로 옮겨갔다(McNamee & Gergen, 2004, p. 24). 즉, 지금까지 치료자, 해석자,
연구자 중심이었던 이론과 치료의 패러다임을 치료자와 내담자의 상호 주관
적인 대화의 망에서 나오는 구성된 합의의 이야기로 바꾸기 시작한 것이다.
우리의 삶은 고정된 실재가 있는 것이 아니라 구성되는 것이다.

　내담자가 추구하는 '자기'에 대한 진술도 사회를 통해 구성되고, 이야기
속에서 지속된다. 여기서의 '자기'는 개인 안에 있는 것을 보는 것이 아니
라, 사람들 간의 공간과 사회적 맥락에서 일어나는 과정과 활동으로 본다
(Freedman & Combs, 2009, p. 82).

　앞의 사례에서 나왔던 여성 신학생 A는 기존의 여자 신학생이라는 굴레에
씌워져 있던 담론을 거부한다. 그녀는 자기만의 이야기를 만들어 가고 싶어
한다. 이미 A가 가지고 있는 여성의 정체성은 가부장제라는 상징질서에 눌
려 있기 때문에 A가 자신의 새로운 정체성을 확보하기 위해서는 자신이 속
해있는 사회성을 뛰어넘어 자기를 명명하는 새로운 선호 이야기를 만들어
내야 한다. 그녀는 자신을 유능하고 성실한 사람으로 이야기하고 있고, 자기
관리도 철저하게 하고 있다. 그녀는 자신을 '프리지어' 꽃 같은 존재라고 이
야기했다. 좋은 향기를 지니고 있으면서 존재로 주변을 환하게 하는 평범하
지만 특별한 꽃이라는 의미이다. 그리고 그 여전도사님도 마음에 들지는 않
지만, 살아온 삶을 존중해 '해바라기'라고 하고 싶다고 했다. 자신을 높은 곳
에서 감시하는 것 같아 때로 불편하지만, 해바라기는 버릴 것이 없는 좋은 꽃

이라고도 했다.

크리스테바에 의하면 주체는 고정된 것이 아니고, 언어 안에서 구성되고 언제나 진행 중이다. 이는 여성이라는 정체성에 대한 도전적 선언이자 서로 모순되는 개인의 진술들이 존중될 수 있는 단서를 보여 주는 것이다. A는 자신의 정체성을 프리지어로 명명하면서 의미 있고 유능한 삶에 대한 소망을 드러냈다. 즉, 정체성이란 본질적으로 모방적이며 역할을 연기하고, 그 과정에서 자신에게 어울리는 가면을 선택하는 것이다. 내가 누구인지에 대한 진정한 내적 본성에 대한 고정된 답변을 유보하는 대신에, 늘 변신할 수 있고 재미있게 가면을 쓰는 것을 즐길 수 있는 것이다.

주체성에 관한 포스트구조주의 이론에 대해 여성주의자들은 많은 비판을 던지는데, 이것이 반인본적(anti-humanism)경향을 보인다는 것이다. 즉, 주체성과 개인의 의식과 경험을 해체하고 문맥화하는 것이 인간의 가치를 감소시킨다는 것이다(Freedman & Combs, 2009, p. 93). 그러나 포스트구조주의가 비판하고 있는 것은 제도화되고 담론화되어 있는 여성에 관한 어떤 '~ism'임을 기억해야 한다.

이런 입장에서 여성 A가 자신을 맥락에 두고 대화를 해 나갈 때, 그녀는 수많은 자기 안의 이야기를 통해 새로운 정체성을 구성해 나갈 수 있게 된다. 여기에는 기존의 가부장제 안에서 억압되었던 이야기로부터 자신을 분리시키면서, 자신을 둘러싼 지배사회의 이미지를 비교하기보다 유능과 성공이라는 자신의 생각과 이미지를 발전시키면서 그녀가 선호하는 이야기를 수없이 탄생시킬 수 있다. 비록 이것이 영속적인 것은 아니더라도 말이다.

2) 유희하는 몸과 '놀이'로서의 글쓰기

이리거레이는 여성의 성이 가부장제 안에 놓여 있기 때문에, 여성은 자신의 본래적 여자다움을 느낄 수 없게 되었는데, 이때 본래적 여자다움(femine)

은 여성의 몸 안에 있으며, 여성은 자신의 몸이 가지고 있는 다중적이고 이질
적인 쾌락을 즐길 수 있는 능력에 따라 여성다움이 달려 있다고 말한다. 또한
이러한 다중적인 성적 특징과 자기색정적(autoerotic)인 특징을 갖는 여성의
성은, 남근에 집중되어 있는 남성의 성과 달리 몸의 구석구석에 성 기관을 갖
고 있다(Irigaray, 2000, p. 81).

  이는 그동안 서구 사상에 만연해 온 동일성의 경계를 비판하는 것이다. 여
성은 A와 A의 관계가 아닌, A와 B의 관계이다. 동일성의 논리는 그동안 A와
A가 아닌 것(A)을 강조해 옴으로써 남성 A의 하위구조에 A가 종속되는 무정
형의 지위에 두었다(Morris, 1997, 193). 따라서 이리거레이는 여성의 성을 정
체성 그리고 은유의 언어와 연결하여 여성적 글쓰기에 도전한다. 그녀의 글
쓰기는 여성의 정체성을 재현하기 위해 다양성과 유동성, 접촉을 통한 성적
친밀함을 강조했는데 이런 방식은 섹슈얼리티에 대한 그의 은유적 묘사에서
드러난다. 이리거레이는 여성은 어머니라는 지위뿐 아니라, 풍성한 성욕을
지닌 존재라는 것을 글쓰기라는 재현의 방식을 통해 드러낼 것을 주장한다
(Irigaray, 2000, p. 216).

  그대의 입술들을 열어라. 하지만 그것들을 그냥 열지는 마라. 나도 그것
  들을 단순히 그냥 열지는 않는다. 우리, 다시 말해 너/나는 열려 있지도 닫
  혀 있지도 않다. 우리는 결코 단순히 분리되지 않는다. 우리의 입을 통해
  단 한마디의 말도 발음되거나 만들어지거나 말해질 수 없다. 우리의 입술,
  즉 너의 입술과 나의 입술 사이에서는 몇 개의 목소리들, 몇 가지의 말하는
  방식들이 이리저리 끊임없이 울려 퍼진다. 하나는 다른 것과 결코 분리될
  수 없다. 너/나, 우리는 항상 동시에 여러 명이다(Irigaray, 2000, p. 216).

  그녀는 여성의 섹슈얼리티가 복수로 존재한다는 것을 은유적으로 암시하
기 위해 '입술'이라는 이미지를 사용했다. 그녀에 따르면 여성의 성은 근본적

으로 다중적이며 또한 두 입술이 포개어 있는 이미지처럼 자가성애적이다. 이런 이미지는 분리되어 있지만 결합적인 존재를 의미하며, 엄마와 딸, 여성과 또 다른 여성의 관계를 나타낸다.

그러나 이러한 육체를 사용한 은유들이 또 다른 본질론으로의 회귀는 아닌지에 대해 비판의 여지를 남겨 놓고 있으며, 여성이 처해 있는 억압적인 현실에 대한 지나친 이상향으로의 탈출은 아닌지에 대한 의혹의 시선도 여전히 남겨져 있다. 그럼에도 불구하고 이리거레이의 이런 여성의 정체성을 몸과 연결한 은유가 소중한 이유는 남근이라는 동일성을 거부하고, 다양한 언어적 유희를 통해 기존의 상징체계를 교란시키면서 여성적 글쓰기가 남성적 현존을 비추는 언어와 다르다는 것을 보여 주기 때문이다.

그녀는 여성적 재현의 형태를 반사경(speculum)이라는 은유와 연결시키는데, 반사경의 볼록한 표면이 왜곡된 이미지를 생산해 내고 이는 남근 중심적인 담론이 만들어 내는 나르시시즘적 반영들을 뒤엎기 때문이라는 것이다(Morris, 1997, p. 215).

목회상담의 영역에서 쿠퍼-화이트(Pamela Cooper-White, 1995, pp. 2-16)는 압살롬의 딸인 또 다른 다말을 통해 그녀의 고모인 다말을 다시 이야기한다. 그녀는 이것을 '전복적 기억(subversive memory)'이라고 부른다. 정희성은 성폭력 생존자들을 위한 새로운 성서 읽기의 논문에서 골든버그의 책에 나오는 창세기 설화를 인용하여 기존의 가부장적 담론에 저항하는 새로운 성서 이야기 발굴을 주장했다(정희성, 2008, pp. 203-204). 이어 피해여성들이 자기주도적 시각으로 자신의 모든 경험과 관점을 존중하면서 읽는 전복적 성서 읽기의 한 형태로 '한 여성-놀이'를 제안하고 그 과정으로 다말 이야기의 새로운 읽기를 주장한다.

정희성이 패러디로서 구성한 다말 이야기는 그동안 어둡고 우울했던 다말 이야기에 익숙한 사람들에게 비약적 구성으로 들릴 수도 있다. 하지만 그동안의 성서 해석이 남성을 위한, 대부분 남성에 의해 쓰여진 것이 자명한 것이라고 볼 때, 여성적 관점에서의 성서 해석에 대한 전유(appropriation)는 여성 자신들의 새로운 정체성을 형성하기 위해 이전에 이미 사용되었던 불합리한 해석과 대항하는 새로운 이야기들이 서로 교차하면서 새로운 의미가 생겨나는 것이기 때문에, 여성들은 때로 허구들이 만들어 내는 이야기의 아찔한 자유 속에서 놀이하며 유희하는 존재로 자신을 새롭게 구성해 낼 수 있다.

이리거레이의 두 입술은 여성 신체에 대한 이미지에 머무는 것이 아니다. 그녀는 그녀의 은유를 여성 성욕을 긍정적으로 재현할 수 있는 새로운 상징으로 이해해야 한다고 말한다. 정희성의 한 여성—놀이로서의 성서 읽기와 쓰기도 성폭력 이후에 쓸쓸히 살아간다는 성서의 가부장적 담론에 대한 저항과 전복의 놀이로 해석될 수 있다.

성서가 가진 단일화된 해석의 이야기는 성서를 읽는 독자들에게 이중의 메시지를 준다. 이야기 안에 들어 있는 사람들에게는 희망을 주지만, 이야기밖에 있는 사람에게는 여전한 고통을 주기 때문이다. 여성에 대한 고정된 정체성도 마찬가지가 아닐까? 여성에 대한 정체성이 드러나는 순간 정체성 밖의 여성들은 자신을 고민하게 된다. 그러나 여성들은 단순히 가부장제를 지지하지 않는 것만으로도 즐거움을 가질 수 있다. 심각한 가부장제 타파를 넘어 마음껏 자신의 몸을 향유하면서도 담론에 저항하는 유쾌한 페미니즘은 저자가 누구인가가 중요하지 않다. 자신에 대한 정체성은 자신의 여성 경험을 통해 말해질 수 있기 때문이다. 여성의 몸은 오염되고 기괴하고 나쁘게 폄하되었던 시기를 넘어 자기들만의 재현방식을 통해 스스로를 진술한다. 두 입술처럼 만난 여성들은 서로가 서로의 텍스트를 완성해 가며, 나의 자기, 너의 자기 그리고 다른 사람들의 자기에 대한 가능성을 만들어 간다. 여기서 '선호된' 텍스트는 '진실'된 텍스트와는 다르다. 포스트구조주의의 자기는 진짜 텍스트를 통한 자기의 발견을 찾는 대신 다양한 자기의 경험을 창출하고 선호하는 자기의 성장과 발달을 지지하는 텍스트에서 살아가도록 돕는 것이다.

힘들고 어려운 이야기를 지닌 사람이라도 거기에는 반짝이는 한 때

(sparkling evnt)가 존재한다. 그것이 내가 선호하는 이야기가 될 수 있다. 인간이 가진 수만 마디의 언어 속에서 희망은 이 반짝이는 한때의 이야기를 통해 자기를 새롭게 발견하고, 이것을 바탕으로 한 사건 속에서 자기를 확장해 나간다.

참고문헌

권진숙 (2013). 캐리 도어링(Carrie Doehring)의 여성주의 목회신학: 트라우마, 관계, 힘 그리고 영성. **목회와 상담**, 21, 35-68.

박선영 (2004). 여성의 몸, 우리가 말한다. **여성과 사회**, 15, 210-231.

손자희 (2007). 한국 페미니즘 문화형세와 여성주체 구성의 문제. **문화과학**, 49, 121-139.

여성문화이론연구소 (2003). **페미니즘과 정신분석**. 서울: 여성문화이론연구소.

연효숙 (2008). 여성 정체성과 여성주의적 연대를 고민하다. **진보평론**, 35, 257-263.

이명호 (2010). 로맨스와 섹슈얼리티 사이: 젠더관계의 변화와 포스트페미니즘 문화현상. **영미문학 페미니즘**, 18(1), 101-116.

이수영 (2010). 페미니스트와 포스트페미니스트 세대의 변화. **영미문학 페미니즘**, 18(1), 117-137.

이형식 (2012). 포스트페미니즘 영화에 나타난 여성의 몸: 대상에서 주체로. **문학과 영상**, 가을, 569-594.

임옥희 (2006). 여성의 몸, 재생산, 유머. **여성이론**, 15, 55-72.

정희성 (2008). 성폭력 피해자의 생존과 재활을 위한 성서 읽기. **한국기독교신학논총**, 55, 203-204.

조현숙 (2012). 모성의 반전, 괴물 엄마의 살해와 영혼의 어둔 밤에서의 주체 탄생. **목회와 상담**, 19, 157-187.

주유신 (2008). 서구의 페미니스트 성 정치학: 그 지형과 쟁점들. **여성학 논집**, 25(1), 179-208.

Bataille, G. (1996). **에로티즘** (조한경 역). 서울: 민음사. (원저 1957년 출판).

Butler, J. (2008). 젠더 트러블 (조현준 역). 경기: 문학동네. (원저 1990년 출판).

Cooper-W, P. (1995). *The cry of tarmar*. Minneapolis: Augsburg Fortress.

Creed, B. (2008). 여성괴물 (손희정 역). 서울: 여성문화이론연구소. (원저 1993년 출판).

Freedman, J., & Combs, G. (2009). 이야기치료: 선호하는 이야기의 사회적 구성 (김유숙 외 공역). 서울: 학지사. (원저 1996년 출판).

Irigaray, L. (2000). 하나이지 않은 성 (이은민 역). 서울: 동문선. (원저 1977년 출판).

Johnson, E. (2002). 하느님의 백한 번째 이름 (함세웅 역). 서울: 바오로의 딸. (원저 1992년 출판).

Kristeva, J. (2001). 공포의 권력 (김인환 역). 서울: 동문선. (원저 1982년 출판).

Lyotard, J. F. (1989). *The Lyotard reader*. Andrew Benjamin (Ed.), Oxford: Blackwell.

McNamee, S., & Gergen, K. (2004). 심리치료와 사회구성주의 (김유숙 역). 서울: 학지사. (원저 1992년 출판).

Morris, P. (1997). 문학과 페미니즘 (강희원 역). 서울: 문예출판사. (원저 1997년 출판).

Weedon, C. (1994). 포스트구조주의와 페미니즘 비평 (이화영미문학회 역). 서울: 한신문화사. (원저 1987년 출판).

제**10**장
여성주의 상담가의 트렌스젠더 상담

정푸름

(치유상담대학원대학교)

여성주의 상담은 1960년대 말에 미국에서 시작된 여성운동의 영향으로 발전된 상담이론이자 상담방법이다. 물론 여성의 참정권에 대한 오랜 여성의 움직임이 이전부터 있었지만 학문적인 배경이 뒷받침된 본격적 여성주의는 이 시기로 상정한다. 초기 여성주의는 남녀평등을 주장하는 움직임으로 시작했고 이후 여성주의의 영향으로 여성주의 상담이 생겨나기 시작하면서 기존의 가부장적 시각에 대한 문제제기와 그로 인해 여성의 주제를 인식하고 이해하는 데 한계가 있을 수밖에 없었다는 것을 주장하는 상담 움직임이 시작되었다. 우리나라에서도 1980년대부터 여성주의 상담이 실행되어 왔고 현재 계속에서 많은 상담전문가와 상담활동가를 배출하고 있다(김민예숙, 2011; 정춘숙, 2005).

여성주의 상담은 주로 여성들의 삶과 여성들이 처한 사회문화적 구조에 관심을 갖고 그로 인해 여성의 삶이 어떤 영향을 받았는지를 탐색하고 인식하는 학문의 영역이자 상담방법이다. 김민예숙은 여성주의 상담을 "여성주의 철학의 관점에 입각하여 여성 및 사회적 소수자의 변화를 조력하는 상담"이라고 정의하며, "내담자가 도움이 필요해진 이유가 여성 및 소수자의 인권을 침해하는 사회에 있다는 발견에서 출발한 상담"이라고 설명한다(2011, p. 198). 여성주의 철학은 성차별주의뿐만이 아닌 사회경제의 계층차별주의, 인종차별주의, 신체능력차별주의, 연령차별주의, 자민족주의, 이성애주의와 같은 인간 삶 전반에 걸친 차별과 억압을 극복하고 민주적인 사회를 지향하는 철학이라고 이해할 수 있다.

여성주의가 본격적 틀을 갖추고 상담에서 적용되기 이전에 많은 상담이론은 남성중심적인 시각으로 여성의 문제를 바라보았고, 여성이 처한 삶의 정황과 그 정황이 속한 사회정치문화 구조와의 연계성은 무시되었다. 구조에 속한 개인이 무시된 상황에서 여성 개인이 갖는 문제는 오로지 여성 개인 내면의 부족함이나 나약함으로 치부되었고 그 개인의 회복도 사회, 정치, 문화의 구조 변화 없이 개인의 노력으로만 이루어져야 하는 아이러니한 상황이 반복되었다. 그 과정에서 상대적 약자인 여성은 더 위축되고 좌절되고 스스로를 탓하는 절망감을 반복해서 느낄 수밖에 없었다. 이에 여성주의 상담자들과 여성주의 학자들은 여성의 경험과 심리를 토대로 여성을 바라보는 관점을 발달시켰는데, 여성을 긍정적으로 보며 여성의 경험을 가치 있게 생각하는 여성주의 성격이론을 제시하기도 하였다. 김민예숙은 러맨(Hannah Lerman)의 여성주의 성격이론의 기준을 제시하는데, 그 내용은 다음과 같다. 임상적으로 유용할 것, 여성의 다양성을 포괄할 것, 여성을 긍정적으로 볼 것, 여성의 경험으로부터 나올 것, 경험적 자료에 긴밀하게 연결될 것, 내적 세계와 외적 세계의 얽힌 관계를 인휘할 것, 성역할 고정관념을 가진 특정 개념을 피할 것, 그리고 여성주의 상담을 지지할 것(김민예숙, 2013, p. 17).

이와 같이 여성주의 상담은 여성의 주제를 중심으로 발전되었지만, 여성주의 상담이 단지 여성을 상담하는 것에 국한되는 것은 아니다(이지연, 2004,

p. 77). 여성주의는 단지 차별받는 여성을 염두에 둔 것이 아니라 모든 차별과 억압을 인식하며 구조적 억압이 개인에게 미치는 영향을 연구한 것이기에 여성이 아닌 타(他) 젠더에게도 적용될 수 있는 상담 이론과 방법이다. 여성주의 상담자도 여성주의 상담을 실행한다고 해서, 물론 여성주의에 입각한 사고와 방법을 사용하겠지만, 단지 여성주의 상담이론 하나만을 적용하지는 않을 수도 있다. 현대의 상담은 단지 하나의 이론만을 고집하는 상담보다는 여러 상담이론을 내담자와 주제, 상황에 따라 통합적으로 사용하는 것이 일반적이다(Corey, 2014, pp. 428-454). 하지만 많은 상담가가 여성주의 상담에 대한 올바른 이해를 하지 못하고 여성주의 상담의 유용함을 경험하지 못하는 것이 현실이다.

이에 이 글에서는 과연 여성주의 상담이 타 젠더와의 상담에서도 젠더에 상관없이 실제적으로 적용되었을 때 유용한지에 대한 질문에 답하고자 하며, 여성주의 상담이 개인의 문제를 구조적인 관점과 균형 맞춰 이해하는 데 효율적이므로 여성주의 상담을 주요 상담이론과 통합적으로 적용해 문제를 이해했을 때 깊은 내담자 통찰이 가능하다고 주장한다. 이를 위해 여성주의의 흐름, 여성주의 목회상담의 발전, 여성주의 상담의 원리, 여성주의 상담 이론과 방법을 다른 젠더에 적용해 본 사례를 들어 설명할 것이다. 당사자의 동의를 얻어 게재하는 사례는 트랜스젠더인 성소수자의 이야기이다. 이 사례는 사회정치문화적인 상황이 만들어 낸 구조에 의한 트라우마와 존재가 부정되어야 하는 성소수자의 이야기이다. 이 유형의 사례는 최근 몇 년 사이 부쩍 상담의 주제로 자주 등장하는 호소 문제들이기도 하다. 이 글에서 여성주의 상담으로 이들의 사례를 접근해 보려 한다.

이 글에서는 트랜스젠더를 상담하는 것이 과연 옳은지, 생각의 교정을 위한 전환 치료(conversion therapy)가 되어야 하지는 않는지에 대한 논의는 생략한다. 이에 대해 여러 논쟁이 많고, 앞으로도 지속적으로 논의되어야 할 주제이지만, 일단 상담자인 내가 감독으로 소속된 한국목회상담협회의 "종교,

인종, 장애, 성, 나이, 경제적 위치, 국적 등이 다르다는 이유로 …… 전문적인 도움을 주는 데 차별을 하지 않는다."라는 윤리강령에 의거해 상담을 진행하였고, 상담자는 상담자의 능력과 전문성 안에서 내담자를 돕기 위한 최선의 노력을 할 필요가 있다는 개인적인 신념하에 접근하였다. 여성주의 상담이론이 상담의 큰 가이드라인을 제공하였고 그것을 이 글에서 설명하겠지만, 그 외에도 상담에서 취해야 할 기본적인 태도는 내담자가 호소하는 문제보다 그 문제를 호소하는 내담자라는 존재에 대해 더 깊은 관심을 갖는 것이라고 믿는다. 상담에서 내담자와 그가 가진 문제가 분리되지 않을 채로 지나치게 문제시되면 오히려 그릇된 상담이 될 수 있고, 내담자의 문제 자체가 내담자와는 분리될 수 없는 그의 정체성으로 고착될 수 있는 위험도 존재하기 때문이다. 어떤 존재와 마주 앉아 있는지가 어떤 문제를 만나는지보다 중요하기에, 내담자라는 존재(being)에게로 관심을 지속적으로 환기시킬 필요가 있다는 상담자의 자세와 신념이 이 상담을 진행하는 데 작용하였음을 강조하고 싶다.

1. 여성주의의 흐름

여성주의 운동을 크게 제1물결부터 제3물결(wave)까지 구분한다. 제1물결은 19세기말부터 20세기 중반 정도까지의 시기에 진행된 운동으로 여성의 참정권, 재산의 소유권, 교육권을 확보하는 것이 주된 주제였다. 여기에서는 여성주의 운동의 제2물결과 제3물결을 주로 다루게 되는데, 1970년대 후반과 1980년대 초반에 이어 남성 중심의 사고와 가부장적 사고의 영향을 받은 권위자들이 여성에 대해 갖는 인식에 의문을 제기하며 여성의 관점에서 바라본 여성의 발달, 여성의 이해, 여성의 문제를 진단하려고 하는 움직임들이 본격화되었다. 이 움직임은 학계에 속한 여성주의 심리학자들 중심으로 전개되었는데, 대표적으로 콜버그(Lawrence Kohlberg)와 함께 도덕성 발달단계에 대한 연구를 진행하던 길리건(Carol Gilligan)은 콜버그가 제시하는 도덕성 발달단계가 여성들, 특히 사춘기 소녀들에게는 적합하지 않는 것을 인식하고는 그들만의 목소리를 담은 『다른 목소리로(In a Different Voice)』라는 책을 출간하며 여성들의 고유의 목소리를 학문적인 작업으로 옮기기 시작하였다. 밀러(Jean Baker Miller)는 같은 시기에 기존의 심리학이 여성들의 발달과는 다른 분리와 독립을 강조한다고 생각하고, 관계를 위주로 발달하는 여성주의 이론을 『새로운 여성심리학(Towards a New Psychology of Women)』이란 책에 담았다. 여성주의 상담은 초기에 이렇게 학문적인 연구로 진행이 되었고 이 흐름은 많은 발전을 거듭해 나갔지만, 초기 여성주의 상담과 여성주의는 다양한 주장을 수용하기보다는 여성들은 보편적으로 같은 경험을 하며, 성평등인 공통의 목표를 가지고 있으므로 한목소리로 그 문제에 대응해야 한다는 사고가 강했다(김민예숙, 2011, p. 200). 여성들의 경험을 중요시하며 공통의 목표에 대응한다는 뜻을 가졌고, 성역할의 고정관념을 전환시키고자 의식향상집단인 CR(consciousness raising)이 소그룹 형태로 진행되며 많은 고정적 의식 타파가 이루어졌다. 하지만 이 모든 움직임은 주로 백인 지식인 여성들이 주도하였고, 기존의 남성 중심의 경험과 해석을 거부하고 비판하는 것에서 크게 벗어나지 못한 점도 있었다.

그 이후 1990년대 초반까지 여성주의 상담은 많은 발전을 거듭했다. 그 중심에는 다양한 유색인종 여성들이 기존의 여성주의 안에도 백인 여성의 경험과 목소리가 주류를 이루고 있다고 지적하며, 여성들도 남성들과 마찬가지로 성차별주의자가 될 수 있다는 사실을 인식하도록 했다. 또한 여성주의가 표방했던 성평등의 목표에서 확장되어 여성들 사이에서도 힘(power)의 분배가 평등하게 이루어질 것을 주장하였으며, 훅스(Bell Hooks, 2002, p. 22)는 이로서 반남성주의를 고집하는 것만이 여성주의의 핵심정서가 될 수 없음을 깨닫게 되었다고 말하고 있다. 이 노력의 일환으로 다양한 여성 집단과 유색인종

집단이 자신들의 경험을 목소리로 낼 수 있게 되었고, 더 나아가 계층 차별과 같은 다양한 형태의 사회문화적 억압에 대한 인식을 가질 수 있었다. 또한 기존의 정신증과 신경증의 진단체계가 남성중심적으로 형성되었음을 지적하였는데, 주로 여성들에게 진단되는 인격장애 같은 경우는 구조적 문제의 피해자인 여성의 심리적 상태가 담겨 있다는 것이 인식되지 않았음을, 그리고 외상 후 스트레스 장애도 일상적으로 폭력과 학대에 노출되어 있는 여성을 진단하기에는 충분치 않았다는 점을 비판하였다(Hooks, 2002, p. 202). 이 시기에 많은 상담이론과 여성주의 상담의 통합이 시도되었다. 기존의 상담 전문가들이 전적으로 여성주의 상담만을 시행하기보다는 자신의 전문적 이론을 여성주의와 통합하여 여성주의적 시각에서 이론을 비평하고 분석하였다.

기존의 전통적인 상담이론이 남성처럼 되려고 하는 여성의 욕구와 본능이 어떻게 표출되거나 좌절되었는지를 주로 연구했다면, 이 시기에는 개인이 처한 상황적 이해가 더 많이 강조되었다. 그러므로 개인에게 일어나는 모든 내면의 문제는 외부의 구조와 사회문화와 밀접한 연관성이 있음을 주장했는데, 여성주의 상담의 모토 같은 "개인적인 것은 정치적인 것이다."라는 명제가 이 부분을 잘 드러내 주고 있다. 개인의 문제는 개인과 개인을 둘러싼 직접적인 관계 경험만이 문제가 아니라, 많은 문제는 정치사회적 맥락에서 일어난 일이고, 이 맥락에서 영향을 받아 개인이 내면화시킨 성역할이나 가치관 또는 사고습관이 반드시 인식되어야 한다고 주장한다. 존슨(Katherine Johnson, 2005, p. 38)은 여기에서 '정치적'이란 뜻은 많은 의미를 내포하고 있는데, 젠더, 계급, 인종, 개인을 어떤 위치에 놓이게 하는 모든 상황을 의미하는 포괄적인 뜻으로 이해되어야 한다. 여성주의에서는 일반적인 지식에 대해서도 그 지식이 억압적 상황에서 사회적으로 구성된 지식인 것으로 인식하는데, 해러웨이(Donna Haraway)는 지식을 생산한 당사자의 힘이 인정되는 상황적 지식(situated knowledge)이라는 개념을 주장하기도 한다(Hekman, 1997). 상황적 지식은 어느 누가 획일적으로 지식의 타당성을 결정하지 못하며, 각자의 이야기는 일반적이지 않아도 상황에 의해 구체적으로 구성되었음을 인정하는 것이다.

　이후의 여성주의는 1990년대부터 현재까지의 시점을 포함하는데, 이전에도 다루었던 성폭력, 낙태, 성노동, 여성 인권의 문제를 좀 더 제도적인 차원에서 법제화하고 더 다양한 인종과 성소수자들을 포함하는 대규모적인 운동을 조직해 나가고 있다. 이와 관련해 가장 집중적으로 논의되는 주제는 젠더, 성(性), 섹슈얼리티의 문제이다. 이나영은 섹슈얼리티를 "성적 욕망, 실천, 정체성을 포괄하는 것으로 우리 사회, 문화 속에서 여/남성으로서의 정체성을 인지하는 것"과 관련이 있다고 한다(2009, p. 11). 섹슈얼리티는 성행위뿐만이 아닌 "성적 감정 및 관계들을 포함하며, 타자에 의해 성적으로 정의되거나 정의되지 않는 방식이자 우리 자신을 정의하는 방식"이 되는 것이다. 젠더, 성, 섹슈얼리티의 논의는 급진주의적 여성주의에 의해 초기부터 논의되어 왔지만, 초기에 성평등과 성해방이 함께 강조되다 성폭력의 문제로 옮겨 간 이후로 다시 본격적으로 논의되는 주제이다. 지식이 절대 진리가 아닌 누군가에 의해 결정된 획일적인 사고일 수 있듯이, 인간의 젠더, 성, 섹슈얼리티의 문제도 누가 그 기준을 결정했으며 무엇이 정상이고 또 병리인지, 어떻게 규범지어지는지에 의문을 제기한 것이다. 급진적 여성주의자 버틀러(Judith Butler, 2006)는 여성과 남성을 구분하는 존재론적인 진실은 없다고 주장하며 모든 성역할은 수행되는 것뿐이라는 젠더 수행성(gender performativity)을 강조한다. 지금까지 신체적인 조건에 의해 구별되는 성과 그에 따른 주어지는 역할인 젠더를 구분해 왔는데, 이 경계를 허물며 성마저도 젠더와 같이 문화적으로 구성되고, 그 안에서 자기에게 주어진 역할을 수행했다고 주장한다. 외형적으로 보이는 모습으로서의 성과 내면이 별개로 구분될 수 없다는 것이다. 그리고 지금까지의 성, 젠더, 섹슈얼리티는 이성애자의 관점에서 규정된 이해이기에 그것을 인식하고 다시 배우는 것(relearn)이 필요하다고 주장한다.

2. 여성주의 목회상담

미국에서의 여성주의 목회상담도 이와 같은 여성주의 흐름과 유사하게 진행되었다. 백인 목회상담가들의 인종차별적 측면에 대한 문제제기가 있었고, 초기 여성주의 목회상담이 인종에 대한 민감성이 부족했음을 주장하였다 (Williams, 1993, p. 185). 백인과 흑인 여성주의 목회상담가 모두는 남녀평등과 개인적 해방에 머무르지 않고 성역할의 불평등을 양산하는 사회구조에 대해 이의를 제기하고 가부장적 문화와 사회 변화에 중점을 두었다. 하지만 흑인 또는 다른 인종의 여성들이 처한 상황의 특수성을 인정할 필요가 있었고, 나아가 가부장적 문화가 각각에게는 어떤 역할과 의미이고 어떤 악영향을 끼쳤는지에 대한 경험을 인식할 필요가 있다고 보았다. 우머니스트 목회상담가인 윌리엄스(Delores S. Williams, 1993)는 가부장제라는 것은 단순히 남성 중심 사회에서 여성의 위치를 의미하는 것이 아니라, 경제적, 사회적 하위계층에 속한 여성을 상위계층 여성이 억압하는 문제와 백인 우월주의와 특권을 지속시키기 위해 백인 남성과 백인 여성이 협력하는 문제까지도 내포되어 있는 의미라고 주장했다.

우머니스트와 유색인종 여성주의 목회상담가를 포함한 여성주의 목회상담의 방법론은 대체적으로 탈근대적 여성주의적 접근이었다. 정희성은 초기의 여성주의 목회상담가들이 프로이드 정신분석학을 비판하거나 재구성했었고 해방신학적 관점에서 여성의 경험과 관점을 재해석했다고 말하며 최근의 여성주의 목회상담의 관점은 탈근대적 관점이라고 설명한다(정희성, 2008, p. 230). 도어링(Carrie Doehring, 1992, p. 24)은 가부장적 문화가 양산한 사회문화에 주목하되 여성주의의 관점을 가지고 그 상황을 분석적으로 접근하는 것이 중요하다고 한다. 더 나아가 도어링(2013)은 삼중초점렌즈를 통한 목회적 돌봄의 접근법을 주장한다. 목회 돌봄 사역자들이 전근대적, 근대적, 탈근대적 접근방법을 모두 사용하는 것인데, 전근대적인 방법은 "하나님, 즉 거룩하신 분과 교제하고 있다고 느끼는 돌봄 수혜자의 종교적, 영적 체험에 초점을 맞추는" 것이며, 근대적인 방법은 성서적 비평방법이나 심리적, 의학적 관점을 사용하여 일어난 사건의 이해를 돕는 방법이고, 자신의 경험은 자신이 몸담고 있는 상황과 사회문화적 환경에 의해 특수하게 형성되었다는 것을 인식하게 돕는 방법이 탈근대적인 방법이다. 특히 탈근대적인 방법을 강조하는데, 권진숙은 도어링의 탈근대적인 방법의 특징을 정리하며, 이를 가장 일상적인 이야기로 풀어내는 이야기식 목회신학, 거대 담론과 미세 담론이 연결될 수 있는 상황적 목회신학, 신학과 심리학을 포함한 사회과학의 비판적 대화인 학제 간 연구, 그리고 실용적인 목회신학이라고 설명한다(권진숙, 2013, pp. 51-54). 도어링의 여성주의 목회신학은 개인에 대한 깊이 있는 공감적 이해와 상황의 특수성을 이해하기 위해 다양한 관점으로 접근하고, 한 개인의 문제를 사회구조와 연결시켜 경험의 명확한 이해를 추구하며, 이를 바탕으로 더욱더 체계화된 목회적 돌봄을 제공하기 위한 노력에서 나온 방법론이다.

여성주의 목회상담은 여성의 경험과 여성의 목소리에 관심을 두지만, 궁극적인 관심은 불평등을 양산하는 사회구조를 변화시키는 데 있다고 주장하는 목소리도 있다. 누거(Christie Cozad Neuger, 1996)에 의하면, 여성주의 관점은 문화와 권력관계에서 소외된 자들의 경험으로부터 시작되었기에 소외된 계층의 삶의 경험을 중요하게 생각하는 것이 당연하다고 말한다. 이것은 여성의 경험이 가부장적 문화에서 어떻게 억압되었는지에 관심을 가지지만, 여성의 이야기에만 중점을 둔다는 것은 아니다. 누거는 여성주의 목회신학을 "불평등을 양산하는 문화를 변화시키겠다는 정치적인 전제와 약속"이라고 정의하며, 단지 억압을 야기하는 문화적 인식이 있는 것과 개인의 변화와 회복에 그치는 것이 아니라 가부장적 문화를 변화시키는 것이 더 중요하다고 주장하기도 한다(Neuger, 1996, pp. 92-93). 밀러-맥르모어(Bonnie Miller-McLemore)

는 여성주의 관점이 단지 성평등에 국한된 것은 아니라고 주장하며, 불평등
을 야기하며 젠더, 성적취향, 계급, 인종에 따라 사람을 우월하고 열등하다
고 구분하는 사회구조와 이데올로기에 대한 비판적 분석이 필요하다고 한다
(1999, p. 79). 모든 여성주의 목회상담은 단지 한 집단만을 이롭게 하려는 것
이 아니라 모든 삶을 변화시키는 것을 목표로 하는 것이다.

그리고 이 글에서 충분히 확장하여 다루지는 못하지만, 국내 학계에서도
다양한 여성주의 목회상담과 목회신학자들의 연구가 발전되어 가고 있다. 특
히 최재락, 김필진, 신명숙, 고영순, 정희성과 같은 초기 여성주의 목회신학자
들의 연구를 살펴볼 필요가 있다(고영순, 2006; 김필진, 2006; 정희성, 2008).

1) 젠더 역할 분석을 통한 역량 강화

상담이론 개론서에는 여성주의 치료의 목표를 "여성 경험의 병리적 측면
을 없애고 여성의 표현이 존경받도록, 관계를 중요시하는 특성이 가치 있는
것으로 인정되도록 사회를 변화시켜야" 하며, 여성의 경험을 가부장적 가치
의 편견을 배제한 체 여성 자신의 능력과 성취로 판단해야 한다고 쓰고 있다
(Corey, p. 343). 하지만 여성주의 상담의 목표는 단지 여성의 경험을 다루는
것이 아니라 모든 젠더가 내면화된 성역할을 깨닫고 남성중심적 사고와 억압
적인 사회의 신념과 문화가 어떻게 한 개인에게 부정적 방식으로 영향을 주
었는지를 탐색하여 그 안에서 자신의 고유한 가치를 찾아가는 것이다. 이런
여성주의 상담의 목표와 방법은 단지 여성에 국한되는 것이 아니다.

훅스도 여성주의는 반남성주의가 아닌 성차별주의와 성차별주의에 근거
한 착취와 억압을 종식시키려는 운동이라고 정의한다(Hooks, 2002, 서문). 성
차별의 피해자는 여성만이 아니다. 성차별을 양산하는 구조의 피해자도 여
성만은 아니다. 성차별은 여성과 남성 모두에게 피해를 줄 뿐만 아니라 젠더
를 명확하게 인식할 수 없는 성소수자에게도 부정적 영향을 끼친다. 한 젠더

의 역할과 특성을 규정하고 그 자리에서 벗어나지 않도록 사회문화적 제재를 가하는 것은 그 젠더에게만 해당하는 것이 아니라, 상대 젠더의 역할을 제한하며 스스로의 역할과 특성도 제한하게 되는 것이다. 여성은 절대 여성다워야 한다고 하면 남성도 남성다워야 하는 것이고, 여기에서 제기되는 의문은 그 여성다움과 남성다움을 누가 정의 내렸느냐 하는 것이다. 앞에서 언급한 것과 같이 개인의 독특성은 간과된 채로 획일적으로 내려진 정의이고, 이 역할에서 벗어났을 때는 사회문화적 제재가 가해질 것이다.

그래서 여성주의 상담에서 중요하게 생각하는 것이 젠더 역할의 분석이다. 사람들에게는 자기 개인의 젠더 특성이 무엇인지도 인식하기 전에 태어나면서부터 사회문화적 젠더 역할이 주어진다. 한국의 많은 윗세대 여성들이 딸이어서 태어나면서부터 방의 윗목으로 밀려나고 환영받지 못했다고 말하는 반면 남성들은 아들이어서 무조건 환영받았다고 말하곤 한다. 자기 본연의 모습이 무엇인지 유기체적으로 인식할 겨를도 없이 사회적으로 정의 내려진 젠더 역할이 주어지는 것이다. 이 속에서 자기 자신의 독특성은 무시되고 자기 개인에게 주어진 역할에 자신을 맞추려는 노력이 시작된다. 여성주의 상담에서는 태어나면서부터 어떤 사회적 젠더 역할을 할당받았는지, 그 사회적 메시지를 어떻게 내면화시켰는지, 그 역할 메시지에 따른 보상과 처벌은 어떤 것이었는지, 그것이 진정한 자기의 모습인지에 대한 탐색을 한다 (김민예숙, 2014, 29). 이 탐색을 통해 자신이 재구성하고자 하는 역할 메시지는 무엇인지, 그에 따른 전략과 내면의 지지집단을 모색한다.

2) 이야기를 통한 역량 강화

여성주의 목회상담에서 누거는 개인의 이야기에만 집중하는 것이 아니라 억압된 이야기를 만드는 사회구조를 변화시키는 것을 가능하게 해야 한다고 주장했지만, 그것이 개인의 이야기를 가볍게 간과한다는 뜻은 아니었다. 누거는 어떻게 개인의 이야기가 억압이 되어 자신의 목소리를 내는 것이 불가능해지는지를 인식하는 것, 또 어떻게 내담자의 목소리를 찾아가야 하는지를 매우 중요하게 생각했고, 이것이 누거가 쓴 주된 여성주의 상담방법론이다. 누거(2001)는 지배적인 신념체계에 자신의 이야기가 적합하지 않다고 생각하면 소수자는 자신의 이야기를 축소하거나 아니면 지배적 신념체계에 맞게 자신의 이야기를 수정하게 된다고 말한다. 왜냐하면 지배적인 신념과 문화적 담론은 힘을 가진 강자가 만드는 것이기 때문이다. 이런 현상은 오랜 시간동안 단절의 경험을 했을 때 나타나는데, 강자와 약자가 존재하는 권력관계에서 약자의 이야기가 강자에 의해 수용되지 않으면 약자는 자신이 개방한 생각과 감정에 확신을 가질 수 없게 되고 이 과정이 자주 반복되면 약자는 아예 자신의 생각과 감정을 개방할 엄두조차 내지 못하게 되는 것이다(Jordan, 2016). 자기의 이야기를 한다는 것은 자신의 생각과 감정과 주장을 담을 수 있는 목소리를 찾게 된다는 것이기에, 소수자가 자신의 이야기를 하게 되는 것은 매우 중요하다. 누거는 목소리를 찾는 것은 자기를 불신하고 무시한 지배적인 신념에 항거하는 것이라고 말한다. 하지만 단순한 이야기의 반복이 아닌 이야기의 재구성이 중요하다고 주장한다. 이야기를 여러 관점에서 기억하고 바라볼 수 있어야 하고, 새로운 의미를 부여하며, 깨진 것과 정의롭지 않았던 일에 대한 분명한 인식, 그리고 다시 희망을 담은 이야기를 풀어 가는 과정이 필요하다(Neuger, 2001, pp. 221-229).

도어링은 내담자의 이야기 속에서 폭력과 관련된 주제를 찾아 대처할 수 있도록 도와줘야 한다고 말한다. 이야기를 통한 방식은 진단이나 성격유형과 같은 방법으로 접근하는 방식과는 차이가 있다고 말하고 효과적인 목회적 돌봄이나 상담을 위해서는 누거와 마찬가지로 이야기식 접근법(the narrative approach)을 사용할 것을 주장한다. 이런 이야기식 접근법은 다섯 가지 가정을 기초로 하는데, 첫째는 사람들이 말하는 폭력의 경험은 매우 주관적으로 기술된다는 것이고, 위기의 대처방법으로 이야기를 통해 혼란스러운 상황을 스스로에게 이해시킨다. 내담자의 이야기가 깊은 고통의 경험을 포함할 수 있다면 내담자는 그만큼 고통을 견디게 되며 변화도 경험할 수 있게 된다. 폭력으로 인한 피해가 클수록 이전의 생활방식을 회복하는 것은 어려운데, 이야기를 통해 과거, 현재, 미래를 구성할 수 있다면 많은 변화를 가져올 수 있다. 이야기는 가족, 공동체 그리고 문화에 의해 구체화되기에 고통을 이해하고 대처하는 데 많은 영향을 끼친다(Doehring, 2012, pp. 124-130).

3. 사례 이해와 제언

A는 트렌스젠더 청년이다. A는 호르몬 치료를 몇 년간 받으며 다른 성이 되어 가는 과정을 거치고 있었다. A가 처음 상담하러 왔을 때 심리적 불안정 상태였고 그로 인해 정신과 치료와 처방을 받아 약을 복용하는 상태였다. 정신과에서는 우울증과 공황장애로 진단을 받았다. A는 많은 변화를 겪고 있었는데, 대학 졸업 후 취업준비생이 되는 변화, 오랜 기간 떨어져 살던 부모님과 함께 살게 된 변화, 연인과의 이별로 인한 변화 등이 그것이다. 내담자는 청소년기부터 트렌스젠더로서의 성 정체성에 대한 확신을 가지고 있었지만 이런 상황을 주변에 이야기하지 못했고, 그로 인해 항상 '이상한 애'로 취급받으며 학교나 인간관계에서 적응하기 힘들어하는 아이가 되어 갔다. 항상 조심스러웠고 불만스러웠으며 혼란스러웠다. 자기의 경험을 신뢰할 수 없었고, 그것을 인간관계에서 충분히 재생하며 상대와의 상호 작용에서 실험해 볼 수 있는 기회가 많지 않았으며, 혼자 생각하고 일방적으로 내뱉어 버리는 것에 익숙했다. 내담자에게 어떻게 살고 싶냐고 물어봤을 때 내담자는 깊은 한숨을 내쉬며 "자연스럽게 살고 싶다."고 말했다. 언제 자신이 자연스럽지 않게 느껴졌냐고 물었을 때 내담자는 남자화장실을 가야 할지 여자화장실을 가야 할지 몰라 학교 수업 중

에 버스 타고 집에까지 다녀가며 수업에 정상적으로 참여하지 못했을 때 자신이 자연스럽지 않게 느껴졌다고 했다(A를 상담하게 된 후에 관심을 가지고 보니 생리현상을 어떻게 해결하느냐의 문제는 트렌스젠더들이 많이 하는 고민 중 하나였다). A는 가족모임에 나갈 수 없었으며 교회의 또래 집단과 어울리기 힘들다고 호소했다. A가 많이 불안해하던 한 회기 때 불안의 기저에 무엇이 있는지 함께 탐색했는데, 부모가 자신을 버릴까 봐, 사회에 소속되지 못할까 봐 불안한 A를 만날 수 있었다. A는 자신이 항상 '이상한 애'로 취급받았으며, 어릴 때부터 "너는 왜 그렇게 생겼냐. 여자인지 남자인지 모르겠다."는 말을 주변 사람들로부터 자주 들었고 사회가 규정하는 젠더의 모습이 아닌 중성화된 외모로 많은 공격을 당했다고 했다.[1]

이 부분에서는 여성주의 상담의 관점에서 트렌스젠더 내담자를 상담할 때 도움이 될 수 있는 몇 가지 이해들을 제시해 본다.

첫째, 트렌스젠더에 관해 학습한다. 상담자가 상담의 대상인 내담자와 그들의 증상을 학습하는 것은 당연히 해야 하는 일이다. 대다수의 우리들은 트렌스젠더와 그들의 삶에 대해 너무 제한된 지식을 가지고 있다. 때로 그 제한된 지식은 고정관념이나 편견으로 점철된 관점들인 경우가 있다. 우리 사회의 트렌스젠더에 대한 이해는 아직 많은 경우 논의되고 있지 않다. 어떤 입장은 "트렌스젠더는 성 정체성이 혼돈되어 있는 일종의 정신적 장애상태"(김형철, 2006, p. 105)라고 하며, 자기 자신에 대한 확신이 없어 자존감, 기분장애, 불안장애가 많이 발생한다고 한다. 하지만 또 다른 이해는 이런 입장도 지배적 담론이며 편견에 쌓인 시각의 결과라고 주장한다. 여성주의에서 개인의 경험과 삶은 정치적인 것이라고 말하는 것과 같이 "어떤 행동이 정상이고 비정상인지를 결정하는 목회적 돌봄과 목회심리치료도 정치적일 수밖에 없다."

---

1) 이 사례는 동의를 얻어 기재되었음.

고 하는 입장에 대한 깊은 토론이 필요한 시점이다(Mann, 2013, p. 202). 트렌스젠더는 일부 편파적 여성주의 관점에서도 수용되지 않는 대상들이다. 여성이 아닌 대상이기 때문이다. 여성주의의 다양한 스펙트럼에 관한 이해와 더불어 트렌스젠더를 둘러싼 사회정치문화적 관점도 학습할 필요가 있다.

메이어는 성소수자가 소수자 스트레스(minority stress)를 경험한다고 하는데 이 경우가 A에 해당한다고 보인다. 소수자 스트레스는 일반인들이 경험하는 모든 스트레스 위에 더해진 스트레스로, 탄탄한 사회문화적 제도나 규범과 관련 있기에 더 심각한 만성적인 특징을 가질 수밖에 없으며, 일개의 사건이나 상황이 아닌 조직이나 구조 속에서 경험하게 되는 사회적 스트레스라고 설명한다(Meyer, 1995, pp. 38-56: Mann, p. 202에서 재인용). 더 나아가 자신이 다른 사람에 의해 소수자로 분류되고 그것이 불이익으로 이어질 때, 자신에게 중요한 집단으로부터 자기들과 다르다고 구분되어 거부당할 때, 자신이 속한 소수자 그룹이 주류 사회로부터 비난받을 때, 그리고 자신의 소수자 집단에서조차 거부당할 때 등이 소수자가 위협을 느끼게 되는 상황이라고 예를 들었다. 그리고 이런 외부적 스트레스는 소수자가 주류 집단과 문화속에서 '나에 대해 안다면, 나는 거부당할 수 있다.'고 끝없이 되뇌이며 내면의 경각심을 느끼도록 한다. 이때 느끼는 경각심은 외상 후 스트레스 장애에서 과도한 경각심을 느끼게 되는 것과 유사한 증상이라고 한다(Mann, 2103, pp. 202-203).

둘째, 트렌스젠더 내담자의 이야기는 가치가 있다. 여성주의 상담의 중요한 원리 중 하나는 내담자의 이야기를 가치 있게 여긴다는 것이다. 가치 있게 여긴다는 것은 내담자의 이야기는 모두 옳고 모두 사실이라 무조건 동의해야 한다는 의미가 아니다. 가치 있게 여긴다는 것은, 그들의 이야기가 별 이야기 아닌 것으로 치부되는 경험이 많을 수 있다는 것을 미리 염두에 둔다는 것이다. 내담자의 이야기가 일반적인 상황에서 편견으로 오해와 비난을 받고, 그 가치가 폄하될 수 있다는 것을 상담자는 알아준다는 것이다. 다른 이들은 일상적으로 할 수 있는 이야기들을 트렌스젠더 내담자들은 자유롭게 하지 못할 때가 많다. 그래서 자신의 이야기를 하지 않는 것이 이들의 익숙한 방식일 수도 있다. 하지만 이야기 없는 사람이 어디 있겠는가? 성전환의 과정에 대한 이야기, 경계를 살아가는 이야기, 다른 성의 특성을 가지고 태어난 것을 강조하는 이야기, 사회적으로 구성된 자신의 성 정체성을 벗어나는 이야기 등등, 트렌스젠더 내담자들의 이야기는 무궁무진하다. 트렌스젠더의 이야기는 자신의 '다름'이 두려웠던 이야기, 정체성의 혼란을 겪은 이야기, 사회적 비난, 사회가 요구하는 모습에 순응할 수 없는 것에서 촉발되는 불안, 세상에 소속될 수 없다는 좌절감의 이야기들을 담고 있다(Johnson, 2005, p. 37). 이야기를 하고 서로의 이야기를 듣는 과정이 심리적인 건강뿐만이 아니라 여성주의 상담에서는 심리사회적 자리매김을 확인하는 과정이기도 하다. 이야기를 통해 공감대를 형성하고 사회문화에 대한 의견을 모으는 과정이다.

셋째, 젠더 역할을 분석한다. A도 젠더 역할로 더 힘들어하고 있는 자신을 보게 되었을 때 인정하고 싶어 하지 않아 "다 그러고 살지 않아요?"라고 말하곤 했다. 그것은 마치 힘들어하고 있는 자기 자신을 인식했을 때 본격적으로 나약해져 버릴 것 같은 두려움은 아니었을까 생각해 본다. 젠더 역할의 책임으로 힘들어하는 자신을 알아차릴 수 있어야 무의식적이지 않은 의식적 선택을 할 수 있게 된다. 이 과정에서 이전의 역할을 그대로 하고 안 하고는 큰 문제가 아니다. 자신이 왜 해야 하는지도 인식하지 못하고 원하는지도 모르는 채 무조건적으로 하는 젠더 역할과 의식적으로 선택하는 젠더 역할은 동기부여 면에서 차이가 있다. 자신에게 주어진 책임을 본연의 자기와 분리해서 볼 수 있게 되면 의식적으로 원하는 선택을 하게 되었을 때 그 행동은 더 본인의 역량을 더 강화시키는 행동이 될 수 있다.

넷째, 상담자-내담자 관계를 통해 내담자를 역량강화한다. A처럼 본인이 오랜 시간 유지해 왔던 사고의 습성과 그 역할이 끼치는 영향은 그 누구라도 쉽게 알아차려지거나 인정되지 않는다. 이때 가장 중요한 것은 여성주의에서 이야기하는 상담자의 자세이다. 여성주의 상담에서는 상담자와 내담자가 평등하다고 전제한다. 평등하다는 것은 단지 상담자가 매우 공감적이라거나 친절하다는 것이 아니라, 내담자가 자신의 경험을 선택적으로 개방하거나 자신의 감정과 생각을 직접 알아차리고 말할 수 있도록 존중한다는 것이다. 여성주의 상담에서는 권력 여부를 매우 중요하게 생각하는데, 권력 여부에 따라 강자와 약자가 나뉜다. 상담에서 상담자는 거의 매번 강자이다. 일단 문제를 가지고 전문가에게 상담을 받으러 왔다는 사실 자체가 도와주는 전문가인 상담자를 강자의 위치에, 도움을 받는 내담자를 약자의 위치에 놓이게 한다. 그래서 여성주의 상담자는 자신의 권력을 세밀하게 의식할 필요가 있다. 상담자가 자신의 권력을 남용하지 않아야 내담자의 힘이 강화된다. 여성주의 상담에서 역량강화(empowerment)를 강조하는데, 역량강화는 상담자가 위로를 하거나 공감을 해 줘서 역량강화가 되는 것이 아니고 상담관계에서 권력이 남용되지 않고 내려놓아지는 것을 경험했을 때 내담자 스스로의 힘을 강화시킬 수 있는 용기를 얻을 수 있기 때문이다. A와도 오랜 시간에 걸쳐 젠더 역할을 탐색했다. 그 과정에서 상담자의 힘을 남용하여 강하게 직면시키거나 가르치려고 하지 않으며 내담자가 준비가 될 수 있도록 노력했고 스스로 준비가 되어 오랜 사고의 습성을 알아차리고 개방할 수 있도록, 자신의 감정과 생각을 천천히 떠올리며 직접 말할 수 있도록 노력했다.

이 글에서는 여성주의 상담이 젠더에 상관없이 실제적으로 적용되며 유용한지에 대한 질문을 가지고 여성주의 상담의 트렌스젠더 내담자 상담 효율성에 대해서 주장하고자 했다. 여성주의 상담은 성불평등, 그 불평등을 양산하는 구조에 대한 문제제기를 하며 여성만이 가지고 있는 특성에 대한 이해를 가지고 그것을 보편화시키려는 문화적인 노력이다. 이 글에서는 여성주의 상담의 흐름과 여성주의 목회상담의 흐름을 살펴보았다. 또한 여성주의에서 강조하는 역량강화를 성역할 분석과 자신만의 이야기를 통해 재구성하는 과정으로 구체적인 사례를 들어 설명했다. 남성중심적인 문화에서 다수가 정해 놓은 성역할은 매우 제한적이며 그 역할에서 어긋났을 때 사회의 질타와 그로 인한 수치심은 매우 심각하다. 또한 우리 모두는 이야기를 가지고 있다. 하지만 사회가 인정하지 않은 성소수자는 자신의 이야기를 진정성을 가지고 안전하게 나눌 수 있는 공간이 드물다. 자신의 이야기를 진정성 있게 나눌 수 없다면 자신의 생각과 감정에 대한 확신을 가질 수 없으며, 이야기를 통한 재구성과 소속감도 어려울 수밖에 없다. 이에 여성주의 상담의 관점에서 개인을 억압하고 있는 다양한 인식구조에 대한 분석이 필요하겠다.

참고문헌

권진숙 (2013). 캐리 도어링(Carrie Doehring)의 여성주의 목회신학: 트라우마, 관계, 힘 그리고 영성. 목회와 상담, 21, 35-68.

김형철 (2006). 트렌스젠더의 도덕적 위상. 철학과 현실, 70, 104-109.

김민예숙 (2011). 미국과 한국의 여성주의 상담 역사 비교 분석. 한국심리학회지: 여성, 16, 197-218.

김민예숙 (2013). 여성주의 상담: 구조화 모델 워크북. 서울: 한울아카데미.

이나영 (2009). 급진주의 페미니즘과 섹슈얼리티. 경제와 사회, 82, 10-37.

이지연 (2004). 여성주의 상담의 적용실제와 방향. 한국심리학회지: 상담 및 심리치료, 16, 773-791.

정춘숙 (2005). 한국 여성주의 상담의 역사. 서울: 한울아카데미.

정희성 (2008). 여성주의 목회상담방법론 연구. 한국기독교신학논총, 58, 229-252.

Butler, J. (2006). *Gender trouble: Feminism and the subversion of identity.* New York: Routledge.

Corey, G. (2013). 심리상담과 치료의 이론과 실제 (조현춘 외 역). 서울: 센게이지 러닝코리아.

Doehring, C. (2012). 목회적 돌봄의 실제: 탈근대적 접근법 (오오현, 정호영 역). 서울: 학지사.

Doehring, C. (1992). Developing models of feminist pastoral counseling. *Journal of Pastoral Care, 46*(1), 23-31.

Hekman, S. (1997). Truth and method: Feminist standpoint theory revisited. *Signs, 22,* 341-365.

Hooks, B. (2002). 행복한 페미니즘 (박정애 역). 서울: 큰나출판사.

Johnson, K. (2005). From gender to transgender: Thirty years of feminist debates. *Social Alternatives, 24,* 36-39.

Jordan, J. (2016). 관계문화치료 입문 (정푸름, 유상희 역). 서울: 학지사.

Mann, M. J. (2013). The nexus of stigma and social policy: Implications for pastoral care and psychotherapy with gay, lesbian, bisexual and transgender persons and their families. *Pastoral Psychology, 62,* 199-210.

Meyer, I. H. (1995). Minority stress and mental health in gay men. *Journal of Health and Social Behavior, 36,* 38-56.

Miller-McLemore, B. J. (1999). Feminist theory in pastoral theology. In B. J. Miller-McLemore & B. L. Gill-Austern (Eds.), *Feminist and womanist pastoral theology* (pp. 77-94). Nashville, TN: Abingdon Press.

Neuger, C. C. (1996). Pastoral counseling as an art of personal political activism. In C. C. Neuger (Ed.), *The arts of ministry: Feminist-womanist approaches* (pp. 88-116). Louisville: Westminster John Knox Press.

Neuger. C. C. (2001). 여성들을 위한 목회상담: 이야기 심리학적 접근 (정석환 역). 서울: 한들출판사.

Williams, D. S. (1993). *Sisters in the wilderness: The challenge of womanist God-talk.* Maryknoll: Orbis Books.

제**11**장

성경험 속 문화적 혼종성

박희규

(이화여자대학교)

재미 한인 교회에서 목회상담 사역을 하는 동안, 교포 2세대의 30대 여성들의 삶의 이야기를 들을 기회가 많았다. 이 여성들은 성적으로 개방되어 있는 미국 문화권과 복음주의 보수적인 문화권 사이에서 자신들의 정체성을 찾아 나가며 그들의 삶 속에서 은연중에 작용하고 있는 유교의 영향과 갈등을 겪고 있었다. 이 여성들과의 상담에서 자주 출현하는 혼전 성관계와 순결의 개념은 이러한 문화적 영향과 신학적 가정이 복잡하게 얽혀 있는 아픔을 담은 주제이기에 이들의 경험을 토대로 이를 실천신학적으로 성찰하고자 한다.

이 글에서는 한 복음주의 재미 한인 여성이 경험한 혼전 성관계 속의 혼종성(hybridity)을 들여다본다. 혼전 성관계로 인해 이 여성은 자아의 한 부분이 파괴된 듯한 깊은 심리적, 영적 상흔을 느꼈다. 이 아픔을 상담하는 과정 중에 도출된 은장도라는 이미지의 역사를 추적함으로써 복음주의 재미 교포 한인 여성들의 주체성을 새롭게 세울 수 있는 제3의 신학적 성찰의 공간을 구축해 보고자 한다.

1. 신학적 성찰의 공간을 만들기

사무엘 리(K. Samuel Lee)는 문화적으로 특수한 집단 무의식적 작용을 나타
내는 심층 심리학 용어인 문화적 무의식이야말로 다문화 목회활동에서 갖춰
야 할 중요한 목회적 적성 중 하나라고 말한다(2010, pp. 34-35). 내담자와의
임상적 관계 안에서 은장도라는 이미지로 나타난 문화적 무의식은 본 실천신
학적 성찰의 출발점을 제공했다. 이 글에서는 이 무의식적 경험의 의미를 확
인하고, 그 역사적 배경을 발굴하여, 그 이미지와 관련된 개념에 대한 한국여
성주의 학자들의 통찰을 차용해 인류학, 융 심리학, 탈식민주의 이론과 학제
적으로 대화하여 실천신학적 성찰을 이끌어 낼 것이다.

실천신학적 작업은 삶의 현장의 경험을 텍스트로 삼아 주석(exegete)하여
얻은 신학적 성찰을 바탕으로 신앙의 이론과 실천 사이의 간극을 줄이는 것
을 목표로 한다. 이 글이 주석하는 삶의 현장은 목회상담실에서 여러 한국계
미국인 여성이 반복적으로 들려주는 번민이다. 많은 한국 여성이 자연스럽
게 유교적 가부장제에 대한 비판적 시각으로 자신의 상황을 해석하는 데 반
해, 재미 교포 2세 복음주의 여성들의 이야기 속에는 그 관점이 철저히 부재
혹은 금기시된다. 이러한 부재와 금기는 그들의 정체성 형성 과정의 유기적
특성으로 작용한다. 다종교적, 학제적으로 이 현상을 탐구할 때, 그 뒤에 도
사리고 있는 불안에 대한 통찰을 얻을 수 있다. 금기 이면의 불안은 충분히
설명되고 이해될 때 새로운 가능성을 낳는다. 불안이 시야를 좁히고 생각의
공간을 좁히는 반면, 이 불안을 직시하고 이해하는 작업은 시야를 넓혀 성찰
의 공간을 확장한다. 즉, 실천신학적 성찰을 통해 재미 교포 여성들이 자신들
의 경험에서 형성하기 어려웠던 신학적 성찰자로서의 행위주체성을 확장할

수 있는 성찰의 공간이 커진다.

이를 위해 필요한 탐색은 복잡하고 혼잡하다. 주어진 삶의 경험을 보다 두껍게 기술(thicker description)하기 위해 그 경험을 여러 관점에서 반복적으로 접근해 이 현상을 둘러싼 문화적, 심리학적, 사회적 혼종성 가운데 방황하는 작업이다. 이 작업은 마치 산파가 하듯 해산을 앞둔 임산부와 함께 불안함을 공감하되 해산이라는 자연스러운 과정을 믿고, 그 가운데 함께하시는 하나님의 임재를 신뢰하는 일이다. 이렇게 재미 교포 여성들의 혼전 성관계 경험의 복잡성을 탐구하여 확장된 공간은 새로운 성장의 길을 열 것이다.

2. 삶의 현장: 애나의 경험

처녀성과 혼전 성관계의 문제를 탐구하기 위해, 혼전 성관계로 인해 큰 아픔을 겪었던 여성의 사례를 살펴보고자 한다. 이 사례는 서면동의를 얻어 사용하였고 비밀유지를 위해 내담자의 신상정보는 각색되었다.

어느 미주 한인 교회의 교인인 애나(Anna)는 30대 초반의 한국계 미국인 여성으로서, 중학교 선생님이다. 애나는 초등학교 시절에 미국으로 이민하여 쭉 미국에서 자라 왔다. 영어와 한국어에 능숙했고 한국인이자 미국인으로서의 정체성도 표면상으로는 유동적으로 보였다. 애나는 20대에 복음주의 기독교로 개종했고, 교회 학교에서 교사로서 열심히 섬기고 있다. 가학적인 전 남편과 이혼한 후 생활에 적응하는 문제로 목회상담실을 찾았다.

그러나 활발한 교회활동과는 달리 내면세계에서 애나는 매우 낮은 자존감으로 괴로워하고, 특히 남성과의 관계에 있어서는 필요한 결정을 하지 못하는 어려움을 겪는다. 다시 헌신적인 관계를 정립하고 싶어하지만, 남성과의 관계에 있어서 '지나치게 많은 생각을 하며', 이로 인해 자기 생각을 합리화하고 자기 '직감이 제기하는 모든 위험 신호'를 무효화하는 결과에 이른다고 느

낀다. 자신의 매력에 자신이 있는 편이었고, 아름다운 외모나 몸무게, 얼굴
생김새나 옷 입는 스타일 등에 관한 모든 사회적 기준을 달성하고 유지해 왔
다. 애나 스스로 남성들의 관심을 받고 있음을 인식하고 있었기에 이전에는
연애에 관한 결정을 내리는 데 부담을 갖지 않았고, 언제든지 남성들과 사귈
수 있다고 생각했었다. 하지만 최근 들어 자신이 더럽혀지고 망가졌다는 느
낌 때문에 괴로워한다.

　애나의 심리상태를 보다 더 깊이 탐색해 들어갔을 때, 가학적인 전남편과
의 지난 결혼생활 이전에 심각한 손상이 가해졌던 것으로 보였다. 개신교로
개종하기 훨씬 전에 자신을 성적 대상물(sexual fetish)로 취급했던 이전 남자
친구로부터 관심을 얻기 위해 강압적으로 자신의 처녀성을 잃게 된 것이다.
애나의 개종 후 혼전 성경험은 자신의 영적 지도자로 간주했던 매우 보수적
인 기독교인 남자친구와의 연애에 역기능적으로 작용했다. 당시 애나는 남
편이 부인과 아이들을 건강한 영성으로 이끄는 가정의 제사장이 되어야 하
며, 그러한 리더십은 연애시절부터 시작되어 이어져야 한다고 믿고 있었다.
그러나 남자친구가 그러한 지도자가 되어야 한다는 기대와 그의 권위에 순종
해야 한다는 생각은 두 사람 모두에게 너무나 큰 압박이었고, 결국 관계를 끊
게 되었다. 애나는 완벽하게 순종적인 예비신부가 됨으로써 완벽한 기독교
인이 되어야 한다는 자신의 내적 압박이 전 남자친구와 성관계를 가진 '성적
인 죄'를 보상하고자 하는 욕구에 기인함을 알게 되었다. 애나가 연애관계에
서 결정할 때 느꼈던 불확실성, 즉 위험 신호를 자신이 사전에 감지했는데도
불구하고 그것을 무시하고 가학적인 전남편과 결혼을 하게 된 자신의 판단력
과 지성에 대한 불신이 처녀성을 잃게 된 경험과 밀접한 관련이 있다는 자각
은 애나에게 놀라운 발견이었다.

　애나의 자존감과 자신의 논리적이고 합리적인 판단력에 대한 믿음은 이 경
험에 의해 뿌리가 흔들렸다. 마치 처녀성의 상실을 통해 행위주체성이 무너
지기라도 한 것처럼 말이다. 애나에게 소위 성적인 죄는 치명적이어서, 심지

어 하나님이 이미 자신을 용서했다는 것을 믿음에도 불구하고 그 용서를 받아들일 수 없다고 고백했다. 그러기에 결혼 전에 처녀성을 잃은 경험은 지속적으로 애나를 괴롭히는 비밀이었다.

이 경험은 어떤 이유로 애나의 존재감에 그토록 깊은 불안을 야기하는가? 이런 동요 이면에서 작용하는 힘은 무엇인가? 이 경험을 통해 실제로 무엇이 손상되었는가? 상담 진행 중 이러한 질문을 던졌을 때, 연구자에게 문화적 무의식의 작용으로 보이는 이미지가 상담실 공간에 떠올랐다. 즉, 은장도를 든 애나의 이미지가 마음속에 그려졌다. 은장도는 조선의 남성이나 여성이 의복에 달고 다녔던 장신구였다. 강철 날과 정교한 은장식으로 꾸며진 이 단도는 몇 가지 용도로 사용되었다. 남성의 경우에는 음식이 안전한지 시험하는 용도에 쓰였는데, 남성이 사용하는 은장도에는 보통 '일편단심'이라는 사자성어가 새겨져 있었고 왕에 대한 조정 관리의 헌신과 충성을 상기시켰다. 또 극단적인 경우에는 신변의 안전을 지킬 무기로 사용되기도 했다. 여성의 경우에도 은장도는 장신구였지만, 은장도를 지니도록 요구된 이유는 정절을 지키기 위함이었다. 여성이 성폭력의 위협을 받을 때, 이 단도로 자결하여 남편이나 부모의 명예를 지키는 용도로 사용되었다. 여성의 은장도에도 '일편단심'이라는 동일한 사자성어가 새겨져 있었으며, 이 문구는 남편이나 부모에 대한 헌신을 상기시켰다.

은장도에 관련된 자살의 요구와 애나의 심리에서 일어난 자기파괴 의식 사이에서 유사점이 관찰된다. 애나는 전 남자친구의 욕망을 충족시키기 위해 강제로 성관계를 가져야 했기에 혼전 성관계를 강간으로 경험했고, 이는 자신과 가족에게 수치로 다가왔을 것이다. 애나의 서사에서, 자기 은장도를 빼들고 자기 삶을 끝내기 위해 배를 찌르게 되는 지점에 이르렀던 것이 보인 듯하다. 하지만, 미국 사회를 둘러싼 관용적인 성문화의 보호를 받아, 죽지 않고 살아갈 수 있었다. 그러나 자신의 내적 자아의 한 부분, 특히 남성들과의 관계에 관한 결정에 자신의 행위주체성에 은장도를 찌른 듯이 보였고, 이러한 내적 자아는 마치 영구적으로 손상된 것처럼 느껴졌다.

3. 이미지의 궤적을 따라 복잡하게 헤매기

은장도나 은장도가 요구하는 행동 유형 등과 같은 현상들은 후기 조선사회의 성리학적 가치에 깊이 뿌리내리고 있다. 은장도는 정절을 미덕으로 보는 열녀의 윤리를 구현한다. 정절이라는 개념은 늘 유교 문헌 속에서 발견할 수 있으나 이 개념은 조선시대에 특정한 한국적 해석을 거쳐 변형된다.

'열녀'라는 단어를 처음으로 볼 수 있는 곳은 『열녀전(列女傳)』이라는, 전한제국 시기의 학자 유향(劉向, 기원전 79~8년)에 의해 편찬된 여성들의 전기를 수록한 모음집이다.[1] 리샹 로즌리(Li-Hsiang Rosenlee)에 따르면, 이 문서는 오랜 역사를 걸쳐 큰 변화를 겪는다(2006, pp. 97-99). 유향의 원래 저작은 여섯 가지 미덕—모의(母儀, 올바른 모성), 현명(賢命, 사려깊은 지성), 인지(仁智, 자애로운 지혜), 정순(貞順, 순결과 공경), 절의(節義, 정절과 경우에 맞음), 변통(辯通, 논변의 기술)—을 드러냄으로써 당대의 국사(國事), 의례, 군사적 결정 등에 영향을 미친 여성들의 이야기를 수록하고 있었다. 아버지라는 등가물이 있는 모의(母儀)를 제외하면, 특별히 젠더화된 미덕이 아니다. 예를 들어, 남성들도 종종 현명(賢命)이나 인지(仁智) 같은 덕목으로 평가되기도 했다. 하지만, 명제국(1668~1644년)과 청제국(1644~1911년) 시기에 『열녀전』이 재해석되고 재출판되면서, 변통(辯通), 현명(賢命), 인지(仁智) 같은 미덕을 드러냈던 여성들의 이야기는 삭제되었다. 열녀의 예들은 주로 모의(母儀), 정순(貞順), 그리고 절의(節義)라는 세 가지 미덕을 보여 준 여성들로 제한되는 경향을 보였다.

여성의 미덕과 젠더 역할에 대한 이러한 성리학적 이해는 조선왕조 시기(1392~1910년)에 한국 사회에 영향을 미친 윤리적 규약들로 변환되었다. 조선왕조 시기에, 조정의 주도하에 『열녀전』에 실린 전기들은 하층 계급들에 대한 교육 프로파간다로 통합된다. 1431년 세종대왕(世宗, 1397~1450)은 『삼강행실도(三綱行實圖)』라 불리는 책을 출간하여 배포하도록 명하였다. 이 책에는 전기와 삽화가 함께 수록되는데, 이 삽화를 통해 주로 상층 계급들만 읽을 수 있었던 한자로 쓰여졌음에도 불구하고 일반 백성도 그 내용을 이해할 수 있게 되었다. 이 책은 왕에 대한 충성에 관한 「충신편(忠臣篇)」 부모에 대한 자식의 효성을 다룬 「효자편(孝子篇)」 여성들의 정절을 다룬 「열녀편(烈女篇)」이라는 세 부분으로 구성되었다. 각 장은 각각의 미덕을 드러낸 110명의 전기를 수록한다. 한글이 창제된 후에, 성종(1457~1494년)은 「열녀편」을 한글로 번역하여 각 도로 배포하고, 정절의 미덕을 드러내는 데 모범이 된 여성들을 기념하는 문을 세우도록 했다. 『삼강행실도』는 조선왕조 전반에 걸쳐 19차례 출간되어 가장 빈번히 간행된 책이 되었다(강명관, 2002, p. 21). 한글로 쓰인 책은 희귀한 데 비해 『삼강행실도』는 매우 자주 간행되었으므로, 한글로 된 『삼강행실도』는 일반 백성의 도덕 의식에 지대한 영향을 미쳤고, 이는 현대의 멀티미디어와 같은 역할을 했다.

이러한 영향은 『삼강행실도』에서 삽화로 그려진 열녀의 패러다임을 후기 조선왕조(17~19세기)에서 수많은 여성들이 내면화하여 실행했다는 사실에서 가장 잘 입증된다. 『삼강행실도』「열녀편」에 의하면, 여성 스스로 정숙한 부인임을 드러낼 수 있는 주된 방식은 자기희생이었다. 강명관은 "『삼강행실도』: 약자에게 가해진 도덕의 폭력"에서, 「열녀편」에 등장하는 110명의 여성들 중 80명이 죽음을 통해 열녀로 평가되었다고 분석한다(2002, p. 16). 또한 죽음을 선택하지 않은 30명의 여성들이 왕족이나 상류 계급 출신임을 지적한다. 그의 분석에 따르면 여성들이 죽기로 결심한 방식을 세 가지 범주로 구분할 수 있다(2002, p. 17). 첫째, 여성들은 남편이 사형 선고를 받게 되었을 때 남편 대신 죽었다. 둘째, 여성들은 남편이 죽었을 때 자결함으로써 남편의 뒤를 '따르기로' 결정했다. 셋째, 여성들은 정절 혹은 성적 순결을 지키기 위해 자살했는데, 이는 기본적으로 성폭력을 당했을 때나 혹은 과부가 된 이후에 재혼을 강요당했을 때[2] 자결을 선택하는 두 가지 형태로 나타난다. 『삼강행실도』가 전국적으로 배포되면서 수많은 『열녀전(烈女傳)』이 기록되고 급격히 하나의 문학 장르로 정립되어 후기 조선왕조 여성들의 삶을 들여다볼 수 있는 기회를 제공했다. 1485년에는 과부들의 재혼을 막는 법이 반포되어, 재혼한 과부의 아들이 조정 관리로 선발되는 과거시험을 응시할 기회를 법적으로 박탈함으로써 여성의 정절에 대한 윤리적 규약에 대한 준수를 강화하였다. 이 법은 열녀로 증명된 여성의 죽음을 기념하는 열녀문 조성이나 열녀가 된 여성의 가족에게 평생 세금을 면제하는 등의 열녀장려책과 결합하여, 열녀가 되려는 수많은 여성의 자살을 초래하기도 했다. 심지어 조선왕조의 모든 과부가 열녀가 되기 위해 자살을 했다는 이야기가 전해지기도 했으며, 이는 남편의 자연스러운 죽음에 대한 반응으로 자살을 선택하는 것이 무책임하고 비합리적인 행위라고 강변했던 다산 정약용과 같은 사회 사상가들의 비판을 초래하기도 했다(강명관, 2002, p. 27).

한국의 여성주의 사상가들은 이 현상을 여러 각도에서 조명해 왔다. 홍인숙은 후기 조선왕조 사회에서 구성된 여러 『열녀전』을 분석함으로써 사회적 계급 문제에 관심을 가진다(2002, pp. 85-118). 홍인숙은 몇 가지 눈에 띄는 요소를 관찰한다. 첫째 요소는 열녀들의 지리적 위치이다. 열녀들은 주로 권력과 부가 집중되어 있고 비교적 자유로운 사상과 문화적 유동이 일어나는 수도 서울에서 거리가 먼 지방에서 발생한다. 서울과 인근 지역에 사는 여성들은 정숙함에 대한 요구를 충족시키기 위해 자살해야 한다는 압박을 느끼지 않았던 것으로 보이는 데 반해, 보수적인 남부나 북부 지방 출신의 남성 전기 작가들은 끊임없이 열녀들의 죽음에서 영감을 얻어 열녀라는 주제에 관한 많은 저술을 하였고, 이를 통해 여성들에 대한 요구를 강화했다(홍인숙, 2002, p. 93). 홍인숙은 이런 문헌에서 당시 양반 계급 남성들의 좌절감을 감지한다. 홍인숙의 분석에 의하면, 이들은 중앙 권력으로부터 멀리 떨어져 있고,

가문에서 오랜 기간 동안 관직에 나간 사례가 없는 잔반(殘班)들로 양반의 면모를 유지하기 위해 도덕적 우위를 확보해야 했다. 열녀의 죽음은 남편의 명예를 격상시켰다. 열녀의 자살을 통해 남성의 권위가 상승하는 현상을 관찰했던 남성들은 자신의 위치에서 찾기 어려운 깊은 만족감을 얻었던 것으로 여겨진다. 이 시기에는 기존의 양반 가문의 후손들이 경제적 몰락을 겪는 반면, 양반 계층으로 진입하지 못했던 향리, 중인 등의 상민층이 서서히 양반의 반열에 진입하고 있는 시기였기에(히로시, 1995, pp. 204-225), 잔반 계층은 사회적 지위를 유지하고 명예 중심적인 사회에서 체면을 지키기 위해 온갖 노력을 기울여야 했다. 이들에게 열녀문 건립과 세금면제라는 조정의 열녀장려책은 당면하고 있던 문제에 대한 극적인 해결책이었다. 남편을 위해 자살을 선택한 여성은, 첫째, 양반 계급의 성리학적 가치들에 대한 강한 헌신을 몸소 입증하여 자기 가족이 도덕적으로 고결한 양반임을 증명함으로써 가족의 체면을 지킬 수 있었고, 이에 따라 자기 가족의 사회적 지위에 대한 공동체의 인정을 회복할 수 있었다. 둘째, 만일 조정으로부터 열녀로 인정받을 경우, 열녀는 가족의 재정상태에 적지 않은 기여를 할 수 있었다. 이를테면, 세금면제 혜택은 몰락한 가족의 재정을 재건하기에 충분했다(홍인숙, 2002, p. 90). 관계적 면에서 여성의 자기희생을 통해 아들이 열녀의 아들이라는 명예를 얻게 되어 이들의 지위에 지대한 영향을 미쳤다. 남편의 죽음으로 가족에 가중된 재정 압박 아래 견뎌야 할 강도 높은 노동과 시댁 식구들과의 관계적 불화의 가능성을 고려할 때, 열녀가 되어 얻을 수 있는 이런 요소들은 죽음을 받아들일 만한 가치를 부여했다. 사실, 당시 법적 제도는 재혼 등의 다른 선택사항을 모두 배제시켜 실제 남편의 죽음 후의 삶은 절망적인 고통을 선택하는 것이었다. 홍인숙이 지적하듯이 이 여성들은 이렇게 '막다른 골목'에 다다른다(2002, p. 95).

    조선왕조 열녀들의 고난은 젊은 한국계 미국인 기독교 여성들의 삶과 공명한다. 그럼에도 불구하고 대부분 이러한 역사를 의식하지 못했으며, 애나도 예외가 아니었다. '남편이 될 사람을 위해 자기 처녀성을 지키지 못한 실패'는 '더럽혀진 도덕성'으로 귀결되었고, 이에 대한 전남편과 전 남자친구의 비난에 상처입었다. "배우자가 될 사람을 위해 처녀성을 지킨다."는 수사법은 미국의 복음주의 기독교 집단 안에서도 매우 만연해 있다. 그러나, 한국계 미국인 청년들의 관계에서 이 수사적 관념이 나타나는 방식은 나름의 특이성을 가진다. 남성은 혼전 성관계 경험 여부에서 매우 자유로운 반면, 여성의 처녀성 유지 여부는 여성을 언제든지 비판할 수 있는 잣대가 되며, 남성은 상대 여성의 처녀성을 자신의 고유권한으로 여긴다. 이러한 권리 주장은 조선 후기 『열녀전』 작가들이 표출한 욕구와 닮았다.

애나와 사귄 남성들은 애나의 몸에 대한 지배권을 행사하지 못한 사실에 불만이 있었다. 애나의 전남편은 애나가 처녀성을 이미 상실하였기 때문에 자신이 받았어야 할 것을 애나로부터 받지 못했다고 여기며 분노했다. 이처럼 애나의 이야기 속에는 한국인 여성들이 수세기 전에 겪었던 사회적 아픔이 녹아 있다. 애나가 느끼는 자아손상은 지위와 명망을 갖춘 남자라면 처녀성을 상실한 자신을 존중할 리 없다는 자괴감과 연관된다. 이렇듯 오래전 몰락한 양반 계급의 좌절감은 지금 여기서 미래에 맺을 관계들에 대한 애나의 절망 속에 메아리치면서 흥미로운 시대착오적 좌절로 이어진다. 즉, 몰락하고 있는 양반가의 남성이 스스로 일으킬 수 없는 가족의 미래를 여성의 희생에 의존해야 했던 것처럼, 애나 역시 자신의 섹슈얼리티가 앞으로 형성할 가족의 미래에 기여하지 못하리라는 좌절감을 표출했다.

이 둘 사이의 연결관계가 보였던 이유는 상담자가 한국에서 성장했기에 성리학적 이상이 한국 문화 내에 스며든 현상을 명확하게 인식했기 때문이다. 그러나 애나는 정절이라는 덕목이 성서에 근거한다고 생각했다. 애나의 복음주의 신앙은 성서에 오류가 없고 성서가 모든 신앙적 판단의 근거가 된다는 신조를 바탕으로 했다. 애나는 자신이 성적인 죄를 지었다고 판단하고 있었고, 혼전 성관계를 성서가 죄로 표명하고 있다고 추정했다. 한층 더 탐색해 들어갔을 때, 애나의 죄책감은 남편에게 순종해야 한다는 무거운 책임감과 묶여 있었다. 그 책임감은 에베소서 5:22-24 위에 기초한다.

> 아내들이여 자기 남편에게 복종하기를 주께 하듯 하라. 이는 남편이 아내의 머리 됨이 그리스도께서 교회의 머리 됨과 같으니 그가 바로 몸의 구주시니라. 그러므로 교회가 그리스도에게 하듯 아내들도 범사에 자기 남편에게 복종할지니라(에베소서 5:22-24).

이 구절은 남편이 가족의 머리이고 부인의 역할은 그의 권위에 순종하는 가족구조임을 전제한다. 애나의 책임감은 샐리 갤러거(Sally Gallagher)가 복음주의 미국인들을 대상으로 한 질적 연구를 담고 있는 책 『복음주의적 정체성과 젠더화된 가족 생활(Evangelical identity and gendered family Life)』에서 식별해 내는 복음주의적 가족구조의 이상형과 일치한다. 하지만, 백인들이 주류인 복음주의 미국인들이 남편의 머리 됨을 이해하는 방식과 애나가 이러한 의무를 경험하는 방식 사이에는 결정적인 차이가 있다. 갤러거의 연구 참여자들은 남편과 부인이 대체로 동등한 지위를 갖는 평등 지향적 문화권에 위치하고 있으며 복음주의자 정체성을 확립하는 과정에서 기존의 문화적 배경에 대한 저항으로 이러한 책임감을 갖게 되었다. 반면, 애나의 경험에는 남편의 주도적 지위를 당연시하는 성리학적 가부장제가 적층되어 있다. 에베소서 구절에 명시된 그레코로만 사회의 가부장제는 성리학적 가치와 혼합되었고, 한국인 복음주의 기독교인들은 무비판적으로, 무의식적으로 성리학의 여성적 젠더 역할을 기독교적 규범으로 수용했다. 그 결과 애나는 한국계 미국인 이민자 교회 문화에서 가부장제와 성리학적 가치가 혼존하는 신앙을 키우게 된 듯싶다.

이러한 가족적 위계의 문화적 복잡성은 앞서 인용한 에베소서 구절의 다음 부분이 내놓는 성서적 약속을 통해 한층 더 농축된다. 열녀에게 큰 사회적 보상이 따랐던 것처럼, 이 성서 구절은 순종적인 부인이 될 때의 보상을 약속하는 듯하다.

> 남편들아 아내 사랑하기를 그리스도께서 교회를 사랑하시고 그 교회를 위하여 자신을 주심 같이 하라. 이는 곧 물로 씻어 말씀으로 깨끗하게 하사 거룩하게 하시고 자기 앞에 영광스러운 교회로 세우사 티나 주름 잡힌 것이나 이런 것들이 없이 거룩하고 흠이 없게 하려 하심이라. 이와 같이 남편들도 자기 아내 사랑하기를 자기 자신과 같이 할지니 자기 아내를 사랑하는 자는 자기를 사랑하는 것이라(에베소서 5:25-28).

많은 한국인 여성이 이 구절에서 읽어 낸 성서적 약속은 자신이 남편에게 순종할 경우 그리스도가 인류를 위해 희생하신 사랑처럼 남편이 부인을 위해 자기를 희생할 정도로 부인을 사랑하리라는 것이었다. 의식적 활동을 인도할 권위의 원천으로서 성리학적 생활방식의 철저한 적용은 전통적인 권위와 지위를 잃어버렸지만, 무의식적 활동에는 여전히 큰 영향을 미친다. 예컨대, 이러한 보상을 기대하는 한, 여성의 희생은 한국 사회에서 충분한 가치가 있다고 여겨진다. 여성의 희생에 상응하는 남편의 희생이 주어진다면 두 사람의 희생이 공평한 방정식을 이룬 듯이 보이기 때문이다. 오늘날 대중문화와 민주주의 사회의 이상형들로부터 유래한 낭만적 사랑에 대한 기대는 평등한 상호존중적인 부부관계에 대한 기대를 형성해 냈다. 그러나, 이런 관계는 습관적이고 무의식적인 수준에서 일어나는 가부장적 사회화로 인해 거의 달성되지 않는다. 여성의 희생적 행동을 정당화하는 성서 구절들은 이러한 미래의 상호적 관계에 대한 희망에 스며들면서, 이 성리학적 잔재들은 한국계 기독교인의 경험 안에 끈질기게 존속된다.

사회학자 켈리 정(Kelly Chong)은 한국 복음주의 교회 안의 기독교인 여성들의 경험을 연구하는 민족지학적 연구를 수행했다. 그의 연구에 비추어 애나의 사례에 대한 보다 깊은 이해를 얻을 수 있다. 그가 관찰한 바에 의하면, 복음주의 신앙은 모종의 딜레마가 제기되는 두 가지 상반된 기능을 통해 가부장제의 억압에 직면한 여성들에게 영향을 미친다. 즉, 많은 기독교인 여성은 신앙을 가족과 사회의 가부장적 구조에서 야기된 좌절과 억압으로부터 자신들을 건져 내는 구원으로 경험하지만, 그 신앙을 받아들이고 나면 교회가 내세우는 성서의 권위로 주장되는 복음주의적 형태의 가부장제를 직면하게 된다. 켈리 정의 연구에 등장하는 조 씨는 한 교회에서 가족 세미나를 진행하는 지도자로, 가족 내 불화의 뿌리를 여성의 역할에서 찾으며 다음과 같이 말한다.

> 많은 한국인 여성이 가정에서 너무나 많은 불화를 겪는 이유를 알지 못해요. 그들은 자신이 잘 살고 있다고 생각하지만, 제 세미나를 수강한 이후에 많은 분이, 공통적으로 깨닫는 것은 모두 남편들 앞에서 너무 '잘난 체한다(smarty)'는 점이에요. 그들은 가정 안에서 너무나 많은 주도권을 가지려고 했던 겁니다. 여성들이 이런 점을 고칠 경우에만 남편들은 진정으로 가족 지향적인 사람이 되는데 …… 제 세미나의 목적은 무엇보다 먼저 참가자들에게 신앙의 기초를 다져 주고, 여성들에게 부인의 위치와 의무를 가르치며, 아이들을 어떻게 길러야 할지 가르치는 것입니다. 오늘날 대부분의 한국 여성은 누군가를 만나서 결혼하고 그저 살아갈 뿐이에요. 그들은 어떻게 가정을 유지하는지 잘 모릅니다. 저는 그들에게 가정의 중요성을 가르치려고 해요. 올바른 어머니이자 아내로서 가족에게 영향을 미치는 올바른 신앙과 기독교적 가치들을 불어넣고 싶어요(2008, p. 137).

여기서 조 씨가 다루는 사안은 앞서 살폈던 여성들이 에베소서 5장을 해석하면서 품는 희망과 비슷한 종류의 희망이다. 다시 말해, 아내가 남편에게 순종할 때, 남편은 '가족 지향적'으로 바뀔 것이라는 희망이다. 남성중심적인 문화의 직장을 다니며 대처해야 하는 남편의 입장에서 이런 변화는 상당한 적응을 요구하기에 큰 '희생'이라는 것이다. 켈리 정을 인용하자면, "그 희망은 자신의 태도를 바꾸어서 더 순종하려고 하는 부인들의 진정성과 정성이 담긴 마음을 알아본 남편들이 '감동하여(moved)' 바뀌게 되리라"는 것이다(저자 본인의 강조, Chong, 2008, p. 151). 이러한 희망은 부부 갈등을 겪는 다른 한인 여성들과 나눴던 대화에서 종종 등장한다. 이러한 변화가 남편 입장에서 많은 노력과 에너지를 요구할 것이라 생각하고 있으며, 이런 노력은 아마도 그리스도가 교회를 위해 견뎌야 했던 만큼의 에너지일 수도 있다고 여기는 것이다. 그리고 바로 성서가 이러한 기적적인 변화에 해결책을 제공하고 있다고 여기는 것이다.

순종에 감동을 받아 남편의 마음이 변할 수 있다고 여기는 것은 영적인 기대이다. 새벽기도 또는 금요 철야기도 같은 열정적인 영적 실천에 대한 헌신조차도 남편에 대한 순종의 일환으로 하나님을 감동시켜 남편의 변화를 유발시키는 데 목적이 있다고 이해할 수 있다. 이러한 영적인 기대는 여러 세기에 걸쳐 축적된 유교적 도덕 교육에 뿌리를 두고 있다. 앞서 살펴본『삼강행실도』는 이러한 영적인 기대들로 가득하다. 하늘은[3] 사람들의 도덕적 탁월성을 굽어 살피는 유교적 위계의 최상위에 있는 신과 같은 존재로, 대개 병들거나 죽어 가는 부모의 바람대로 자식의 도리를 다하는 남자들의 절박한 자기희생적 노력에 보상을 내린다. 즉각적인 보상은 보통 부모에게 필요한 약이거나 혹은 먹고 싶은 음식이지만, 궁극적으로 하늘은 이 순종하는 남자들에게 이후 조정에 나가 출세할 수 있는 기회로 보상하는데, 이는 하늘이 그들의 희생적 노력에 '깊이 감동'했기 때문이다. '깊이 감동'한 하늘로부터 주어지는 보상은 권선징악을 주제로 하는 민담이나 전설에서 두드러지게 나타나는 결론이다. 따라서, 하늘을 감동시키는 자기희생적 헌신은 보상이 기대되는 하나의 영적 수행인 것이다. 달리 말해서, 자기희생적 순종은 절박한 상황에서 하늘의 도움을 구하는 유교적 영성의 한 형태이다.

남편의 마음이 변하리라는 기대가 오래된 유교적 영성과 새롭게 도입된 기독교 신학이 융합되면서, 위계적 체계는 한국인 복음주의자 여성들의 죄에 대한 이해와 상당한 관련성을 얻게 된다. 켈리 정은 자신의 연구에서 이기주의, 교만함, 참을성 부족같이 여성들에게 지적되는 죄나 과실이 여성적 젠더 역할과 위계질서에 대한 불순응의 형태라는 점에 주목한다. 이기주의 혹은 자기중심적 태도는 "여성의 적극성에 대한 비난일 뿐 아니라 훨씬 더 근본적인 것에 대한 비난이기도 하다. 바로 여성들이 당연히 가질 수 있는 여러 다양한 욕망에 대한, 특히 여성들이 타인—구체적으로 남편이나 아이들—에 대한 '비이성적인' 기대들을 갖게 하는 욕망에 대한 비난"이다(2008, p. 139). 켈리 정에 의하면, 교회는 여성들에게 자기 의견이나 욕망을 내세우는 시도가 부부간의 불화나 또는 남편들의 일탈적인 행동 및 별거로 귀결된다고 가르친다. 교만함 혹은 자긍심은 이러한 이기주의와 밀접하게 관련된다. 여성들이 "적당한 여성적 겸양과 겸손"을, 즉 "이상적인 '정숙한' 여성의 특성"을 보이지 못했을 때 종종 자신이 저지른 교만이라는 죄를 고백했다는 점에 주목할 만하다(2008, p. 140).

이러한 신학의 노선에 따를 때, 자신을 표현하고 변호할 능력을 가진 전문직 여성 혹은 고등교육을 받은 여성들은 교만이라는 죄를 저지르는 것으로 여겨진다. 그러므로, 이상적인 부인의 기준을 충족시키려면, 그러한 자질은 누그러뜨려야 할 필요가 있다. 같은 맥락에서 참을성 부족 혹은 타인에 대한 관용의 부족은 부인다운 겸손함을 보이는 데 실패했음을 보여 주는 죄가 된다. 이전 세대 여성들, 특히 열녀들이 모범을 보여 준 인내는 현대 여성들에게 결여되어 있다고 여긴다. 켈리 정의 연구에서 등장하는 셀 리더에 따르면, 여성들은 "현대의 삶이 제공하는 온갖 편의로 인해 약해지고 버릇이 나빠져 이기적인" 삶을 살게 된 것이다(2008, p. 141). 이러한 죄들은 필시 열녀들이 남편과 가족을 위해 보여 준 인내와 희생에, 그리고 부수적으로 그리스도가 보인 십자가 위의 희생에 직접적으로 상반된다.

그럼에도 불구하고, 켈리 정의 연구에 나오는 여성들은 가족생활에서 강한 자기주장과 적극성을 표현하고 있다고 고백한다. 이는 "여성을 약하고 의존적인 존재로 보는 공식적인 관점"이나 교회가 사회적 질서를 지키기 위해 옹호하는 여성들의 순종적인 이상형 양자 모두와 상반된다. 여성의 적극성과 권력은 유교적 젠더 역할 구분에서 '안(內)'과 '밖(外)'의 이원적인 공간 구분에 따른 '안'의 공간, 즉 가정이라는 공간에서 허용될 수 있다. 이러한 이원적 공간 구분에서, 내부는 가정 내 영역으로서 여성들이 권력을 행사할 수 있는 공간이며, 가부장의 관심사는 이 권력이 남성들에게 속한 '외부'로 쏟아져 나오지 않도록 이 권력을 내부에 잘 집중시켜 놓는 것이다. 켈리 정의 연구에 나오는 여성들은 유교적인 시대로부터 물려받은 가부장적 체제의 통제와 억압을 향한 씁쓸함을 자신들의 언어로 명확히 표현했다.

하지만, 교회가 여성의 젠더 주체성의 재형성에 주력할 때, 많은 여성은 스스로 다양한 성서 해석을 통해 체제의 통제에 반하지 않도록 설득된다. 결혼생활 외에 다른 선택지가 없어 생기는 사회적 제약이 후기 조선왕조 중에 열녀들이 경험했던 것과 유사한 제한을 부과하기는 하지만, 이 여성들에게 기회가 완전히 없는 것은 아니다. 스스로를 그 위계에 종속시킴으로써 이 체계를 유지하고자 하는 여성들의 강력한 보수적 욕구는 주어진 사회체계를 전복시켜 손상시키면 안 될 것 같은 훨씬 더 깊은 욕구를 암시한다. 켈리 정은 여성들의 가정 안에서 가지고 있는 역할, 특히 어머니로서의 역할에 가부장제도가 부여한 지극히 큰 가치가 바로 이 가부장제도를 전복시키기 어렵게 만드는 여성들이 받는 포상이라는 점을 지적한다(2008, p. 179). 이러한 보상을 통해 여성들에게는 "특히 어머니라는 지위들을 끌어안게 하는 강력한 동기"가 부여된다(2008, p. 179). 여성들은 '내부' 영역 안에서 존경받는 어머니로서 가족 내부에서 다른 여성들과 자식들에 대한 권력—아버지로서의 남성들이 가지지 못한—을 표출한다. '외부(外)'가 남성들의 이익을 위해 구축된 대부분의 사회적 관습들에 따라 여성들에게 제한된 곳이라면, '내부(內)'는 기본적으로 여성들의 영역이다. 남성들의 권력이 제한되는 공간인 것이다. 이러한 권력에 동기를 둔 보수적 구조의 유지라는 강력한 보상으로 인해, 복음주의 기독교인 여성은 유교적 이상형과 기독교적 이상형 양자 모두가 뒤얽힌 이데올로기를 통해 자신에게 부과된 가정 내 역할의 규정을 옹호한다. 동시에, 그러한 강력한 동기로 무장된 이상형을 지지하는 패러다임에서 이혼한 여성, 전문직 여성, 독신 여성 등과 같이 이러한 역할에 부합하지 않는 여성들은 배제된다.

이런 패러다임에서는 애나는 이혼 여성과 전문직 여성으로 이중제한을 받는다. 한국계 미국인 여성으로서, 애나는 대부분의 어린 시절과 일부 성인 시절 동안 한국 문화권에서 생활했던 1세대 한국계 미국인 부모들로부터 젠더 역할의 이데올로기를 물려받았다. 심지어 미국으로 이민한 이후에도, 부모들은 한국의 문화적 규범을 고수함으로써 자신들의 문화 정체성을 지키는 한편, 미국에서 사회적으로 소외된 생활을 이어 나갔다. 흥미롭게도, 한인 이민 역사의 형성 시기에, 한국적 문화 정체성은 한인 이민자 교회들의 기능을 통해 유지되었다. 민병갑의 뉴욕 소재 한인 교회에 대한 연구를 인용한 조나단 탠(Jonathan Tan)이 설명하는 바로는, 재미 한인 교회들은 "① 한인 이민자들의 친교, ② 한국의 문화적 전통 유지, ③ 교회 구성원들과 한국인 공동체 전체를 위한 사회적 봉사, ④ 성인 이민자들의 사회적 지위와 위치" 같은 네 가지 중요한 기능을 제공해 왔다(2008, p. 61).

한인 이민 교회의 문화적 기능은 2세대 한국계 미국인들에게 독특한 문제를 야기한다. 이들은 아무도 말해 주지 않는 비밀을 해독해 내고 자신이 물려받은 문화적 유산과 종교적 유산을 구분해 내야 하는 숙제를 안게 된다. 이들에게는 교회가 수행해야 하는 이중적 역할로 인해, 다양한 종교적 전통에 뿌리를 둔 여러 문화적 요소들이 설명 없이 제시된다. 말하자면, 교회는 기독교적 정체성을 고수하기 위해 다른 종교의 진리를 부정해야 하는 동시에 다양한 종교에 뿌리를 둔 한국적 문화 정체성도 지켜내야 하는 것이다. 이에 따라

교인들은 양자택일적(either/or) 선택을 해야 한다. 이들이 다양한 문화적 유산에 내포된 종교적 요소들을 긍정할 때 자신의 기독교 신앙을 부정하는 위기에 서게 된다. 따라서 한국 문화와의 유대를 잃게 되는 한이 있더라도 흠 없는 기독교적 순수성을 유지하는 데 방해가 되는 문화적 유산을 던져 버려야 하는 것이다. 물론 이것은 불가능한 선택이다. 결국 교회는 의도적인 망각을 선택하게 된다. 즉, 1세대가 쉽게 설명할 수 있던 다양한 문화적 행동양식의 종교적 뿌리에 대한 언급을 누락하는 쪽을 택한다. 온전한 정보를 얻지 못했지만 문화와 신앙을 모두 자기 정체성에 통합해야 할 의무를 진 한국계 미국인 기독교인 2세대는 이러한 역동이 만들어 낸 협소하고 불안한 공간 안에서 자신들의 신학적 성찰을 수행한다.

자기 경험의 어느 부분이 '한국적'이고 어느 부분이 '기독교적'인지 구별하려는 노력을 통해, 애나는 이러한 망각으로 점철되어 깊숙이 뒤얽힌 문화적, 영적, 사회적 혼합체(amalgam)에 빠져들어 가 헤매게 된다. 애나는 한국 문화로부터 물려받은 정신적 유산과 가정 밖에서 경험한 미국 문화[4]로부터 받아들인 성취, 정체성, 가치관 중에서 어느 것을 고를지 선택권을 가진 듯한 2세대 한국계 미국인이다. 이 두 가지 사이에서, 그녀는 의식적으로 기독교 신앙을 자기 삶의 지침으로 선택했다. 하지만, 반드시 해야만 한다는 압박감을 느꼈던 양자택일적 선택들에서, 그녀는 항상 양자긍정(both/and)이자 동시에 양자부정(neither/nor)이 되었던 이 혼합체를 선택해 왔다. 달리 말해서, 애나는 자신의 정체성 탐구를 수행해 나가는 데 식별적 수단으로 사용해 온 기독교 신앙에 한국적 문화와 여러 종교의 영성이 이미 상당량 내포되어 있었다는 점을 알지 못했다.

이 혼합체는 우리를 논의의 출발점으로, 곧 우리에게 은장도의 이미지를 가져왔던 문화적 무의식(cultural unconscious)으로 되돌아가게 한다. 재미 한국인의 삶에서 조선으로, 20세기에서 14세기까지 거슬러 올라갈 수 있도록 도운 이 무의식의 실재는 어떤 역할을 했는가? 조셉 헨더슨(Joseph

Henderson)은 1974년에 융의 집단 무의식 개념에 없는 문화적으로 특수한 구성요소들을 표현하기 위해 문화적 무의식이라는 개념을 도입했다(1977, pp. 7-16). 그 이후에, 에디스 커츠와일(Edith Kurzweil, 1989), 에델 퍼슨(Ethel Person, 1992), 재클린 로즈(Jacqueline Rose, 1993) 등을 비롯한 여러 심리학자가 이 개념을 발전시키는 작업에 기여했다. 헨더슨의 개념을 연구한 학자들 사이에서, 연구자는 융 심리학 계열의 심리학자 마이클 애덤스(Michael V. Adams)의 설명에 집중한다. 그는 꿈을 이해하기 위해서는 원형적 해석(archetypal interpretation)을 넘어서는 해석이 요구된다고 주장하며, 자기 내담자의 꿈에 나오는 '역사적 잔여물들'을 문화적 무의식이라 지칭한다(2002, p. 190). 한 사례연구에서, 애덤스는 역사적 잔여물을 이해하기 위해 노예제의 역사를 추적하는데, 이는 애나가 가지고 있던 열녀의 가족적, 사회적, 경제적, 심리학적 부담감을 연구자가 추적하는 데 사용한 방식과 유사한 방식이다. 열녀의 미덕에 대한 노골적인 강요는 없지만, 애나와 한국계 미국인 교회는 양자 모두 부지불식간에 조선 후기의 역사적 사건들의 문화적 무의식 혹은 역사적 잔여물을 물려받았고, 이 유산은 애나 가족의 이민과 애나의 개신교로의 개종을 통해 한편으로는 억제되고 한편으로는 강화되었던 것이다.

문화적 무의식 개념과 융의 콤플렉스 이론(Jung's theory of complexes)을 결합함으로써, 싱어와 킴블은 문화적 콤플렉스(cultural complex)라는 개념을 발전시켰다(Singer & Kimble, 2004). 무의식적 역동으로서의 문화적 콤플렉스는 역사적 잔여물들이 핵심적인 원형들(archetypes)에 특정한 느낌의 결을 가지고 결집한다. 이 콤플렉스는 개인들의 문화적 정체성 형성에 영향을 주어 자체적 소속감을 형성한다. 이러한 콤플렉스가 우리의 의식 아래에서 작동하기에, 이 역동이 제공하는 강력한 소속감은 우리의 비판적 사고와 성찰을 우회한다. 이와 같이 앞에서 확인한 역사적 잔여물은 애나의 의식을 우회했던 것이다. 캐서린 카플린스키(Catherine Kaplinsky)는 남아프리카 출신 유모의 보살핌을 받으며 자란 한 백인 남성 교수의 꿈을 해석하여 문화적 콤플렉스의 경계에서 관찰되는 역학을 설명해 낸다. 상이한 문화적 그룹들에 속한 이가 두 문화권에서 발생한 상이한 문화적 콤플렉스가 서로 충돌하는 것을 경험하게 되면, 각각의 콤플렉스에는 그 안에 형성된 선과 악의 양극 인력(引力)의 역동이 작용하기 때문에, 그 둘 사이에서 "경계들이 진화하고 이동하는 손에 잡히지 않는 과도적 영역"이 발견된다(2008, p. 194). 카플린스키에 의하면, "이러한 영역들은 시공간 안의 관계적 공간 내에 존재하는데, 이러한 공간들은 집단적인 영역과 원형적 잠재성들에 닿기도 하고 문화적 매트릭스를 향해 뻗쳐 나가기도 한다(2008, p. 194)." 이러한 경계의 과도적 성격과 이 경계의 특징이 되는 관계적인 시간과 공간은 애나의 경험적 복잡성을 설명하는데 중요한 역할을 한다. 이 과도적 성격으로 인해, 이 공간을 경험하는 누구라도 외국을 떠도는 나그네처럼 이 공간이 낯설게 느껴질 수 있다.

하지만, 카플린스키는 그럼에도 불구하고 과도적 영역에는 소속이라는 주제가 담겨 있다고 한다. 어딘가에 '소속된다는 것'은 경계의 존재를 암시하며 경계는 감싸고 있다는 느낌을 주지만 한편으로 "교류의 영역이기도 하고 성숙과 개별화를 위해 돌파되어야 할 지점이 될 수도 있다(2008, p. 196)." 누군가의 심리가 이런 경계 위에 서 있을 때, 그의 정체성은 바로 이 문턱 공간(interstitial space)에서 형성된다. 이 공간은 불안한 공간이다. 경계선의 변동성은 갈등과 전쟁의 원천이 되는 불안함을 안고 있다. 그럼에도 불구하고, 불안한 만큼 이 공간은 이러한 문화적 무의식의 역동에서 자기를 발견하는 영혼의 집이 된다. 이 공간은 애나가 서 있는 경계와 상당히 유사하다. 애나는 새로운 문화공간인 미국 문화와 종교공간인 복음주의 기독교, 유령같이 출몰하는 유교의 역사적 잔여물, 그리고 이 논문에서 논의되지 않은 여러 다른 문화들에서 유래한 문화적 규범들 '사이에 낀 공간 (betweens)'이라는 몇몇 층위의 역공간(閾空間, liminal space) 위에 서 있다.

탈식민지 이론가 호미 바바(Homi Bhabha)는 한국인과 한국계 미국인의 현실에 나타나는 문화적 무의식과 문화적 콤플렉스 개념을 표현하는 설득력

있는 언어를 제공한다. 바바는 우리 문화가 주류 미국의 문화적, 경제적, 정
치적인 제국적 권력 아래 하나의 하위문화로 놓이는 상황을 설명한다. 바바
는 이 식민화된 사람들이 살고 있는 이 문제 많은 공간을 '사이에 낀 현실(in-
between reality)'이라고 부른다(1994, p. 19). 다른 종류의 타인들 사이에 있는
이러한 경계적 실존에서 경계선 위에 서있는 이는 자신의 혼종성(hybridity)
혹은 내면의 차이를 알아챌 때, 문턱 위의 친밀성(interstitial intimacy)을 경험
한다(1994, p. 19). 이후에, 바바는 미국 사회 내에서 활동하는 소수민족 출신
작가들의 담론을 다룰 때, 이 문턱 위의 친밀성을 '근접성(proximity)'이라고
지칭한다(1997, p. 438). 이러한 혼잡성의 친밀성으로 인해, 경계 위에 서 있
는 이는 자기 안에서 타자를 발견하고 타자 안에서 자신을 발견한다. 그러므
로 "나는 너와 다른가?"라고 묻지 않고, "우리 안에 있는 차이들은 무엇인가?"
라고 묻게 된다.

이는 통상 근대성과 식민화의 담론을 나타내는 헤겔의 변증법과 질적으로
다른 현실 인식이다. 헤겔의 관점이 자아와 타자로부터 종합된 제3자를 생산
해 내는 데 반해, 근접성은 자아와 타자가 만나는 자리에서 두 겹의 문턱 위
로 회동함으로써 어느 한쪽보다 모자라기도 하고 과다하기도 한 결과를 낳는
다는 면에서 적극성을 띠게 되는데, 이것은 일종의 고조된 반복 속에서 자아
와 타자가 쌍을 이루어 각자에게 속했으면서도 어느 누구에게도 속하지 않은
피와 뼈가 과다해지기도 하고 잘라 내지기도 하기 때문이다(1997, p. 439).

이러한 피와 뼈의 과다와 적출은—필시 고통 없는 과정이 아닐 것인데—
협상과 재기입 혹은 번역이 일어나는 과정으로 이 친밀한 하이브리드 공간을
만들어 내고 이 공간 안에서 이루어진다. 시간적인 면에서, 이 공간은 시간
지체(time-lag)를 생성해 낸다.

시간 지체는 역사적 사건과 "그 사건의 기억과 교훈이 담겨져 사회적 심리
적 정체성의 한 형태로서의 서사와 문화적 공통성을 만들어 가는 '사람들의
역사적 표식'으로서 그 사건을 유포"하는 사이에서 형성된 일시적 공간이다

(Bhabha, 1994, pp. 348-349). 이런 시간 지체 속에서 형성된 서사는 더 큰 문화적 힘을 가진 이들의 지위의 중심을 잃게 만드는 효과를 가지고 있어서 역사적인 동향을 만들어 낼 수 있는 공간을 창조한다.

바바에 의하면 다음과 같다.

> 소수민족의 글쓰기는 다수민족에 어떤 시대착오적 변위(變位, displace-ment)를 야기하는 강렬하고 불안한 시간 지체 내부에서 불균등하고 불평등한 문화적 장소에서 나타나, 다수민족이 자신의 불확실한 주변적 실존을 직면하게 한다. 소수민족의 글쓰기가 가진 날카로운 비판력은 주변적인 출발점에 의해 결정된 소수민족 중심의(minoritarian) 전통에 따라 다수민족의 담론을 재의미화하거나 혹은 번역하는 그 주변적인 시간에 태어난다(1997, p. 440).

이런 강렬함으로 인해 이 공간은 상당한 잠재성을 가진다. 여기에도 저기에도 없는 동시에 여기에도 저기에도 있는 이상, 이 공간은 '불균등하고 불평등한 문화적 위치'에 서 있는 애나와 상담자와 같은 탈식민적 개인들에게 다른 관점을 가지고 그 관점으로부터 서사를 형성할 수 있는 미학적 거리를 제공한다. 이러한 공간에서는 끊임없는 협상과 번역이 이루어지기에 이 공간에 서 있는 경험은 긴장되는 일이다. 바바가 소수민족의 글쓰기를 탐구하는 저서에서 인정하는 것처럼, 이 공간은 불안으로 채워진 공간이다. 마치 자신의 영적 실존을 경험했던 방식을 뒤흔들어 놓았던 불안이 애나가 서 있던 공간을 채웠듯이 말이다. 문화적 콤플렉스가 차지하는 공간이 캐플린스키의 논문에서 역사를 뒤흔드는 갈등과 전쟁의 온상인 것처럼, 이 경계적 공간을 채우는 에너지가 있다. 바바는 정신분석가 리오 랑겔(Leo Rangell)을 인용하여 이러한 에너지의 잠재성을 설명한다.

우울증은 확실성에 관한 것인 반면, 불안함은 가능성에 관한 것이다. 어떤 모양으로 스트레스의 영향력 아래 숨겨져 있건 간에, 불안의 다른 측면은 희망이며, 실제로 불안이 걱정하고 있는 위험[불쾌함(unpleasure)]은 발생하지 않을 수도 있다. 자아(ego)는 선택을 할 수 있다. 즉, 자아는 무언가를 할 수 있다. 사실 자아는 스스로 원하는 바를 위해서는 무언가를 해야만 한다. 불안은 자아를 자극하여 바로 그것을 하도록, 즉 위험에서 안정으로['불쾌함'으로부터 일종의 성취감으로] 옮겨갈 수 있도록 한다(1997, p. 444).

소수민족 출신 작가들은 "불안한 동일시 과정의 한 형태로서 집중적인 소수민족 언어를 활용"하여 희망과 행위주체성의 자유를 향해 나아간다(1997, p. 444). 바바는 에이드리엔 리치(Adrienne Rich)의 시 「움직임(Movement)」을 통해 이러한 소수민족 담론이 던지는 질문을 제기한다. 연구자는 이 질문이 바로 정확히 한국계 미국인 여성들의 목회신학에서 제기되는 질문이라고 생각한다. 애나가 이 소수민족 언어를 자신의 불안을 집중적으로 활용하여 이 소수민족 언어를 사용하기 시작했을 때, 자신의 낮은 자존감, 즉 행위주체성에 관한 그의 질문은 리치의 "언제 삶은 자유를 향해 방향을 돌리는가?(When does a life bend toward freedom?) 그 방향을 잡는가?(Grasp its direction?)"라는 질문과 놀라운 유사성을 보이기 시작한다. 애나는 답을 얻기 시작한다. 자기 이야기를 집중적으로 진정성을 가지고 이야기하는 행위는 애나를 불안의 다른 면으로 밀어붙였던 것이다.

4. 신학적 성찰의 공간 확장

우리의 임상적 관계가 종료된 지 한참 후에, 상담사의 역할이 무엇이었는

지 분명해졌다. 애나가 시간 지체(time lag)를 경험하는 동안 자신의 이야기를
해 나갈 수 있도록 혼종성의 공간을 안전하게 지탱해 주는 것이 나의 역할이
었다. 이 공간에 팽배한 불안감이 워낙 특이했기에 그 의미를 찾아 나서며 은
장도의 역사를 알아보고 이 논문을 쓰게 되었지만, 꽤 오랜 기간 만족스럽지
못한 결론에만 접근할 수 있었다. 이 공간에는 과거의 현존과 기억이 유령처
럼 출몰했고, 애나는 서로 경쟁하는 문화들 사이에 끼인 상황에 있었다. 그러
나 그래서 어쨌다는 말인가?

  상담 중에 서서히 진전되던 한국계 미국인 남성과의 관계가 무르익어 애
나가 결혼을 결정했다는 소식을 들었다. 뚜렷한 결정을 내리지 못하고 자신
의 행위주체성을 믿을 수 없다고 느꼈던 그 관계에 있던 바로 그 남성이었다.
애나는 이 관계에서 자신만의 신학적 성찰의 장소를 찾았고, 그 관계를 통해
떠오르는 여러 질문들을 탐색했다. 애나는 그와 집중적으로 벌인 협상에서
상호성을 발견했다. 개인으로서의 삶과 함께하는 삶의 여러 영역들을 깊이
있게 검토하면서, 처음에는 근심스럽게 발을 디뎌 보던 문턱 공간(interstitial
space)에서 유래한 자신의 이야기를 적극적으로 재창조해 내는 데 성공했다.
애나의 남자친구 또한 자신이 경험한 혼종성을 애나가 자신을 집중적으로 탐
색할 수 있는 공간으로 제공했고, 그곳에서 그들은 함께 자신들의 이야기를
엮어 나갔다. 남자친구가 이 탐색에 애나와 동참함으로써 자신들이 서 있는
문턱 공간의 확장을 보게 되었다. 이 또한 역시 정확한 대답이 있는 안정적이
고 편안한 공간이 아니라, 움직이고 변화하는 양가적이고 불안한 공간이다.
하지만, 이렇게 새로 열린 공간은 바로 애나와 지금은 그의 남편이 된 그의
약혼자가 함께 거하는 곳이다. 이들의 관계를 바라보면서 묻는다. 애나의 삶
은 자유로 방향을 돌려 나아가고 있지 않는가? 그 방향을 잡은 것 아닌가?

후주

1. 열녀의 첫 글자가 列에서 烈로 바뀌었다는 사실은 흥미롭다. 이 현상이 정확히 어떤 과정으로 일어났는지 알아볼 기회가 없었으나, 한반도에서 일어났을 경우 한나라에서 수입된 『열녀전(列女傳)』에 수록된 세 가지 미덕의 누락과 긴밀한 관계를 드러낼 것으로 여겨진다.

2. 훨씬 더 많은 사회적 자산을 지닌 남자가 더 적은 사회적 자산을 지닌 과부를 위협하여 첩으로 들였던 사례들이 있는데, 추측하기로 과부의 젊음이나 매력적인 자태 때문이었을 것이다.

3. 하늘은 정확하게 신(deity)은 아니지만, 감정과 의지를 지닌 한 인격체로 행동한다. 하느님(하늘님)은 우리 문화에서 우주적 영성을 표현한다. 유교 문헌에서, 하늘은 인간을 굽어 살피고, 선과 악을 인지하며, 유교적인 윤리적 규약들에 맞는 비범한 도덕적 행동에 상을 내리는 존재로 가정된다.

4. 미국 문화 안에 있는 모든 다양성을 충분히 고려할 때 미국 문화를 정의하는 것은 불가능하다. 이 글에서, '미국 문화'는 한국계 이민자의 심리 안에서 한국계 이민자 문화와 나란히 놓이는 문화를 지칭한다.

참고문헌

강명관 (2002). 『삼강행실도』-약자에게 가해진 도덕의 폭력. 한국고전여성문학연구 5, 5-32.

홍인숙 (2002). 열녀 담론의 새로운 독해: 성과 계층의 문제를 중심으로. 한국고전여성문학연구 5, 85-118.

미야지마 히로시 (2014). 양반: 우리가 몰랐던 양반의 실체를 찾아서. 서울: 너머북스.

Adams, M. V. (2002). African American dreaming and the beast of racism: The cultural unconscious in Jungian analysis. *Psychoanalytic Psychology, 19*(1), 182-198.

Bhabha, H. (1994). *The location of culture*. London: Routledge.

Bhabha, H. (1997). Editor's introduction: Minority maneuvers and unsettled negotiations. *Critical Inquiry, 23*(3), 431-459.

Chong, K. (2008). *Deliverance and submission: Evangelical women and the negotication of patriarchy in South Korea.* Cambridge: Harvard University Asia Center.

Gallagher, S. (2003). *Evangelical identity and gendered family life.* New Brunswick: Rutgers University Press.

Henderson, J. (1997). The cultural unconscious. *Quadrant: Journal of the C. G. Jung Foundation for Analytical Psychology, 21*(2), 7-16.

Kaplinsky, C. (2008). Shifting shadows: Shaping dynamics in the cultural unconscious. *Journal of Analytical Psychology, 53,* 189-207.

Kurzweil, E. (1989). *The Freudians: A comparative perspective.* New Haven: Yale University Press.

Lee, K. S. (2010). Much depends on the kitchen: Pastoral practice in multicultural society. In K. Greider, D. Hunsinger, & F. Kelcourse (Eds.), *Healing Wisdom: Depth Psychology and the Pastoral Ministry* (pp. 34-54). Grand Rapid: Eerdmans.

Person, E. S. (1992). Romantic love: At the intersection of the psyche and cultural unconscious. In T. Shapior & R. Emde (Eds.), *Affect: Psychoanalytic perspectives* (pp. 383-411). Madison: International University Press.

Rosenlee, L. (2006). *Confucianism and women: A philosophical interpretation.* Albany: SUNY Press.

Singer, T., & Kimbles, S. (2004). The emerging theory of cultural complex. In J. Cambray & L. Carter (Eds.), *Analytical Psychology Contemporary Perspectives in Jungian Analysis* (pp. 176-203). London: Brunner-Routledge.

Tan, J. (2008). *Introducing Asian American theologies.* Maryknoll: Orbis Books.

제4부

문학 속 여성과 상담

소설 『82년생 김지영』과 여성주의 상담

김희선
(명지대학교)

『82년생 김지영』은 2016년 조남주가 쓴 소설로 1982년에 태어난 김지영이 대학 졸업 후 직장생활을 하다가 결혼해 당시 34세의 전업주부로 딸아이를 키우는 이야기이다. 비슷한 또래의 여성들에게는 별로 새롭지 않은 이야기가 입소문을 타고 베스트셀러가 되었고 영화화되기도 하며 여성들 사이에 열풍을 몰고 왔다.

상담 현장에서 상담사례를 슈퍼비전할 때 많은 경우 '상담자가 사례에 대한 체계적인 사례개념화를 하지 못하였다'는 생각이 들었다. 사례개념화(case conceptualization)라는 것이 상담자가 상담이론에 근거하여 내담자를 이해하고 상담계획을 수립하는 기본적인 틀이라고 할 때 제대로 된 사례개념화를 구상하는 것은 매우 중요하다. 국내에서 사례개념화에 대한 교육과 연구가 아직도 매우 부족한 상태이며 안타깝게도 여성주의 상담이론을 사용하여 구체적인 사례개념화의 모델을 보여 주는 참고용 자료들이 많지 않다. 이 글에서는 특정한 사례를 찾아서 이왕이면 최근 우리에게 알려져 있는 『82년생 김지영』의 삶의 이야기, 여성이라면 많은 공감대를 이미 형성한 한 여성의 이야기를 토대로 여성주의 상담이론에 입각한 사례개념화의 모델을 작성하여 제시하고자 한다.

1. 여성주의 상담

1) 여성주의 상담이란

여성주의 상담의 정의를 가장 간단히 표현하자면, '여성주의적 가치체계에 근거한 상담'이다(김민예숙 외, 2005, p. 14). 가부장제 성차별 문제를 자각하고 여성에 대한 편견 및 차별 철폐와 성평등한 사회 건설을 지향하는 것이 여성주의의 철학이다. 따라서 성별에 근거한 차별과 제한을 벗어나 내담자의 다양한 삶의 경험을 젠더, 권력, 문화적 관점에서 분석하고 그에 따라 내담자의 역량을 강화시키는 것을 지향하는 것이 여성주의 상담이다. 여성주의 상담은, 성차별주의뿐만 아니라, 인종에 의한 차별, 신체나 나이에 의한 차별, 이성애주의 등 인간에 대한 모든 차별과 억압의 극복에 관심을 가지기 때문에 상담의 대상을 '여성'으로만 한정하지 않는다(정푸름, 2017). 정리하자면 여성주의 상담이란 "여성주의의 관점에서 내담자인 여성 및 사회적 소수자의 역량을 강화하여 자신의 문제를 해결할 수 있도록 조력하고 개인의 변화와 더불어 사회구조의 변화를 추구하는 상담"이다(이미혜 외, 2012; 김민예숙, 2013).

여성주의 상담은 1960년 말 2세대 여성운동의 의식향상 집단에 참여했던 서구 여성들이, 개인적이고 심리내적인 요인뿐 아니라 내담자에게 영향을 미치는 사회적인 요인도 고려하는 새로운 상담이론의 필요성을 절감하면서 형성되었다. 한국의 여성주의 상담은 1983년 한국 여성의 전화가 가정폭력 피해경험자들에 대한 상담이론으로 여성주의 상담을 선택함으로써 시작되었다(이미혜 외, 2012).

2) 여성주의 상담의 원리들

여성주의 상담의 원리들 중 가장 많이 사용되는 것은 엔스(Enns)와 워렐과 리머(Worell & Remer)의 여성주의 상담의 원리들이다. 중복되는 공통적인 원리도 있고 각자만의 강조점을 둔 원리들도 있으나 이 글에서는 앞의 원리들을 토대로 서울 여성의 전화 기획팀이 구성한 여성주의 상담의 원리를 적용한다(김민예숙 외, 2005; 김민예숙, 2013; Worell & Remer, 2015).

개인적인 것은 정치적인 것이다: 여성주의 상담의 원리로 가장 먼저 꼽히는 이 논리는 여성의 문제가 개인들 간의 특수한 관계에서 일어나는 나만의 문제가 아닌 우리가 살고 있는 사회문화구조 속에서 발생하는 문제임을 강조한다. 여성주의 상담은 여성들의 심리적 불편감이 가부장제 속에서 여성이라는 사회적 위치와 관련되어 있다고 본다. 여성주의 상담은, 개인적 정체성과 사회적 정체성의 상호작용을 내담자가 자각할 수 있도록 도우며, 나아가서 개인과 사회의 변화를 동시에 추구한다.

상담관계에서의 평등성 추구: 상담자와 내담자는 상담관계에서 새로운 관계를 체험하며 이 관계의 질이 상담의 성공 여부에 중요한 요소가 된다. 상담관계에서 여성주의 상담자와 내담자 사이에 존재하는 권력관계가 완전히 평등하다는 것을 말한다기보다는 내담자의 삶의 경험을 존중한다는 의미이다. 상담자는 상담과 관련된 지식과 기술에서 전문가이고 내담자는 자신의 삶의 최고 전문가임을 인정한다. 상담자는 내담자를 피해자가 아니라 생존자로 바라보면서 상담관계가 권력화되지 않도록 내담자와 함께 상담 목표를 정하고, 계획을 함께 검토한다.

역량강화: 내담자가 현재의 상황에 적응하는 것이 아니라 변화를 지향하도록 돕는 것이 역량강화(empowerment)의 원리이다. 내담자가 현재 상황에서 벗어날 수 없어 증상을 호소했던 것은 그 상황을 바꿀 수 있는 힘/자원/권력이 부족했다는 것을 의미한다. 그렇기 때문에 상황의 변화를 가져오기 위해서 내담자가 필요로 하는 것을 탐색하면서 내담자의 역량/권력을 강화하는 것을 상담의 목표로 한다. 사회구조에 대한 분석과 토론, 그리고 여성의 구체적인 이익을 가져오기 위한 참여활동(교육, 직업훈련, 자원봉사 참여활동 등)도 촉진된다.

여성의 시각으로 재조명: 여성주의 상담자는 내담자가 오랫동안 하지 못했던 자신의 이야기를 회복하도록 돕는다. 그러기 위해서 가장 먼저 여성의 시각으로 자신의 세계를 바라볼 것을 제안한다. 이를 통해 내담자가 억압된 자기 경험을 이야기하고 있는 그대로 수용되는 경험을 할 수 있다. 여성의 경험으로 자신의 삶에 개인적, 사회적인 측면과 사춘기, 결혼, 출산, 양육, 완경기 등 여성의 발달과정을 이야기하고 억압되고 부정적으로 평가되었던 경험들에 대한 새로운 이해로 자신의 삶을 재구성하는 것을 의미한다.

3) 여성주의 상담의 기법

여성이라는 정체성은 성별 외에도 사회적 지위, 인종, 경제적 능력, 성적 취향 등 다양한 층위에서 형성되기 때문에 여성이라는 공통성을 인정하면서도 여성의 삶에 영향을 미치는 다양한 요인을 인식하는 통합적이고 포괄적인 접근과 상담기법이 필요하다. 상담자는 여성주의 상담의 목표를 달성하기 위해 여러 가지 기법을 사용할 수 있는데 그중 여성주의 상담만의 독특한 기법은 성역할분석과 권력분석(역량분석)이다.

성역할분석: 개인은 자신이 속한 사회 속에서 여자와 남자로 살아가면서 어떻게 행동해야 하는가에 대한 정체성을 형성해 간다. 성역할 개념은 특정한

문화에서 문화적으로 승인된 행동양식을 나타낸다. 가부장제에서 여성으로 살아간다는 것은 태어나면서부터 그 문화에 부여된 여성의 성역할을 할당받는다는 것을 의미한다. 수행 여부에 상관없이 여성은 생물학적으로 출산과 양육이라는 성역할과 시대와 사회상에 따른 젠더(사회문화적으로 분류되는 성별)역할을 부여받는다. 대부분의 문화에서 남성과 여성에 대해 성별화된 고정관념은 개인의 성격, 대인관계, 언어적·비언어적 습관, 직업, 여가활동 등과 같이 광범위한 인간 행동에 모두 영향을 미친다(Worell & Remer, 2015, p. 82). 여성주의 상담은 내담자가 이와 같은 고정화된 성역할 규범의 구속에서 자유롭게 되는 것을 돕는다. 내담자가 자신의 삶에 주어졌고 기대되었던 성역할 메시지가 삶에 미친 영향을 인식해 가는 과정에서 내담자는 그 규칙들이 어떻게 형성되었으며 현재 삶에서 어떻게 기능하는지 탐색하고, 그 주어진 성역할 메시지가 해로운 영향을 끼쳤다면 수정해 나가는 것을 선택할 수 있다(Worell & Remer, 2015, p. 82).

  권력분석(역량분석): 권력(power)이라는 말이 낯설고 어색하게 들릴 수 있으나 간단히 말하면 능력(역량)이다. 권력에 대한 여러 가지 정의가 있지만 여성주의 상담에서 사용하는 권력에 대해 워렐과 리머는 "개인적이거나 외적 변화에 영향을 주는 개인적, 환경적 자원에 접근할 수 있는 능력"이라고 말하고, 김민예숙은 "내가 원하는 변화를 가져오는 역량의 소유"라고 정의한다(김민예숙, 2013; Worell & Remer, 2015). 즉, 내담자가 현재 가진 능력(힘, 자원)을 분석하고 내담자가 원하는 변화를 위해서 더 소유해야 할 힘과 자원을 탐색하여 그 힘을 강화하는 것(empowerment)이 권력분석(역량분석) 기법의 이유이다. 권력분석이라는 말이 power(힘/역량/권력)라는 번역으로 인해 잘못 이해되는 경우가 많으므로, 이 글에서는 권력(역량)으로 함께 표기한다

  여성주의 상담에서 권력분석(역량분석)의 기법을 사용하는 이유는 사회에 존재하는 여성과 남성의 권력 차이에 대한 내담자의 자각을 높이고 내담자가 그들의 삶에 영향을 미치는 대인관계적, 제도적 외부에 대해 영향력을 갖도

록 필요한 권력(역량)을 키움으로써 내담자의 역량을 강화하기 위해서이다.
권력분석(역량분석)의 단계는 다음과 같다(김민예숙, 2013, pp. 26-27).

① 상담자는 내담자에게 상담에 필요한 권력(역량)의 정의를 알려 준다.
② 내담자는 여러 종류의 권력(역량)에 대해 배운다.
③ 내담자는 자신이 어떤 종류의 권력(역량)을 가지고 있는지 알아본다.
④ 내담자는 권력(역량)을 사용하는 다양한 방식을 배운다. 그리고 자신이
   어떤 방식으로 권력을 사용하는지 알아본다.
⑤ 내담자는 성역할 메시지와 제도화된 성차별주의가 권력(역량) 사용에
   어떤 영향을 미치는지 탐색한다.
⑥ 내담자는 새로운 종류의 권력(역량) 사용을 시도해 자신의 권력(역량)
   목록을 늘린다.

권력분석(역량분석) 기법을 통해 상담자는 내담자와 함께 권력에 대해 알
아본 후 내담자가 과거에 가지고 싶었던 권력, 그리고 현재 가지고 있는 권력
(역량), 미래의 삶을 위해 필요한 권력을 탐색하고, 원하는 힘을 가지려면 필
요한 노력을 할 수 있도록 지지하며 내담자가 대안적인 권력(역량)을 시도해
보고 그 범위를 넓혀 가는 과정을 함께한다.

2. 사례개념화

사례개념화(case conceptualization)란 상담자가 내담자와 관련된 정보를 토
대로, 상담자의 자신의 이론과 경험을 활용하여 내담자의 문제의 원인에 대
한 일련의 가설을 세우고 이에 대한 종합적 이해를 토대로 내담자의 문제해
결의 방향과 상담 목표 및 전략을 세우는 과정을 말한다(이윤주, 2007, p. 16).

사례개념화를 뜻하는 영어를 조금 풀어 말하자면 특정 사례(case)에 대해 상담자가 그 내담자를 어떤 이론적 관점을 통해 이해하고 그에 따른 상담계획을 세울지에 대해서 상담자가 개념(concept)을 잡는 것이라고도 간단히 설명될 수 있다.

상담이론에 따라 사례개념화는 다르게 이루어질 수 있지만, 각 이론의 사례개념화 요소 중 공통적으로 강조하는 요소들이 존재한다. 이윤주는 사례개념화에 대한 문헌연구를 통해 공통적으로 들어가는 사례개념화 요소 목록을 다음과 같이 추려서 정리하였다(이윤주, 2001, pp. 83-85).

〈표 1〉 사례개념화 요소 목록

1	내담자의 현재 문제, 상태 및 관련 증상	지금 상담에 온 계기, 구체적 호소 증상, 핵심문제와 정서, 객관적 정보
2	문제와 관련된 역사적 배경	발달적 역사, 문제의 기원, 과거 문제력 및 당시 환경 상황
3	문제와 관련된 내담자의 내적 요인	자아개념, 통찰 내용과 수준, 인지적·정서적 스타일 및 특징, 신체·생리·행동적 특징, 원함(wants)
4	문제와 관련된 내담자의 상황적 요인	문제와 관련된 현재 생활 여건, 문제를 지속시키는 상황적 요인
5	내담자의 대인관계 특성	대인관계 양상, 대인관계 문제 영역
6	내담자의 자원 및 취약점	긍정적 상황과 부정적 상황, 강점과 약점, 대처전략
7	문제에 대한 상담자의 종합적 이해	핵심문제에 대한 이론적 설명, 종합적 이해 및 평가
8	상담 목표 및 계획	단기목표와 최종(장기)목표, 상담전략, 예상 장애요소

사례개념화의 목적은 '내담자의 상태'에 대한 이론적 설명에 근거하여 상담자가 내담자의 문제에 대한 가정과 그에 맞춘 상담계획을 짜는 청사진을 제시하는 것이다(Berman, 2007, p. 7). 따라서 사례개념화는 내담자의 문제의 성격과 원인에 대해 상담자가 도출해 낸 이론적 설명과 이론에 입각한 내담

자의 문제를 이해하는 핵심가설을 포함한다.

어떤 이는 "다른 상담도 이러한 전략을 다 세우는데 왜 여성주의 상담이라는 특정 이론으로 사례개념화를 해야 하는가?"라는 의문을 제기할 수 있다. 그 질문에 응답하자면, 상담자가 내담자를 이해하기 위한 내면 탐색에 대한 정보수집과 상담전략에서 각기 다른 이론들의 공통점이 물론 존재한다. 그러나 앞서 살펴본 공통점 외에 각각의 이론들은 내담자 분석과 상담전략에 있어 분명한 차이점이 있다. 즉, 상담자가 사례를 개념화할 때 어떠한 부분에 의식적으로 집중하고 상담계획을 위해 노력을 기울여야 할지가 상담자가 선택한 이론에 따라 조금씩 달라진다는 점이다. 예를 들어 정신역동적 접근이라면 내담자의 문제의 원인이 되는 무의식적 내적 갈등과 내담자의 과거 경험을 연결시켜 사례를 이해하고, 인지이론으로는 문제를 유발하는 내담자의 역기능적 신념과 사고를 중심으로 이해할 것이다. 따라서 이 두 상담자가 하는 사례개념화는 전자는 무의식적 갈등을 다루고 후자는 인지적 왜곡을 다루는 방향으로 차이를 보이며 다르게 나아갈 것이다. 행동주의 이론에 입각해서는 환경사, 자극과 반응에 관한 영향에 주목하여 수정되어야 할 특수한 행동이나 단기계획에 초점을 맞추어 내담자의 문제를 이해하려고 할 것이다(이윤주, 2007, p. 16). 아들러 이론이라면 생활양식, 가족구성원 간의 역동을 밝히려 할 것이고 해결중심적 이론이라면 내담자가 이전에 시도한 해결책들을 살펴볼 것이다(Sperry & Sperry, 2014, pp. 58-59).

동일한 내담자의 문제 관련 정보를 가지고 개념화를 해도, 상담자의 이론에 따라 개념화의 색깔이 확연히 달라진다. 여성주의 상담 관점에서 보자면, 전통적인 일반상담의 사례개념화는 개인의 문제를 이해하기 위해서 개인의 어린 시절, 부모와의 관계, 대인관계의 어려움과 같은 심리내적인 문제에 더욱 관심을 가진다. 또한 이 사회의 다중적인 억압과 차별에 대한 비판 없이 내담자의 문제를 개인적으로 초점을 맞추어 해석하기 때문에 가부장제를 살아가는 여성이 처한 독특한 상황적인 맥락을 간과하기 쉽다. 그렇기 때문에 여성주의 상담이론으로 구성한 사례개념화는 가부장제 사회에서 여성이 처한 다양한 삶의 자리에서의 다각적인 내담자 이해와 성역할분석과 권력(역량)분석, 상담목표 및 역량강화의 전략 등을 여성주의 상담 원리에 입각해서 내담자의 문제를 이해하고 그에 따른 상담전략을 세우는 것이라고 할 수 있다. 각 상담이론에서 공통적으로 강조하는 개념화 요소를 공유하되 서로 다른 이론적 접근을 상호 인정하게 되면 상담자들은 내담자에 대한 정보들을 토대로 자신의 이론적 배경을 바탕으로 사례를 개념화함으로써 서로 간의 차이를 비교해 보고 전문적인 의견을 교류할 수 있는 기회를 갖게 된다(이명우, 2017, p. 43). 이러한 가정하에 이 글에서는 다음과 같이 여성주의 상담이론으로 조명한 내담자 김지영의 사례개념화를 구상하였다.

3. 김지영에 대한 사례개념화

1) 내담자 이해

호소 문제

"사람들이 나보고 맘충이래. 내 인생 나 자신을 전부 포기하고 아이를 키웠어. 그랬더니 벌레가 됐어. 난 이제 어떻게 해야 돼?"

기본 정보

- 김지영(여, 1982년생, 전업주부)
- 위로 언니, 아래로 남동생, 삼남매 중 둘째. 서울 소재 대학 인문학부를 졸업하고 홍보대행사에 다니다 2012년 결혼했다. 2014년 딸 정지원 출산 후 퇴사하여 현재 전업주부로 육아에 매진하고 있다.
- IT 중견기업에 다니는 남편(정대현, 41세)은 매일 밤 12시가 되어야 가

까스로 퇴근하며 주말에도 하루 정도 출근한다. 시가는 부산이고 친정은
식당 운영을 하는 이유로 내담자 혼자 살림과 육아를 하는 상황이다.
─서울 근교 24평 아파트 전세 거주. 현재 딸은 어린이집에 다니기 시작해
서 다시 일을 시작하는 것을 생각하고 있다.

현재 문제와 상담경위

김지영 씨는 2015년 9월 8일 처음으로 이상증상을 보였다. 다른 사람인 것
처럼 보이는 행동을 하고 평소 쓰지 않는 말투를 썼다. 살아 있는 사람(김지영
의 어머니)이기도 했고, 죽은 사람(동아리 여자 선배)이기도 했는데, 모두 김지
영 씨 주변의 여자였다. 평소 하지 않는 요리도 하고 잘 때는 딸아이처럼 엄지
를 빨고 자기도 했다. 남편 정대현이 먼저 정신과를 찾아 아내의 증상에 대해
상담한 후 아내를 안내했다. 정신과 의사는 해리장애, 산후우울증과 육아우울
증 등의 가능성을 염두에 두었고 일단은 당장의 우울감과 불면증에 도움을 주
기 위해 항우울제와 수면제를 처방하면서 상담과 병행할 것을 권유했다. 김지
영 씨는 자신의 증상을 자각하지 못하므로 남편은 아내가 평소 잠을 잘 못 자고
힘들어 보이니 상담을 받아 보자고 했고 김지영 씨도 동의하였다.

2) 내담자의 삶의 자리에 대한 사회학적 분석: 개인적인 것은 정치적인 것이다

『82년생 김지영』에는 유독 당시 상황에 대한 통계가 많이 등장한다. 출생
부터 2014년까지 그녀의 생애를 살펴보면서 다양한 사회적 위치에서 내담
자의 정체성을 이해하려고 한다. 김지영이 태어난 1980년대는 정부에서 '가
족계획' 산아제한 정책을 펼칠 때였다. 성감별과 여아 낙태의 결과 1990년대
초, 셋째 아이의 성비는 남아가 여아의 두 배를 넘었다. 김지영이 다녔던 초
등학교는 한 반 인원이 50명에 달했고 한 학년에 10개 반이 넘었다. 중학교를

다닐 무렵에는 심각한 성비 불균형 현상을 보였다.

지영이 고등학교 시절은 '여자라고 못 할 것이 없다'는 사회적 지지와 응원의 목소리가 높아지던 시기였다. 1999년 남녀차별을 금지하는 법안이 제정됐고 2001년 여성부가 출범했다. 1990년대 말, 호주제에 대한 논의가 본격적으로 시작되었고 2008년 호주제가 폐지되었다. 김지영이 출산으로 인해 직장을 그만두게 된 2014년 기혼여성 5명 중 1명은 결혼과 육아로 인해 직장을 그만두었다. 여성의 경제활동 참가율은 출산 전후로 현저히 낮아진다. 대한민국은 OECD 회원국 중 남녀 임금 격차가 가장 큰 나라이고 여성이 일하기 가장 힘든 나라로 꼽혔다. 2017년 통계청 발표에 따르면 국내 기혼여성 10명 가운데 2명은 경력단절 여성이고, 10년 이상 경력이 단절된 여성의 비율이 38%를 차지하는 것으로 나타났다. 김지영과 같은 30대 여성들의 경력단절 사유로는 육아(34.8%)가 가장 높게 나타났다(통계청, 2016년 지역별 고용조사: 경력단절여성 현황).

김지영이 살고 있는 한국 사회는 1999년 여성차별금지법 제정, 2001년 여성부 신설, 2008년 호주제 폐지 등 점진적으로 성평등을 위한 제도적 기반을 마련하기도 하고, 남녀 임금 격차, 경력단절여성 재취업률 등과 같은 수치로 볼 때 성차별적 요소가 여전히 사실로 존재하고 있음을 증명한다. 출산과 양육 때문에 어쩔 수 없이 선택한 전업주부와 경단녀라는 삶의 현실이 '맘충'이라는 여성혐오적인 문화와 만나면서 김지영은 자신의 목소리를 잠시 잃게 되었다. 이것이 30대 여성 김지영이 처한 사회문화적 현실이고 그녀의 정체성을 반영하는 삶의 자리라는 것이 이 글을 통한 분석이다.

3) 성역할 분석

김지영은 가부장제 안에서 여성의 역할과 규범에 대한 전통적인 성역할을 가정, 학교와 사회에서 습득했다. 김지영은 '여자는 아들을 낳아야 한다'

는 할머니와 살면서 언니와 자신보다 남동생이 특별대우를 받는 집안환경에서 가끔 억울하다고 느끼면서 자라났다. 학교에서는 남학생과 달리 여학생만 복장규정이 있었고 중고등학교 때부터는 바바리맨을 비롯한 일상생활 속 성희롱과 폭력에 노출되었다. 고등학생 지영이 추행을 당할 위험에 처하자 아버지는 지영이 짧은 치마를 입었다며 몸가짐을 단정히 하라고 하며 지영을 오히려 혼냈다. 대학교 3학년 때 동아리 엠티에서 남자 선배들이 남자친구와 헤어진 지영을 두고 "씹다 버린 껌"에 비유하는 것을 듣기도 했다. 취업 준비를 할 즈음 대학의 학과에서는 "여자가 너무 똑똑하면 회사에서도 부담스러워한다"며 취업 추천 후보로 남학생들을 추천하였고, 면접 때 "거래처 상사가 신체 접촉을 하면 어떻게 대응할 것이냐?"는 질문을 받기도 했다.

취직한 김지영은 아침마다 커피를 타고 식당에서는 수저를 세팅하고 빈 그릇을 정리했다. 어느 날 육아와 가사를 병행하는 여성 팀장이 김지영에게 앞으로 그런 일을 '알아서' 하지 말 것을 조언했다. 김지영도 회사에서 좋은 평가를 받았지만 주요 업무에서 남성 동기들에게 밀리거나 임금에 차이가 있다는 것을 알게 되었다.

출산을 앞두고 김지영과 남편 정대현은 출산 후 생활에 대해 여러 가지 경우의 수를 살펴봤다. 결국 한 사람이 직장을 그만두고 아이를 돌보는 것으로 결론이 났고 남편 직장이 더 안정적이고 수입이 많고 또 그것이 더 '일반적'이기 때문에 김지영은 출산 후 직장을 그만두었다. 남편은 자신이 살림과 육아를 많이 돕겠다고 말했고 김지영은 그 '돕는다'는 말에 괜히 화가 났다. 전업주부가 되어 육아에 전념하면서 지영은 '살림'에 대한 사람들의 태도가 이중적이라고 느꼈다. 때로는 '집에서 논다'고 무시하고 때로는 '사람을 살리는 일'이라고 추켜세웠다.

김지영이 사는 현 한국 사회는 김지영의 어머니가 살던 세대보다 조금 더 복잡하고 교묘한 차별에 직면해 있다. '여자도 뭐든 할 수 있으니 공부 열심히 하라'는 가정의 분위기 안에서 대학을 졸업했고 별 문제 없이 직장을 잘 다니고 있던 김지영은 결혼과 출산이라는 새로운 문제를 만나면서 직장을 포기하고 가정에서 육아를 전담하는 전업주부가 된다. 아이를 키우는 일과 살림이 얼마나 소중한지에 대한 찬양을 들으며 동시에 남편 돈 쓰면서 집에서 놀고먹는 맘충이라는 모욕도 받는다. 때로 상충하는 다양한 시선 속에서 김지영은 미로 한가운데에 선 것 같은 기분, 성실하고 차분하게 출구를 찾고 있는데 애초부터 출구가 없는 억울한 기분으로 자신이 누구인지 모르겠는 느낌 속으로 가라앉게 된다.

4) 권력분석(역량분석)

권력에 대한 여러 가지 정의가 있지만 여성주의 상담에서 사용하는 권력을 '내가 원하는 변화를 가져오는 역량의 소유'라고 정의할 때 전업주부로서 사회적인 부분의 권력(역량)이 약화되어 무력함을 느끼는 상태인 김지영은 그녀가 원하는 '변화를 가져오는 역량으로서의 권력'을 현재는 충분히 소유하지 못했다고 판단한다.

대학생과 직장인 김지영은 지금보다는 더 많은 권력이 있었다. 가부장제에서는 많은 경우 남성보다 여성이 적은 권력을 갖는 것이 사실이지만, 대학 교육과 취업을 통해 사회적 지위를 획득한 20대인 지영이 비슷한 또래인 남자보다 사회적, 경제적인 권력을 더 많이 소유한 적도 있었다. 그러나 여성이 지위가 높아지고 수입이 많아진다 해도 삶의 어느 부분에서 다시 권력 약화를 경험하게 되기 쉽다. 김지영의 경우 가정주부 육아를 담당하면서 여러 차원에서의 권력 약화를 경험한다. 부부가 같이 경제활동을 하다가 남편 혼자 회사에 다니면서 경제적으로도 부담을 느끼는 상태이고 직장을 그만두면서 동료와 친구와 같은 사회적인 네트워크의 힘도 약화되었다. 또한 사회적으로 전업주부를 바라보는 이중적인 시선 속에서 억울하고 불편해하다가 '남편이 벌어다 주는 돈으로 낮에 커피나 사 마시고 있는 맘충이라든가, '한국 여성과는 결혼하지 않겠다.'라는 혐오적이고 무례한 발언을 듣고도 그 사람들에게 아무 말도 하지 못하고 급히 일어나 공원을 나올 만큼 위축되어 있다. 또한 본인이 하고 싶은 이야기를 다른 여성들의 목소리라는 간접적인 방법으로 전달하는 무력한 상황에 처해 있다.

5) 상담 목표와 계획: 역량강화

앞서 살펴본 김지영의 삶의 자리, 성역할과 권력(역량)을 토대로 내담자 김지영에 대한 상담계획을 다음과 같이 구상하였다.

> 1) 상담목표: 심리적으로 안전한 공간에서 아픔을 이야기하기
> 　　　　　　자신에 대한 자아존중감 회복과 자기주장 능력 강화하기
> 　　　　　　주도적인 여성의 삶을 다시 살 수 있는 방향 모색하기
> 　　　　　　새로운 관계 맺기
> 2) 상담전략: 지지적 경청과 공감을 기반으로 내담자의 역량강화하기
> 3) 상담계획: 상담자는 안전한 공간에서 내담자와 서로 신뢰하는 관계를
> 　　　　　　구축해 가면서 내담자의 역량을 강화할 수 있는 방법을 내담
> 　　　　　　자와 함께 탐색한다.

4. 김지영의 역량강화에 대한 목회신학적 성찰

목회상담자란 이야기의 청취자요, 이야기의 해석자이다. 사람들이 목회
상담자를 찾는 이유는 그들의 이야기를 들어줄 누군가가 절실히 필요하기
때문이다.

－찰스 거킨(Charles V. Gerkin)

1) 혐오의 대상 맘충에서 온전한 인간성 회복: 다른 사람이 아닌 김지영의 목소리로

그동안 김지영은 어처구니없고 부당한 상황에서 하고 싶은 말이 있었지만 불편해질까 봐 대부분 입을 닫아 버리곤 했다(조남주, 2016, pp. 183-184). 입을 다물어 버리고, 괜찮다고 말하고, 겉으로 드러내어 말하고 싶었지만 참으면서 하고 싶은 말을 속으로 삼켜 왔다. 김지영은 어떻게 다시 온전하게 자신의 목소리로 말하며 인간성을 회복할 수 있을까?

전통적 방식의 상담은 김지영의 스트레스를 감소시키고 병리적 현상을 제거하는 데 상담의 주요 목적을 둘 것이고 이것 역시 회복의 방식으로 중요한 방법이라는 것에 동의한다. 다만, 내담자의 증상 완화나, 내담자를 이전의 기능 수준으로 돌아가게 하는 것이 전통상담의 주요 목표라면 여성주의 모델은 내담자 스스로의 힘을 강화하는 것을 더욱 중요하게 여긴다는 것을 강조한다. 역량강화와 탄력성을 회복하는 것은 내담자의 병리적 현상을 제거하는 것 이상의 목표를 가지기 때문에 변화의 초점은 내담자가 해로운 환경으로부터 내면화한 신념들을 교정하고 재구성하도록 돕는 데 있다. 즉, 김지영이 가지고 있는 건강함과 강인함의 씨앗을 찾는 것이다. 구체적인 역량강화방법으로 첫째, 내담자의 긍정적인 자원인 김지영 안에 존재하는 저항의 목소리들을 통합하여 자신의 목소리로 만들어 나가는 과정에서 성역할 메시지를 재구성하는 것과 둘째, 현실적인 목표를 잡고 진로계획을 구체화함으로써 권력(역량)강화에 대한 방법을 탐색하는 것이다.

하고 싶은 말을 참아 왔던 내담자 김지영의 역량강화를 위해 가부장제 여성에 대한 차별에 저항한 여성의 목소리들이 긍정적인 자원으로 사용될 수 있다. 김지영의 삶에는 여성에 대한 차별과 폭력에 대한 저항의 목소리를 낸 여성들이 있다. 초등학생 김지영이 선생님께 오해로 혼날 위기에 처했을 때 실내화를 던진 아이가 김지영이 아니라고 말해 준 친구, 급식 먹는 순서를 바

꾸자고 건의한 유나, 중학교 때 남녀의 복장 차별을 항의한 친구, 바바리맨을
잡은 친구들, 버스 안에서 남자에게 위협을 당하는 고등학생 김지영을 도와
주고 당신 잘못이 아니라고 말해 주던 이름 모를 여성, 직장 내 성희롱에 저
항한 여성 동료들과 김은실 팀장 같은 여성들이다. 김지영의 내면에는 가부
장제를 사는 여성들에게 부여된 전통적인 성역할 메시지 외에 다른 여성들의
저항의 목소리들도 나이테처럼 새겨져 있다.

　그중 가장 중요한 인물은 현재 김지영의 삶에 불쑥불쑥 등장하는 두 명의
여성이다. 한 명은 김지영의 3년 선배이면서 남편 정대현의 동기인 차승연이
다. 대학시절 차승연은 동아리에서 "여학생 특별대우 필요 없으니 일도 똑같
이, 기회도 똑같이 달라."며 여학생의 회장을 기원하던 당찬 선배였다(조남
주, 2016, p. 91). 그녀는 둘째아이를 출산하다 사망했고 이를 알고 김지영은
일상생활이 불가능할 정도로 매우 힘들어했다. 밤 12시가 되어야 피곤에 절
어 귀가하는 남편 정대현에게 더 이상 하지 못하는 김지영의 마음속 목소리
는 차승연이 되어 남편에게 전달된다.

　　　요즘 지영이 많이 힘들 거야. 저 때가 몸은 조금씩 편해지는데 마음이 많
　　이 조급해지는 때거든. 잘한다, 고생한다, 고맙다고 자주 말해 줘(조남주,
　　2016, p. 12).

　나머지 한 명은 김지영의 엄마 오미숙이다. 김지영의 삶에는 자신은 오빠
들 뒷바라지를 하느라 하고 싶은 공부를 하지 못했고 전업주부가 되어 딸들
을 키우는 동안 딸들에게는 '자신과는 다른 삶을 살라'고 말해 주던 엄마 오미
숙의 영향이 있다. 명절 때 시댁에서 일하는 며느리 김지영의 삼켜진 속 이야
기는 장모님이자 사부인인 어머니 오미숙을 통해 표현된다.

　　　아이고 사부인, 사실 우리 지영이 명절마다 몸살이에요. 정서방, 자네는

연휴 내내 부산에만 있다가 처가에는 엉덩이 한 번 붙였다 그냥 가고. 이번
에는 좀 일찍 와…… 사돈어른, 외람되지만 제가 한 말씀 올릴게요. 그 집
만 가족인가요? 저희도 가족이에요. 저희 집 삼남매도 명절 아니면 다 같이
얼굴 볼 시간 없어요. 요즘 젊은 애들 사는 게 다 그렇죠. 그 댁 따님이 집에
오면, 저희 딸은 저희 집으로 보내 주셔야죠(조남주, 2016, pp. 17-18).

하고 싶은 말을 삼키고 살던 김지영은 잠시 앞으로 어떻게 해야 할지 모르
겠는 상황에 놓여 있다. 김지영이 무능하거나 성실하지 않은 것이 아닌데 그
렇게 되었다. 아이를 낳고도 계속 일하는 것이 아이를 사랑하지 않아서가 아
니듯, 일을 그만두고 육아에 매달리는 것도 일에 열정이 없어서가 아니다(조
남주, 2016, p. 145). 말을 해도 상황이 그대로이거나 더 나빠졌기 때문에 점점
목소리를 잃어 갔으며 가끔 다른 여성의 목소리로 자신의 마음을 전달하게
되었다.

한 여성이 삶의 자리에서 경험하는 인간성의 파괴에 대해서 목회신학은 어
떤 응답을 할 수 있을까? 김지영의 삶의 이야기에 대한 목회신학적 성찰 중
한 가지는, 목회신학이 개인의 분열된 인간성 회복에 관심을 둔다는 것이다.
목회상담의 목표는 영혼 돌봄(cure of souls)이며, 상담자의 일은 영혼을 돌보
는 일이다. 신체 질병으로 치자면 몸에 열이 나는 것과 같은 것이라고 비유하
면서 보이슨(Boisen)은 정신질환을 영혼이 아픈 것(sickness of the souls)으로
말했다. 영혼이 아픈 인간의 마음을 공부하는 데 책이나 이론(documents)에
의지할 것이 아니라 고통받고 있는 병원의 사람들, 생생히 살아 움직이는 '사
람' 자체(living human documents)가 오롯이 직접적인 돌봄과 관심의 대상이
되어야 한다는 것을 강조하였다(Gerkin, 1984, p. 38). 영혼 돌봄의 목표는 곧
신뢰관계 속에서 공감과 경청으로 한 개인의 상처 입은 인간성의 회복을 추
구하는 것이라고 말할 수 있다.

김지영의 종교 유무는 소설에 언급되지 않지만, 목회신학적 입장에서 보는

인간성 회복의 길은 영혼을 돌보는 목회상담자와의 충분한 공감 경험을 통한 자기회복을 들 수 있다. 이야기 심리학에서는 내담자로 하여금 자신의 이야기에 대한 자서전적 진술을 통해 삶을 하나의 전체적인 구성으로 크게 바라볼 수 있도록 돕는다. 소설 김지영의 이야기 구성은 이미 김지영의 생애사적 사건들을 기초로 서술되어 있다. 개인의 인생의 전체적인 스토리는 상담관계 속에서 함께 탐색, 해석, 재해석되면서 필요하다면 편집과 재편집 작업을 거친다. 왜냐하면 한 개인의 인생 이야기는 투명한 절대적 사실의 재현이 아니라 그녀가 이해하고 정리한 인지적인 해석이기 때문이다. 상담자는 내담자의 이야기를 듣고, 해석하고, 내담자가 의미를 부여한 이야기를 지지해 주는 사람이다. 즉, 김지영이 안전한 공간에서 자신의 삶의 이야기를 담담하게 할 수 있는 자리를 마련하고 위로받고 이해받는 공감적 경청의 경험을 제공한다. 그녀가 말한 것은 무엇이든 믿고, 김지영이 자신의 경험을 이름 짓도록 돕는 과정은 그 자체로 그녀에게 힘을 줄 수 있다. 여성주의 목회신학자 누거(Neuger)는 여성들을 상담할 때 이야기 심리학의 기법을 사용하는 것이 효과적이라고 말한다. 내담자의 이야기 안에 그녀가 필요로 하는 자원들이 이미 존재한다는 믿음을 가진 채, 한 개인의 이야기를 기억하고, 재구조화하고, 다시 상상하고, 다시 이야기를 재구성하는 과정을 통해 새로운 미래의 이야기를 창조할 수 있기에 누거는 여성을 상담할 때 이야기의 중요성을 강조하였다. 여성주의 목회상담자인 질-어스턴(Gill-Austern)은 목회상담가의 돌봄의 이미지들 중 하나로 사람들이 제대로 된 목소리를 낼 수 있도록 돕는 '보이스코치(voice coach)'를 소개했다. 여성주의 이론은 여성이 자기 목소리를 내는 것의 중요성을 항상 강조한다. 질-어스턴은 가부장제 속에서 '착한 여성(good girl)'이 되기 위해서, 혹은 남들이 불편해할 수도 있다는 두려움에 청소년기부터 많은 여성이 자신이 하고 싶은 말을 하지 않게 되고 그렇게 성인 여성이 되어 간다고 말한다. 목소리를 상실했다는 것이 주체성과 진정한 자기의 상실을 의미한다면, 보이스코치는 한 여성이 안전한 공간에서 진실을 말하고(speaking up/speaking out) 자신의 현실에 대해 이야기하도록 돕는다. 잃어 버린 주체성을 찾기 위해서 "그녀는 다시 말하는 것을 배워야 한다(She must learn again to speak)."고 질—어스턴은 강조한다(Gill-Austern, 2005, pp. 221-222).만약 상담을 통해 김지영이 공감과 존중 경험을 통해 힘을 얻어 새로운 미래의 이야기를 만들어 내기를 원한다면, 그 과정에서 단편적으로 부서진 이야기들이 새로 통합되고 김지영 안에 분열된 목소리들과 가부장제에 저항하라고 지지했던 그녀 삶의 여성들의 목소리들이 통합되어 더 이상 타인들의 목소리가 아닌, 새로운 정체성을 가진 김지영 자신의 목소리로 이야기할 수 있게 될 수 있을 것이다.

2) 고립된 개인에서 공감과 연대의 공동체와 연결되기

> 목회상담가의 진정한 목표는 사람들이 건강하고 도덕적이며 희망적인
> 방향으로 나아갈 수 있도록 선택하는 것을 도와주는 것이다.
>
> —크리스티 누거(Christe C. Neuger)

김지영은 2014년 출산을 앞두고 첫 직장을 그만두었다. 주어진 일을 해 내고 진급하는 과정에서 성취감을 느꼈고, 자신의 수입으로 자기 생활을 책임진다는 것이 보람되었다. 그 모든 것이 끝났다고 느꼈는데 딸 지원이가 어린이집에 적응하고 나니 다시 일을 시작하고 싶은 마음이 들었다. 김지영은 현실 가능한 조건 내에서 자신이 하고 싶은 일을 탐색하고 있는 중이었다. 아이가 어린이집에 있는 동안만 일한다는 제한된 조건을 가진 김지영이 시작부터 자신이 하고 싶은 일을 할 수 있는 기회는 없었다. 엄마라는 정체성에 압도되어, 개인적인 관계들이 끊어지고 사회로부터 소외되어 가정 안에 갇힌 느낌을 받으며 김지영은 자신을 온전히 지킬 수 없어지게 된 것처럼 보인다. 김지영은 잃어버린 목소리를 어떻게 찾을 수 있을까?

　　가부장제 속에서 차별을 경험하는 여성들이 여성주의적 정체성을 발전시
키는 과정을 워렐과 리머는 다음의 다섯 단계로 요약했다. ① 자신에 대한
차별을 자각하지 못하거나 부정하는 소극적 수용(passive acceptance), ② 개
인적 차별과 상실의 경험으로 여성주의 관념과 만나게 되면서 억압을 깨닫
는 눈뜸(revelation), ③ 여성주의 문화 안에서 다른 여성과의 사회적이고 정
서적인 관계를 늘려 가는 새겨 둠(embeddedness-emanation), ④ 유연하고
긍정적인 여성주의 정체성에 이르러 여성으로서의 가치를 인정하는 종합
(synthesis), ⑤ 사회 변화에 대한 적극적 참여(active commitment)이다. 이 다
섯 단계(김민예숙 외, 2005; 김민예숙, 2013; Worell, & Remer, 2005)로 볼 때 김지
영의 상태를 차별과 억압을 경험하고 깨닫게 되는 2단계 정도라고 추측한다.
김지영의 역량강화에 도움이 되는 방법은 2단계와 3단계 과정 속에서 자신
과 비슷한 처지에 있고 변화를 꿈꾸는 여성들을 만나, 혼자가 아님을 깨닫고
서로 이야기를 듣고 함께 울고 웃으면서 서로에게 필요한 변화를 북돋는 일
이다. 자신과 비슷한 경험을 한 다른 여성들과의 만남의 중요성을 여성주의
심리상담가 그린스팬(Greenspan)은 다음과 같이 표현했다.

　　여성들이 서로의 이야기를 앉아서 들으며 고통스러웠던 체험을 나누는
　　단순한 과정은 매우 강력한 치료적 영향을 줄 수 있다. 이럴 때 우리의 몸,
　　일, 성, 남성과 여성, 아이들과의 관계가 새로운 시각으로 보인다. 그동안
　　여성들이 사용해 왔던 정책, 관계, 성, 힘, 언어 등의 낡은 용어들은 남성
　　들의 경험의 결과이며, 여성인 우리들만의 시각에서 재창조되어야 할 언
　　어들이다. 이러한 경험을 통해 우리가 느낀 당혹감은 이처럼 새롭게 우리
　　자신만의 시각으로 이 세계를 보는 것이 처음이라는 것이다(Greenspan,
　　1995, p. 233).

여성주의 상담과 목회신학이 만나는 부분은 이러한 공동체에 속하게 되는

것이 개인의 회복과 긴밀히 연결되어 있다고 강조하는 점이다. 김지영의 종
교 유무는 소설에 언급되어 있지 않아 교회를 치유의 장으로 가정할 수 없지
만, 목회신학 역시 파괴된 인간성의 회복의 방법으로 공동체성의 회복을 강
조한다. 목회상담이 내담자가 보다 유기적으로 공동체 속에서 다른 사람들
과 관계할 수 있는 능력을 회복시켜 주며 의미 있는 봉사의 사역을 감당할 수
있도록 돕는 것이 돌봄의 목표로 한다면, 보다 넓은 뜻으로의 공동체 속에서
의 회복과 연결이라는 강조점은 김지영의 회복과 충분히 연결될 수 있다고
본다.

　출산과 육아로 자신의 삶이 잠시 정지되고 어디로 가야 할지 길을 잃은 것
같은 여성은 김지영 혼자가 아니기 때문에 상담가는 그녀와 비슷한 상황에
처한 다른 여성들과의 지지집단 모임에의 참여를 권유할 것이다. 집단 나눔
을 통해 그녀만 고립되었다는 느낌을 덜 갖게 될 것이고 함께 공동육아와 같
은 방법들로 자신들의 문제해결방안들과 나아가 사회의 구조적인 변화 추구
를 모색할 수 있을 것이다. 또한 상담자는 김지영과 함께 현실 가능한 진로를
탐색할 수 있다. 김지영은 홍보대행사 일을 하면서 언젠가는 기자가 되고 싶
었다. 현실적으로 공채를 통해 기자가 되는 일은 어려울 것이라고 생각해 그
녀는 자신이 프리랜서 기자나 자유기고가가 될 수 있겠다는 매우 현실적인
판단을 내렸다. 실제로 김지영은 관련 교육 수업을 알아보았으나 모두 저녁
시간이어서 부담을 느끼던 차였다. 상담과 여성들의 지지 모임에서 받은 공
감과 지지, 격려에 탄력을 받는다면 김지영은 용기를 내어 저녁시간 수업을
신청하고, 필요할 때마다 육아에 대한 도움을 받는 것에 죄책감을 덜어내며
조금씩 프리랜서 작가로서의 미래로 나아갈 수 있다고 생각한다. 공동체 속
에서 한 개인의 인간성이 파괴되었지만, 또한 그 공동체 속에서 인간성이 회
복될 수 있다는 믿는 것이다. 영혼을 돌보는 자로서의 목회상담자는 분열과
상실을 경험하는 내담자에게 사랑과 희망을 불어넣는 자이다. 상담자와의
개인적인 관계 속에서, 또한 이 사회를 함께 변화시키고자 하는 여성주의적

공동체 속에서 김지영은 돌봄의 상호 작용을 경험할 수 있을 것이다. 희망은 공동체적이고 관계적이다. 희망을 품고 있는 사람들은 다른 사람들과 의미 있는 관계를 맺고 있다. 가부장제 속에서 혐오의 대상이 되어 무기력과 의미 없음을 경험하는 사람들의 회복은 소속감을 느끼는 공동체에서 다른 사람들과의 의미 있는 관계를 회복할 때 가능할 것이다. 공동체는 희망을 배우는 현장이 되고 희망은 사람들을 관계 속으로 떠민다(Lester, 1997, p. 161). 희망은 미래 지향적이다. 딸 지원에게는 여성에게 다양한 기회와 선택을 제공하는 다른 세상을 보여 주고 싶다면 김지영은 자신과 비슷한 삶의 자리에 처한 다른 여성들과의 연대 속에서 결혼과 출산 육아로 포기했던 자신의 꿈들을 다른 모습으로 다시 키워 낼 수 있을 것이다.

많은 여성이 추천한다는 베스트셀러 『82년생 김지영』을 읽고 나서 나는, '이 흔한 이야기가 인기를 끄는 이유가 무엇일까?' 궁금해졌다. 아마도 독자들이 자신과 주위 사람들의 이야기로 읽어 내기 때문이 아닐까 생각한다. 저자는 1982년에 태어난 여성의 이름 중 가장 많은 이름이 '김지영'이라는 사실에 착안해 이 소설의 제목을 『82년생 김지영』이라고 붙였다고 한다. 소설의 제목처럼 이 소설은 많은 여성이 충분히 공감할 수 있는 '우리들의' 이야기를 담고 있다. 우리의 딸이 살아갈 세상은 더 나은 곳이 되기 위해서 이 소설의 작가는 신중하고 정직하게 살아온 김지영에게 정당한 보상과 응원 그리고 더 다양한 기회가 주어져야 한다고 말한다.

이 글을 통해 이미 여성들이 많이 알고 있는 김지영의 삶의 이야기를 통해서 여성주의상담 이론에 기초한 사례개념화를 구성하였다. 전통적 방식의 상담은 김지영의 스트레스를 감소시키고 병리적 현상을 제거하는 데 상담의 주요 목적을 둘 것이다. 그러나 여성주의 상담은 내담자 스스로의 힘을 강화하는 것을 중요하게 여긴다. 『82년생 김지영』의 '미친 것 같은' 증상은 병리의 지표가 아니라 그녀의 고통스러운 삶에 대한 반응이다. 자신의 목소리가 들려지지 않자 자기를 대변해 줄 만한 분열된 다른 사람의 목소리를 빌려 애처롭고 아슬아슬하게 자신을 지지하고 있는 것이다. 이 책을 읽은 독자들은 그 후 김지영이 어떤 삶을 살아가기를 바랄까? 나는 그녀가 자신의 목소리와 온 전한 인간성을 회복하기를 희망한다. 상담을 통해 이해받고 삶에 대한 대처 능력을 계발시키며 다른 여성들과 연대하는 과정에서 조금씩 자신에게 의미 있고 즐거운 일을 찾아가기를 바란다. 그래서 '모자란' '다른' '억울한' '미친' 것 같은 느낌에서 벗어날 수 있기를. 어딘가 내 주위에 살고 있을 것 같은 김 지영씨, 그녀의 삶을 응원한다.

참고문헌

김민예숙 (2013). 여성주의 상담: 구조화모델 워크북. 경기: 한울아카데미.

김민예숙 외. (2005). 왜 여성주의 상담인가: 역사, 실제, 방법론. 경기: 한울아카데미.

이명우 (2017). 효과적인 상담을 위한 사례개념화의 실제: 통합적 사례개념화 모형. 서울: 학
　　지사.

이미혜 외. (2012). 여성주의상담과 사례 슈퍼비전. 서울: 학지사.

이윤주 (2001). 상담 사례개념화 요소 목록 개발 및 수퍼비전에서 중요하게 지각되는
　　사례개념화 요소 분석. 한국심리학회지: 상담 및 심리치료, 13(1), 79-93.

이윤주 (2007). 상담 사례개념화의 영역과 요소. 경기: 한국학술정보.

정푸름 (2017). 여성주의 상담자와 타 젠더 내담자의 만남: 폭력과 트라우마 사례를
　　중심으로. 목회와 상담, 28, 301-324.

조남주 (2016). 82년생 김지영. 서울: 민음사.

통계청 (2016) 2016년 지역별 고용조사: 경력단절여성 현황. http://kostat.go.kr/
　　portal/korea/kor_nw/2/1/index.board?bmode=read&aSeq=357915.

Berman, P. S. (2007). 사례개념화: 원리와 실제 (이윤주 역). 서울:학지사. (원저 1997년
　　출판).

Enns, C. Z. (1997). *Feminist theories and feminist psychotherapies: Origins, themes and variations.* NY: Haworth Press.

Gerkin, C. V. (1984). *The living human document: Re-visioning pastoral counseling in a hermeneutical mode.* Nashville: Abingdon Press.

Gill-Austern, B. L. (2005). The midwife, storyteller, and reticent outlaw. In R. Dykstra (Ed.), *Images of pastoral care: Classic reading* (pp. 218-227). ST. Louis, Missouri: Chalice Press.

Greenspan, M. (1995). 우리 속에 숨어 있는 힘 (고석주 역). 서울: 또하나의문화.

Lester, Andrew (1997). 희망의 목회상담 (신현복 역). 서울: 한국심리치료연구소. (원저 1995년 출판).

Neuger, C. (2002). 여성들을 위한 목회상담: 이야기 심리학적 접근 (정석환 역). 서울: 한들. (원저 2001년 출판).

Sperry, L., & Sperry, J. (2014). 상담실무자를 위한 사례개념화 이해와 실제 (이명우 역). 서울: 학지사. (원저 2012년 출판).

Worell, J., & Remer, P. (2015). 여성주의 상담의 이론과 실제 (김민예숙, 강김문순 역). 경기: 한울아카데미. (원저 2002년 출판).

제13장

드라마〈청춘시대 2〉에 나타난 여성 트라우마

안명숙
(서울장신대학교)

이 글은 여성 외상(外傷, 트라우마)을 주요 소재로 삼은 TV 드라마 텍스트에 반영된 외상 유형을 살펴보고 여성주의 외상 관점에서 분석한 글이다. 외상이란 '극심한 외상 사건, 즉 실제적이거나 위협적인 죽음, 심각한 상해, 개인의 신체적 안녕을 위협하는 사건에 대한 개인의 직접적인 경험 또는 목격'을 의미한다. 이러한 극심한 외상에 노출된 후 피해자는 사건의 지속적인 재경험, 사건과 관련된 자극의 지속적인 회피, 각성상태 증가의 증상들을 경험하게 되는데 이러한 증상들이 한 달 이상 지속되고, 임상적으로 심각한 고통이나 사회적, 직업적, 혹은 다른 주요한 기능 영역에서 장해를 초래할 때 '외상 후 스트레스 장애'의 진단이 내려진다(미국정신의학회, 1995, p. 554).

외상 후 스트레스 장애의 평생 유병률은 남성 1.0%, 여성 2.1%로 일반적으로 여성이 남성에 비해 이 장애에 걸릴 가능성이 3배 높다(권석만, 2013, p. 232). 심리적 질병의 사회문화적 맥락을 고려한『정신질환의 진단 및 통계 편람

(DSM-5)』(2015)에 의하면 여성이 남성에 비해 외상 후 스트레스 장애에 더 흔하게 걸리고 더 오랜 기간 겪는 이유는 폭력 같은 외상성 사건에 더 쉽게 노출되기 때문이다. 성별의 차이가 외상의 발현과 증상, 반응에 대한 이유가 된다는 것이다. 이처럼 외상에 특별히 취약한 계층이 있다는 것은 여성, 아동, 장애인 같은 사회적 취약계층일수록 외상 사건에 노출되기 쉽다는 것을 의미한다.

최근 한국 사회에서는 아동 학대가 빈번하고, 2017년 강남역 살인 사건 같은 여성혐오 범죄와 데이트폭력 범죄가 증가하고 있다. 2018년 서울시가 서울 거주 여성 2,000명을 대상으로 데이트폭력 피해 실태 조사를 실시한 결과 10명 중 9명(88.5%, 1,770명)은 데이트폭력을 경험한 것으로 나타났다. 사회적 약자들을 대상으로 한 범죄의 증가는 우리 사회가 여성이라는 이유로 일상적으로 공포를 겪어야 하는 문화적 분위기가 있음을 대변한다. 또한 '사회적 약자'에 대한 혐오와 차별과 무시가 팽배한 사회적 환경임을 반영한다.

최근 여성의 외상 연구들(박정희, 2008, pp. 353-372; 최빛나, 김희경, 2011, pp. 195-212; 김재엽, 김지민, 류원정, 2014, pp. 85-107)은 우리 사회의 여성들 중에서도 가장 약한 입장에 처해 있는 탈북여성이나 이주결혼 여성들이 겪는 외상 후 스트레스 장애를 조사하였다. 이들의 외상은 탈북자 또는 이주여성이라는 신분상의 문제와 더불어 여성이라는 특수성의 복합체의 결과로 나타났다. 따라서 외상을 이해함에 있어 사회에서 어떤 특수한 계층이나 성별이 외상에 더 쉽게 노출될 수 있다는 사회문화적 맥락을 고려한 통합적 외상 이해가 필요하며, 그리하여 외상에 대해 여성주의적 시각에서 다시 이야기하는 일이 필요하다.

특히 현대사회에서 이와 같은 여성 외상의 표상은 영화나 TV 드라마 같은 대중문화의 스토리텔링을 통해서 살펴볼 수 있다. 김정선(2006, p. 133)은 문화란 스토리텔링을 통해서 외상의 세대 간 전이를 일으키면서, 외상의 전파체의 역할을 한다고 말했다. 또한 문화는 외상의 완충물이자 치유자로서도 작용한다. 이러한 맥락에서 박인영(2017, pp. 185-213)은 대중문화가 외상의 생존자들을 그려 내는 전파적인 중요성을 지녔고, 그동안 침묵을 강요당했던 트라우마를 발설함으로써 자아를 재구성하는 장치로 기능한다고 말했다. 박천웅(2009, p. 24)은 우리가 흔히 접할 수 있는 TV 드라마나 가요 같은 대중문화는 대중의 삶과 인식을 반영한다고 했다. 그러므로 여성의 외상을 주제로 한 대중문화의 언어적, 은유적 텍스트의 스토리텔링을 조사해 보면 우리 사회에서 여성의 외상에 대한 시대 자화상이 어떤지를 알 수 있다.

1. 여성주의 외상이론

여성주의 외상이론은 일회적인 사건으로 외상을 파악하는 것이 아니라 심리적, 정신생물학적, 사회적, 문화적 변수들의 다양한 상호 작용의 결과로서 통합적으로 이해한다. 김정선(2006, p. 157)은 특히 여성, 아동, 장애, 노약자 등 정치적, 사회적 약자들이 보다 쉽게 폭력과 학대에 노출되고, 이들에 대한 폭력이 일상화된 사회문화적 구조를 강조한다. 여성주의 외상이론가 루트(Root, 1992, pp. 229-265)는 외상을 직접적인 외상, 잠재적 외상, 간접적인 외상이라는 세 가지로 구분했다.

1) 직접적인 외상

직접적인 외상(direct trauma)은 피해 당사자에게 직접 피해를 주는 사건으로서 폭력, 전쟁 혹은 자연적 재앙을 직접적으로 경험하는 것이다. 『정신장애의 진단 및 통계 편람』(1995)에 나온 예로는 전투, 폭행, 추행, 신체공격, 강도, 유괴, 인질, 테러리스트의 공격, 전쟁포로, 수용소 수감, 자연적 인위적 재해, 심한 자동차 사고, 생명을 위협하는 질병의 진단 등이다. 이러한 사건들을 직접 경험하는 것뿐 아니라 타인의 죽음, 상해, 신체 건강을 위협하는 사건의 목격과 가족이나 친한 친구가 당한 폭행, 사고, 상해, 갑작스럽고 예기치 못한 죽음, 생명을 위협하는 병을 자녀가 앓고 있음을 알게 된 경우 등이 포함된다. 직접적인 외상 중에서도 일회성이 아니라 반복적, 다중적, 지속적, 장기적인 외상적 사건들(전쟁, 근친상간, 가정폭력)에 노출된 경우는 피해가 더 심각하다. 허먼(Judith L. Herman, 1992)은 여성과 유아들이 가정에서 겪는 외상 경험도 전쟁 생존자들의 외상 경험과 다르지 않다고 주장했다.

2) 잠재적 외상

잠재적 외상(insidious trauma)의 핵심은 자신이 안전하지 못하다는 인식이다. 외상이란 것이 전쟁이나 유괴 등 엄청나고 충격적인 일회적 사건뿐만 아니라 가정 안에서나 사회 속에서 일상적으로 일어날 수 있는 감춰진 작은 폭력들의 연속성 속에서 일어날 수 있으며 그 가능성 속에 살고 있음도 역시 외상이라는 것이다. 루트(Maria P. Root, 1992)는 잠재성 외상에 성차별, 인종차별, 가난차별, 장애차별, 노인차별도 포함시켰다. 즉, 차별이 제도적, 사회적으로 이루어지는 사회에서는 물리적인 폭력이 당장은 일어나지 않을지라도 항상 심리적인 안전의 위협을 느끼며 산다. 차별이 있는 사회 속에서 차별의 대상으로 살아가는 사람들은 언제든 안전을 위협받을 수 있는 상황에 처할 수 있다는 가능성으로 위축되고 무력감, 단절, 도피 성향을 보이게 된다. 잠재적 외상은 피해자의 기본 인식에 영향을 미쳐, 주위 세계에 대해 불안을 느끼며, 다른 사람들뿐만 아니라 자기 자신도 신뢰하지 못하며, 작은 자극에도 과민한 반응을 일으키게 만든다. 이처럼 차별이 존재하는 사회에서는 차별당하는 이들이 잠재적인 외상에 늘 노출된 상태로 산다. 언제든 폭력의 대상이 될 수 있다는 두려움 가운데에서 산다. 예를 들어, 가부장적인 사회에서는 여성, 노약자, 아이들이 잠재적 외상 가운데에서 산다. 장애인이 차별받는 사회에서는 장애인이 잠재적 두려움 가운데에서 살아간다. 이처럼 차별이 있는 사회에서는 외상이 외상인 줄도 모르고 일상적으로 일어난다. 현대사회에서 모든 인간은 갑과 을의 사회구조로 살고 있기 때문에 언제나 잠재적 외상 가능성에 노출되어 있다. 김정선(2006, p. 160)도 우리나라의 잠재적 외상 요인들로 성차별, 장애차별, 나이차별, 외국인 노동자들에 대한 인종차별을 제시했다. 한 사회의 문화가 외상의 의미를 결정하기 때문에 가부장적인 문화는 성차별을 조장하는 잠재적 외상 요인이 되고 가부장적인 규범 아래에서 피해자들은 낙인과 수치로 이중 고통을 받는다. 한국인들은 '체면' 문화로 인해 자신의 외상적 경험에 대해 말하기를 싫어하고, 기억하지 않으려 한다. 그리하여 외상이 일어났을 때 사회적 지지를 받기 어렵게 된다. 외상 경험을 가족들에게 털어놓기도 어려운 문화이다. 성피해 여성의 외상에 대해서는 침묵을 강요하고 수치심을 키운다. 가부장적 위계질서에서는 서열이 낮은 피해자가 서열이 높은 가해자에게 대항하거나 법적 조치를 취하기가 어려우며, 나이 어린 자녀에게 억압적이다.

3) 간접적 외상 또는 대리적 외상

간접적 외상(indirect trauma)이란 외상을 겪은 다른 사람에 의해 외상을 입는 것이다. 이제 외상은 일상의 문제가 된다. 외상 경험은 피해 당사자 주위에 있는 사람들, 피해자의 배우자, 자녀, 친구, 이웃에도 영향을 미친다. "피해자의 친구들은 피해자에 대해서 책임감을 느끼고 과보호"한다(김정선, 2006, p. 160). 대리적 외상피해(vicarious traumatization) 현상이 발생하면 외상을 입은 당사자와 동일한 정서장애를 경험하거나 역할과 책임을 떠맡거나 자신의 감정을 억제하고 냉정해지게 된다. 피해자를 치유 하는 치유전문가들도 대리적 외상을 입어 피해자와 동일한 정도의 공포와 분노를 느끼며 피해자와의 과중한 연대감으로 탈진상태에 이르게 된다. 따라서 이차적 외상 피해에 노출되어 있는 사람들은 자기치유적인 적절한 대처방안들을 마련해야 한다.

4) 외상의 결과

허먼(1992, p. 53)은 외상의 핵심적인 결과가 '무력화'와 '단절'이라고 말했다. 외상은 신체적 안전과 생명을 위협하고, 피해자에게 무력감, 극심한 공포, 절망감을 일으키며, 기본적 인간관계에 손상을 준다. 외상은 관계적 자기를 깨뜨리며, 하나님에 대한 믿음도 근본적으로 흔든다. 모든 외상 사건은 신체적, 심리적으로 감당하기 힘든 스트레스를 내포하고 있으므로 피해자들은 자신과 환경에 대해서 무력감을 느끼게 된다. 베스(Ellen Bass)와 데이비스(Laura Davis)는 특히 아동기 성학대 경험은 치명적이라고 말한다(2012, p. 56). 아동 성학대란 의존적이며 발달적으로 미성숙한 아동과 청소년들을 그들이 충분히 이해하지 못하며, 그들이 인지된 동의를 할 수 없는 혹은 가족 역할에 대한 사회적 터부를 위반하는 성적 행위에 관여시키는 것을 말한다(Doyle, 1994). 아동 성학대는 자존감의 근간을 파괴하고 자신과 세상에 대한 통제력을 잃은 채 무기력하게 만든다. 자신이 폭력당해도 싸다고 믿고, 깨진 자존감으로 인해 자신이 내면 깊숙한 곳에서 뭔가 잘못되었고 다른 사람과는 다르다는 믿음으로 외롭고 고립된다.

5) 외상의 치유

허먼(1992)에 의하면 외상 치유의 본질적인 요소는 안전의 확보, 지지를 통한 힘 실어 주기(empowering), 기억과 애통(remembering and mourning) 그리고 재연결(re-membering)이다. 첫번 째 요소인 안전의 확보에 대해서는 목회신학자 도어링(Carrie Doehring, 2012, p. 232)도 가장 급한 것이 폭력으로부터의 안전이라고 했다. 외상 피해자는 자신이 안전하고 보호받고 있다는 느낌을 갖는

게 중요하다. 여기에는 투약, 치유적 관계, 안전한 기관, 보호계획을 수립하는 것이 포함된다. 이 과정 중에 상담자는 내담자에게 권위와 자율권을 주어 내담자 스스로가 행동을 계획하고 주도하고 최선의 판단을 내리도록 도와야 한다.

두 번째 치유 요소를 말하자면, 외상성 사건은 관계적 자아를 파괴하기 때문에 가족, 연인, 친구들 그리고 사회 전체의 정서적인 지지가 외상 치유에서 필수적이다. 따스한 지지망 안에서 피해자는 친밀감과 공격성을 유지하고, 죄책감과 수치를 극복하고, 상실을 애통할 수 있다. 지지자들은 외상 이야기를 경청하고, 그 상실과 고통을 함께 애통해하면서 부정적 영향에서 벗어나 외상을 인생의 한 조각으로 통합시키는 과정에 동참한다. 무력감과 단절감을 극복하고 인생과 관계에 재연결(re-membering)되는 '희망의 여정에 증인'이 되어 준다(Keshgegian, 2000, p. 235).

세 번째 치유 요소는 기억과 애통(remembering and mourning)이다. 외상의 피해자는 그동안 외상을 억압해 왔다. 그러나 외상 사건을 기억해 내고 다른 사람에게 들려주면서 치유된다. 삶의 상처는 상처로서 정당한 대우를 받아야 한다. 이때 경청자는 증인과 동료 역할을 수행한다. 외상을 기억할 때 피해자는 외상 사건을 재구성하고 그 사건의 내용과 감정을 기억하여야 한다. 기억하기는 일회성이 아니라 계속되는 과정(ongoing process)으로서, 외상으로 조각났던 자아의 기억을 소환하고, 삶의 한 조각으로 계속 통합하는 것이다. 또한 기억하기와 더불어 애통은 치유를 위해 필수적이다. 자신이 당한 외상에 대해 충분히 슬퍼하는 것이다. 애통은 그 외상이 일어났음을 인지적으로 알고, 정서적으로 경험하는 것이다. 애통하면서 서서히 외상은 통합되고 무력감이 회복되고 희망이 싹트게 된다. 또한 가해자에 대한 용서가 가능해진다. 충분한 애통함이 없는 섣부른 용서나 복수의 환상은 해롭다(허영자, 2010, pp. 329-362).

외상 치유의 마지막 요소는 재연결(re-membering)이다. 피해자가 자신의 외상을 충분히 기억하고 애통할 때 자신과 화해하고, 새로운 자아를 계발하여, 새로운 삶을 창조할 수 있게 된다. 삶에 대한 욕구와 주도권을 회복하고, 기본적 신뢰를 회복하여 다른 사람들과의 친밀함이 가능해진다. 더욱이 "자신의 외상적 경험에서 정치적 종교적 의미를 발견하고 사회행동으로 나아갈 수 있다면 이것이 가장 성숙하고 적응적인 치유와 회복의 방법"이다(김정선, 2006, p. 173).

2. 드라마 〈청춘시대 2〉에 나타난 여성 외상(外傷) 사례

1) 여성 외상 소재의 TV 드라마 선정

여성 외상 텍스트에 반영된 외상 유형을 여성외상이론의 관점에서 살펴보고자 하는 이 글의 목적에 따라 여성 청년들의 외상을 소재로 국내 제작된 TV 드라마 중 작품성과 화제성을 참고로 하여 〈청춘시대 2〉의 작품을 선정하였다. JTBC 홈페이지 통계에 의하면 이 작품은 2017년 7월 22일부터 2017년 10월 7일까지 JTBC에서 방영된 14부작 드라마로서 방영 당시 4%대의 드라마 부분 1위의 시청률과 4주 연속 드라마 화제성 1위의 기록을 지닐 정도로 시청자들의 공감을 이끌어 냈다. 이 드라마는 이 시대를 살아가는 청춘들의 아픔과 치유의 과정 중 특히 아동 성학대로 인한 외상 사례를 중심으로 다루고 있다. 〈청춘시대 2〉는 벨에포크라는 이름의 셰어하우스에 윤진명, 정예은, 송지원, 윤은재, 조은이라는 5명의 20대 여성이 모여 살면서 일어나는 이야기를 다룬다. 주인공들은 20대의 대학생들로서 각자의 외상의 사연을 지니고 있으나, 여기에서는 여성주의 외상이론의 '직접적 외상'과 '잠재적 외상'의 범주에 속하는 송지원과 박예은의 외상 사례를 중심으로 들여다보고자 한다.

2) TV 텍스트의 서사분석 방법

이 드라마를 분석하기 위한 '미디어 텍스트의 서사분석(narrative analysis) 방법'(한국언론정보학회, 2015, pp. 114-115)은 미디어가 생산하는 이야기를 탐구의 대상으로 한다. TV 텍스트는 동화나 구술 이야기 못지않게 인간의 일상과 경험, 당대의 정서를 구어적으로 표현한다. 인간의 일상과 경험을 질적으로 탐구하는 점에서 일상성을 지닌 TV 텍스트는 분석자료로서 가치를 지닌다. 미디어 텍스트는 그 자료가 창출되는 맥락과 주관적 의미 속에서 생산되기 때문에 당대의 사회문화적 맥락을 이해하는 데 도움을 준다. 이 텍스트를 해석할 때는 이론적 안내의 도움을 받게 되는데 본 연구에서는 '여성주의 외상관점'을 본 연구를 안내하게 될 이론적 틀로 삼아 외상 요인을 분석하는 것으로 범위를 한정한다. 텍스트 분석 과정은 체트먼(Seymour Chatman, 2003)의 분석 과정을 따른다. 1단계는 1차 분석단계이다. 2017년 8월 25일부터 2017년 10월 7일까지 JTBC에서 방영된 14부작 드라마 〈청춘시대 2〉의 작품에 대한 14회차의 스토리를 반복적으로 시청하는 동시에 스토리를 정리하여 분석하는 과정에 진입한다. 2단계는 분석 범주를 선정하고 분석 내용을 기술하는 것이다. 이 글에서의 분석 범주는 직접적인 외상과 잠재적 외상의 관점에서 어떤 인물이, 어떤 배경에서, 어떤 사건을 겪는가 하는 것이다. 3단계는 분석자료의 해석과 글쓰기이다. 각 범주를 살펴보면서 드라마 텍스트를 살펴보고, 여성주의 외상 관점에서 외상의 유형과 치유 과정을 중심으로 해석하며 글쓰기한다.

3. 드라마 〈청춘시대 2〉에 나타난 여성 외상 유형들

1) 직접적인 외상

이 드라마에 반영된 외상의 유형은 '아동기 성학대', '데이트폭력', '가택 침입자에 의한 폭력'이라는 세 가지 유형이다. 이런 유형의 폭력은 모두 외상 후 스트레스 장애를 유발하는 직접적인 외상들이다. 우리 사회의 여성이나 장애인, 아동들은 폭력의 대상이 될 수 있는 잠재적 외상 가운데에서 살고 있는데 이 세 가지의 외상 유형은 이들에게 닥칠 수 있는 대표적인 외상들이라고 볼 수 있다.

아동기 성학대 외상

벨에포크의 거주자 중 한 명인 송지원은 초등학교 3학년 때 친한 친구 효진이가 학교 미술선생님에게 성학대를 당하는 것을 목격한다. 이후 효진은 전학을 가고 자살에 이른다. 성학대를 입은 아이들은 자신과 세상에 대해 두려움과 무기력을 경험하고 자존감이 파괴되어 스스로를 나쁘고 더럽고 수치스럽다고 느낀다. 그리하여 성학대 피해 증상인 자기파괴적인 충동에 휩싸이고 자살 충동을 느낀다(Bass & Davis, 2012, p. 57). 지원의 경우에는 친구가 성학대당하는 것을 목격한 충격으로 어린 시절에 대한 기억을 잃었다. 아동기 때 성학대를 당하거나 목격한 외상 피해자들은 자기방어를 위해 기억을 억압한다. 진실의 고통으로부터 자신을 지키고자 한다(Keshgegian, 2000, p. 39). 지원은 성에 대한 농담도 잘하고 허풍을 떨며 살았다. 성학대 피해자들은 외상 경험을 극복하기 위해 외상을 반복하려는 충동을 갖게 된다(김정선, 2006, p. 170). 지원 역시 성에 대한 농담을 반복적으로 하면서 성 관련 외상을 훈습하려고 하였다. 그러나 잠재된 성 공포로 정작 신체적 접촉의 가능성이 생기면 기절했다. 이처럼 성폭력의 외상을 입은 사람들은 상대방의 성적인 접근에 대해 몸에서 이탈된 상태가 되어 기절한다(Bass & Davis, 2012, p. 64). 제12화에서 송지원은 하숙집 친구들과 함께 사과농장을 방문하던 중 그동안 억압하였던 어린 시절의 성학대 장면을 기억하게 된다.

데이트폭력 외상

정예은은 억압적이고 엄격한 가정환경에서 자라나 의존적 인성을 지닌 여대생이다. 남자친구에게 집착하고 의존하던 중 데이트폭력을 당하였는데, 이를 수치로 여기는 부모로 인해 이중의 고통을 당하게 된다. 구속되었던 가해자 남성이 가석방되었다는 사실에 예은을 비롯한 벨에포크의 여성들은 모두 긴장하고 범죄의 표적이 될 것을 두려워한다.

가택 침입자에 의한 폭력 외상

어느 날 벨에포크에 흉기를 든 남자가 침입한다. 그 남자는 아동기 성학대의 트라우마로 자살한 효진의 동거남이었다. 그는 어린 시절 효진의 성학대를 목격한 친구였던 지원을 찾아 복수를 하러 왔다. 효진은 죽었는데 효진과 함께 있던 지원은 멀쩡히 살고 있다는 이유에서였다. 벨에포크의 다섯 여성들은 무자비한 낯선 남자의 폭력으로 죽음의 공포 속에서 꼼짝하지 못하고 두려움에 떨며 그날 밤을 보내게 된다. 그러나 이상하게도 다음 날 아침 마치 아무 일도 없었다는 듯이 행동한다. 이것은 끔찍한 외상 후에 나타나는 '얼어붙음'의 증상, 즉 회피와 부정의 증상이다(김정선, 2006, p. 162).

2) 잠재적 외상

잠재적 외상의 핵심은 언제든지 폭력의 대상이 될 수 있다는 가능성 속에 사는 두려움이다. 약자에 대한 차별이 존재하는 잠재적 외상의 토양에서 여성이나 장애인, 아동들은 폭력의 대상이 될 수 있다. 이 드라마에 나타난 구체적인 잠재적 외상 구조는 차별의 대상에 대한 '폭력의 일상성'과 '여성의 외상에 대해 침묵을 강요하는 수치문화'이다.

폭력의 일상성–예쁜 구두 에피소드

초등학교 3학년 단짝 친구였던 지원과 효진 둘 중에서 지원이 성학대를 피할 수 있었던 이유는 지원이 신고 있던 예쁜 구두 덕분이었다.

> 초등학교 3학년때였습니다. 친구와 운동장에서 놀고 있었던 여름날이었어요. 미술선생님께서 저희 둘에게 다가와서는 "누가 날 좀 도와주겠니?" 하고 물으셨죠. 전 제 이름이 불리길 바랐어요. 하지만 워낙 소심해서 "저요."라고 말하지 못했어요. 한참 저희 둘을 보시던 선생님께서는 효진이를 부르셨어요(제13화 중 미술선생님의 사은회에 참석한 지원의 대사).

미술선생님이 둘 중 효진이를 대상으로 고른 이유는 마침 지원은 예쁜 구두를 신었고, 효진이는 낡은 운동화를 신었기 때문이었다. 효진은 가난한 아이라는 이유로 범죄의 희생양으로 선택되었다. 지원은 미술실 앞 나무 위에서 친구가 성학대를 당하는 장면을 목격한다. 사건의 유일한 목격자였던 지원은 모른 척 회피했지만, 그날 이후 지원은 그 예쁜 구두를 강가에 던져 버린다. 가난한 집 아이가 더 쉽게 폭력에 노출된다는 것이 잠재적 외상의 요인이다. 사회적 약자들에 대해 폭력이 일상화된 사회이며, 누구라도 언제든지 피해자가 될 수 있다. 지원의 내레이션은 두 아이의 엇갈린 운명이 값비싼 구두를 신었느냐, 허름한 운동화를 신었느냐라는 사소한 이유로 결정되는 위험한 사회에 대한 아픔을 전달한다.

> 두 아이는 비슷하다. 생긴 것도 비슷하고 키도 비슷하고 옷 입은 것도 비슷하고 웃는 것까지 비슷한 아이 둘. 그중 하나는 겪어선 안 될 일을 겪고,

그게 소문이 나 쫓기듯 이사를 가고, 아마도 그게 계기가 되어 엄마를 잃고 고아가 된다. 친척집에 얹혀살다가 구박을 당하고 가출을 하고 소식이 끊겨 버렸다. 비슷한 두 아이. 같은 시간 다른 삶. 그 차이는 뭘까? 아주 아주 사소한 것. 누구도 알아차리지 못한 아주 작은 이유로 내 인생이 지금과는 다른 곳으로 치달았을 수도 있다는 생각에 겁이 났다(제13화 중 송지원의 내레이션).

잠재적 외상에 대한 또 다른 에피소드는 예은이 엘리베이터에서 장애인을 만났을 때 피하는 장면이다. 차별이 존재하는 위험한 사회에서는 장애인이나 이주민은 낯선 이방인이 되어 두려움의 대상이 되기도 한다. 낯선 존재에 대한 선입견으로 인해 이들은 점차 악한 존재라는 투사를 받는다. 그리하여 부당한 억압과 차별 그리고 폭력의 대상이 된다.

나는 겁쟁이다. 눈을 감고 주먹을 휘두르는 어린아이 같다. 무서워서 짖는 개와 같다. 나는 겁쟁이다. 늘 겁이 난다. 낯선 것은 이상한 것이고 이상한 것은 무서운 것이다. 무서운 것은 나쁜 것이 된다. 그렇게 낯선 것은 피해야 할 무서운 것이 된다. 나는 또 겁이 난다. 내 안에 겁쟁이가 눈을 감고 휘두른 주먹에 누군가 맞을까 봐(제2화 중 유은재의 내레이션).

여성의 외상에 대해 침묵을 강요하는 수치문화

정예은의 에피소드는 여성의 외상에 대해 침묵을 강요하는 수치문화를 보여 준다. 예은은 엄격한 엄마에 의해 어린 시절부터 통제된 삶을 살아야 했다. 모든 것을 비교하고 이에 맞추려는 어머니로 인해 스스로 자신을 구속하고 압박하던 예은은 누군가에게 늘 종속적인 존재로 살아야 했고 누군가에게 종속되지 않으면 불안해지는 인성의 소유자가 되었다. 예은은 데이트폭력의 피해자임에도 부모로부터 위로받지 못했다. 예은의 부모는 딸의 행실을 수치스러워하면서 사건을 감추려고 한다. 가해자가 아닌 피해자가 모든 잘못의 원인이라는 주변의 반응은 피해자에게 수치심을 안겨 준다. 가족과 친구가 피해자에게 안전과 보호막이 되어 주지 못하고 피해자를 비난할 때 '제2의 상처(second injury)'로 고통당한다. 가부장적인 문화는 성 피해를 입은 여성들을 단죄하는 경향이 있다. 성폭력의 피해자들은 낙인과 수치심으로 추가적인 고통을 받는다. 한국 사회의 '체면문화' 또는 '수치문화'로 한국인들은 대부분 자신의 외상 경험을 말하기 싫어하고 기억하지 않으려 한다. 그로 인해 한국 남자들은 외상을 당했을 때 대부분 술에 의존하고, 여성들은 화병 같은 신체화 증상을 겪게 된다(김정선, 2006, pp. 163-166).

3) 외상의 결과

무력감

외상 경험은 피해자에게 무력감을 준다. 외상에 대해 사회문화적인 보호막이 부재할 때 무력감은 증폭된다. 사회가 외상에 대해 규명해 주지 않고 오히려 수치를 줄 때 상처를 입은 개인들은 스스로에게 의존할 수밖에 없다. 문화의 보호막이 없을 때 피해자들은 우울, 편집, 공격 등의 이상행동으로 스스로를 보호하거나 비슷한 처지의 사람들끼리 연대하여 견디어 낸다(김정선, 2006, p. 165). 가택 침입자에 의해 무지막지한 폭력을 당한 이후 다섯 친구들은 함께 치유 여행을 떠난다. 외상에 대한 이들의 첫 번째 반응은 마치 아무 일도 일어나지 않은 것처럼 부정하는 것이었다.

> 별일 아닌 것처럼, 아무 일 없는 것처럼 사실은 소리 지르고 싶었다. 사실은 뛰어가고 싶었다. 뛰어가면 쫓아올 것 같았다. 술래처럼 숨어 있던 불행이 발목을 낚아챌 것 같아서 우리는 있는 힘을 다해 천천히 걸어야 했다(제12화 중 윤진명의 내레이션).

단절

외상을 입은 사람들은 다른 사람들에 대한 신뢰를 잃기 때문에 인간관계의 단절과 회피로써 자신을 방어하게 된다.

> 나는 늘 거리를 잰다. 필요 이상 가까워지지 않도록 나는 늘 거리를 잰다. 필요 이상 다가오지 못하도록 거리를 둔다는 것은 스스로를 고립시킨다는 것. 거리를 둔다는 것은 그만큼 외롭겠다는 것. 생존. 그렇다. 이것이 나의 생존전략이다. 나는 차단막을 댄 경주마처럼 살았다. 나는 그렇게 살아남았다. 그리고 그렇게 살아남을 것이다. 나는 거리를 두어야만 했다(제4화 중 윤진명의 내레이션).

자기혐오

피해자들은 자신이 상처를 입었음에도 자신을 돌보지 못하고 스스로를 수치스러워한다. 사회가 외상을 외상이라고 인정하거나 가해자를 처벌하지 않음으로써 사회 전체가 잠재적 외상의 구조일 때, 피해자는 자존감이 깨지고 분노를 내면화하여 자신을 파괴하는 방식으로 대처한다. 그리하여 외상의 생존자들은 스스로 사랑받을 자격이 없다고 느낀다(Bass & Davis, 2012, p. 63).

> 내가 너무 싫어질 때가 있다. 그러니 누군가에게 나 좀 좋아해 달라고 말할 수 없다. 어중간한 미움. 어중간한 후회. 어중간한 희망. 어쩌면 이런 나라도 좋아해 줄 수 있을까. 소용없어(제8화 중 조은의 내레이션)

4) 외상의 치유 요소

기억하기-진실의 고백

여성주의 외상의 치유는 안전의 확보, 기억과 애통, 재연결의 3단계이다.

이 중 중요한 과정은 기억과 애통이다. 13화에서 예은은 할머니 생신축하 자리에서 용기를 내어 데이트폭력을 당했음을 친지들에게 알린다. 그 자리에 모인 사람들은 당황하고 어쩔 줄 몰라 한다. 이것은 예은에게 이중적인 수치심을 안겨 준다. 사실 성폭력이나 데이트폭력 같은 외상의 치유에서 가족이나 친구들 같은 정서적 후원자의 전폭적인 지지가 필수적이고, 피해자는 비난받을 사람이 아님을 확인시켜 주어야 한다(이원숙, 2009, p. 118). 사건을 기억하여 이야기하고 애통해함으로써 종국에는 사건의 부정적 영향에서 벗어나 삶의 한 부분으로 받아들일 수 있도록 경청하여야 한다. 기억하고 이야기하기 위해서는 피해자가 용기를 내어 직면하는 것이 필요하다.

정의를 위한 행동의 시작-법정 투쟁

외상 사건을 기억하게 되면 잃어버린 상실들에 대한 애통이 뒤따르게 된다. 애통을 지나 사건이 통합되면서 치유로 가는 것이지만 피해자들이 섣부른 용서의 환상을 갖게 되면 치유가 지연된다(김정선, 2006, p. 172). 지원은 성폭행을 당한 어린 시절의 친구 혜진을 위해 대신 미술선생님의 축하연에 참가하고 진실을 밝힌다. 그리고 가해자를 처벌하기 위한 법정 투쟁을 시작한다. 성폭력 같은 외상 사건에서 가해자가 밝혀지고 정당한 처벌이 이루어지기 위해서는 사회의 인정과 지지가 있어야 한다. 이럴 때 피해자의 질서와 정의에 대한 인식이 회복된다. 외상 치유의 종결은 외적, 내적으로 외상의 존재를 인정받고 훈습하는 통로를 제공받는 것이다. 그러므로 법적으로 가해자가 명시되고 외상의 피해에 대한 배상의 범위와 형태가 체계적으로 진행되는 사회의 치료체계가 필요하다. 즉, 정의로운 사회체계가 구축될 때 잠재적 외상의 가능성이 적어진다. 더 나아가 외상의 피해자가 좀 더 정의로운 사회를 만들기 위해 사회적 행동으로 나아갈 수 있다면 가장 치유적이다. 아동 성학대의 피해자 지원은 동네에서 해맑게 놀고 있는 아이들을 바라보면서 이들을 위해 기도한다. 이들이 외상을 당하지 않기를 기도한다. 지원은 순수한 어린 꿈들이 짓밟히는 일이 없기를 기도하면서 무섭더라도 미래로 나아갈 것을 다짐한다.

그 시절의 그 아이는 어떤 삶을 꿈꿨을까? 평범하기를 바랐을까, 특별하기를 바랐을까, 모험을 꿈꿨을까, 사랑을 꿈꿨을까? 너무 늦게 나는 그를 애도한다. 헛된 것이 되어 버린 그의 꿈을 애도한다. 기억하는 것도 기억하지 않는 것도 할 수 없었던 나의 친구 문효진. 오늘 나는 저들을 위해 기도한다. 비바람 따위는 맞지 말기를. 어찌할 수 없는 일은 겪지 말기를. 답답하고 지루하더라도 평탄한 삶을 살기를. 그리고 또 나는 기도한다. 어쩔 수 없는 일을 겪었다면 이겨 내기를. 겁나고 무섭더라도 앞으로 나아가기를. 있는 힘을 다해 그날의 내가 바라는 지금의 내가 되기를(제13화 중 송지원의 내레이션).

4. 생각해 보기

1) 잠재적 외상을 줄일 수 있는 힘의 재개념화의 필요성

드라마 〈청춘시대 2〉에 나타난 여성 외상 유형은 '아동기 성학대', '데이트폭력', '가택 침입자에 의한 폭력'이라는 세 가지 유형이다. 성차별, 가난차별, 장애차별 등의 토양에서 여성이나 장애인, 아동들은 언제든지 이 외상에 노출될 수 있다. 잠재적 외상에 관점에서 볼 때 이러한 외상들은 '힘(power)'의 다이내믹함에 의해서 발생한다(Doehring, 2012, p. 150). 힘을 오로지 지배와 통제로서만 인식하는 사회에서 필연코 힘에 의한 위계적인 질서가 생겨나고 아동 학대나 여성 학대 같은 폭력이 발생하게 된다. 그러나 폴링(James N. Poling, 1996, p. 114)에 의하면 힘은 하나님께서 개인과 상호관계적 연속성의 가치를 높이기 위한 목적으로 우리에게 주신 '사명'이다. 기독교신학 관점에서 볼 때 권력을 사용하여 창조물을 목표물로 이용하고 취급하는 것은 창조물에 죄를 짓는 것이다. 따라서 잠재적 외상의 지양을 위하여 공동체 가운데 힘의 상호성과 관계성에 기반하여 사이좋게 공간을 나누며 살도록 힘의 한계를 조절하고 타자에 대한 존중과 상생을 위한 자기절제의 삶이 요청된다(안명숙, 2009, p. 86). 치료자들은 외상에 노출된 피해자를 지지하는 가운데 힘의 격려와 균형 그리고 자기구제력(self-agency)을 키우기 위해 내담자 중심의 경청과 공감 그리고 그들의 의사결정권을 확보하여야 한다(Doehring, 2012, p. 233). 또한 현대사회에서 미디어의 영향력은 막강하기 때문에 지배하는 힘으로서만이 아니라 양육하고 치유하고 돌보는 '모성성'(McFague, 2001)으로서의 힘에 대한 교육과 문화적 강화에도 유의하여 힘의 재개념화가 이루어지도록 노력을 보태야 한다.

2) 교회는 희망의 증인 공동체가 되어야 한다

캐쉬기기언(Keshgegian, 2000, pp. 234-235)은 공동체란 외상 치유 희망의 증인이 되어야 한다고 말한다. 외상을 입은 사람이 기억을 통합하고 공동체에 다시 연결되어 삶의 의미를 되찾는 과정에서 공동체는 희망의 증인이 되어 준다. 한국 교회는 외상을 입은 사람이 애통해할 때 지켜봐 주지 못하고 오히려 신앙이 약하다고 비판하는 경향이 있다(김정선, 2006, p. 173). 그러나 기독교인의 외상은 믿음체계도 무너뜨리기 때문에 외상을 입은 사람들은 신앙에 대해 질문하게 된다. 교회는 이런 질문에 대답해야 하는데 이를 위해 우선 희생자들 편에 확실하게 서서 외상 치유의 핵심인 기억하기와 애통의 과정에 경청으로 참고 희망으로 가는 여정의 증인이 되어 주어야 한다. 캐쉬기기언에 의하면 교회는 그리스도의 십자가를 애도하고 그 고통을 기억하면서 종국에는 부활에 이르는 외상 치유의 종교이다. 따라서 외상을 입은 모든 사

람에게 교회는 희망의 증인이 된다. "무덤이 마지막 이야기가 아니며, 부활이
온다는 것을 증거해야" 한다(Keshgegian, 2000, p. 236).

참고문헌

권석만 (2013). 현대이상심리학. 서울: 학지사.

김정선 (2006). 외상, 심리치료 그리고 목회신학. 서울: 한국심리치료연구소.

김재엽, 김지민, 류원정 (2014). 탈북여성의 생활사건 스트레스와 우울에 관한 연구:
　　외상 경험의 조절효과, 한국가족복지학, 46, 85-107.

미국정신의학회 (1995). 정신장애의 진단 및 통계 편람 제4판. 서울: 하나의학사.

박인영 (2017). 영화에서 플래시백을 통한 여성의 트라우마 재현. 현대영화연구, 13(2),
　　185-213.

박정희 (2008). 이주, 트라우마 그리고 치유의 글쓰기. 헤세연구, 20, 353-372.

박천응 (2009). 다문화 교육의 탄생. 경기: 국경없는마을.

안명숙 (2009). 자연경험을 통한 생태적 성숙성 연구: 중년기 기독성인들을 대상으로.
　　한국기독교상담학회지, 18, 61-93.

이원숙 (2009). 성폭력과 상담. 서울: 학지사.

최빛나, 김희경 (2011). 탈북여성의 외상 경험과 성격병리가 심리 증상에 미치는 영
　　향. 한국심리학회지: 상담 및 심리치료, 23(1), 195-212.

한국언론정보학회 (2015). 미디어 문화연구의 질적방법론. 서울: 컬처룩.

허영자 (2010). 외상 피해자의 무력감 회복을 위한 용서 프로그램의 상담적 개입. 한국
　　기독교상담학회지, 19, 329-362.

APA (2015). 정신질환의 진단 및 통계 편람(DSM-5) (권준수 외 역). 서울: 학지사. (원저
　　2013년 출판).

Bass, E. , & Davis, L. (2012). 아주 특별한 용기 (이경미 역). 서울: 동녘. (원저 1994년
　　출판).

Chatman, S. (2003). 이야기와 담론 (한용환 역). 서울: 푸른사상. (원저 1990년 출판).

Doehring, C. (2012). 목회적 돌봄의 실제 (오오현, 정호영 역). 서울: 학지사. (원저

2006년 출판).

Doyle, C. (1994). *Child sexual abuse: A guide for health professionals*. London: Chapman & Hall.

Herman, J. L. (1992). *Trauma and recovery: The aftermath of violence from domestic abuse to political terror*. New York: Basic Books.

Keshgegian, F. A. (2000). *Redeeming memories: A theology of healing and transformation*. Nashville: Abingdon Press.

McFague, S. (2001). 은유신학 (정애성 역). 서울: 다산글방. (원저 1982년 출판).

Poling, J. N. (1996). *Deliver us from evil*. Minneapolis: Fortress Press.

Root, M. P. (1992). Reconstructing the impact of trauma on personality. In Laura S. B., & Mary B. (Eds.), *Personality and Psychopathology* (pp. 229-265). New York: The Guilford Press.

제14장

성서의 '음란한 고멜' 이야기: 비하와 혐오를 넘어서

이미영

(한남대학교)

성(性) 담론은 생명의 탄생이며 삶의 실체이다. 결혼과 가정을 포괄하는 사회적 규범과 윤리를 생성하며, 문학과 예술의 영원한 주제이며, 종교와 문화와 경제에도 영향을 미친다. 하지만 여성은 자기만의 성 경험과 담론을 진솔하게 표현하기가 쉽지 않다. 여성에 대한 성 인식과 행태는 제한적이고 이중적이며 심지어 적대적이기 때문이다. 이 글은 개인적으로 '음란(淫亂)'이라는 단어에 끌리면서 시작되었다. 개인 분석을 받으면서 "내가 살면서 음란하지 못해서 잃어버린 것은 없을까?"라는 의문이 떠올랐고 그 답을 찾아가는 과정으로 이런 주제의 공적 글쓰기를 계속하고 있다.

음란은 '성적으로 음탕하고 난잡하다'는 뜻이다. 성욕을 흥분시키고 노골적으로 성적 행위를 묘사하는 난잡한 느낌을 주는 동영상, 사진 등의 매체와 게임 등을 음란물이라고 한다. 은밀하게 또는 공공연하게 음란물이 생산되고 소비되며 유통되며, 인터넷 데이터의 상당량을 차지한다. 관련된 범법행

위도 심각하다. 하지만 아무리 규제하여도 음란물이 줄지 않는 현상을 보면
서 음란이 가진 본질이 무엇인지를 묻게 되었다. 거부하고 싶고 혐오스러운
음란 안에 나름의 '부패되지 않는 생명력'이 담겨 있는 것이 아닐까? 또한 이
상하게도 한국어 형용사인 '음란한' 다음에는 남자보다 여자라는 말이 더 자
연스럽게 연결되는 어법을 어떻게 설명할 수 있을까? 이 두 가지 현상을 보면
서 '음란한 여자들'에 대한 미처 알지 못하였던 진실을 둘러보게 되었다.

우선, 음란물이 사라지지 않는 현상에서 역설적으로 음란물이 갖는 긍정성
을 찾아보았다. 예를 들면, 신화의 주인공들은 음란하다. 그들의 음란으로 인
간과 세상이 창조된다. 영성과 종교 텍스트에서도 에로틱하고 성적 환희를
포함한 음란한 성의 언어로 종교적인 신비한 경험이 표현된다(김명주, 2018,
pp. 14-15). 구약성서도 아름다움과 육체, 욕망과 억압, 금기와 위반이라는
성적인 개념들이 서사와 노래들의 틈바구니에서 엮이며 의미를 함축한다(차
정식, 2013, p. 8). '음란'이란 말이 비대칭적으로 여성에게 더 사용되는 현상
은 어떠한가? 가부장 사회는 부계혈통과 아들의 상속권을 보장하며, 아들의
출생에 가치를 둔다. 아들은 가족의 이름을 이어 나가고 재산권과 성적관계
를 지배하는 권력의 중심이 된다(Lerner, 1986/2004, p. 188). 남성 중심의 사회
는 혈통의 순수성을 지키려고 남성의 통제를 따르지 않으며 성적으로 활발
한, 성적 자기결정권을 행사하는 여성을 배제하고 징벌해야하는 악녀로 규정
한다. 성과 몸을 자신의 자유의지에 따라 사용하는 능력이 있는 여성들, 성적
자기결정권을 주장하는 여성들을 허용하지 않으며 낙인찍고 혐오한다.

음란은 생명과 풍요와 쾌락을 주는 성과 에로스이지만 사회질서 안으로 들
어올 수 없는 혐오스러운 성이라는 선언이다. 종교 규범의 위반이며, 공동체
규율을 벗어난 무모함이다. 음란이라는 통념적 잣대로 남성 중심적인 집단
의 체계와 질서를 유지한다. 규범 밖의 성과 생명을 금기시하면 억압과 차별
이 뒤따른다. 그러기에 성에 대한 자유로운 인식과 규제에 저항하는 공적 글
쓰기는 실존적이고 영성 성숙을 지향하는 목회 돌봄적인 성찰이 될 수 있다.

이 글은 여성의 풍요한 생명력에 가치를 두고, 성적 자기주체성과 정의로운 관계 회복에 비중을 두고 음란을 재조명한다. 물론 중독이나 폭력을 조장하는 음란물의 위해성을 충분히 염두에 두고 있음을 밝힌다. 성은 생명의 근원이며 상당히 유혹적이기에 치명적인 양날의 칼과 같다. 이 글에서는 치명적인 칼을 잘 써서 하나님이 주신 생명력을 살피고 돌보며 상호 존중하는 미학적인 대상이 됨으로써 하나님 나라의 샬롬(shalom)을 구현하려고 한다. 1장에서는 가부장 사회에서 여성에 대한 성적 차별을 논의하며, '음란'을 자유와 저항의 측면에서 해석한다. 2장에서는 호세아서 1~2장에서 목소리 없는 불려 나와서 음란한 아내로 낙인찍히고 전승된 고멜을 변호한다. 고멜을 남성 우월의 언어인 '구원' 대상이 아니라 상호 수평관계에서 '구애' 대상으로 상정한다. 3장에서는 여성에 대한 경멸과 복수의 간극을 넘어서는 고멜의 존재방식을 재조명한다. 이러한 성서 이야기의 재해석으로 여성을 비하하고 혐오하던 이들에게 새로운 심리적 공간이 열리기를 기대한다. 여성이 상호 주체로서 당당한 미학적 대상이 되는 '그날'로 모두를 초대하려고 한다.

1. 가부장적 규범과 통념에 저항하기

음란은 규범을 벗어난 비도덕적이며 비윤리적인 행동이라는 의미를 담는다. 일반인들은 음란물을 보면 혐오스럽다고 반응한다. 혐오로 번역하는 영어 'disgust'는 생리적으로 역겨워서 토한다는 뜻이다. 생명에 해가 되는 것들을 몸 안으로 들이면 안 된다는 신호이다. 내 안에 들일 수 없어서 거부하고 싶다는 뜻이다. 선하고 아름다워서 삼켰던 것들도 몸 밖으로 뱉어지면 더럽고 추하고 악한 것이 된다. 몸 밖으로 흘러나오면 역겹고 냄새나고 더러워진다. 그러기에 혐오감은 깨끗하고 더러운 것, 허용과 금지, 안과 밖을 구분한다. 생명과 죽음, 아름다움과 추함, 열매와 찌꺼기를 구분한다. 우리는 경계를 두고 오염물이나 혐오의 대상과 멀리 떨어지기를 원한다(Nussbaum, 2004/2017, p. 307). 혐오감을 느낀다는 말은 상대가 가진 속성을 내가 갖지 않았다는 안도감이 된다. 혐오하는 대상과는 시공간을 공유할 수 없다. 성속, 미추, 선악의 구분으로 경계를 갖고 자기 정체성을 확인하여 안도감을 준다. 이러한 경계는 혐오 대상에게 집단적으로 폭력, 가해, 대상화, 비난, 차별, 폄하, 왜곡 등을 표출하는 근거가 된다.

1) 비하되는 여성의 몸과 성

여성의 몸과 성에 대한 차별은 태어날 때부터, 아니 임신되었을 때부터 시작된다. 여성의 몸으로 태어난 것만으로 좌절이고 우울이다(고영순, 2008). 여성의 몸과 존재감, 정체성마저 무시하며 경멸하고 함부로 대해도 된다는 인식이 저변에 깊이 깔려 있다(조현숙, 2017). 여성에게 허용되지 않는 성적 소양이나 규범은 성적 자기결정권만이 아니라 존재양식마저 부정하게 된다. 몸과 성에 대한 멸시와 혐오의 끝은 여성이 자기 존재 자체를 부정하는 것으로 귀결된다.

여성에게 모멸감을 주는 규범이나 편견은 한국 속담에도 담겨 있다. 여성의 몸은 물론 딸과 아내, 특히 시집온 며느리의 존재를 경시하고 폄하하는 속담과 관용구를 소개한다.

> 딸은 두 번 서운하다. / 딸은 출가외인이다. / 여편네 팔자는 뒤웅박 팔자. / 여자와 북어는 사흘에 한 번 패야 한다. / 봄볕은 며느리를 쬐이고 가을볕은 딸을 쬐인다. / 죽 먹은 설거지는 딸 시키고 비빔 그릇 설거지는 며느리 시킨다. / 딸 시앗은 바늘방석에 앉히고 며느리 시앗은 꽃방석에 앉힌다. / 사위는 백 년 손이요 며느리는 종신 식구라. / 계집 못난 것은 젖통만 크다. / 하룻밤을 자도 헌 각시. / 여자는 익은 음식 같다. / 그릇은 빌려

주면 깨지고 계집은 돌리면 버린다. / 장작불과 계집은 들쑤시면 탈난다. / 청상과부는 혼자 살아도 사십 된 과부는 혼자 못 산다. / 계집은 남의 것이 곱다. / 딸자식 잘난 것은 갈보로 가고 논밭 잘난 것은 신작로 난다. / 아들 못난 건 제 집만 망하고 딸 못난 건 양 사돈이 망한다.

이처럼 가부장 문화에서 여성의 존재됨을 부정하고 나이에 따라서 아버지와 남편과 아들에게 삶의 주도성을 위임하라는 족쇄도 채웠다. 남자의 외도를 대수롭지 않게 여기며 여성을 성적으로 심하게 규제하였다. 며느리를 함부로 다루며 고부간 갈등구조를 당연하게 여겼다.

기독교 전통에서도 에덴에서 추방되어 임신하는 몸을 유한한 인간의 죄의 근거로 본다. 구약성서도 월경과 출산으로 대표되는 여성에 관련한 무지와 혐오를 드러낸다. 율법은 유출병, 몸에서 흘러나오는 것, 월경이나 출혈을 정결하지 않고 부정하게 여기고 차단하라고 규정한다(이은애, 2018). 출산한 산모조차도 부정하다고 말한다. 출산은 제물을 드려야 하는 속죄 대상이다. 정액이나 배변에 대한 규제도 있지만 배출물의 빈도와 양으로 인해서 여성을 낮고 혐오스러운 대상으로 취급하였다.

우에노 지즈코(上野千鶴子, 2010/2018, p. 154, 186)는 여성이 혐오하는 대상으로 규정되면 여성을 함부로 대하며 차별과 무시가 당연시되며, 여성 혐오는 남성에게는 여성 멸시, 여성에게는 자기혐오의 대명사가 된다고 말한다. 여성에게 폭언하고 폭력을 용인되는 사회구조가 형성된다. 혐오는 상대를 동물화하는 감정이며 상대를 나와는 질적으로 다른 타자, 열등한 타자로 만든다. 또한 자기 생명력을 온전히 발현하지 못한다. 요즘 한국 사회에서 일어나는 여성혐오 사건들의 본질은 남성들의 피해의식으로 볼 수 있다(김종갑, 2017). 일부 남성들은 남성이 가졌던 기득권이 소멸된다는 위기감을 여성의 탓으로 돌린다. 여성들의 성취하는 사회 진출과 우월한 성과 앞에서 '루저(looser)'로 경험되는 남성의 상실감과 패배감이 촘촘하게 엮인다. 혐오감은 열등감과 불안의 다른 얼굴이 된다. 우월의 기득권을 유지하려는 남성들이 공평해지려는 여성들에게 가까이 다가오지 말고 올라오지도 말고 "꺼져 버려라!"라고 복수하는 감정으로 보인다.

2) 순결과 성적 무지

가부장 전통과 기독교 신앙은 여성에게 '순결'하고 '정숙'하라는 의무를 부과한다. '순결'과 '정숙' 이데올로기는 성과 관련된 담론이나 실제 성경험을 멀리하라고 요구한다, '조신하지 못한, 야한, 밝히는, 상스러운, 발랑 까진, 색기가 넘치는, 천박한, 막돼먹은' 이란 말은 여성에게 수치를 주며 불명예스러운 욕이 된다. 성을 불온한 오물로 여기고 혐오하고 외면해야 '조신하고 현숙한 아내와 엄마'가 되며 여성으로서 가치를 높이고 신실한 신앙인으로 인정받는다.

자유롭게 자기의 몸과 성을 감각적으로 향유하는 여성은 부도덕하며 음란하다고 낙인찍힌다. 우에노 지즈코(2010/2018, p. 43)는 "여성이 하반신 혹은 성기에 관한 이야기를 입에 담는 것은 거리낌의 대상이었고, 또한 이야기를 하려 해도 이미 존재하고 있는 언어 자체가 남성이 마련해 놓은 모욕과 멸시로 뒤덮인 언어밖에 없었기 때문에 이야기하고 싶은 것이 있어도 주저할 수밖에 없었다."고 말한다. 여성 성기가 성행위의 대명사가 될 정도로 남성 욕망의 객체로 인식되며 여성의 소유물이 아니라고 간주되고, 성기나 성모를 음부(陰部)나 음모(陰毛)라고 부르는 호칭조차 여성이 자기 몸과 마주하는 것을 방해했다고 그녀는 부연한다.

스스로 "음란하게 살아 보지 못한 한국 여성"이라는 김명주(2018, p. 13)는 자신의 책 『여성의 性이 뾪스러웠을 때』의 서두에서 다음과 같이 말한다.

여성의 性과 뾪, 다소 뜬금없어 보일지 모르는 이 주제는 모든 책들이 그렇듯이 나만의 궁금증에서 출발하였다. 나를 비롯한 우리 세대 한국 여성들은 성적인 무지를 미덕으로 여기도록 길들여져 왔다. 여성들은 사회적 길들임에 의문 없이 순응함으로써, 삶에 내재된 무수한 환희와 황홀을 박탈당했다. 단순히 성적 쾌락만 잃은 것이 아니다. 몸이 감각하는, 살아 있음의 충만하고 풍요로운 느낌마저 함께 잃어버린 것이다. 이 책은 내 궁금증을 해결하는 한 여정의 단계로서, 박탈당한 환희와 황홀에 대한 이야기이며, 궁극적으로는 인간 실존과 실재에 대한 보다 심층적인 해석을 시도하고 있다.

　'성적인 무지'라는 말이 눈에 들어오면서 깊은 내면이 통하는 친구를 만난 기쁨을 느꼈다. '성적 무지'는 여성들에게 암묵적으로 강요된 규범이었다. '성적 무지'는 여성들에게 존재의 껍질만이 아니라 알맹이까지도 빼앗았다. 박탈한 것은 환희와 황홀과 충만한 몸의 감각만이 아니었다. "생생한 자기감과 실존과 삶의 주도성, 삶에 대한 용기와 자유도 박탈했다."는 고백은 침묵하던 여성들의 생생한 목소리이며 개인적인 오랜 회한이었다.
　여성이 성적 자기결정권을 가지면 가정과 공동체가 무너진다고 엄포를 놓으며 차별의 굴레를 유지하고 저항하지 못하게 유도하였다. 가부장 혈통을 보존하려는 여성의 존재를 임신과 출산과 양육으로 여성이 명명하였다. 심지어 여성의 가치를 두 종류로 나누기도 한다. 대를 잇는 자녀를 생산하는 '생식용 여성'과 남성의 성적 대상으로 특화된 '쾌락용 여성'이다(우에노 지즈코, 2010/2018, p. 55). "살아 있는 여성에게는 몸도 마음도 그리고 자궁도 보지도 달려 있지만, '생식용 여성'은 쾌락을 빼앗긴 채 생식의 영역으로 소외되고, '쾌락용 여성'은 생식으로부터 소외된다." 이런 부당한 구조에서는 여성이 권위와 권력을 가지고 다가오는 남성들의 성적인 희생자가 된다(신명숙, 2018). 여성들이 서로 무시하며, 규제에 저항하지 못하고 성적 자기결정권과 자유를 빼앗기며 살도록 길들여졌다.

3) 저항과 자유의 흔적

'음란하다'는 말은 가부장 사회에서 규제와 금기를 벗어나려는 여성에게만 쓰는 정죄의 언어이다. 음란을 '통념의 규제와 금기를 넘어선다'는 의미로 해석한다면 음란한 사람은 자유를 구현하여 용기 있게 선을 넘은 것이다. 여성이 두려움 없이 생명력과 풍요와 환희를 추구하여 음란을 선택한다면 과연 누가 더 곤란해질까? 이봉호(2017, pp. 5-6)는『음란한 인문학』에서 사회라는 테두리에서 음란함을 지키려는 사람들이 없었다면 삶이 무미건조하고 만성적인 욕구불만의 굴레를 맴돌았을 것이라고 말한다. 그는 인간 내면의 가려운 곳을 긁으며 사회의 그늘마저 끌어안으려는 시도로 성문화를 품은 대중문화가 저급하게 취급된 이유와 성을 다루면 왜 음란하다고 멸시하는지에 관심을 가졌다. 그는 음란은 '금기' '억압' '차별' '편견'을 전복하려는 '해방의 흔적'이라고 설명한다.

음란은 '금기'에서 깨어나서 본능을 마주하려는 열정이다. 지배자는 자신의 기득권을 지키려고 금기를 만들어 피지배자를 억압한다. 누군가는 그 권력을 전복하려고 저항하며 변화를 도모한다. 보수적인 성문화는 여성이 성욕을 품는 몸에 대한 궁금함과 호기심조차 음란으로 몰아간다. 금욕과 순결을 강요하는 사회는 자위나 애무, 적극적인 스킨십, 오르가슴 등의 단어조차 관계나 위로의 측면보다 방탕과 퇴폐의 범주로 밀어넣는다. 금기를 지킬수록 생명력을 잃고 삶에 대한 열정도 시들해진다. 많은 여성을 사랑했던 피카소도 음란한 남성이다. 그의 예술의 원천은 성적인 대상을 바꿔 가면서 채워졌다. 그의 음란함은 시들어 가는 예술적 본능을 살리고 영감과 생명력을 꽃피우는 예술가의 힘으로 인정받기도 한다.

마광수는 한국 사회에서 치욕적으로 배제된 성에 관심을 가진 '솔직한 지식인'이었다. 김슬옹(2003, p. 225)은 마광수의 담론을 통념에 대한 즐거운 저항이며 신나는 반란으로 해석하였다. 그가 부정적 통념만이 아니라 좋은 통넘의 획일화까지 경계하였다는 것이다. 최연구(2003, p. 247)는 마광수의 창작물에 대한 논쟁의 본질은 '성 문제'가 아니라 '자유와 인권의 문제'라고 해석한다. 마광수는 개인의 성생활은 침범할 수 없는 사적 자유의 영역임을 선언한다. 윤동주가 한글의 시를 창조함으로써 일본 제국주의에 저항하는 언어를 남겼듯이 마광수는 음란한 인물을 창조하여 가식적이고 이중적인 시대에 저항하는 언어를 남겼다. 그가 창조한 '야(野)한 여자'는 획일적인 사회질서에 순종하는 여성이 아니라 창조적인 상상력과 자유를 구가하는 개성을 가진 존재이다(마광수, 1992). 그는 "'자유'에 대한 긍정적 인식 없이는 구체적인 '행복'을 실현시킬 수 없다. '당당한 자유'가 죄악시될 때 '음습한 자유'만이 판을 치게 되고, 개인이나 사회는 음울한 이중성의 늪에서 허우적거리게 된다. '당당한 자유'를 방해하는 것은 수구적 봉건 윤리가 만들어 낸 '문화적 촌티'와 정신우월주의에 기인한 '성 알레르기' 현상, 그리고 개개인의 개성과 창의력을 무참하게 꺾어 버리는 '획일주의적 사고방식'이다."라고 선언한다(마광수, 1999, p. 5). 만일 그가 창조한 '즐거운 사라'가 남성이면 아무 문제가 되지 않는 한국 사회였다. 전통사회에서는 통념적인 성 규범을 벗어난 자들에 대한 불이익과 추방이 뒤따른다. 공적 입지는 물론 사생활도 방해받고 보복당하고 고립된다. 마광수는 창조한 인물들만으로 음란하고 혐오스러운 작가라는 오명을 쓰고 한국 학계와 사회에서 보복당하고 배제되었다.

2. 고멜을 향한 구원이 아닌 구애 과정

호세아가 예언자로 활동한 시기와 호세아서의 기록 시기는 시차가 있다. 호세아서의 저자도 예언자의 생생한 메시지를 완벽히 복원할 수 없었고, 독자도 저자의 의도를 완벽하게 해석할 수 없다. 나는 호세아서 1~2장에서 성의 무지로 인해서 박탈된 생명력을 회복하려는 여성의 시선으로 본문을 능동적으로 읽으려고 한다. 여성이 능동적인 성서 독자가 되려면 남성의 관점에서 해석된 지배적인 본문을 여성의 현실에서 다시 해석하는 것이 필요하다(한미라, 2009, p. 22). 이러한 시도는 여전히 유효하고 영원한 하나님의 공의와 사랑을 확인하는 과정이다.

호세아는 하나님과 이스라엘의 관계를 정리하고 야훼 종교를 정립하려고 노력한 예언자이다. 호세아서는 하나님과 이스라엘의 관계를 남편과 아내의 유비로 서술한다. 수사학적인 용어로 여성적인 것을 부정적으로 사용하고 있다. 죄 된 이스라엘의 역할은 여성에게, 사랑의 화신이고 거룩한 대리자의 역할은 남성에게 배정한다. '놀아난 아내' '음란한 여자' '몸을 더럽힌 여자' '배신하고 사생아를 낳은 여자' '차라리 자궁은 죽은 애나 배고 젖가슴은 말라붙게 하소서.' '얼굴에 간음을 붙이고 젖가슴에 간통을 달고 있다.' 등 호세아서 저자는 여성의 이미지를 매우 부정적으로 사용하였다(이경숙, 2000, p. 392).

고멜과 호세아의 결혼 이야기에는 문학적 상징이든 역사적 사실이든 이스라엘 남녀의 사랑 판타지가 스며 있다. '주를 배신한 이스라엘을 상징하는 음란한 여성인 고멜에 대한 징벌과 구원'으로 보았던 이 판타지를 다른 각도로 보려고 한다. 왜냐하면 구원은 남성 우월적인 언어이기 때문이다. 이 언어를 서로 시선을 마주하는 '구애'로 바꾸겠다. 떠나간 연인이 다시 자신에게 돌아오도록 시도하는 모든 행위를 구애가 아니면 뭐라고 이름 붙이겠는가?

본문(표준새번역)에서 호세아는 '음란한 고멜'과 결혼하여 음란한 자식을 낳으라는 주의 말씀을 듣는다(1:2). 이유는 이스라엘이 '주를 버리고 떠나서' '음란하게 살고 있기' 때문이다. '이 나라는 주를 버리고 떠나서'는 등을 돌리는 배신이다. 주가 버림을 받았다. 버림받고 외면당한 주는 무엇을 할 수 있을까? 주와 동일시하는 호세아는 어떤 방법으로 자신을 떠난 대상이 돌아오도록 하는가?

1) '음란한 고멜'에 대한 변호

고멜은 디블라임의 딸이며 호세아의 아내이다. 호세아는 기원전 750년경부터 북이스라엘 멸망 직후인 기원전 720년경까지 활동했다(정중호, 2006, p. 23). 그는 8세기 예언자로 평범한 대다수의 하층민이 당했던 고통과 억압을 변호한다. 호세아는 사회적 불의와 제의적 부패에 대해서 가장 날카로운 비판자였다(임봉대, 2011). "너는 가서 음란한 여인과 결혼하여, 음란한 자식들을 낳아라!"(1:2) 이스라엘의 부패를 상징하는 '음란한 고멜'은 부정한 여인이라는 주홍글씨를 달고 전승되었다(한미라, 2009, p. 126). 이 전승으로 아내들에 대한 왜곡된 편견이 암묵적으로 동반한다. 남편에게 등 돌리고 가출한 고멜로 인해서 음란한 자식들을 얻었다는 내용은 아내에 대한 의심과 통제를 허용하였다. 여성에게도 자신의 성욕이나 삶의 의지를 억제하고 경계하도록 하였다. 잠재적으로 여성의 결함을 증폭시키고 남성의 무결점을 부각시킨다. 자식까지 망칠 수 있다고 위협하며 여성의 성을 통제하려는 의도에 도전하기 위하여 고멜은 변호되어야 한다.

이스라엘의 부패와 불신앙을 남성이 아닌 여성에게 배정한 불공정함에 주목해 보자. 고멜이 남편에게 갖는 불만이나 감정이 어떤 것인지 본문에서는 은폐한다(김주환, 2015). 가출하기 전에 고멜은 자신의 결혼과 출산에 대해서 침묵한다. 침묵일까, 배제된 목소리일까?

첫째로 고멜은 권력자인 상류계급 남성들의 죄를 대신 설명하는 수사학적 도구로 이용된다. 호세아가 예언하는 대상은 권력을 가진 남성들이다(박혜경, 1998). 어미의 음란함으로 자녀들이 음란해진다는 비유는 상류계급의 불의로 하층계급도 희생된다는 의미이다. 불의하고 부정한 권력자들인 남성들을 심판하는 데 여성을 악의 이미지로 대리적으로 내세운 것은 비겁하고 부당한 왜곡이 아닐 수 없다. 왜 본문을 '난봉꾼 남편'을 용서하고 돌아오게 하는 여성 예언자로 구성하지 않았는지를 묻게 된다.

둘째로 고멜의 음란은 하나님과 이스라엘을 부부의 유비로 설정하여 가부
장 남성을 전능감을 부각하려는 장치로 보인다. 음녀의 이미지는 가부장제
를 위협하는 대표적인 표상이며 경계의 대상이다(차정식, 2013, p. 271). 가부
장적 규범을 위협하는 불순한 여성을 감당하고 책임지는 남성을 거룩한 지도
자로 부각하는 구도이다. 하지만 본문은 유능하고 거룩한 가부장에게 고멜
이 왜 등을 돌리는지를 설명하지 않고 있다. 여성이 하는 중요한 결정의 의도
에 관심조차 없다.

셋째로 고멜이 실제 인물이라면 역사적 배경을 이해할 필요가 있다. 당시
이스라엘 여성들은 추수나 가뭄 때 바알 신전 풍요제사에 참여하도록 강요받
았다(한미라, 2009, p. 118). 풍요제사는 힘없고 자기결정권이 없던 딸들이 결
혼 전에 신전으로 보내져서 사제나 다른 남성과 성관계를 맺는 관습이었다.
젊은 여성들에게 땅과 인간과 가축과 작물의 번식력을 보장하고 공동체를 살
리라고 부과된 의무였다. 딸들은 종족의 풍요를 위해서 희생을 강요당하고
성적 주체성을 주장할 수 없었다. 순종했던 여성의 신음을 음란이라는 말로
대체하였다면 고멜의 음란은 권력과 풍속에 내몰린 약자의 모습으로 볼 수
있다.

전승으로 보자면 고멜은 부정한 삶을 스스로 회복하지 못하고 거룩한 남편
에게 일방적으로 용서받는 죄 많은 여성이었다. 남성들에게 거룩한 이미지
를, 여성에게는 추하고 악한 이미지를 덧씌운 부당함을 벗어나기 위해서 본
문의 남녀 이야기를 새로이 해석해 보려고 한다.

2) 탈규범의 시도

1~2장의 화자는 주이며 고멜을 3인칭으로 서술한다. 주와 호세아를 동일
화자로 봐야 하는지 의문이 생긴다. 이 글에서는 호세아를 주의 대언자로 간
주하여 주의 말을 호세아의 말로 대치하겠다. 2장 13절과 16절 "나 주의 말이

다."라는 구절은 호세아서를 듣는 청중들에게 주님이 직접 말씀하신다는 점을 상기시켜 주는 삽입구 역할을 한다(이기락, 2008, p.11).

고멜은 결혼 전부터 음란한 여성이라고 묘사된다. "너는 가서 음란한 여인과 결혼하여"(1:2a)로 선언된다. 첫 아이를 낳고 아내 고멜이 떠난 후에 남겨진 남편의 심정과 상태를 나타난다(2:2-4).

> 고발하여라. 너희 어머니를 고발하여라. 그는 이제 나의 아내가 아니며 나는 그의 남편이 아니다, 그의 얼굴에서 색욕을 없애고, 그의 젖가슴에서 음행의 자취를 지우라고 하여라! 그렇지 하지 않으면, 그가 처음 태어나던 날과 같이, 내가 그를 발가벗겨서 내버릴 것이다. 그리하여 내가 그를 사막처럼 메마르게 하고, 메마른 땅처럼 갈라지게 하여, 마침내 목이 타서 죽게 하겠다. 그가 낳은 자식들도, 내가 불쌍히 여기지 않겠다. 그들도 음행하는 자식들이기 때문이다.

남겨진 호세아의 절절한 고통과 분노, 그리고 떠나간 고멜을 저주하고 복수하려는 심정으로 가득하다. 호세아는 '자기 여자'를 휘어잡고 제대로 지키지 못한 천하의 못난 남자가 되었다(우에노 지즈코, 2010/2018, p. 39). 자신을 버리고 떠난 여자가 곤고하고 목말라서 죽음에 이르기를 원한다. 떠난 아내를 저주하는 참담한 호세아에 비해서 떠나간 고멜은 어떠한가? 배우자가 외도를 했을 때 당한 쪽은 수치스럽고 자존감이 떨어질 수 있지만, 외도 당사자는 자신감과 자존감이 높아질 수 있다(양유성, 2010). 가출한 고멜은 자신의 변화되어 안락한 상태를 노래한다(2:5).

> 나는 나의 정부들을 따라가겠다. 그들이 나에게 먹을 것과 마실 것을 대고, 내가 입을 털옷과 모시옷과, 내가 쓸 기름과 내가 마실 술을 댄다.

고멜은 흡족하다. 호세아와 나누지 못한 것을 새로운 연인과 풍요하게 나눈다. 결핍이 채워지고, 원하는 것을 얻는다. 맘껏 먹고 마시고 두르며 즐긴다. 호세아의 집에서는 기본적인 의식주도 제공받지 못했다는 말인지 아연할 정도이다. 며느리를 구박하는 한국 속담이 상기된다. 집 안에 음식과 옷이 넉넉해도 며느리는 충분히 누리지 못하고 고된 시집살이와 가사노동을 강요받는 가부장적 그림이 그려진다. 시집살이나 남편의 폭행으로 여성이 가출하면 동네 사람들에게 "그년이 바람나서 나갔다."고 소문내는 한국 민담과 겹친다. 중요한 말은 '내가 먹을', '내가 입을', '내가 쓸'이다. 온전한 내 것을 가져 보지 못했던 여성이 가출 후에야 비로소 온전한 자기 몫을 가질 수 있게 된다. 하지만 호세아는 고멜의 가출을 음행으로 이름 붙이고 자신과 가문의 명예를 훼손했다고 고발한다. 그러면서도 그녀를 자신에게 돌아오게 하려고 한다. 호세아에게 묘안이 있을까?

3) 고멜을 향한 구애

2장에는 고멜을 향한 호세아의 절박한 구애 과정을 해석하게 도와주는 중요한 단서가 2개 있다. '라켄(그러므로, therefore)'과 '바욤 하후(그 때, that day)'이다. '라켄'은 하나님의 행위가 임박했음을 알려 주는 접속사이다(Stuart, 1987/2011, p. 139). 하나님의 뜻이 무엇인지를 밝히거나 그분께서 곧 행동에 옮기실 내용을 선언하는 도입구로 사용된다(이기락, 2008, p. 88). 이전의 상황과 연결된 하나님의 응징이나 대응이 따라온다. '라켄'(6, 9, 14절)으로 시작하는 세 단락(6-8절, 9-13절, 14절 이후)은 호세아가 고멜을 돌아오게 하는 묘안이므로 '세 가지의 구애법'이라고 명명하고자 한다. 원하는 사람을 다시 내 옆으로 돌아오게 하려는 마음과 행위를 구애가 아니면 무슨 말로 명명할 수 있는가?

호세아는 고멜을 다시 데려오기 위해서 3개의 '라켄' 단락을 순차적으로 또는 독립적으로 시행한다. 순차적이면 구애1(6-8절)을 수행하고, 구애2(9-13절)를 수행하고, 구애3(14-15절)을 수행한다. 그러나 14절 '라켄'은 앞의 내용과 논리적으로 연결되지 않고 극적으로 다른 장면이 서술된다(이기락, 2008, p. 105). 여기서 세 번의 '라켄' 단락의 공통적인 정황은 2-5절이다. 호세아는 사랑을 찾았다고 노래하는 고멜에게 분노한다. 이제부터 호세아는 세 가지의 구애(6-8절, 9-13절, 14-15절)를 살펴보겠다.

　'바욤 하후(그 때)'도 세 번 반복된다(16, 18, 21절). 이 단어는 "……가 일어날 것이다."라는 종말론적인 의미이다(Stuart, 1987, 2011, p. 158; 이기락, 2008, p. 112). 세 번의 '바욤 하후' 단락은 구애3에 종속해서 해석하면 자연스럽다. '라켄'과 '바욤 하후'로 단락을 분류한 구애 과정을 살펴보자.

구애1: 저주와 방해, 고립시키고 환심 사기

　첫 '라켄' 단락(6-7절)에서 호세아는 새로운 사랑을 찾은 고멜을 참지 못한다. 길을 가로막고 담을 둘러 고멜의 자유로운 외출을 방해하고 고립시키고 가두고 열정을 막는다. 숨 막힌 고멜이 버티다가 저항할 힘이 소진된다. "이제 발길을 돌려서 남편에게 돌아가자."며 항복한다. 호세아가 승리했다. 고멜은 자유와 충만함을 남겨 두고 호세아 옆으로 껍데기만 돌아온다. 생명력은 밖에 두고 와서 호세아가 환심을 사려고 제공하는 물품들을 최소한만 쓰면서 연명한다. 호세아가 이전과 다르게 넉넉한 생필품과 재물(금과 은)을 공급해도 고멜의 마음은 열리지 않는다. 규범을 벗어나서 누렸던 풍요함을 고멜을 생생하게 기억한다(8절).

구애2: 복수와 박탈, 가혹한 모욕

　두 번째 '라켄' 단락(9-13절)에서는 호세아가 더 악랄해진다. 고멜에게 제공했던 것을 모두 박탈한다. 곡식, 포도주, 양털과 모시를 몰수하며, 고멜의 배를 곯리고 즐거움을 빼앗고 벌거벗겨서 수치를 당하게 하며 모욕하고 능멸

한다. 그녀가 꿈꾸는 열정을 훼손하는 음모를 꾸민다. 소소한 일상도 박탈하고 공적 모임에서 배제한다. 고멜이 향유했던 자유로운 기억도 빼앗고 모욕하고 오물로 만든다. 고멜이 자유롭게 사랑하며 열정적으로 살았던 시간은 호세아에게는 악몽이다. 본문에는 고멜의 자유를 함부로 추측하고 의심하고 왜곡하는 호세아에 대한 그녀의 반응이 나오지 않는다. 고멜은 무자비하고 폭력적인 남성 앞에서 차라리 입을 닫는다.

구애3: 미학적 구애─부드러운 몸과 다정한 말

세 번째 '라켄' 단락(14-15절)은 앞의 구애법과는 질적으로 결이 다르다. 어떻게 이렇게 변할 수 있을까 의심스럽다. 이 라켄 단락은 미학적인 구애법이다. 호세아는 고멜과 부드럽게 애무하고 교감하며 빈들로 나간다. '꾀다'는 '달래다'라는 의미로 성관계를 암시한다(이기락, 2008, p. 107). 빈들에서 두 사람은 가슴 설레며 관계의 리셋(reset)을 선언한다. 모든 것이 원점으로 돌아가는 희년 선포와 같다. 호세아의 음성도 눈빛도 몸짓도 순하고 부드럽다. 고멜을 신뢰하며 포도원을 넘겨준다. 희망을 나누는 미학적인 구애에 고멜이 기쁘게 응대한다. 고멜과 호세아의 상호 교감과 합일은 세 번 반복하는 '바욤 하후' 단락으로 더 구체화되고 보강된다.

성공한 구애: 미학적 대상으로 응답하기

호세아의 구애는 세 번의 '바욤 하후'를 반복하고 고멜과 새로운 샬롬의 교감으로 마무리된다. 구애의 절정은 예언이 성취된 기쁨이다. 첫 '바욤 하후' 단락(16-17절)에서 고멜은 이전 연인을 완전히 잊고 호세아를 동등한 짝으로 기쁘게 맞이한다. 두 번째 '바욤 하후' 단락(18-20절)에서 호세아는 강자와 약자의 분쟁도 없애고, 전쟁도 포기한다. 정의와 공평과 사랑과 긍휼을 보여 주며 성실한 모습으로 고멜을 맞이한다. 고멜도 호세아가 보여 주는 변화를 바로 알아보고 손을 잡는다. 세 번째 '바욤 하후' 단락(21-23절)에서 호세아는 고멜만이 아니라 땅과 하늘의 다른 대상들과도 풍요롭게 연결된다. 세상과의 소통이 자유롭고 평화롭다. 고멜이 온전히 돌아오고 주변 사람들도 돌아온다. 호세아도 고멜도 서로 아름다운 변형적 대상이 된다.

3. 고멜의 존재방식

1) 다가서기의 증오와 멀어지기의 혐오를 견디기

호세아의 구애 과정을 다시 복기해 보겠다. 2장에서 보듯이 호세아는 '방해와 고립' 그리고 '복수와 박탈'의 거친 시도를 한다. 이런 태도는 나를 멀리하는 대상에게 보여 주는 분노행동이다. 혐오와 증오는 다르다. 증오가 저급한 '다가서기'라면 혐오는 '멀어지기'이다. 증오는 거칠고 무례하고 공격적이지만 그 의도는 나를 좌절시키고 등을 돌린 대상에게 다가가려는 것이다. 볼라스(Christopher Bollas, 1987/2010, pp. 158-181)는 이런 현상을 '애정 있는 증오'로 설명한다. 대상을 파괴하기 위해서가 아니라 대상을 보존하기 위해서 증오한다. 주체는 증오하거나 증오스럽게 되는 것을 통해서만 대상을 열정적인 관계로 이끌 수 있다. 증오는 '사랑의 대체물'이다. 보복보다 두려운 것은 대상의 무관심과 침묵이다. 무례함은 증오를 유도하며, 이는 사랑을 갈망해서 나온 행위이다. 슬프게도 대상을 사랑한다고 미학적으로 보여 주지 못하고 비난하고 긁어 대고 욕하고 조롱하고 모욕하고 협박하는 것이 친밀감의 갈구라고 할 수는 있지만 이는 대상과 자신을 망가뜨리는 저급한 언어일 뿐이다.

대상에 대한 혐오의 구조에서 벗어나서 멀어지는 순간이 구원의 순간이다. 종교조차 여성을 비하하며 억압하는 권력이 되기도 한다. 다수가 혐오하는 것에 동참하지 않으면 오히려 혐오를 당하게 된다. 혐오를 거부하는 것은 저항이며 새로운 생존법의 시작이며 우주적인 용기와 희망이 필요하다. 고멜처럼 규범에서 과감하게 '벗어나기'가 새 생명력의 시작이 된다. 여성이 음란함이라는 낙인에 도전할 수 있다면 성적으로 충만할수록 삶이 윤택해지고 존재가 빛을 발할 수 있다(김종갑, 2017, p. 129). 여성이 성적인 자극이나 활동이 제한되면 인간으로서도 삶의 의미와 가치를 잃게 된다. 여성의 몸과 성이 폄하되고 조롱당할 때 그 규범과 공동체에서 등을 돌리고 벗어나면 비로소 여성으로서의 고유한 생명력을 조우하는 시작이 된다.

2) 상호 미학적 대상 되기

여성의 몸과 성을 제한하는 규범에서 벗어나는 선택으로 호세아의 미학적 대상이 될 수 있었던 고멜의 존재양식을 다시 조명해 본다. 첫째로 고멜은 침묵과 순응을 강요하는 금기의 틀에서 벗어났다. 저주같이 지어진 세 자녀들의 이름을 상기해 보자. 첫아들 이스르엘은 살육한 죄를 심판하며 왕조를 없앴던 지명(1:3)이며 첫딸 로루하마는 '불쌍히 여기지 않고 용서하지 않는다'(1:6), 둘째 아들 로암미는 '나의 백성이 아니다'(1:8)라는 뜻이다. 세 자녀의 이름에는 아내로서 엄마로서 고멜이 성적 자기결정권과 자기의 삶을 선택한 후의 주변의 반응을 반영한 것이다. 가부장적 공동체의 붕괴를 막으려면 고멜은 규범 안에서 갇혀 순응하며 살아야 한다. 하지만 이 규범에 매여 살면 여전히 비하된 자리에서 혐오의 대상으로 머무른다. 순결한 딸로 정숙한 아내로 저항하지 않고 살았으면 호세아가 갈구하던 미학적인 구애의 대상으로 살아보지 못했을 것이다. 다른 목소리로 사는 여성이 불운해 보여도 그들의 선택과 열정은 진취적이고 주도적인 후배들을 격려하는 '또 다른 목소리'를 울리게 된다(정희성, 2018, p. 123).

둘째로 고멜은 여성으로서 언제 사랑에 응답하고 어떻게 결핍된 생명력을 채우는지를 분명하게 보여 준다. 비록 호세아의 입을 통해서이지만 새로운 결단과 선택을 노래하였다(2:5). 금기를 넘어서지 않았다면 자기의 욕구와 자유가 희석되고 희생되는지도 모르고 살았을 것이다. 아가서의 술람미 여인처럼 당당하게 성적인 사랑을 예찬하며 자신의 갈망을 드러내는 것에 망설임이 없다. 자신의 선택을 노래하며 존재가 존중받았음을 자랑하며, 새로운 관계를 열어 가는 선언을 한다.

셋째로 고멜은 생존을 위해서 무모하지 않았다. 자신의 안전과 생명을 위한 울타리로 대상을 사용할 줄 알았다(2:7b). 실로 모욕적이고 절망적인 상황이지만 '생존자'로 살아남기를 선택한다. 치욕적인 권력 앞에서 포기하지 않고 때를 기다릴 수 있는 자기 생명력을 지키는 능력이 아름답다(정희성, 2018, p. 238). 구애2에서 모든 것을 박탈당할 때(2:9-13) 고멜은 아무 말도 행동도 하지 않았다. 삶이 짓밟히고 빼앗길 때, 과거의 사랑이 모욕당할 때 침묵한다. 모욕당하고 혐오의 대상으로 다루어진 몸이지만 쓰러지지 않는다. 그녀 앞에 서 있던 사람이 오히려 깨달아야 하는 순간이 다가온다. 학대와 혐오를 당연시하는 사람들이 자신의 과오를 깨닫고 자기 행동이 더 혐오스러웠다는 것을 깨닫는 순간이 도래하기를 기다린다.

마지막으로 고멜은 자신의 몸 자체로 성(性)적이고 성(聖)스러운 모습으로 존재한다. 2:14 이하를 보면 호세아를 떠난 고멜은 많은 고난을 겪었지만 고멜로 현존한다. 호세아의 변심의 근거가 본문에서는 불분명하다. 하지만 이 장면은 "에로스는 완전히 다른 삶의 형식, 완전히 다른 사회를 향한 혁명적 욕망을 나타낸다."(Han, 2013/2016, p. 87)는 것을 보여 준다.

고멜의 용기 있는 존재양식이 그날(바욤 하후)에는 호세아에게 상호 미학적 대상으로 경험되었다. 그 덕분에 자식들과 후손에게도 새로운 이름으로 부여되고 샬롬의 새 세상이 열렸다.

3) 특정한 몸에 대한 차별과 혐오에 저항하기

여성은 몸으로 태어났을 때부터 거절되는 경험을 한다. 가부장 사회는 전통과 규범을 앞세워서 남성들에 비해서 훨씬 제한적으로 성적인 권리를 여성에게 허락하였다. 몸이 여성이라는 이유로, 그때 거기에 있었다는 이유로, 그런 옷을 입었다는 이유로, 그 말을 하지 못했다는 이유로, 여성은 남성들을 유혹하거나 화나게 만든 죄인이 되고 악녀가 되고 마구 헐뜯으며 소비된다. 저항하지 않고 주어진 규범에 순종한다고 여성을 비하하는 종교·사회·심리구조가 거둬들여지지 않는다. 규범에 저항하지 못하면 관습적으로 증오와 혐오의 대상으로 머물 뿐이다. 가학적인 규범은 더 제도화되고 고착된다. 성적 자기결정권을 추구하며 자유를 지향하는 시도가 음란으로 치부될 때 여성이 음란하게 살 수 있다는 것은 차별받지 않는 몸과 고유한 생명 이야기를 존중받으려는 저항이 된다. 여성이 당당해질 때, 낙인과 배제를 두려워하지 않고 정의와 자유의 향기를 뿜어낸다면 남성은 방해와 복수와 배제를 멈출 수밖에 없다. 부부간의 사랑과 평화의 시작은 정의실현이다(이상억, 2013; Walsh, 2009/2015, pp. 296-300). 여성에게 다가가서 부드러운 몸과 말로 미학적인 대상으로 구애하게 된다. 구애의 시작은 고멜이 호세아에게 등을 돌리고 떠나는 순간이다. 저항하는 여성만이 비하와 증오의 대상에서 자유롭게 벗어나서 당당할 수 있다.

몸에 대한 차별과 혐오는 여성에게만 일어나지 않는다. 우리는 여전히 특정한 몸을, 소위 정상이 아니라는 몸과 흉하다는 몸과 병들고 늙은 몸과 그들의 성을 비하하고 거부하고 있음을 잘 알고 있다(이미영, 2015). 어떤 몸이든지 통념과 규범에 순응하지 않는 용기가 있다면, 생명력 있는 성적 존재임을 귀하게 여기며 상호 미학적인 대상이 되는 '바욤 하후' 그 날과 그 나라를 함께 꿈꿀 수 있다.

4) 교회 젊은이들에게 응답하기

얼마 전에 O교회 대학부 수련회 특강을 다녀왔다. 담당목회자는 "연애와 결혼에 있어서 거룩한 크리스천 청년으로 어떻게 살아야 할까?"를 특강의 주제로 요청했다. 대학생들의 궁금함을 무기명 질문으로 전달받았다. 50여 명이 제출한 질문 내용은 크게 세 주제로 나눌 수 있었다. 첫째, 기독교인으로서 결혼의 확신과 배우자 선택 기준에 관한 것으로 "어떻게 하면 하나님이 정해 주신 배우자를 알 수 있을까?"이다. 어떤 배우자를 원한다고 기도해야 할까? 이런 질문에는 비기독교인과의 교제나 결혼 가능성에 대한 심리적 부담감을 드러낸다. 둘째, 구체적인 연애 스킬과 노하우에 관한 것으로 "어떻게 진도를 나가는가? 스킨십을 어디까지 허용하는가?이다. 혼전순결로 인한 제약을 우회적으로 질문한다. 셋째, 결혼과 출산에 대한 거부로, "결혼을 꼭 해야 하는가?"이다. 독신의 소명과 출산의 당위성에 대한 의문이다(이미영, 2019).

이런 질문마다 '하나님께서 원하시는' '하나님께서 정하신' '하나님이 바라시는' '하나님 안에서' '하나님 앞에서' '성경에서는' '교회 안에서' '그리스도인으로서'라는 구절이 부연되어서 신기했고 주목하게 되었다. 이 구절들은 교회가 하나님이나 성경을 앞세워서 젊은이들이 에로스와 섹슈얼리티를 충만하게 누리지 못하게 통제하며, 젊은이들이 혼란스러워서 교회 입장을 강사의 입을 통해서 확인하고 싶다고 해석하였다. 젊은이들이 '질문'하는데 교회가 온전하게 '응답'하지 못하는 현실에서 성을 규제하고 통제하려는 가부장성이 신앙 뒤에 숨은 것은 아닌지 통찰하는 기회가 되었다. 가부장성이 인간에게 어떤 제한과 규제를 하였는지를 역사성을 고찰하면서 자신에게 미친 영향을 통찰한다면 젊은이들은 스스로 그들의 질문을 반추하면서 응답할 수 있을 것이다.

젊은이들의 질문에 응답하는 성경 내용으로 마무리하겠다. 음란한 여성들을 만난 예수님은 어떻게 그들과 소통했는가? 수가 동네 우물가에서 만난 여인(요4:5-30)과 상간남 없이 바리새인들에게 끌려온 여인(요8:1-11)의 만남은 매우 극적이다. 두 여성은 음란했다고 낙인찍히고 멸시당하였을 것이다. 본인들도 다른 사람들의 시선 앞에서 괴로웠을 것이다. 하지만 예수님은 그 여성들과 단둘이 있어도, 비판자들과 구경꾼들이 있어도 새로운 차원의 생명과 진실을 보여 주었다. 가부장적인 율법이 지배하는 세상에서 심오하고 영적인 차원에서 더 깊은 인간에 대한 사랑과 하나님의 공의를 열어주었다. 우리가 서로의 몸과 성 자체를 존중하고 생명력의 소중함을 나누는 '그 날'은 정의롭고 공평하고 긍휼의 경험이며 미학적이고 성실한 에로스일 것이다.

참고문헌

고영순 (2008). 여성 우울증 임상 이야기. 목회와 상담, 10, 117-153.

김명주 (2018). 여성의 性이 聖스러웠을 때: 사랑의 페미니즘을 위하여. 대전: 충남대학교출판문화원.

김슬옹 (2003). 마광수 담론의 언어전략: 통념에 대한 즐거운 저항, 신나는 반란. 마광수 살리기 (pp. 225-246). 강준만 외. 서울: 중심.

김종갑 (2017). 혐오: 감정의 정치학. 서울: 은행나무.

김주환 (2015). 호세아서 1장 2절-2장 15절에 나타난 은유의 부각과 은폐. 신학논단, 79, 195-224.

마광수 (1992). 즐거운 사라. 서울: 청하.

마광수 (1999). 자유에의 용기. 서울: 해냄.

박혜경 (1998). 호세아, 고멜과 그의 자녀들. 한국여성신학, 36, 6-10.

신명숙 (2018). 목회자의 성적 부정행위로 희생된 여성 치유를 위한 목회신학적 고찰. 목회와 상담, 30, 107-148.

양유성 (2010). 혼외관계에 나타나는 사랑의 심층심리분석. 목회와 상담, 14, 7-29.

이경숙 (2000). 구약성서의 하나님·역사·여성. 서울: 대한기독교서회.

이기락 (2008). 호세아. 서울: 카톨릭대학교출판부.

이미영 (2015). 다름에 대한 거부감: 공간과 몸으로 해석하다. 목회와 상담, 24, 109-137.

이미영 (2019). 밧세바의 침묵을 깨다: 가부장성을 벗는 영혜와 아프로디테를 상상하기. 목회와 상담, 33, 169-204.

이봉호 (2017). 음란한 인문학. 경기: 쌤앤파커스.

이상억 (2013). 부부관계를 평화로 이끄는 기독교 정의에 기초한 목회신학. 목회와 상담, 21, 163-190.

이은애 (2018). 구약성서에 나타난 비체, 흐르는 것에 대한 혐오. 한국여성신학회 엮음. 혐오와 여성신학, 23-51, 서울: 동연.

임봉대 (2011). 하나님의 영적 혼수품. 기독교사상, 626, 244-250.

정중호 (2006). 설교자를 위한 호세아 해석. 서울: 크리스천헤럴드.

정희성 (2018). 한국 여성을 위한 목회상담. 서울: 이화여자대학교출판문화원.

조현숙 (2017). 포스트모던 걸들의 출현과 목회상담. 목회와 상담, 29, 269-293.

차정식 (2013). 성서의 에로티시즘. 서울: 꽃자리.

최연구 (2003). 보수적 권위주의에 짓눌린 순수한 자유자의자. 마광수 살리기 (pp. 247-269). 강준만 외. 서울: 중심.

한미라 (2009). 여자가 성서를 읽을 때. 서울: 대한기독교서회.

上野千鶴子 (2018). 여성 혐오를 혐오한다 (나일등 역). 서울: 은행나무. (원저 2010년 출판).

Bollas, C. (2010). 대상의 그림자: 사고되지 않은 앎의 정신분석 (이재훈, 이효숙 역). 서울: 한국심리치료연구소. (원저 1987년 출판).

Han, B. C. (2016). 에로스의 종말 (김태환 역). 서울: 문학과지성사. (원저 2013년 출판).

Lerner, G. (2004). 가부장제의 창조 (강세영 역). 서울: 당대. (원저 1986년 출판).

Nussbaum, M. C. (2017). 혐오와 수치심 (조계원 역). 서울: 민음사. (원저 2004년 출판).

Stuart, D. (2011) 호세아-요나 (김병하 역). 서울: 솔로몬. (원저 1987년 출판).

Walsh, F. (2015). 가족치료와 영성 (박태영, 박소영, 조성희 역). 서울: 학지사. (원저 2009년 출판).

다음사전 (2020.10.7). 음란. http://dic.daum.net/search.do?q=%EC%9D%8C%EB%9E%80에서 검색.

찾아보기

내용

저자 소개(가나다순)

고영순
치유상담대학원대학교 치유상담학과 교수

김필진
아들러심리학연구소 소장/대전신학대학교 교수 역임

김희선
명지대학교 상담복지학과/산업대학원 객원교수

박희규
이화여자대학교 기독교학과/신학대학원 교수

신명숙
전주대학교 기독교학과/선교신학대학원 교수 역임

안명숙
서울장신대학교 신학과 교수

유상희
치유상담대학원대학교 치유상담학과 교수

이경애

이화여자대학교 목회상담센터 수퍼바이저

이미영

한남대학교 학제신학대학원 기독교상담학과 겸임교수

장석연

이화여자대학교 학생상담센터 특임교수

정보라

건신대학원대학교 상담심리학과 교수

정푸름

치유상담대학원대학교 치유상담학과 교수

정희성

이화여자대학교 기독교학과/신학대학원 교수

조현숙

서울신학대학교 상담대학원 교수

Christian
(Pastoral)
Counseling

기독(목회)상담총서 ⑦

여성주의와 기독(목회)상담

2021년 5월 25일 1판 1쇄 인쇄
2021년 5월 31일 1판 1쇄 발행

지은이 • 한국기독교상담심리학회
펴낸이 • 김진환
펴낸곳 • (주)**학지사**

04031 서울특별시 마포구 양화로 15길 20 마인드월드빌딩
대표전화 • 02-330-5114   팩스 • 02-324-2345
등록번호 • 제313-2006-000265호

홈페이지 • http://www.hakjisa.co.kr
페이스북 • https://www.facebook.com/hakjisabook

ISBN 978-89-997-2421-3 93180

정가 18,000원

출판 · 교육 · 미디어기업 **학지사**

간호보건의학출판 **학지사메디컬** www.hakjisamd.co.kr
심리검사연구소 **인싸이트** www.inpsyt.co.kr
학술논문서비스 **뉴논문** www.newnonmun.com
원격교육연수원 **카운피아** www.counpia.com